어린이 인권운동가

소파 방정환

어른이 어린이를
내리 누르지 말자.
삼십년 사십년 뒤진 옛 사람이
삼십 사십년 앞 사람을
잡아끌지 말자.
낡은 사람은 새 사람을 위하고
떠받쳐서만
그들의 뒤를 따라서만
밝은 데로 나아갈 수 있고
새로워질 수가 있고
무덤을 피할 수 있는 것이다.

1930년 7월
어린이 인권운동가 방정환

어린이 인권운동가
소파 방정환

방정환 90주기 특별판

민윤식 지음

기발한 기획과 초대형 행사를 이끈 문화혁명가

스타북스

개벽을 꿈꾸고
어린이 운동을 이끈 문화혁명가

소파 방정환 선생의 서거 90주년이 되면서 다시 어린이날이 돌아옵니다. 그러나 요즈음 어린이 문제가 유난히 세상을 떠들썩하게 하고 있는 슬픈 현실입니다.

죽는 순간까지도 어린이를 걱정하고, 남아 있는 사람들에게 어린이를 부탁하고 가신 방정환 선생님의 뜻을 기리며 다시 개정판을 내게 되었습니다.

그런데 지금은, 처음에 평전을 쓰기 위해 만나 뵈었던 분들 - 예를 들면 소파 선생의 장남 방운용 할아버지, 아동문학가 윤석중 선생, 아동문학평론가이자 방정환 연구가 이재철 교수 등등 - 소파 방정환과 관련 있는 분들이 평전을 낸 후 20여 년의 세월이 흐르는 사이에 모두 타계하셨습니다.

개정판을 내면서 내 주변은 물론 소파 방정환 선생의 주변도 더욱 쓸쓸해진 느낌이 드는 이유입니다. 특히 평전 출간 소식을 듣고 제게 전화를 주셔서 여러 번 서초동 아파트로 불러 당신의 평전도 써 달라고 부탁하시던 윤석중 선생 그리고 몇 시간 동안 물 한 잔으로 마른 목을 축이며 방정환에 대한 평가를 어떻게 할 것인가 열띤 토론을 나누었던 이재철 교수 댁 비좁은 서재의 먼지 자욱한 어린이 관련 자료들이 새삼 그립습니다.

개정판에는 초판에 썼던 이미지는 전혀 사용하지 못하고 모두 새로 준비한 이미지 자료로 바꾸었습니다. 20여 년 세월이 흘러 변한 현장 모습과 관련 사실들도 고쳐 기술했습니다. 또한 작은 폰트를 사용한 초판의 편집 스타일도 읽기 쉽도록 큰 글씨로 재편집했습니다.

〈리틀 빅맨〉이라는 영화가 있었습니다. 우리나라에서는 〈작은 거인〉이라는 제목으로 개봉했었습니다. 더스틴 호프만이 주인공 인디언 청년으로 나오는데, 어쩜 그 영화에 그렇게 잘 맞을까 감탄했었습니다. 미국인치고 더스틴 호프만은 키가 참 작았습니다. 그야말로 작은 거인이었습니다.

제가 보기에는 이 평전의 주인공 소파 선생 역시 리틀 빅맨, '작은 거인'이라고 불러야 할 분이라고 생각합니다. 그이는 우선 너무 짧은 생애를 살았습니다. 하지만 폭죽의 불꽃처럼 반짝 빛을 내면서 뜨겁게 살다 갔습니다. 그이는 예수와 동갑 나이에 죽었습니다. 그 점도 범상치 않은 인생입니다.

예수가 산 인생만큼 그이도 꼭 33년을 이 땅에서 살았습니다. 그러면서 어느 누구보다도 큰 족적(足跡)을 우리에게 남겼습니다. '어린이날' 제정으로 상징되는 소년 운동에다 아동문학작품 집필, 《어린이》 잡지 발간과 《신여성》 《별건곤》 《학생》 등등 시대의 아이콘 같은 '개벽사' 발행의 잡지까지…. 그래서 저는 〈리틀 빅맨〉 영화가 떠오르면 그이를 생각하곤 합니다.

짧게 살았던 만큼 그이는 남겨진 사진이 별로 없습니다. 개정판 평전을 준비하는 데 가장 애를 먹은 부분입니다. 방정환 하면 으레 중절모 쓴, 얼굴 통통한 반신 사진이 거의 전부입니다.

그이는 유난히 체수가 작았습니다. 천도교청년회 같은 데서 찍은 몇 장의 기념사진을 보면 확인할 수 있습니다. 키가 작았기에 사진을 찍을 때마다 거의 모두 앞줄에 앉았습니다. 키 작은 사람이 키 큰 사람보다 위대한 모양입니다.

'소파 방정환 평전'은 2003년에 중앙M&B에서 초판을 냈습니다. 그 무렵

저는 평전을 쓰는 한편 소파 방정환의 작품을 발견하는 작업도 병행했습니다. 방정환의 소개되지 않은 작품을 찾기 위해 1920~30년대 신문과 잡지를 거의 다 뒤졌습니다. 국회도서관, 국립중앙도서관, 서울대도서관, 중앙대도서관, 강원대도서관, 천도교회 자료실 등을 몇 번이고 들락거렸습니다.

아직도 찾아내지 못한 방정환의 작품들이 많습니다. 개정판 평전을 내는 보너스로 방정환의 작품을 발굴 작업할 수 있는 기회가 생겼으면 좋겠습니다.

평전 개정 작업을 하는 동안 관련 자료들을 다시 검색하면서 초판 때는 보지 못했던 방정환의 새로운 모습을 발견할 때마다 역시! 하는 탄성이 절로 나왔습니다. 소년운동가와 아동문학 작가로서보다는 오히려 독립운동가로서, 사회 개혁자로서, 그리고 뛰어난 문화 콘텐츠 개발자로서, 저널리스트로서 그이는 탁월한 인물이었던 것입니다. 작은 거인이라는 이름에 걸맞는….

해마다 어린이날이 돌아옵니다. 그러나 이제는 초등학교 교과서에서조차 방정환의 '만년 샤쓰' 같은 작품이 사라졌고, 그저 하루 유원지에 가서 놀고 아빠 엄마와 함께 외식을 하는 날 정도로 기억되는 어린이날일 뿐입니다. "어린이를 때리지 말라" "어린이를 부모의 소유물로 생각하지 말라"던 소파의 소망은 아직도 유효합니다.

제게 방정환은 항상 '리틀 빅맨'입니다. 질풍노도의 시대를 살다 간 영원한 조선 청년입니다. 선각자 체취가 강하게 풍겨 오는 멋진 멘토입니다.

그이는 내가 하는 작업을 앞으로도 계속 지켜볼 것입니다. 특유의 느릿느릿한 동작으로.

2021년 4월 어린이날을 앞두고
광화문에서 지은이

●목차

|3부| 시대의 고통

특별부록

일러두기

1 원문을 인용한 부분은 지금의 표현법과 다르고(당시의 구어체 문법 등), 다소 표기에 맞지 않거나 오기가 있더라도 가능한 그대로 옮겼다.

2 소파 방정환 선생의 호칭은 소파 방정환, 정환, 소파 등으로 하였다. 일반적으로 정환은 그의 어린 시절을 그리는 부분에서, 소파는 장성한 이후를 그리는 부분에서 사용하였다.

3 일본인 이름이나 일본 지명 표기는 가능한 일본어 발음을 살렸으나 일부는 편의에 따라 우리 한자음으로 읽은 것도 있음을 밝혀 둔다.

1부 소년의 꿈

야주개

소파 방정환은 1899년 11월 9일 서울 당주동(唐珠洞)에서 방경수(方慶洙)의 장남으로 태어났다.

거의 모든 소파 방정환 전기들은 이렇게 시작하고 있다. 방정환 연표의 정본(正本)으로 평가받고 있는 이재철 교수의 연보[1]와 천도교에서 펴내는 잡지 《신인간》에 실린 방정환 연보도[2] 똑같다. 그러나 탄생일, 탄생 장소, 그 다음 설명부터는 글을 쓰는 사람들마다 다르다.

평전과 전기에서 정확한 가계(家系)나 가정환경, 탄생 당시의 가족 구성원에 대한 기록은 생애를 연구하는 데 기본적인 단서가 되므로 아주 중요하다. 그럼에도 불구하고 방정환의 경우는 상당히 애매하고 불분명하다.

---

1 『소파아동문학전집』 8권 특별 부록, 1965년 11월 30일, '한국 어린이 운동사(연보)'로 실렸고, 소년운동 관계 논문 총서, 일간지, 생존인의 증언을 조사 자료로 사용했음을 밝히고 있다.

2 《신인간》 317호, 천도교 중앙총부, 1974년.

왜 그럴까? 그 까닭은 기록이 없기 때문이다.

소파 집안이 당대 명문가이거나 유림 가문이었다면 적어도 정확한 족보가 있겠고, 집안 내력이라든가 대대로 내려오는 선조들의 벼슬 기록 등이 남아 있기 마련이다. 방정환의 부친 방경수가 동학운동에 적극적으로 가담한 천도교도였다는 사실로 미루어 중인(中人) 신분이라는 추정을 하게 된다. 그이가 태어난 동네가 당주동이라는 것도 중인 신분을 간접적으로 말해 준다. 당주동은 예부터 한양에서 중인들이 가장 많이 살던 동네였다.

소파는 잡지《어린이》에 당신의 유년시절 이야기를 몇 편 실은 적이 있다. 그것을 어린이용 위인전 작가들이 너도나도 그냥 베낌으로써 그 내용이 그대로 방정환에 대한 고정관념으로 굳어졌다. 평전에서는 이런 오류를 가능한 한 줄여 보려고 한다. 그래서 소파 방정환 연표의 첫 줄을 다음과 같이 고치고 보완한 다음 평전을 시작하겠다.

소파 방정환은 1899년 음력 10월 7일, 양력으로는 11월 9일, 광무(光武) 3년 기해년(己亥年) 서울 야주개(지금의 당주동)에서 어물전과 싸전을 운영하는 방한용(方漢龍)의 아들 방경수의 맏아들로 태어났다. 본적은 경성부(京城府) 견지동(堅志洞) 118번지[3]이다.

소파가 죽은 지도 90여 년의 세월이 흘렀다. 그런데 현재까지 변변한 전기나 평전이 없는 것은 무슨 이유인가? 이해하기 힘든 사실이다. 소파가 이 나라 아동문학계에 남겨 놓은 유산이나 영향력에 비한다면 괴이하다고 할

---

3 공평동 공평빌딩 길 건너편, 지금은 허름한 주차장이다.

1부 소년의 꿈

앞에 보이는 건물 뒤편이 방정환 선생의 본적지이다. 종로구 공평동

정도다.

방정환과 같은 시대에 근대문학을 개척하고 활동한 다른 문학자들은 어떤가? 그들은 그래도 대부분 상세한 평전 또는 전기들이 이미 출간된 상태이다. 예컨대 무례를 무릅쓰고 이름을 들어 보자면 춘원 이광수가 그렇고 김동인, 육당 최남선, 만해 한용운 같은 분들이 그렇다.

이것 하나만 봐도 이분들에 비해 소파에 대한 사후 평가 작업이 상당히 소홀하게 취급되어 왔음을 알 수 있다. 아동문학계가 함께 반성할 만한 일이다. 동화와 동요 같은 '아동문학'이라는 문학적 장르가 소설이라든가 시 문학보다 폄하될 수는 없는데도 말이다. 아주 사소한 것이지만 그런 것들부터 하나씩 정확하게 자리 잡았으면 한다.

방정환(方定煥)은 본명이다. 따로 아명(兒名)은 없다. 그 시절 대갓집 아이들은 대개 아명이라는 것을 갖는다. 아명을 갖는 데는 여러 가지 이유가 있다. 그중에 하나로는, 의학이 발달하지 못한 시절이라서 아이들이 성장해서 어른이 되기도 전 어린 나이에 워낙 많이 죽곤 했기 때문에 평생 사용할 본명보다 막 부르기 좋은 이름을 일단 짓는다. 이를테면 임시 이름이다. 저승사자는 항상 인간 세상을 돌아다니며 호사스럽게 자라는 아이들부터 잡아간다는 속설도 있었다. 그래서 아명은 아무렇게나 부르기 좋은 이름으로 지었다. 특히 여자아이들은 정도가 심해서 아예 '간난이'니 '애기'니 하는 식으로 이름 같지 않은 일반명사를 이름으로 쓰기도 했다.

그런데 사내아이인 방정환에게는 왜 아명을 지어 주지 않았을까? 아버지도 두영(斗榮)이라는 아명이 있었던 것에 비교하면 이상하다. 아명을 짓지 않은 이유는 알 길이 없다.

방정환이 태어난 생가 터는 현재 세종문화회관 바로 뒤편인 서울 종로구 당주동 5번지이다. 지하철 5호선 광화문역 1번 출구를 나서면 바로 앞에 15층짜리 '로얄빌딩'이 막아서는데 이곳이 바로 생가 터이다. 머지않은 이웃에 서울경찰청과 정부서울청사가 있다. 이 빌딩 앞 대각선 뒷골목은 도렴동과 내수동으로 1960년대에는 '광화문 대성학원' 골목길이었고 지금은 초고층 센터포인트 빌딩이 들어서 있다.

로얄빌딩 정문 오른쪽 모퉁이 지하상가 입구에 '방정환 선생이 태어나신 곳'이라는 작은 표석이 있다. 표석은 지하상가 문 위쪽, 아주 궁색한 자리에 겨우 엉거주춤한 형국으로 세워져 있어 보기에 민망하다. 이 표석 뒷면에는 '소파 사후 36년 되던 해에 색동회가 세웠다'고 새겨져 있다. 표석에는 '로얄빌딩을 지으면서 그 자리에 있었던 한옥이 소파 생가였다'는 내용이 적혀 있다.

방정환 선생이 태어난 생가 터 표석.
표석 뒷면에 '소파 사후 36년 되던 해에 색동회가 세웠다'는 글이 새겨져 있다.
서울시 종로구 당주동, 지하철 5호선 광화문역 1번 출구 바로 앞이 표석만으로도 소파 생가가 정확하게 어느 위치인지 짐작할 수는 있다. 다만 표석이 있는 자리가 생가 터는 아니다. 로얄빌딩의 대지가 상당히 넓으므로 그 대지 안의 어느 곳일 것이다.

소파가 태어날 당시 당주동은 야주현(夜珠峴)이라고 쓰고 통상 '야주개'라고 불렀다. 조선시대에는 오랫동안 피(皮)가 성을 가진 중국 의원이 살았기 때문에 당피동(唐皮洞)이었다. 그 당피동과 야주현에서 각각 한 글자씩을 따서 붙인 이름이 오늘날 사용하는 동명인 당주동이 된 것이다.

야주개라는 마을 이름이 붙은 다른 속설도 있다. 당주동에서 새문안 쪽, 다시 쉽게 설명하자면 경향신문사 방향으로 작은 고개가 있었는데, 이 고개에 올라서면 홍화문(興化門) 현판 글씨가 보인다. 그 글씨가 밤에도 아주 밝게 빛이 나서 야조가(夜照街)라고 불렸기에 야주개라는 이름이 붙었다는 거다. 홍화문은 현재 복원되어 서울 역사박물관 뒤편에 있다.

1910년경 제작된 '경성(京城)' 지도에는 당주동이 '야주현'으로 남아 있다가 1930년대의 '경성부 관내(京城府管內)' 지도에는 '당주동'으로 바뀌어 있다. 당주동으로 바뀐 정확한 연도는 1914년이다.

* * *

서울 한복판 야주개(당주동 큰 거리)에서 커다란 어물전과 미곡상을 벌여 놓고 한쪽에서는 세찬계(歲饌契)[4]를 하느라고 쌀을 실은 마차와 미역·북어·과실을 커다랗게 실은 마차들이 시끄럽게 드나드는 집안의

---

4 세찬을 위해 드는 계, 1년 동안 곗돈을 부었다가 연말에 탄다.

1906년 서울, 광화문 서쪽 인왕산 산자락이다. 당주동은 이 사진 중간 오른쪽이다.

맏아들로 태어난 아버님은 …(후략)….

소파 장남 운용(云容)이 쓴 「아버님의 걸어가신 길」[5]의 첫 대목이다. 방정환의 탄생부터 유년시절에 이르기까지, 웃어른들로부터 직접 듣고 쓴 '아버지 방정환 이야기'이다. 아들이 쓴 증언이므로 비교적 상세하고 정확한 근거가 될 수 있겠다. 운용의 위 글에 따르면 소파의 가족은 다음과 같이 여덟 식구이다.

①② 장사 일이 바빠서 밤낮으로 밖에 계신 할아버지와 할머니

---

5 『소파아동문학전집』, 문천사, 1965년 11월 30일, 69쪽~80쪽.

③④ 집 안에 있는 늙은 할머니(증조모)와 병환 때문에 늘 누워 있는 어머니

⑤ 두 살 위인 누이

⑥ 역시 두 살 위인 삼촌

⑦ 두 살 아래 사촌 동생

⑧ 그리고 방정환

운용이 한 명 한 명 소개한 소파 방정환의 가계를 확인하기 위해서는 무엇보다 족보 확인이 필요하다. 왜냐하면 소파 일가에 대한 근거나 기록이 없기 때문이다. 소파 방정환의 생애를 다룬 거의 모든 전기나 선행 연구 논문들에는 다만 '방경수의 장남으로 태어났다'는 사실 외에는 이렇다 할 기록들이 제시되어 있지 않았다.

제일 먼저 국립중앙도서관 족보 열람실을 찾아갔다. 족보실에는 온양 방씨 족보가 비치되어 있었다. 그 족보를 하루 종일 한 장 한 장 넘기면서 방정환과 방경수 두 사람의 이름을 찾았으나 헛수고였다.

나중에 서울 서초동에 있는 종친회[6]를 찾아가 확인한 사실이지만 국립중앙도서관에 비치된 족보는 1970년대 이전에 제작된 것이어서 방정환 일가에 대한 기록이 없다는 것이다. 즉 1970년대까지 온양 방씨 족보는 두 번 제작되었다고 하는데, 그때까지는 방정환 일가 기록이 누락된 듯하다. 1970년대 이후 증보판을 새로 발행할 때 비로소 온양 방씨 족보에 방정환 일가가 등재된 것이다.

온양 방씨 종친회를 방문해서 확인한 결과 방정환은 온양 방씨 판서공파

---

6 서초동 벨타워오피스텔 1008호, 온양 방씨 종친회 회장 방순문.

(判書公派) 36대손이다.

소파가 쓴 「나의 어릴 때 이야기」[7]와 장남 운용이 쓴 「아버님의 걸어가신 길」 등에는 33대 증조부모까지 언급되어 있다. 33대 증조부의 이름은 윤근(允根)이며 1842년생이다. 증조모는 이름도 없는 최성녀(崔姓女)이다. 즉 최씨 성을 가진 여식이라는 뜻이겠다. 34대 소파의 할아버지는 한용(漢龍)으로 1858년생이고, 할머니는 김성녀(金姓女)로 할아버지보다 한 살 위인 1857년생이다. 아버지의 이름은 경수(慶洙), 1879년생이고, 어머니는 손성녀(孫姓女)로서 아버지보다 무려 여섯 살이나 연상인 1873년생이다. 소파의 생모 손성녀가 죽은 후 아버지는 해주 오씨 집안의 오애기(吳愛其)를 후처로 맞는다.

그러니까 아버지 방경수의 나이 21세 때 소파를 낳았고, 소파를 낳을 때 어머니의 나이는 27세였다. 방정환은 2남 2녀 가운데 장남이고, 둘째가 덕환(德煥), 장녀 순환(順煥) 그리고 막내 여동생은 춘자(春子)이다.

족보에 적힌 것이 얼마나 정확한지, 아니면 사실과 다른지 의심이 가는 대목도 몇 군데 있다. 우선 소파의 증조부가 조부를 낳은 나이 차이가 16세 밖에 되지 않는다는 점과 소파가 훗날 쓴 글에는 시집간 손위 누님에 대해 안타까워하는 심정을 그린 대목들이 꽤 있는데, 족보에는 손아래 여동생만 두 명 등재되어 있는 점 등이다.

정환이 태어날 때만 해도 방정환네 집은 부잣집이었다. 가게 일을 돕는 하인이 수십 명이나 되었고, 대궐에서도 내시들이 물건을 사러 자주 찾아올 정도였다. 그러나 정환은 할아버지와 아버지가 계신 자기 집 가게 물건은 손대지 않았다. 어물전에다 싸전이기 때문에 먹을 것이 그득했을 텐데도 말

---

7 《어린이》 6권 2호, 6권 3호.

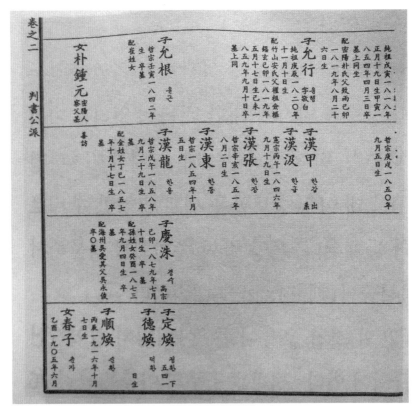

소파 방정환의 족보

이다.

　손주를 누구보다 귀여워하는 할아버지가 계시는데도 집안 것은 거들떠보지도 않았다. 정환은 대신 온 동네를 돌아다니며 남의 가게에 먹고 싶은 것이 있으면 마음대로 집어먹었고 갖고 싶은 것이 있으면 집에 가지고 왔다. 그러면 싸전 집 맏아들인 것을 잘 알고 있는 가게 주인들은 치부책에 적어 두었다가 매월 말일에 정환의 할아버지에게 와서 돈을 받곤 했다.

소파는 그와 같은 정황을 「나의 어릴 때 이야기」라는 글에서 자세히 적고
있다.

나는 그때에 야주개 일판으로 뛰어다니면서 어느 가게든지 빈손으로
가서 엿이나 왜떡(과자)이나 과실이나 마음대로 집어먹고 다녔다고 합
니다. 가게에서는 내가 무엇을 집어먹든지 먹기만 바라고 있다가 치
부책에 적기만 한답니다. 그랬다가 그믐께 집에 와서 조부모님께 말
씀하면 얼마든지 적힌 대로 내 주셨다고 합니다.

정환네 집이 얼마나 대단한 부잣집이었는지, 역시 소파의 글을 보자.

그때 우리 집은 서울 야주개에 있었는데, 장사를 크게 하였으므로 돈
도 넉넉히 있어서 지금 생각을 하여도 대단히 큰 기와집을 하나 가지
고는 부족하여서 두 집을 사서 사이를 트고 한 집을 만들어 쓰고 있었
습니다. 그래 집 안 이쪽 끝에서 저쪽 끝까지 가려면 한참 동안을 잊어
버리고 가야 하였습니다.

방정환네가 얼마나 풍족한 부자였는지를 장황할 정도로 인용하는 데는
다 까닭이 있다. 훗날 집안이 영락하고 난 이후 얼마나 고통스러운 소년 시
절을 보냈을까 짐작하자는 뜻이다.

정환은 태어날 때부터 가난을 체험한 아이가 아니다. 가난은커녕 아무
부족함이 없는 집안에서 자란 아이이다. 그런 만큼 얼마 안 있어 소년 방정

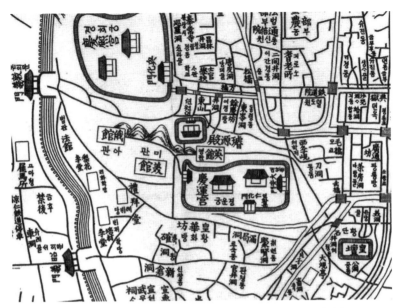

소파 방정환의 소년 시절 경희궁 주변 지도. 당주동은 당피골로 표기되어 있다.

환이 겪는 '가난'이라는 이름의 고통은 몇 배나 더 고통스러웠을 것이다. 그런 가난의 고통 속에서도 소파는 희망을 잃지 않는다.

그러나 개구쟁이 소년 방정환은 큰 사고를 치고 만다. 일곱 살 때의 일이다. 두 살 위인 삼촌을 따라 삼촌이 다니는 학교에 갔다가 머리를 싹둑 자르고 학교에 입학해 버린 것이다. 머리를 자르다니. 부모님 허락도 없이….

그때까지 정환은 할아버지의 엄명으로 동네 서당에 다니고 있었다. 어느 서당이나 맨 처음 배우는 건 『천자문(千字文)』이다. 하늘 천(天) 따지(地)…로 시작하는 천자문은 각 글자가 깊은 상관관계를 지닌 단어들로 이어져서 4자씩 한 줄로 되어 있다.

맨 첫 대목 천지현황(天地玄黃) 우주홍황(宇宙洪荒) 뜻풀이를 해 보자. '하늘과 땅은 검고 누르고, 우주는 거칠고 넓으니' 이런 식이다. 한 글자씩 글자를 익히는 동시에 그 글자에 담긴 뜻까지 이해하도록 외고 쓰고 읽는다. 천자(千字)를 달달 외다가 보면 어느새 4글자씩 조합한 글자 뜻까지 알게 된다.

천자문을 떼면 그 다음은 『동몽선습(童蒙先習)』이다. 이것은 글자 익히기보다는 내용이 중요한 과목이다. 장차 어른이 될 어린이들이 미리 알아 두어야 할 기본 상식을 수록한 과목이라고 보면 크게 틀리지 않는다. 동몽선습 다음에는 『명심보감(明心寶鑑)』이다. 명심보감은 제목 그대로 윤리 도덕 같은 내용이다. 사람이 갖추어야 할 기본적인 인격을 유교적인 관점에서 가르치는 책이다. 그래서 명심보감은 공자의 말씀 중 사람의 가장 중요한 덕목인 인의(仁義)를 강조한다.

명심보감, 그 다음엔 『소학(小學)』이다. 소학에 이르면 한문 수준이 상당히 어려워진다. 요즈음 학생들이 배우는 상용(常用) 한자 1800자로는 감당이 안 된다. 그리고 그 다음은 『통감(通鑑)』과 『대학(大學)』으로 이어지는데, 통감은 역사책이다. 물론 중국 역사다. 통감과 대학까지 이수하면 웬만한 시골에선 유자(儒者)로 행세할 수도 있다.

다섯 살부터 방정환은 천자문을 배워 왔다. 나이가 워낙 어린 탓에 천자문을 익히는 진도는 그리 빠르지 않았을 것이다. 또 귀여운 손자를 보낸 할아버지나 다른 가족들도 정환이 어린 입으로 천자문을 한 자 한 자 오물거리는 걸 보는 것이 귀여웠을 터이다.

서당 다니기는 일곱 살까지 계속된다. 그런데, 정환이 머리를 깎고 온 것이다. 그것도 어른들 몰래 학교엘 가서 말이다.

보성소학교

말이 좋아 삼촌이지, 정환과는 고작 두 살 차이였다. 겨우 아홉 살짜리 삼촌이다. 소꿉장난할 때는 그냥 친구 같거나 바로 손 위 형 같았을 터이다. 정환은 학교에 다니는 삼촌이 얼마나 부러웠는지 모른다. 그래서 "삼촌 나도 학교에 가고 싶다"고 졸라 보았지만 삼촌 역시 엄한 할아버지가 무서웠는지 조카의 소원을 들어줄 수는 없었다.

정환은 할아버지에게도 떼를 썼다. 할아버지는 아직 나이가 어리다고 허락하지 않으셨다. 하지만 삼촌이 학교에 데리고 가지 않는다고 학교에 가지 못할 정환이 아니다. 마침내(?) 일을 저질렀다. 정환은 일곱 살 되던 해 봄날 그 '학교'라는 델 쫓아가고 만 것이다.

새문안 거지바위[8] 언덕에 우물이 있고, 그 우물 뒤에 큰 대문이 있고,

---

8 광화문 시티은행 뒤쪽 언덕에 있었을 것으로 추정하지만 현재는 없다.

그 대문에 보성소학교(사립)라는 커다란 문패가 있었습니다.

보성소학교가 있던 자리를 설명한 방정환의 글이다. 현재 광화문 시티은행 건물 뒤쪽으로 추정된다. 소파가 이 글을 쓴 때가 1926년이니까, 이때 있던 경성중학교 정문 건너편이라면 현재 서울 역사박물관에서 길 건너편이다. 지금은 시티은행 건물이 있고 그 뒤쪽은 경향신문사가 지었다는 상림원 빌라 건물이 들어서 있다.

경성중학교는 당시 조선에 진출해 있던 일본인들을 위한 공립학교였다. 해방 후에는 서울중고등학교로 이름이 바뀐다.

보성소학교를 삼촌 따라 구경하러 간 때가 일곱 살이었으니 서기로 환산하면 1905년이다.

1905년까지 지금의 초등학교라고 할 수 있는 어린이 교육기관의 명칭은 '소학교(小學校)'로 불렸었다. 그러다가 1906년 통감부에 의해 4년제 보통학교로 개편된다. 보통학교는 훗날, 일본이 군국주의로 치달으며 전쟁을 준비하는 1938년에 이르러 '제3차 조선교육령'이란 것을 공포해서 다시 '소학교'로 바뀐다. '소학교'로 이름만 바꾸는 게 아니라 교육 목적 또한 '아동 신체의 건전한 발달에 유의하여 국민 도덕을 함양하고 국민 생활에 필수적인 보통 지능을 얻게 함으로써 충량(忠良)한 황국신민(皇國臣民)을 육성함에 둔다'는 식민지 교육의 마각을 노골적으로 드러내는 쪽으로 선회한다.

(학교로) 들어가니까 그 안 큰 마당에 갓 쓴 사람, 초립 쓴 사람, 머리 땋은 어린 사람들이 몇백 명인지 모르게 모여서 놀고 있었습니다. 그러다가 어디서인지 "땡땡땡땡" 하고 종 때리는 소리가 나니까 "으아" 하

방정환이 다닌 보성소학교가 있던 자
리. 현 서울 광화문 시티은행 뒤쪽으로
추정된다.

고 편싸움같이 소리들을 지르면서, 그 많은 사람들이 이 방 저 방으로
우르르 몰려 들어가고, 나 하나만 넓은 마당에 혼자 남았습니다.

이 글에서 '나'는 물론 소년 방정환이다. '나'는 아직은 학교에 입학하지
않은 구경꾼이다. '나'는 호기심이 생겨서 학교 구경을 계속한다.
　소파의 글을 계속 보자.

무얼 하나 하고, 그 들창 가깝게 서서 발돋움을 하고 들여다보니, 하얀 나무로 만든 책상과 걸상에 한 상에 두 사람씩 갓과 초립을 쓴 채로 '소학'이라는 한문책들을 펴놓고 앉았습니다. 그리고 선생님이라는, 얼굴 뻘겋고 수염 세 갈래로 난 어른이 갓을 쓰고 서서 길다란 담뱃대로 칠판을 딱딱 때려 가면서 글을 가르치더니, 나를 내다보고 "요놈!" 하고 웃기에 나는 얼른 도망쳤습니다.

학교 풍경을 자못 유머러스하게 그리고 있다. 신식 학교이지만 아직도 갓과 초립을 쓴 채 공부하는 학생들하며 구레나룻과 긴 턱수염을 기른 근엄한 선생님 하며, 아직은 서당 분위기에 더 가깝다. 이름만 훈장에서 선생님으로 바뀌었지 서당 훈장 모습 그대로다. 교무실도 따로 없었다. 수업이 끝날 때쯤 되면 선생님은 호주머니에서 회중시계를 꺼내 보고는 종을 땡땡 친다. 얼마 안 되는 시간이지만 휴식 시간이 되면 학생들은 마당으로 몰려나가서 담배를 피거나 놀이를 하거나 한다.

이런 학교 풍경을 정환은 흥미롭게 구경한다. 한 시간 두 시간…. 몇 시간이 지났는지, 상학 시간이 되어 학생들은 모두 교실로 들어간 뒤였다. 소파 혼자 텅 빈 마당에서 돌멩이를 가지고 놀고 있었다. 점심때가 가까워지자 별안간 온 학교가 떠들썩해졌다. 학생들은 교장 선생님이 오신다고 함성을 내지른다.

학교를 방문한 교장은 그 많은 학생들에게 일일이 백로지(양지) 두 장과 왜붓(연필) 한 자루씩을 나누어 준다. 교장에게 한 가지씩 선물을 받아든 학생들은 다시 교실로 들어간다. 교정은 조용해진다. 교장은 들어갈 사무실이 없는지라 마치 할 일 없는 사람처럼 마당으로 나와 쭈그리고 앉았다. 그런

데 교장 눈에 웬 낯선 소년이 마당에서 놀고 있는 게 눈에 띈다.

교장과 소파는 몇 마디 대화를 나눈다. 교장은 간단한 대화를 통해 어디 사는 누구네 집 몇째 아들인지 인지한다. 소파는 교장의 질문에 또박또박 대답했던 것이다. 대화 끝에 교장은 소파에게 학교에 다니지 않겠느냐고 묻는다. 소파는 이 질문에도 역시 당돌하게 대답한다.

"다닐 테야요."

정환의 대답을 듣자마자 교장은 흔쾌히 입학을 허락한다. 정환은 다음과 같이 그 순간을 그리고 있다.

교장은 무슨 큰 수가 난 듯이 나를 번쩍 안아다가 인력거 위에 안고 타고서 새문 밖 자기 집으로 가서 식혜를 한 그릇 준 후에, 하인을 시켜 내 머리를 댕기 달린 채 가위로 썩둑썩둑 자르고, 다시 기계로 빨갛게 깎고, 그리고 "그놈 잘생겼으니 대장 모자를 씌워 주라"고 하니까 하인이 어디서인지 울긋불긋한 테를 여러 개 두른 비단 모자를 씌워 주었습니다.

이렇게 소파는 소학교 학생이 된다.

그날 저녁 방정환네 집에서는 난리가 났다. 학교에 입학한 사실보다는 부모님 허락도 받지 않고 머리를 싹둑 잘라 버렸다는 사실 때문이었다.

고종 황제가 단발령[9]을 공포한 지도 10년이 지났다. 고종 황제도 솔선수범해서 머리를 깎았고 관리들도 모두 단발을 했다. 하지만 유림들은 "비록

---

9 고종은 1895년에 양력의 사용과 함께 단발령을 실시했다.

손발을 자를지언정 두발을 자를 수는 없다"고 단발령에 완강하게 반대하고 있었다. 아직도 머리만 깎으면 죽는 줄 아는 시절이었다. 그런데 정환이 겁도 없이 머리를 깎은 것이다.

정환은 할아버지에게 피가 나도록 종아리를 맞는다. 증조할머니와 할머니는 밤새도록 통곡한다. 그러고도 분이 풀리지 않아서 '머리 깎은 몹쓸 놈'을 그냥 둘 수 없다고 하시면서 분풀이를 하러 학교에 하인을 보내겠다고 했다.

그런데 웬일인지, 방정환의 삭발에 대해서 가장 분기탱천해 하시던 할아버지가 그것을 반대해서 겨우 삭발 충격은 수습된다.

소동은 끝났다. 할아버지는 종아리 몇 대를 때리는 것으로 이 사건을 마무리 짓는다. 그렇다고 당장 그 이튿날부터 다시 학교에 다니지는 못했다. 정환은, 한동안은 교장 선생님이 주신 대장 모자도 쓰지 못하고, 몰래 집 밖에 나가 숨어 있다가 삼촌의 뒤를 따라 학교에 갔다. 그러나 누구 한 사람 정환이 학교에 가는 걸 방해한 사람은 없었다. 아마 할아버지로부터 엄명이 내려졌거나, 사실은 집안 식구들은 모두 정환이 학교에 다니는 걸 원했는지도 몰랐다. 신학문을 배우는 건 시대의 대세였을 테니까 말이다.

보성소학교는 모두 8개 반이 있었다.

① 유치반 = 맨 아랫반이다. 천자문을 배우는 반.

② 반년급 = 유치반을 마치면 『계몽편』을 배우는데, 이것이 반년급이다.

③ 초등과 1년급 = 반년급을 마쳐야 비로소 초등과 1년급이 되어 『동몽선습』을 배운다.

④ 초등과 2년급·3년급을 마치면 소학교를 졸업한다.

⑤ 초등과 3년급을 마친 후 고등과 1년급·2년급·3년급까지 마쳐야 보성 전문학교 입학 자격이 주어진다.

여기서 주목할 만한 점은 학제가 지금처럼 1학년 2학년 하지 않고 '2년 급' '3년급' 한다는 점이다. 지금처럼 꼭 1년을 채워야 한 학년씩 올라가는 것이 아니라 개인의 학습 진도에 따라 학년 급이 올라가는 진급 제도였을 것으로 추정된다.

다시 보성소학교 이야기로 돌아가자. 소파는 처음엔 유치반, 즉 천자문 을 배우는 반으로 들어간다. 이미 서당 훈장에게 천자문을 배운 적이 있으 므로 유치반은 금방 월반(越班)한다.

이름만 학교이지 배우는 것은 한문 서당에서 배우는 것하고 똑같고, 선 생님이라는 이도 글방 선생님과 별반 다를 것이 없는 양반이므로… 글방과 비슷했다. 수업 방식도 서당처럼 아침 첫 시간에는 으레 한 사람씩 차례로 일어나서 어제 배운 것을 모조리 외곤 했다. 이것을 '강(講)'이라고 부른다. 그때 만일 외지 못하면 불려 가서 볼기짝을 내놓고 버드나무 가지로 만든 매를 맞는다. 소파는 이미 천자문을 배운 뒤였으므로 항상 강을 잘해서 선 생님에게 칭찬을 듣곤 했다.

정환은 보성소학교에 학교에 다니는 동안 겪은 여러 가지 재미있는 일들 을 추억하는 글을 남기고 있다. 유치반을 마치고 초등과 1년급 때 일이다. 정환은 어느새 아홉 살이 되었다.

나는 그때 나 혼자 깎은 머리에 테 많은 색동 모자를 대장 모자랍시고 쓰고, 타오르는 듯한 분홍 두루마기를 입고 다녔었는데, 나와 한 반에 키도 나만 하고 머리는 안 깎아서 댕기를 땋아 늘였지만 나와 똑같은 분홍 두루마기를 입고 오는 김효남이라는 아이가 있었습니다. 갓 쓰고 코 빨간 선생님이 "어, 고놈 참 쌍둥이같이 귀엽구나" 하고, 일부러 내 책상에 같이 앉았던 아이를 다른 자리로 보내고 효남이를 내 옆에 앉혔습니다. 그러고는 나와 그 애를 귀여워하면서 글을 가르치다가도 심심만 하면 우리 뺨을 어루만졌습니다.

그 후 효남이는 어떻게 되었는지? 소파가 남긴 어떤 글에도 소학교 때 짝이었던 효남이 이야기는 발견되지 않는다. 다만 '효남'이라는 이름만은 오래도록 남는다. 소파의 작품에 중요한 문학적 모티브가 된 듯하다. 훗날 발표한 소년소설과 동화에 효남이라는 주인공이 등장하기도 한다.

효남이, 창남이…. 창남이는 정환이 다니는 미동보통학교 후배 이름이다. 훗날 우리나라 최초의 비행사로 유명해진다. 비행사 안창남[10]이다. 방정환의 작품 주인공 이름에는 유난히 남(男)자가 붙은 이름이 많다.

---

10 비행사. 일본 오쿠리 비행학교에서 조종술을 배우고 비행사 시험에 합격했다. 1922년 방정환이 아이디어를 내고 〈동아일보사〉 후원으로 고국 방문 비행을 하여 대환영을 받았다. 당시의 감격을 동아일보는 '반도의 천공(天空)에 최초의 환희'라는 제목으로 대대적으로 보도했다. 훗날 독립운동을 하라는 이상재 등의 권유로 상하이로 탈출, 타이위안 비행학교 교관이 되었으며, 중국의 혁명 전선에 참가했다가 비행기 사고로 숨졌다. 방정환의 미동보통학교 2년 후배이다.

호랑이 똥과 콩나물 선생

소파가 발표한 「20년 전 학교 이야기」[11]라는 글은 소파의 어린 시절을 묘사한 글이라는 점에서 소파의 삶을 정리하는 중요한 자료 중 하나이다. 정환은 나이는 비록 어렸지만, 머리를 깎고서라도 학교에 다니겠다는 굳은 결심이 서 있었다. 또한 유머러스하고 다소 과장된 표현 속에서 그려지는 스토리를 통해 소파가 소학교를 다닐 무렵의 우리나라 초등학교 교육 행태를 살펴볼 수도 있다.

그 때문이라면 이 글을 앞에서부터 더듬어 나가며 여러 에피소드들을 되짚어 볼 필요까지는 없겠다. 장황하게 여겨질 만큼, 마치 의사가 해부를 하듯 글의 거의 전편을 독자와 함께 검증하는 이유는 다른 데 있다. 그것은 망국의 국민으로 살면서 '민족'이라든가 '참된 민족애'에 대한 방정환의 인식

---

11 《어린이》 4권 6호, 4권 7호, 4권 8호.

을 파악할 수 있다고 보는 까닭이다.

다시 「20년 전 학교 이야기」로 돌아가자. 이 글에는 학생들 이야기, 학교 풍경 이야기 등도 있지만 가장 많은 비중을 차지하는 건 역시 교장 선생님 이야기이다.

교장 선생님의 다소 우스꽝스러운 이야기를 통해 소파는 분명한 메시지를 던진다. 교장은 선생님들에게는 엄격했지만 학생들에게는 다정한 존재였다. '상투 달린 점잖은 학생을 볼기까지 때리면서 호랑이 노릇을 하는 선생님들'도 교장이 온다는 소리만 들으면 그만 깜짝 놀라곤 했다. 피우던 담뱃대를 팽개치고 뛰어나가서 '상전이나 만난 것처럼 허리를 굽실굽실하면서 말소리도 크게 못 냈다.'

학생들은 반대로 교장 선생님이 오신다고 하면 크게 기뻐했다. 올 때마다 '으레 모든 학생들에게 양지 두 장, 연필 한 자루씩 나누어 주는 까닭'이었다.

그러나 그렇게도 학생들에게 물심양면으로 베풀던 교장 선생님이 크게 화를 낸 일이 있었다.

그것을 소파는 아주 자세히 적고 있다.

벼루든지 먹이든지 붓이든지, 달라는 대로 얼마든지 학교에서 대어 주므로 (학생들은) 쓰고 싶은 대로 쓰는 판이었습니다.

학생들은, 달라는 대로 주니까 학용품 귀한 것을 몰랐다. 그러니까 먹이든 벼루든 아무렇게나 다루기 일쑤였다. 결국 하얀 나무 책상이 먹으로 뒤

범벅이 될 만큼 지저분해졌다.

어느 날 교실을 둘러보던 교장이 그것을 보고야 말았다. 평소에 화 한 번 내지 않던 교장이 교실에 있던 선생들과 학생들을 번갈아 보면서 호령했다. 책상 하나도 깨끗이 간직하지 못하는 놈들이 공부를 아무리 잘한들 무슨 소용이냐고 불같이 노했다.

교장은 선생들에게 명령했다.

"당장 책상을 닦아 놓아라. 그것도 공부다."

교장의 추상같은 명령이 떨어지자 3백 명 가까운 학생들에게 동원령이 떨어졌다. 자기 책상과 걸상을 학교 앞 우물로 가지고 가서 물과 모래로 문질러서 하얗게 닦기 위해서였다.

보성소학교 앞은 바로 새문(서대문) 큰길이다. 그리고 그곳에 있는 우물은 근처 동네 사람들의 음용수이다. 먹을 뿐만 아니라 간단한 빨래도 그 우물에서 했고 김칫거리를 씻기도 하는 곳이었다. 하지만 도저히 3백 명이나 되는 학생들이 일거에 몰려들어 책상을 씻을 수는 없었다. 그때 마침 빗방울이 떨어지기 시작하자 선생님들은 핑계 김에 교장에게 청을 했다.

"비가 오니까 내일 시키지요."

교장의 대답은 단호했다.

"비가 온다고 못할 일이 무언가? 학생들이 비가 그렇게 무서운가? 이 다음에 군인이 되어 전쟁에 나가서도 비가 온다고 가만히 있겠나, 비가 와도 닦아!"

그때는 모두 군인 기질을 숭상하는 때였으므로 학교에서도 교장은 학생을 군인같이 훈련하려 하였습니다. 그러니 학생들이 비단옷이 아까워서 못하겠다는 말이 얼마나 불쾌하였겠습니까? 불같이 노한 교장의 입에서 전장에 나선 장군의 호령같이 무서운 호령이 내렸습니다.

"모두 벌거벗어라! 벗고 닦아라!"

큰일이었다. 학생들이 소파 같은 어린 소년들뿐이라면 큰일일 것도 없었다. 그러나 학생들 중에는 스물두 살, 스물대여섯 살 먹은 사람도 많았고, 이미 아들딸 낳은 어른 학생들도 많았다. 그런 어른 학생들더러 벌거벗으라고 했으니 학생들은 벌거벗으려 하지 않았다. 벌거벗는 대신 학교 담을 뛰어넘어 도망치는 학생들이 속출했다.

교장은 점점 더 화가 났다. 급기야 교장은 학교 앞에 있는 대한제국 헌병대 대장에게 학생들을 잡아 오라고 부탁하기에 이르렀다. 교장의 부탁을 받은 헌병대에 의해 대부분의 도망자들이 붙잡혀 왔다. 교장은 그 학생들을 모두 벌거벗겨 벌을 세웠다. 평소에는 그렇게 부드럽던 교장이었지만 원래는 구식 군인 같은 양반이었다. 소파는 그 구식 군인 같고 고집불통 교장을 무척 존경했던 것 같다.

보성소학교 이야기는 소파 방정환이 열 살이 되기 전, 그러니까 1905년부터 1907년 사이의 이야기이다. 아직은 형식상이나마 통감부 시절이다. 정식으로 한일합병조약이 체결되기 전이다. 하지만 망국은 이미 불을 보듯 뻔한 때였다.

그리고 이 글은 20년이 지난 1926년에 쓴 것이다. 소파는 이 학교 이야기를 통해 그 교장을 다시 되살리고 있는 것이다. '구식 군인 같은 양반'이라며 겉으로는 비난하는 듯이 묘사하지만 사실은 은연중 민족적인 혼을 지닌 인물로 그리고 있다.

　그 교장 선생과 아주 똑같은 캐릭터를 등장시키는 작품이 하나 더 있다. 「호랑이 똥과 콩나물」[12]이라는 아주 독특한 제목의 작품이다. 작품 이름조차 낯선 이 작품은《학생》지에 4회 연재된다. 아쉽게도《학생》지가 일찍 폐간하게 되어 마무리를 짓지 못한 작품이기도 하다.

　그러나《학생》지에 연재된 부분만 해도 방정환의 작품 세계를 넓히는 몫을 하기에 충분하다. 또한 방정환이 「20년 전 학교 이야기」에서 존경심을 품고 그리려고 했던 교장 선생님 캐릭터가 더 구체적으로 그려져 있다.

　다른 점이 있다면 「20년 전 학교 이야기」는 주인공이 '나'인 방정환이라면 「호랑이 똥과 콩나물」은 제3자 관점에서 화자(話者)가 된다는 점이다. 「20년 전 학교 이야기」에서 다루었던 같은 소재가 중복 채택된 곳도 있다.

＊　＊　＊

　「호랑이 똥과 콩나물」이 연재되었던 1929년이라면 소년 운동계가 좌익과 민족진영으로 갈라져서 극심한 대립과 반목으로 골이 깊어질 대로 깊어진 때이다. 소파는 이 무렵 소년 운동 일선에서 물러나 잡지 편집과 '개벽사' 운영에만 몰두하는 한편 중앙보육학교[13] 등에 출강하고 있었다.

　이 작품의 형태는 분명 그의 대표작으로 알려진 동화 「만년 샤쓰」와 유사한 '소년소설'이라고 할 수 있는데, '중학교 만화(漫話)'라는 부제가 붙어 있다. 유머 이야기라는 뜻일 것이다. 1960년대에 큰 히트를 쳤던 조풍연의

12　잡지《학생》5호~9호, 1929년 8월~11월.

13　중앙대학교 전신. 지금도 중앙대학교에는 보육학과가 있다. 당시 교장은 박희도.

『알개전』과 같은 족보라고 할 수 있겠다. 어찌 보면 '명랑 소설'이라고 할 만하다.

「만년 샤쓰」는 창남이라는 학생이 주인공이고 「호랑이와 콩나물」은 '호랑이 똥'과 '콩나물'이란 별명을 가진 선생님이 주인공이다. 아쉽게도 까다로운 검열 탓에 여러 편이 삭제되는 바람에 결말을 보지 못한 것이 안타깝다. 작품 분량 또한 200자 원고지 200장 가까운 대작이다.

「호랑이 똥과 콩나물」의 앞부분은 당시 유행하는 선생님들의 별명을 열거하면서 시작한다.

> 대답만 느리게 해도 얼굴이 파랗게 질려 가지고 바늘 끝같이 콕 찌른다고 '호열자(虎列刺) 선생'이라는 이름을 지어 바치고, 노할 때도 노하지 않고 인심이 너무 좋으면 '팔삭(八朔) 선생'이란 별명을 바치고, 술을 몰래 사 먹는다고 '밀매음(密買飮) 선생', 혼자 먹는다고 '독탕(獨湯) 선생', 구레나룻이 많으면 '대학목약(大學目藥) 선생', 수염을 깎으면 '채플린 선생', 이 학교 저 학교 옮겨 다니기 잘한다고 '마와리 선생', 얼굴이 예쁘고 맵시가 있으면 '기생 서방'.
>
> 기생 서방에도 선생 소리를 붙이는지 붙이지 않았는지 그것까지는 모르겠으나 대개 위엣 것은 남학생들이 지어 바친 걸작 중의 몇 개이다. 그러나 여학생들이야말로 참말로 위대하게 별명을 짓되, 선생이 처음 온 지 불과 2, 3일 내에 벌써 하나씩 지어 바친다.
>
> 두루마기 동정이 때가 묻었다고 '홀아비 선생', 모양낸다고 '건달 선생', 곁눈질한다고 '가자미 선생', 보통 때는 꾸짖지 않다가 시험 때 끗수 깎는다고 '구렁이 선생', 여학생인 학생 앞에서 떼 잘 쓴다고 '시앗

방정환의 대표 동화 만년 샤쓰

선생', 말하는 것 느리다고 '느슨이 선생', 까분다고 '촐랑이 선생', 너무 똑똑하다고 '나막신 선생', 얼굴에 여드름 자국 많다고 '나쓰미깡 선생', 키가 크다고 '록샤구 선생'이라는 것은 옛날 여학생들이 지은 별명이요 또 해산(解産)하는데 이틀 걸렸겠다고 '2일 선생'이라고 한다니, 우리 사랑스러운 여학생들이야말로 정말 이 방면의 천재들이라고 할 것이다.

점잖으면 점잖은 별명, 까불면 까불이 별명, 딱딱해 별명, 똑똑해 별명. 그래도 교장 선생에게는 감히 별명을 지을 학생이 없었으려니 하면 낭패 본다. 야단을 잘 친다고 '순사'라는 별명을 얻어 가진 교장도 있었고, 보통은 무섭다고 '어마 뚝'이라 하여 어디서든지 흔히 교장은 '호랑이 똥'이라고 이름을 지어 바친다.

학생들이 별명을 짓는 데는 예나 지금이나 같다. 언어 감각이야 다르지만 별명을 짓는 모티브는 같은 듯하다. 성격이나 외모로 선생을 파악하고 그것에서 힌트를 얻어 작명을 한다.

선생님들 별명 중에서 '호열자'는 콜레라, '팔삭'은 요즈음 말로 어리바리 하다, '마와리'는 '돌아다니다'라는 뜻의 일본어이고, 여드름 자국이 많다고 붙인 '나쓰미깡'은 오렌지의 일본어, '록샤구'는 키가 '육척(六尺)'이라는 일본어이다. 그리고 '대학목약'은 그 당시 인기 있었던 안약(眼藥) 이름으로, 아마 그 안약 광고에 구레나룻이 나온 모델이 등장한 모양이다.

이 작품의 '호랑이 똥' 선생도 '무서운 호랑이' 이미지에다 '더러운 똥'을 합성해 만들었을 것이다. 이 별명에는 '똥이 더러워서 피하지 무서워서 피하냐'라는 뜻이 함축되어 있어, 무서운 호랑이 선생에 대해 저항하는 의미가 내포되어 있다고 보인다.

그럼 '콩나물 선생'은 무슨 뜻일까? 그것도 음악 선생이 아니라 체조 선생 별명이 '콩나물'이라니 말이다. 설마, 때리기 잘하는 체조 선생에게는 감히 별명을 짓지 못하겠지… 하면 그것도 오산이다.

체조 선생은 대개 학생들이 좋아할 만한 성격 좋은 선생이 많다. 하지만 간혹 인정사정 반 푼 어치 없는 선생도 있어서, 교칙을 위반하는 학생들 뺨을 후려 때리거나 체조 시간에 뙤약볕에 웃통을 벗기고 체조를 시키는 통에 미움도 제일 많이 받는 이가 체조 선생이다. 미움을 많이 받으면 당연히 악의적인 별명도 많게 마련이다.

서울 중앙(中央)학교에 있던 조철호 선생은 일찍이 '계산(桂山) 호랑이'라는 이름으로 명성이 높았지만 다른 학교에서는 체조 선생에게 흔히 '콩나물 선생'이라고 공통하게 별명을 짓는다. 음악 부호가 콩나물 대가리 같다고 하여 음악 선생이 차지해야 할 '콩나물'이라는 별명이 어찌하여 체조 선생에게 횡령을 당했느냐고 하면, 체조 선생치고 재미있는 이가 없으니까 콩나물같이 싱겁다고 '콩나물 선생'이라 한다는 것이다. 적어도 콩나물이란 이름이 음악 선생에게서 체조 선생에게로 넘어간 데 대해서는 역사 선생도 모르는 깊은 역사가 담겨 있는 셈이다.

이 글에 등장하는 조철호 선생은 보이스카우트를 창설한 분이다. 보이스카우트의 당시 이름은 '조선소년척후대'란 이름이었다. 계산(桂山)은 중앙학교가 있던 지명이다. 조철호 선생은 중앙학교에 봉직하다가 소파가 이 글을 쓸 무렵엔 일본 유학 중이었을 것이다.

그럼 다시 '콩나물 선생'의 깊은 역사를 구경하러 가자. 「20년 전 학교 이야기」 시절로 다시 거슬러 올라가야 한다.

김○근이라는 체조 선생이 있었다. 그때는 소학교 선생이 지금과 달라서 처음 신학문 배운다고 '서당'에서 넘어온 때이기 때문에 모두 상투를 틀고 갓을 쓰고 수염 난 학생들이 큰기침하면서 양반걸음으로 다닐 때였다. 상투 틀고 갓 쓴 학생들에게 무슨 정성으로 체조는 가르치겠다고 체조 선생을 두 사람씩 두었는데, 그중에서도 정교원은 평양(平壤) 병정(兵丁) 중에 하사(下士) 격이나 되는 이였고, 서울 사는 김○근 씨는 부교원으로 조수처럼 있었다.

그러니까 '콩나물 선생'은 정교원도 아닌 부교원 신분이었다. 정식 교사가 아니라 임시 교사, 아니 보조 교사였을 것이다.

지금과는 달라서 그때는 각 학년의 체조 시간을 따로따로 정하는 것이

방정환의 동화에 나오는 호랑이 선생은 중앙학교 조철호 선생으로, 보이스카우트 창설자였다.

아니라, 꼭 점심때 뙤약볕이 한창 기승을 부려 모래알이 이글이글 타오를 때에 전교 학생 3백 명을 모두 마당에 내어 세우고 한꺼번에 체조를 시켰다. 정교원이 언덕 높이 서서 "차렷! 좌향우, 앞으로 갓!" 하고 마음대로 호령을 부르면 갓 쓴 학생들이 상투나 땋아 늘인 총각머리를 흔들흔들 차면서 호령대로 땀을 흘리면서 움직인다.

부교원인 우리 김 선생은 호령도 못 불러 보고 심심해서 그랬는지, 어쨌든 차렷해 서 있는 학생의 열 뒤로 발소리도 없이 살살 다니면서 무릎오금을 콕 찔러 본다. 그러면 무릎이 앞으로 굽혀지지 않는 사람이 없는데, 굽혀지기만 하면 어느 틈에 뒤에서 귀와 뺨을 올려 때린다. 청천의 벽력이 아니라 어둔 밤의 벽력도 분수가 있지. 아무 소리 없이 뒤에 와서 무릎오금을 찌르고는, 찔러도 쇠 말뚝처럼 꼿꼿한 채로 서 있지 않는다고 후려 때리니 상투잡이 학생들은 그만 기절해 쓰러진다.

"이놈아, 일어서! 이 송장 같은 놈아!" 하고 소리 질러 일으켜 세워 놓고는 하시는 말씀이 "이놈아 한 번 차렷을 한 후에는 휴식을 부를 때까지는 대포로 쏘아도 까딱 말아야지 무릎에 기운을 안 주고 섰으니까 오금을 조금 건드려도 흔들리지. 이 송장 같은 놈들아. 너 같은 놈이 어찌 전장(戰場)에 나아갈 테냐? 밥이나 죽이지" 하고는 그 다음 사람의 오금을 또 찌른다.

요즈음 그런 선생이 있다면 당장 학부모들로부터 고발을 당하든지 크게 문제가 될 것이다. 하지만 그때는 '선생님 그림자는 밟지도 못한다'는 옛날 옛적이라 당하는 학생들만 답답할 뿐이었다.

다시 김 선생의 행각이 이어진다.

김 선생의 행사가 이런지라 학생들 미움을 많이 받았을 것은 말할 것도 없다. 그렇다고 지금처럼 동맹휴학이란 것도 모르고 사무실이나 교장에게 진정을 할 줄도 모르니, 그냥 울며 겨자 먹기로 죽기보다 싫은 체조를 배우고 지냈는데, 한 번 어떤 기회에 알아보니까 그 미움받이 김 선생의 집이 동대문 밖이라 하는 고로, 장난꾼 학생 몇이 동대문 밖에까지 나아가 그 집 근처에 가서 알아본 결과 잘 알았는지 못 알았는지 그 김 선생의 아버지가 콩나물 장수라 하는 것이었다.

이 말을 들은 학생들은 범이나 잡아 온 듯이 좋아하면서 그때부터 먼 데서라도 김 선생의 얼굴을 보면 "콩나물 사려!" "콩나물 사려!" 하고 소리를 지르기 시작했다. 그러나 예민하지 못하신 김 선생은 그것이 자기를 들으라고 하는 소리인 줄 모르고 (한동안은) 태평으로 지냈다.

소파가 쓴 원문을 계속 인용한다. 소파의 이어지는 글에서 무식하고 무지스러운 보조 교사 김 선생의 행각은 계속된다.

이런 일도 있었다.

어느 해 늦은 여름이었다. 원족(遠足)[14]을 가는 때였는지 행군 연습을 하는 때였는지, 삼백 명의 학생을 사열 종대로 하여 서대문 감옥 앞 무악재 고개를 넘어서 홍제원 내를 끼고 돌아, 세검정을 거쳐서 창의문으로 하여 효자동으로 돌아오기로 하고 떠났다. 다른 선생들은 학감(學監)까지 섞여서 뒤에 떨어져 오고 맨 선두에는 우리 전장 선생 콩나물 선생이 서서서 행군을 하였다.

그런데 나팔소리에 맞춰서 무악재 고개를 넘어가기까지는 좋았다. 그러나 마침 장마 뒤끝이라 홍제원 그 큰 시내는 시뻘건 물이 한강 물같이 흘러서 논까지 길까지 물에 덮였다.

누가 호령을 한 것도 아니지만 선두의 나팔수는 나팔을 그치고 일동은 딱 전진을 그치고 섰다. 그랬더니, 그랬더니 말이다. 선두 지휘가 다른 사람 아닌 콩나물 선생이 어찌되었을까 말이다.

"이놈들아, 누가 가지 말라고 호령을 하더냐. 왜 이러고 섰어."

"아니 물 속으로 들어가요?"

"이놈아 물이거나 불이거나 서라는 호령이 없으면 그냥 나아가야지."

"그렇지만 이 물 속으로 어떻게 그냥 나아갑니까?"

"이놈아 전장에 나아가다가도 물이 있으면 설 터이냐?"

---

14 소풍이라는 의미로 당시에 사용하던 말.

전장이라는 말에는 할 말이 없다. 대답을 못하고 그렇다고 나아갈 수는 없고 쩔쩔매고 섰노라니까, 콩나물 선생님이 뒤로 보여 십여 보 물러서더니 전군을 향하여 벽력같은 큰소리로 "앞으로- 갓!!" 하고 소리를 쳤다.

하는 수 없이 삼백 명 학생은 시뻘건 물 속으로 그냥 주춤주춤 행진해 나갔다. 학생은 학생들대로 이미 물 속으로 행진해 들어갔거니와 뒤에 멀거니 떨어져 오던 학감 각하와 다른 선생님들은 물가까지 와 보고 기절하였다. 물이 이렇게 끼었으면 의논할 여부도 없이 뒤로 회군해 갈 것이다. 그런데 귀염둥이 콩나물 선생이 벌써 학생들을 끌고 물 속으로 멀리 행진을 해 놓았으니 이 노릇을 어찌할꼬 하며 앙천대곡(仰天大哭)을 한 꼴이었다.

여기까지는 그래도 약과다. 김 선생의 진면목은 이제부터다. 이 부분은 '악박골 습격 설중(雪中) 대접전'이라는 중간 제목이 붙어 있다.

그때는 해마다 봄이나 가을에 각 관사립학교(官私立學校)가 전부 연합하여 대운동회라는 것을 개최하고 우승기 싸움이 있었다. 그래서 이 운동회가 임박하면 각 학교는 미리부터, 그야말로 맹연습을 여러 날 두고 한다. 대표 선수에게는 인삼과 계란을 먹인다 하고 수선이 굉장하였다. 어느 해 봄에 그 대운동회가 열리게 되어서 보성소학교에서는 무악재 고개 밑 악박골[15] 들어가는 어귀에 매일 연습을 하러 갔었다.

---

15 옛 서대문형무소 뒤 산정에 있는 약수터 이름. 일명 영천(靈泉)이라고도 불렸음.

하루는 마침 3월 삼짇날이라 서울 시내 시외의 부인네들이 아침부터 악박골로 몰려들었다. 지금과 달라서 트레머리[16]나 파라솔은 없지만 장옷 입은 이, 치마 뒤집어쓴 이, 늙은 부인, 젊은 새색시, 바가지 든 사람, 점심 차려서 하녀에게 들려 오는 사람, 실로 몇천 명인지 모르게 악박골로 악박골로 들이밀렸다.

저녁때가 되어 해가 지려 할 때 연습이 끝나고 학교로 돌아오려 할 때 학생들이

"선생님 악박골 가서 물 좀 먹고 가지요."

"오늘이 삼월 삼짇날인데 악박골 물 좀 먹어야지요."

하고 콩나물 선생을 충동하였더니, 그리하자고 곧 시원스럽게 승낙을 하시고 우향우를 불러서 악박골로 행진을 하였다. 지금은 자동차도 들어가지만 그때는 산비탈길이라 길도 있는 듯 없는 듯한 것을 그냥 열을 지어 들어갔다.

그러나 워낙 부인네들이 많이 몰려들어서 악박골 안이 빡빡하게 매우 듯하여 단 한두 사람도 들어갈 틈이 없는 터라 학생들의 행진은 중턱까지도 못 들어가서 더 들어가지 못하고 우뚝 서 버렸다. 좁다란 산 비탈길에서 이 지경이 되었으니 삼백여 명 학생이라 산비탈에 그냥 뱀 껍질처럼 줄이 늘어서게 되었다.

이러는 판에 한 학생이

"선생님, 전장에 나온 셈치고 한번 고함을 치면서 와짝 돌격을 해 들어가 보지요. 선생님께서 호령을 해 주십시오."

---

16 당시 신여성들이 좋아하던 헤어스타일.

악박골이 있던 안산에서 바라본 서대문 형무소 역사관. 서울 서대문구 현저동

하고 콩나물 선생을 충동하였다. 전장에 나온 셈이라는 말에 신이 났던지

"한 번 해볼까?"

하신다.

"해보지요. 해봐요. 호령만 하십시오."

기어코 콩나물 선생이 신이 나서 벽력보다도 더 큰소리로

"돌겨억!!"

하고 소리를 쳤다. 자기도 어찌나 신이 났던지 바로 마상(馬上)에 높이 앉아 장검을 빼는 듯한 맵시로 한 팔을 높이 들어 악박골 안쪽을 가리키면서 벽력보다 더 큰소리를 질렀다.

"우아악!!!"

소리를 삼백여 명이 일시에 지르면서 전진해 들어가니 참말 굉장히 큰소리라 그 안에 있던 수많은 부인네들은 난리가 나는 줄 알고 그만 혼비백산하여 에구머니 소리를 지르면서 곡성이 진동하면서 저마다 물바가지며 점심 그릇, 돗자리를 그냥 던지고 산꼭대기로 개미 떼같이 흩어져 기어올라 갔다. 곡성은 하늘에 진동하지만 악박골 골 안에는 사람 하나 남지 않고 바가지들과 돗자리와 그릇만, 편싸움 판에 돌멩이만 떨어져 있듯 여기저기 어지럽게 떨어져 있었다. 삼백 명 학생은 내 집같이 대활보로 들어가서 깔깔거리고 웃으면서 흩어진 바가지를 주워 들고 물을 퍼다가 돌려 가면서 먹었다.

콩나물 선생은 이런 식이다. 학생들은 대부분 단순하고 무식한 콩나물 선생을 싫어했다. 그도 그럴 것이다. 해체된 구 대한제국 병정 출신인 탓에

모든 걸 군대식으로 해결하니 학생들이 좋아할 리 없었다. 학생들이 조금만 유약한 면만 보여도 말끝마다 "이담에 전장에 나가서도 그럴 테냐"고 꾸짖는 그다.

하지만 소파가 그리려고 하는 김 선생은 민족애가 투철한 선생이다. 비록 무식하고 단순해서 갖가지 웃지 못할 해프닝을 벌이게 하면서도 김 선생의 모습 속에 나라 잃은 지사(志士)의 모습을 슬며시 감추어 두었다. 그는 단순한 돈키호테가 아니다. 바람에 빙글빙글 도는 풍차를 바라보고 비루먹은 노새를 타고 돌진하는 돈키호테처럼 독자를 웃길지라도 그 행동 속에는 소파가 숨겨 놓은 의도가 있었다.

이것은 마치 나운규의 영화 〈아리랑〉과 비슷한 연장선상이다. 독립 정신을 고취하는 〈아리랑〉 같은 작품 속의 주인공은 미친 청년 영진이다. 제정신 가진 주인공이 등장한다면 〈아리랑〉은 만들 수 없다. 까다로운 총독부 검열을 피하는 소파와 나운규다운 테크닉이다. 그래서 그 글을 읽은 독자들은 어릿광대 같은 콩나물 선생의 행각을 보면서도 그를 미워하지 않는 것이다.

이번에는 눈싸움 편이다. 콩나물 선생이 어떤 선생인지 알 수 있고, 독자들에게 주는 확실한 메시지가 있다.

그 눈싸움 때문에 한 번은 대사건(大事件)이 생겼다. 보성학교는 서대문 안 경성중학교 정문 맞은편, 현재는 피어선빌딩 뒤편에 있었다. 그 학교 운동장에 면해 있는 남쪽 동산 위 야트막한 돌벽 담 너머는 노국(露國) 성교당(聖敎堂)[17]이어서 노국 아이들도 놀고 통역관의 식구들도 놀고 있었다.

17　현재 이곳은 경향신문사 옆 상림원 빌라 앞의 공원이다. 당시 러시아 공관 건물의 일부였던 종탑이 남아 있어 서울시가 사적으로 지정했다. 러시아와 외교 관계를 회복한 이후 러시아 공관은 옛 배재중고

다시 원문으로 대사건(?)을 구경한다.

마침 이편에서 체조 시간에 대설전(大雪戰)이 벌어져서 폭탄 같은 눈덩이가 공중에서 난무하는 판인데, 그것을 담 너머에서 보고 구경하다가 (그들도) 신이 났던지 노국 성교당 편에서 눈덩이가 서너 개 이리로 넘어왔다.

"야, 저놈의 집에서 이리로 눈을 던진다."

"아라사[18] 놈들이 그러나 보다."

"우리 그놈들을 혼을 내 주자."

"선생한테 말을 하고 해야지."

"말하면 못하게 말릴 텐데."

"아니다. 콩나물한테 말하면 신이 나서 좋아할 거다."

학생 중의 몇 사람이 수군거리다가 '전장 선생'에게로 갔다.

"선생님, 저 담 너머에서 아라사 애 녀석들이 눈을 자꾸 이리로 던지는데 가만 두어야 합니까?"

"이것도 전쟁인데 한 번 무찔러서 버릇을 고쳐 놓지요."

'전쟁'이라는 학생의 한마디에 콩나물 선생의 정신이 바짝 든다. 러시아는 당시 우리나라를 둘러싸고 있던 열강이다. 그들은 부동항(不凍港)을 얻으려고 남하 정책을 펴고 있었다. 정동에 있던 러시아 공관에 공관원 말고도

등학교 터로 옮겨다 지었다. 학교 운동장이 러시아 공관과 맞닿아 있다는 표현으로 보아서 보성소학교는 경향신문사에서 광화문 네거리로 가는 중간쯤에 있었다고 추정된다.

18 러시아의 옛 명칭.

노국 성교당이 있던 자리에 세워진 공원. 서울 중구 정동

적지 않은 병력이 주둔한 것도 그 때문이다.

이때 그 담 너머에서 또 한 덩이가 넘어와서 콩나물 선생의 한 간쯤 앞
에 떨어져서 굴렀다.

"한로(韓露) 접전이올시다. 한번 해보지요. 그까짓 놈들 혼이 나게."

"그래라. 일제히 함성을 치면서 돌격을 해라!"

한로 접전이란 말에 뱃속에 가득 찬 '전장'이란 벌레가 움직이기 시작
한 모양이어서 그래! 하는 소리가 몹시도 상쾌하였다.

명령 한마디에 삼백 명 학생이 '이게 웬 땡이냐'고 신이 나서 일시에
노국성당으로 눈덩이를 퍼부으면서 으악!! 소리를 치면서 동산 위로

돌격해 올라갔다. 의외의 무서운 기세에 깜짝 놀란 노국 아이들은 우박같이 쏟아지는 눈덩이에 견디지 못하여 양관(洋館) 속으로 도망해 들어가더니 저마다 손에 총을 하나씩 들고 나와서 쏘기 시작하였다.

일이 이렇게 되니 우리 콩나물 선생 얼굴이 시뻘게지고 노기가 머리끝까지 뻗친 것은 물론이요 전군(全軍)이 격분하였다. 그러나 떨어지면 흩어져 버리는 눈덩이쯤 가지고는 총을 당해낼 도리가 없다. 그렇다고 지금과 달라서 그때만 해도 옛날이라 온 경성(京城)을 다 턴다 해도 새총을 십여 자루라도 얻어 올 길이 없었다.

"얘들아!"

노기충천하게 된 우리 전장 선생은 입을 열었다.

"이 앞에 청인(淸人)들의 가게에 가서 딱총을 모아 오너라. 왜 길가 댓가지 끝에 달린 것 있지? 불을 그어 대면 화살같이 튀어 나가는 것 말야. 그놈을 모아 와!"

"돈이 있어야지요."

콩나물 선생은 화가 나서 자기 주머니를 쏟았다. 거기서 모두 나온 것이 엄청나게 17전! 이 일에 충동되어 그 많은 학생이 저마다 주머니를 털었다. 모인 돈이 9원 30전! 열 사람의 학생이 달음질해 나가서 겨우 7원어치를 모아들였다.

학생은 세 패로 나뉘어서 한 패는 돌멩이 한 개씩을 박아서 눈덩이를 뭉쳐 공급하고, 또 한 패는 그것을 받아 집어 갈기고 나머지 한 패는 화살 딱총질을 시작했다. 돌 박은 눈덩이는 소위 성교당의 유리창을 제격 깨뜨리고 성냥불만 그어 대면 시뻘건 불덩어리가 총알같이 화살같이 적의 얼굴을 향해 닫는다.

적은 불을 피해 이리 쫓기고 저리 쫓기며 나무 등걸 뒤로만 쫓아다니면서 총질을 했다. 이편에서는 총알을 피하느라고 담 밑에 고개를 살짝살짝 감추면서 화총을 내쏘아 격전도 격전, 정말 실전이 벌어졌다. 격전 30여 분! …(후략)…

* * *

어떤 사람이 진정 무서운 사람인가?

어떤 행동을 하기 전에, 신중히 생각하고 행동하는 사람이 무섭고 두려운 사람일까? 아니면 행동부터 먼저 하고 생각하는 사람이 무서운 사람일까?

소파가 그리고 있는 콩나물 선생은 그도 저도 아니다. 행동부터 한다. 행동한 후에도 생각 같은 것은 하지 않는다. 애초부터 결론만 있는 문장과 같다. 이런 사람이 무서운 사람이 아니겠는가?

어찌 보면 무뇌인(無腦人)처럼 보인다. 하지만 김 선생은 무뇌인이 아니다. 절대 신념의 소유자다. 자신이 옳다고 생각하는 한 가지를 위해서 사는 사람이다. 누가 뭐래도 마이웨이이다.

콩나물 선생 이야기를 계속 보기로 하자.

콩나물 선생이 어느 해 겨울에

"어느 때든지 전장에 나갈 군인격(軍人格)을 갖추자면 제일 먼저 사치하는 나쁜 버릇을 없애야 하는 것이야. 학도들은 일체 비단옷을 입으면 안 돼. 내일부터는 일체 입지 말아."

하고 일러 놓고, 그 이튿날 체조 시간에 보니 비단 조끼 비단 토시를 입은 학생이 하나도 없는 고로 대단히 만족해하였다.

그러나 나중에 알고 보니 체조 시간 전에 비단옷은 모두 벗어서 책상 속에 감추어 두고 나왔던 것이어서 그 시커먼 콩나물 선생의 얼굴이 시뻘게져서 사무실에서 혼자 식식 하고 있었다.

그 이튿날이다. 이날은 아침밥도 안 잡수셨는지 새벽부터 오셔서 학교 문에 딱 버티고 앉아서 들어오는 학생마다 두루마기를 헤치고 조끼를 검사하고 대님 허리띠까지, 비단이면 모두 끌러 놓고 벗어 놓고 들어가게 하였다. 이리하여 모본단 조끼가 30여 벌, 비단 토시가 50여 벌, 대님 허리띠가 130여 개를 거두어서 소사(小使) 방에 싸 두었다가 오후 하학 후에 전교 학생을 돌아가지 못하게 하여 운동장에 모아 놓고 훈화하시는 말씀.

"이놈들아, 내가 너희들 비단옷 입은 것을 시기해서 입지 말라는 줄 아니? 너희들은 국가의 간성(干城)이야. 우리나라의 울타리가 되고 주춧돌이 될 사람들이야. 세상은 망해 가는데 너희들은 그렇게 철이 없이 고운 옷만 입고 싶단 말이냐. 우리 교장님은 연설을 하시다가 경무청에 잡혀 들어가시지 않았니? 너희들은 그보다 더한 데를 들어가더라도 무서움 없이 국가의 간성된 책임을 다할 줄 알아야지. 비단옷을 입고 편하기만을 바라는 놈이 나라를 어떻게 구할 용기가 날 터이냐. 이 돼지 같은 놈들아. 그따위는 이 나라 백성이 아니야. 이 나라의 학도가 아니야. 교장님처럼 길거리에 나가 연설하든지, 연설을 못하면 돌멩이라도 하나 집어던지든지 왜 못한단 말이냐. 너희들까지 오늘 내일 오늘 내일 하는 판을 모르고 철없이 굴면 누가 이 동포를 살린단 말이냐."

그 검고 무뚝뚝한 얼굴에 눈물이 흘러내렸다. 지식이 많지 못한 이라 거칠기는 하나 진정의 말이었다. 그때는 참말 조선의 말년이었던 것이다. 바람 앞에 촛불같이 아주 꺼져 버릴 시간이 눈앞에 아른거려서 전체의 공기가 이상할 때였다. 학생들이 이날처럼 이 선생의 말씀을 근숙(謹肅)히 들은 때는 없었다.

"너희들이 나를 원망하려면 원망하여라. 나는 욕을 먹을지언정 너희들이 그렇게 더러워지는 꼴은 볼 수 없다."

하고 그는 소사를 시켜서 그 비단옷을 전부 다섯 개의 난로에 집어넣었다. 옷 타는 누린내가 온 동네 사람의 코를 찌르게 하였다.

"너희들은 이것을 아깝게 생각하지 말고 이때까지의 사치한 마음과 아주 영구 작별하여야 한다."

아무도 섭섭한 생각을 가질 학생이 없었다. 진정으로, 진정으로 사과하는 생각으로 가슴들이 뿌듯하였다.

이쯤 되면 소파가 「호랑이 똥과 콩나물」을 통해 무슨 메시지를 전하려고 했는지 알아차릴 수 있겠다. 굳이 작품 부제로 '만화'라고 붙인 것도 이유가 있었다. 그래야, 우스개 이야기거니 하고 검열을 피할 수 있었을 것이라는 짐작이 간다. 마지막 대목의 중요한 메시지 전달을 위해서 소파는 여러 가지 트릭을 쓴 셈이다. 콩나물 선생을 단순 무지하고 지나치게 우스꽝스러운 인물로 그린 것도, 일본으로서는 적국이라고 할 수 있는 아라사(러시아) 공관을 때려 부수는 에피소드를 곁들인 것도 따지고 보면 그런 의도가 숨어 있는 것이다.

말하자면 김 선생을 통해 소파는 망해 가는 나라를 위해 피 흘려 싸운 의

'호랑이 똥과 콩나물'은 《학생》잡지에 연재했다.

병장이나 우국지사를 그리려고 했는지 모른다.

이 글을 발표한 때는 1929년. 나라를 빼앗긴 지 어언 20년째다. 기미 3.1 독립운동으로 잠시 보였던 실낱같은 독립의 희망도 암울한 어둠 속에 깊이 사라진 때이다. 어쩌면 학생들 마음속에는 조선을 밀어내고 일본이 둥지를 틀고 있는지도 모르는 때였다.

다시 「호랑이 똥과 콩나물」의 다음과 같은 구절을 읽어 보자. 마지막 대목이다.

무식하여도 좋으니, 두들겨 주어도 좋으니 이런 체조 선생이 지금도 더러 있어 주었으면 하는 생각이 든다. 눈물을 흘리면서 때리는 것이라면, 그걸 선생에게 얻어맞는 학생도 고마운 생각이 들지 않을 것이냐.

집안의 몰락

　방정환의 유복한 시절은 오래 가지 못한다. 싸전과 어물전을 운영하며 버는 돈으로 풍족한 생활을 하던 집이었다. 가게며 집안일을 돕는 종복들도 꽤 많았다. 그래서 큰 기와집 한 채로는 비좁아 큰 기와집을 두 채 사서 담장을 트고 살 만큼 큰 살림살이였다.

　이런 유복한 살림 덕택에 학교(보성소학교)에 입학할 수 있었을 것이다. 보성소학교 교장이 정환에게 어느 집 뉘 자제냐고 묻고 나서 입학시키기로 결심한 것도 정환이 가난한 집의 아이였다면 그러지 않았을 것이다.

　그런 정환네가 망한 것이다. 이제부터는 야주개 동네를 휘젓고 다니며 아무 가게나 들어가서 갖고 싶은 것을 마음대로 가질 수 없게 되었다. 큰 시련이 정환 앞에 다가왔다. 왜 집안이 망했는지 어린 정환으로서는 도무지 영문을 알 수 없었다.

　아홉 살 때였다.

사직터널 시내 쪽 입구 바로 위가 도정궁 터로 추정된다.

아홉 살 때에 무엇 때문에 어떻게 망하였는지 모르나 별안간에 그 큰 집에서 쫓겨나듯 나와서 사직골 꼭대기 도정궁 밑의 조그만 초가집으로 이사를 하게 되었습니다.

도정궁(都正宮)은 현재 사직터널 부근에 있었다. 누구의 집이었는지에 대해서는 자료마다 조금씩 설명이 다르다. 건국대학교 홈페이지[19]에는 '원래 종로구 사직동 252-82에 위치하여 철종 때의 왕족인 이하진의 살림집으로서 도정궁으로 유명하다'고 하면서 현재 '이 건물은 성산대로 건설에 따른 도시계획 선에 저촉되어 부득이 건국대학교 구내 현 위치로 1979년 7월 4일 이건하였다'고 하였다. 또 다른 자료인 서울 정도(定都) 600년 안내 사이트[20]

19 www.konkuk.ac.kr

20 www.seoul600.visitseoul.net

에는 '사직터널 부근인 옛 도정궁(고 이해창 씨 집) 자리가 아닌가 생각된다'고 되어 있다.

방정환 집안이 하루아침에 몰락한 이유에 대해서는 구체적인 기록이 없다. 할아버지가 하는 사업이 잘 안되어 빚을 졌다고도 하고, 할아버지가 보증을 잘못 서는 바람에 재산을 모두 차압당했다고도 한다. 방정환이 남긴 글에도 구체적으로 언급된 대목은 없다. '아마 별안간에 큰 빚에 몰려 세간 물건을 모두 집행당했든지…' 하는 정도로 짐작할 뿐이었다.

방정환의 맏아들 운용이 쓴 다음과 같은 글[21]도 마찬가지다.

> 열 살 때, 작은할아버지가 사업에 실패한 빚 때문에 온 집안은 몇 채의 큰집과 많은 물건들을 빚쟁이에게 빼앗기고….

아무튼 할아버지가 보증을 잘못 서셨거나 사업이 크게 망했거나, 할아버지 때문에 집안이 망한 것만은 분명하다.

집안이 몰락했으니 당연히 가난의 고통이 뒤따를 것이다. 부잣집 도련님으로서는 상상할 수 없는 궁핍한 생활이 시작될 것이다. 그야말로 하루하루가 춥고 배고픈 나날이 될 것이다.

처음에는 가끔, 가끔씩 콩나물죽을 '억지로' 먹었는데 시간이 지나자 그것마저 불가능해진다. 여덟 식구라면 적지 않은 숫자다. 식구들이 배고픔을 면하려면 어른들은 너나없이 벌어야 했다. 아버지는 인쇄소 조판공으로, 삼촌은 남의 집 점원으로…. 어제까지도 아버지 가게에서 제2인자처럼, 당연

---

21 「아버님의 걸어가신 길」, 『소파아동문학전집』, 문천사, 1965년 11월 30일.

히 가업을 물려받을 당당한 위치에 있던 아버지였다. 그런 그들이 취직이라고 해서 벌어 오는 돈으로 살림을 꾸려 가기에는 턱없이 부족했다. 갚아야 할 빚도 있었다.

가난의 고통은 제일 먼저 배고픔으로 찾아온다. 지금까지 살던 큰 기와집과 큰 가게에서 좁고 지저분한 사직골 초가집으로 이사할 때만 해도 정환은 이삿짐을 실은 짐 구루마 뒤를 따라가는 것이 재미있었다. '조그만 집으로 짐을 옮겨 놓으니 마치 집 안은 세간을 쏟아 놓은 듯했습니다.'

그러나 집이 좁은 것은 그래도 참을 만했다. 방정환의 글을 보자.

> 더 괴로운 일은 그 후 한 달도 못 지나서 가끔가끔 콩나물죽을 억지로 먹어야 하게 되는 일이었습니다. 어떻게 그렇게나 먹기가 싫던지….
> 몇 번이나 없는 밥을 달라고 떼를 쓰다가 매를 맞았는지 모릅니다.

손자들까지 밥을 굶는 형편이 되자 할아버지는 식기(食器)를 팔아서 제수도 흥정해서 사고 쌀도 산다. 끼니도 이을 수 없을 만큼 점점 더 궁핍해지자 '입을 줄이기 위해서' 할 수 없이 누이는 시집을 가야 했다. 마음 내키지 않는 혼처로 시집가는 딸을 보내면서 어머니는 병석에서 눈물만 흘리며 한숨 짓는다.

정환네의 배고픈 이야기는 계속된다. 아침을 아예 죽으로 때우는 날이 많아졌으니 학교에 싸 가지고 갈 도시락이 없는 것은 당연했다. 도시락을 싸 달라고 우는 정환에게 어머니는 그때마다 회초리를 들었다. 이것은 철없는 정환이 미워서라기보다는 귀여운 자식에게 따뜻한 밥 한 그릇 해 줄 수 없이 집안을 망하게 한 할아버지에 대한 항거였는지도 모른다. 몇 차례 얼어맞은 정환이 대문을 나서다가 뒤돌아보면 으레 어머니가 마루 끝에서 눈물짓고 계시는 것이 보였다.

소파의 작품이, 그것이 동화이든 동요이든 유난히 눈물이 많은 것도 이런 소년 시절의 체험 때문에 연유한다는 추론도 가능해지는 대목이다. 그래도 잘 사는 대고모 할머니가 계시기에 밥을 굶고 학교에 가는 정환에게는 구세주처럼 고마웠다.

대고모님 댁은 야주개를 벗어나는 길목인 영성문[22] 앞에 있었다. 정환이 사직골에서 학교(보성소학교)로 가려면 이곳을 지난다. 대고모님 댁은 살림이 넉넉했다. 그래서 아침마다 정환이 빈 그릇을 가지고 학교 가는 길에 들르던 그 밥주발에 밥과 찬을 담아 주곤 하셨다.

그러나 정환에게 밥을 싸 주는 것을 대고모부는 좋아하지 않았다. 그래서 대고모부가 집에 있는 날이면 도시락을 싸 줄 수가 없어서 그냥 학교에 가야 했다. 그런 날은 대고모가 문 앞에서 기다리다가 정환이 오면 "오늘은 그냥 가거라" 하고 말한다. 그 말을 들으면 천근만근 발걸음이 무거워진다.

도시락을 싸지 못한 날 점심시간이면 정환은 교실 밖으로 숨어야 했다. 점심을 싸 오지 못한 것을 아이들에게 들키기 싫었던 것이다.

학교에 갈 때는 대고모님 댁에서 점심밥을 얻어 가지고 학교에 갔고, 학교에서 집으로 올 때는 쌀을 꾸러 다니는 날이 많았다. 가족들이 먹을 식량이 떨어질 때가 자주 있었기 때문이다. 쌀이 떨어지면 어머니는 항상 쌀자루를 쥐어 주면서 학교에서 돌아오는 길에 이모 댁에 가서 쌀을 꾸어 오도록 시켰다. 한 달이면 일고여덟 번. 그때마다 어린 정환은 차라리 굶는 게 낫

---

22 전에 경기여고가 있던 자리에 있었다. 현재는 덕수궁 선원전 복원 공사 중이다.

1부 소년의 꿈

영성문과 옛 경기여자고등학교가 있던 자리. 현재 덕수궁이 있는 서울 중구 태평로

다고 생각할 정도로 쌀을 꾸러 다니는 게 싫었다.

그래서 이모님에게 쌀 꾸러 왔다는 말을 못하고 그냥 빈손으로 오는 날이 종종 있었다. 그런 날은 온 가족이 날이 어두워질 때까지 인쇄소에서 돌아오는 아버지와 삼촌을 기다린다. 그것을 눈을 뜨고 그냥 앉아서 볼 수 없어서 정환은 집 밖으로 뛰쳐나가 집 앞 전봇대에 머리를 묻고 울곤 했다. 하지만 가난의 고통이 어디 배고픔뿐이겠는가.

학교에서 돌아와도 할 일이 참 많았다. 전에는 모두 하인들이 했을 일들이었다. 우선 매일같이 물을 긷는 일이 열 살 안팎의 정환에게는 큰일이었다. 정환은 매일 물지게를 지고 물을 길러 다녔다. 물을 길어 나르는 일은 몹시 힘들었다. 우물에서 집까지 오는 거리가 두어 마장쯤 되는 제법 먼 거리였고, 골목길도 평탄하지 않았다. 날씨가 따뜻한 봄이나 여름철에는 그래도 나았다. 겨울에는 정말 견딜 수 없을 만큼 힘들었다. 날은 춥고 바람은 살을 에일 듯이 불고, 그러니 배는 고프고 몸은 떨려 온다. 물 긷는 일이 얼마나 힘들었는지에 대해, 소파는 이렇게 쓰고 있다.

겨울이면 물이 나오지 않고 밑바닥에 조금씩밖에 안 나오므로 물난리가 날 지경이어서 우물 앞에 온 차례대로 물그릇을 조르르 늘어놓고 기다리어 차례가 되면, 바가지를 들고 우물 속에 기어 들어가서 떠 가지고 나오게 되므로 우물 앞에는 물통과 물동이가 골목 밖에까지 체조하는 병정처럼 늘어 놓고 자기 차례 오기를 기다리자면 두 시간씩이나 기다리게 되었습니다.

손병희는 사위 방정환에게 조선의 미래를 걸었다.

* * *

훗날 천도교 교주 손병희의 사위가 될 때까지 이렇게 가난한 생활이 계속된다. 10년간이다. 한창 자라나는 소년 시절부터 맛보기 시작한 가난의 매운맛은 사춘기 소년의 인생에 적지 않은 그림자를 던지게 된다. 나중에 천도교 교주 손병희의 사위가 되어 형편이 크게 나아지긴 하지만, 소년 시절 뼈에 사무치도록 겪은 궁핍한 체험은 그가 사회주의에 관심을 갖게 만드는 원인이 되었을 것이다.

그뿐만이 아니다. 「어린이 찬미」와 같은, 소파 방정환을 '천사주의 아동문학가'로 비판하는 평론가들마저 극찬을 아끼지 않는 아름다운 글을 쓰기 전에 발표한 시, 수필, 소설 등이 같은 시대 어느 작가들 작품보다도 어둡고 허무주의적인 경향에 빠져드는 것도, 따지고 보면 이 소년 시절의 혹독한 가난 때문이 아닌가 싶다.

가난은 지금도 그렇지만, 가난은 가족을 해체한다는 점에서 무섭다. 앞에서도 언급되어 있지만 '먹는 입을 줄이기 위해서' 딸을 시집보내는 일 같은 것이 하나의 예이다. 어린 정환은 시집가는 누이가 탄 가마가 동네 어귀에서 안 보일 때까지 길모퉁이에 숨어 서서 오래오래 울었다.

소파는 이 누이의 일[23]을 동경 유학 시절까지 오랫동안 잊지 못하고 못내 가슴 아파했다. 병으로 일찍 여읜 어머니와 함께 누이는 여리디 여린 소파의 심성에 항상 서늘한 슬픈 그리움으로 남아 있다. 그 시절은 너나없이 가난했다. 오직 식구 수를 줄이기 위해서 어린 딸을 시집보내는 집이 한둘이 아니었고, 오로지 먹고 살기 위해서 만주로 간도로 하와이로 이민 가는 행렬이 줄을 잇던 시절이었다.

그래서 방정환은 초기에 한동안 사회주의 경향의 작품을 쓰게 된 것일까? 그런 경향에 기우는 것이 소년 시절 맛본 가난 체험 때문이었을까? 이 점에 대한 본격적인 설명은 뒤로 미루겠다. 하지만 소파가 어린이날 제정 → 소년운동 투신 → 아동문학가로 활동을 시작한 프로세스의 비밀을 푸는 분명한 키워드는 '가난'이다.

---

23 《개벽》 7호, 1921년 1월호. 145쪽~148쪽.

소년입지회

봄날은 간다. 유행가 가사가 아니더라도 봄날은 가고 있다. 아무리 슬픈 일도 시간이 지나면 아름다운 추억이 되는 법이다. 아무리 행복했던 시절도 그때가 지나면 아련한 아픔이 되는 법….

가난한 방정환의 소년 시절도 그렇게 지나고 있었다. 아침이면 집을 나와 대문 밖 대고모 댁에서 도시락을 싸 가지고 학교에 갔다가, 하교할 때는 이모네 집에 들러서 쌀을 꾸어 오고, 집에 와서는 매일같이 물을 긷는 등 힘들고 어려운 소년 시절은 흘러가고 있었다.

정환은 가난 속에서도 희미하게, 희미하지만 의미 있는 생(生)의 준비도 하고 있었다. 가난이 배는 고프게 하고 힘들게 만들지만 인생에 대한 희망까지 빼앗아 가지는 못한다. 가난은 고통스럽지만 더 이상 잃을 것도 없었다. 오히려 '용기'라는 큰 무기를 얻게 해 준다. 강철은 차가운 물과 뜨거운 물에 번갈아 벼리어질수록 강해진다던가!

열 살짜리 철부지 소년 방정환이 '소년입지회(少年立志會)'를 만든 것은 이 무렵이었다. 모든 소파 연보에는 10살 때 소년입지회를 만들었다고 되어 있다. 이 소년입지회는 그 또래 아이들의 모임과는 전혀 다른 성격을 가진 단체였다. 재미도 있지만 뜻이 깊은, '놀이' 같으면서도 '운동' 같기도 한 그런 모임이었다. 정환은 당연히 소년입지회의 수장(首長), 즉 생애 최초의 '보스'가 된다. '보스'라는 단어가 적절치 않다면 '우두머리'라고 바꾸자.

> 지금 태평동에 있는 덕수궁의 대한문 맞은편에 최 씨라는 우리 동무 집이 있는데, 그 집 방에 석유 궤짝을 뜯어서 거기다가 먹칠을 한 조그만 칠판을 걸고 거기다가 토론 문제를 써 놓고 하나씩 차례대로 나가서서 옳으니 그르니 하고 힘써 토론을 하였는데, 코를 주르르 흘리고 다니는 열 살짜리, 많아야 열세 살 열네 살짜리들이 그때 무슨 소리를 하였는지 지금도 도무지 생각이 나지 않습니다.

소파가 소년입지회를 만들던 때를 회고하는 글이다. 그러고 보니 소년입지회는 일종의 토론 모임이라고 할 수 있다. 지금 유행처럼 열리는 무슨 TV 토론회니 세미나니 하는 것과 다른 것이 있다면 패널이 따로 없는 자유 토론 형식이라는 점이다.

토론 주제를 정하는 건 물론 정환이다. 정환은, 예컨대 똑같은 신체장애 자라도 '벙어리가 나으냐? 장님이 나으냐?' 같은 따위나 '물이 나으냐? 불이 나으냐?' 같은 토론 주제를 낸다. 그러면 참석한 아이들이 한 명씩 나가서 어느 한쪽을 지지하며 그 이유를 설명하는 식이겠다.

이 토론회는 일요일마다 열렸다. 토론회가 열리는 장소가 지금의 서울시청 광장 앞 플라자호텔 부근이었으니, 그 일대 아이들이 참석했을 것이다.

회원? 회원이라야 열 명 안팎이다. 그러나 이 토론회에 대한 열성은 대단했다. 정환은 일요일만 되면 일찍 일어나 이날 쓸 물을 부지런히 길어다 놓고 뛰어나갔다.

모이는 아이들도 대부분 가난한 집 아이들이었다. 집에서는 배를 곯으면서도 일요일만 되면 모여들었다. 토론 주제야 어른들이 보면 한심하고 단순한 것들이었고, 하는 짓들은 장난 같았지만 아이들은 아주 진지했다. 아이들로선 잠시나마 어른들과 가난의 속박 속에서 해방되는 순간이기도 했다. 아이들은 기를 펴고 자기 의견을 발표했으며 신나게 떠들었다. 이런 토론을 통해서 아이들은 조금씩 자기 생각을 정리할 줄 알게 되었다.

이때 내걸었던 토론 주제 중에는 나중에 잡지 《어린이》를 낼 때 다시 써먹은 것들도 꽤 있다고 소파는 회고한다. 소년입지회는 방정환으로서는 최초의 '조직 활동'이라는 귀중한 체험이 된다. 또한 참석하는 아이들에게도 최초의 '조직 체험'인 셈이다.

그런데 태평동 최 씨 집이 갑자기 이사를 가게 되었다. 이로써 소년입지회 간판도 내려야 했다. 아이들로서는 쉽게 다른 집을 섭외할 능력이 없었다. 아이들은 한동안 토론회를 계속하기 위해서 이 집 저 집을 기웃거려야 했다. 사랑방이 있는 집이 있으면 무조건 집주인에게 떼를 쓰기도 했고, 주인에게 사전에 허락도 받지 않고 빈 사랑방이 있는 집이면 무턱 대고 몰려들어가서 토론회를 열기도 했다.

이 소년입지회가 언제까지 계속되었는지 알 길은 없다. 아마 1년 정도는 계속되었을 것이다. 왜냐하면 열한 살이 되는 해에 정환은 매동보통학교[24]

---

[24] 소학교령에 의해 1895년 개교. 지금은 종로구 필운동에 있고 현재 교명은 매동초등학교.

에 입학했기 때문이다.

소년입지회는 소년 방정환에게 어떤 의미였을까? 요새 말로 민주적인 감성을 기르는 데 큰 몫을 했다고 보면 지나친 의미의 비약일까? 분명히 토론회니까, 시(是)와 비(非)를 따졌을 것이다. 토론에서 지면 기분 나쁘고 이기면 기분이 좋다. 누구나 그렇다. 처음에는 자기주장이 반대 주장에 압도당한 아이는 몹시 기분이 나빴을 것이다. 어른들도 토론을 하다 보면 그럴 때가 많은 법이다. 하물며 열 살짜리 아이들이다. 그러니 소년입지회를 통한 토론회의 경험은 정말 소중하고 귀중했을 터였다.

훗날 소파는 여러 소년 단체, 청년회, 모임 등을 조직하고 그 리더의 자리에 오른다. 그때마다 소파는 원만하게 그 모임들을 이끌었다. 그런 원동력이 바로 이 '소년입지회'에서 싹이 텄다고 해도 지나친 추론은 아닐 것이다.

미동보통학교

  정환은 가난 때문에 끝내 사립 보성소학교를 마치지 못한다. 졸지에 집안이 몰락하자 그 큰집을 빚쟁이에게 빼앗기고 사직동으로 이사 간 뒤에, 아버지는 조선인쇄소에 연판공(鉛版工)으로 취직했고 삼촌도 남의 가게 점원으로 들어갔다. 남아 있는 빚을 갚느라고 집안 살림은 엉망이었다. 겨우 입에 풀칠이나 할 수 있을 뿐이었다. 나중에는 연세 많은 할아버지까지 노구를 이끌고 인쇄소에 취직했다. 말이 취직이지 별다른 기술이 없으니 잡급직 일용 노무자에 지나지 않았다. 정환도 학교를 쉬게 되었다. 월사금이라야 몇 푼 안 되는 금액이었겠지만 어찌됐든 사립학교이니 힘에 부쳤다. 정환은 졸업이 얼마 남지 않은 보성소학교를 그만두어야 했다.

  어른들은 의논 끝에 정환을 공립학교로 보내기로 했다. 새문 밖에 사는 대고모 할머니가 강력하게 추천한 것이다.

  "정환은 내가 데리고 학교에 보내겠다."

방정환이 12세에 전학하여 다닌 미동보통학교의 후신 미동초등학교. 서울 서대문구

집안 어른들은 마치 기다렸다는 듯이 대고모 댁으로 정환을 보낸다. 그 집에서 매동보통학교를 다니게 했다. 정환의 나이 열한 살이었다. 이미 보성소학교를 다닌 정환이 매동보통학교로 옮길 때 몇 학년 급으로 들어갔는지는 알 길이 없다. 매동초등학교 행정실에다 문의했더니 방정환에 관한 학적부는 없다고 한다.

그러나 매동보통학교는 집에서 멀어서 다니기가 불편했다. 열두 살이 되어 정환은 새문 밖 대고모님 댁에서 가까운 미동보통학교로 전학한다. 미동보통학교는 새문 밖 미근동에 있었다. 현재도 바로 그 자리에서 120년 가까운 역사를 자랑하고 있다. 지금 학교 이름은 미동초등학교이다.

보성소학교는 관립도 아니요 공립도 아닌 사립이었다. 따라서 교과과정도 예전 서당식이었다. 이름만 소학교이지 교육 내용은 서당이나 별로 다르지 않았다. 근대적인 학제를 따르는 교육기관이 아니었던 것이다. 이른바 신학문 신교육을 처음 선보인 것은 고종 31년 때인 1895년 7월에 반포한 '소학교령'에 의해서이다. 1894년 갑오개혁을 통해 '학무아문(學務衙門)'이라는 직제가 마련되고, 1895년 3월에 학부 관제가 정해진 뒤 이해 7월에 소학교령이 반포된다.

이 소학교령으로 우리나라 근대 교육사상 최초의 초등교육기관이 설립된 셈이다. 한성(서울)에는 장동(매동), 정동, 계동, 묘동(주동) 등 4개 학교가 1895년 8월에 문을 열었다. 처음에는 사람들 사이에 근대식 초등학교가 개교하는 데 대해 큰 호응이 없었다. 이들 4개 소학교가 개교할 때 학생 수만 봐도 그렇다. 입학생 숫자가 장동소학교가 23명, 정동소학교가 76명, 계동소학교가 40명, 주동소학교가 48명에 지나지 않았다. 아직은 '그저 공부라면 서당에 의존해야 한다'는 오래된 관습이 뿌리 깊었던 탓일까?

매동을 다니던 정환이 전학한 미동보통학교는 바로 이때 개교한 한성공립소학교이다. 1896년 5월에 설립된 이 한성공립소학교는 1906년 공립한성보통학교로 개명되었다가 다시 1908년 관립 미동보통학교로 개명된다.

이 소학교의 수업 연한은 심상과(尋常科)[25] 3년, 고등과(高等科) 2년 해서 5년제이다. 만 8세부터 입학하고 졸업은 만 15세, 과목으로는 심상과와 고등과 모두 수신·독서·작문·습자·산술 및 체조 등 여섯 과목을 공통과목으로 했다. 여학생은 재봉이 추가된다. 고등과는 그 여섯 과목에다 본국 지리, 본국 역사, 외국 지리, 도화 네 과목을 더하고 외국어 가운데서 한 과목을 선택할 수 있게 했다.

정환이 처음 들어갔던 매동보통학교는 1895년 8월 처음 개교할 때는 장동관립소학교였다. 그러다가 11월 매동관립소학교로 이름이 바뀌고 1896년 9월 관립 매동보통학교로, 1911년에는 공립 매동보통학교로 변경되고 그때부터 일본인이 교장으로 부임한다. 정환이 다닐 무렵 매동은 네 학급에 재학생 숫자는 225명으로, 당시로서는 제법 큰 학교였다. 매동학교를 1년 정도 다닌 후 정환은 미동보통학교로 옮겨 그 학교를 졸업한다.

현재 미동초등학교에는 신통하게도 방정환의 학적부가 보존되어 있다. 이것은 방정환의 소년 시절을 유추해 볼 수 있는 귀중한 자료이다. 이 학적부에 기록된 것을 한 가지씩 살펴보기로 한다. 몇 가지 흥미롭고 중요한 사실을 발견하게 된다.

우선 학적부를 보면 알 수 있는 것은 방정환이 2학년으로 진학했다는 점

---

25 보통과에 해당함.

미동초등학교에 있는 '대한민국 어린이 헌장'과 소파의 동상

이다. 성적을 표시한 난의 1학년 난이 공란으로 되어 있기 때문이다. 그 다음 교과 과목이 수신(修身), 국어, 창가(唱歌), 체조, 도화(圖畵), 농과(農科) 등열 과목이고, 조행(操行)도 교과 과목으로 채점되었다. 수신은 현재의 도덕이나 국민 윤리로 보면 되겠는데, 농과가 과목에 들어 있는 것이 흥미롭다.

이 열 개 과목에 대한 평가는 10점 만점으로 매겼지만 조행(操行)만은 갑을병(甲乙丙)으로 매겼다. 현대에 가나다로 표기했던 것과 같은 식이다. 정환의 성적은 전학하던 해인 2학년에는 10점 만점에 평균 9점, 3학년 때는전 과목 만점인 평균 10점, 그리고 졸업하던 해에는 오히려 성적이 떨어져평균 8점 수준이다. 3학년 때 석차는 39명 중 3등, 4학년 때 석차는 41명 중7등이다.

반면 학교 출석 상황에서도 몇 가지 특이한 점이 발견된다. 미동에 전학온 10월에 5회, 1월에 3회 결석이 기록되어 있다. 3학년 때는 총 2회의 결석기록이 있는데 비해, 4학년 때는 결석을 전혀 하지 않았다.

이런 점들을 정리하면 미동보통학교 시절 정환의 학교생활을 다음과 같이 정리할 수 있다.

① 매동보통학교에서 미동보통학교 2학년으로 전학했다.
② 2학년, 3학년 때는 학업성적이 매우 우수했으나 졸업하는 해에는 성적이 조금 떨어졌다.
③ 2학년과 3학년 때 갑(甲)이었던 조행 평가도 4학년 때는 을(乙)로 나빠졌다.

4학년 때라면 1913년(일본 연호 대정 2년)으로 정환의 나이 14세 때이다. 아

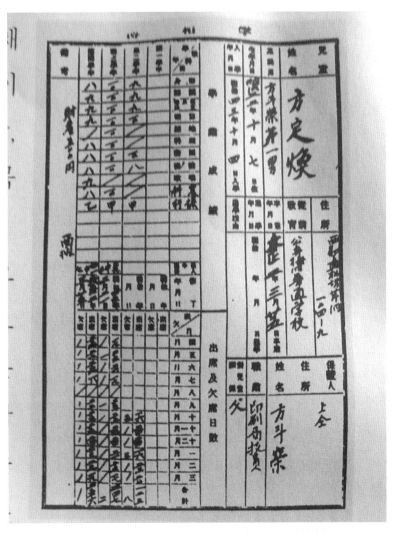

방정환의 미동보통학교 시절 학적부. 현 미동초등학교에 보존되어 있다.

마도 상급 학교에 진학할 수 없을 만큼 집안 사정이 극도로 어려워서 학습 의욕을 잃었을 것으로 추정된다.

인생에 대한 큰 꿈을 품고 있는 소년에게 원하는 상급 학교에 진학할 수 없다는 것은 상상하기 힘든 슬픔이다. 3학년에서 졸업반으로 올라오면서 정환의 성적은 물론 조행 평가까지 나빠진다. 학교생활을 성실히 하지 않았다는 것을 알 수 있는 대목이다.

미동보통학교 학적부 기록 중에는 몇 가지 풀리지 않는 의문이 남는다. 우선 학적부에 기록된 아버지 이름이다. 아버지의 호적 이름인 방경수(方慶洙)로 되어 있지 않고 방두영(方斗榮)으로 기록되어 있다는 점이다.

두영이라는 이 낯선 이름은 아버지의 아명이다. 학적부라면 그때나 지금이나 공식 문서이다. 오히려 공식 문서에 대한 공식성(公式性)은 그때가 더 크면 컸지 요즈음보다 작지는 않았을 것이다. 그런 공식 문서에 아명을 적는다? 그것은 아무래도, 상식적으로 납득이 가지 않는다. 또 두영이라는 이름이 아명이라고는 하지만, 엄연히 온양 방씨 호적에는 영(榮) 자라는 항렬도 있다. 아명이라면 대개 집에서 막 부르기 위해 짓는 것이 상례이다. 그런데 그런 용도의 아명을 호적에 버젓이 있는 항렬 글자로 짓는다는 건 이상하다.

미동보통학교 학적부에는, 보증인으로 되어 있는 아버지의 직업을 인쇄기원(印刷技員)이라고 적었다. 아버지 직업은 이미 앞에서 언급한 대로다. 당시 아버지가 집안이 몰락한 후 취직해서 다닌 직장이 조선인쇄소이다. 만리동에서 공덕동으로 넘어가는 고갯길 중턱에 있었다.

한편, 학적부에 적혀 있는 주소가 낯설다. 주소 난에는 서부(西部) 반송방

(盤松坊) 근동(芹洞) 104-9로 적혀 있다. 근동은 현재 서울 지명으로는 미근동(美芹洞)이다. 서대문 로터리 부근, 미동초등학교 바로 옆이다. 그렇다면 당주동 큰집에서 사직동 도정궁 앞으로 이사했다가 이곳으로 또 이사했다는 말일까?

구한말까지 서울 서대문 지역은 서부 반송방과 반석방 2개 구역으로 나뉘어 있었고, 근동은 바로 반송방에 속해 있었다. 근동이라는 지명은 이 일대가 미나리밭이었기 때문에 붙여진 이름이다. 충정로 2~3가에서부터 합동, 의주로까지가 근동이었다.

이 근동 옆에는 미동(尾洞)이라는 마을이 있었다. 미동은 집이 많고 사람의 왕래가 잦아 소의문(昭義門) 밖에 섰던 시장통이 이곳까지 뻗치고 가게들이 많았다. 소의문 쪽에서 보면 끝 쪽이라고 해서 꼬리 미(尾) 자를 써 미동이라고 부른 모양이다. 그 미동과 근동이 미근동으로 합쳐졌는데, 꼬리 미가 아름다울 미(美) 자로 바뀐 이유는 확실하지 않다.

또 학적부 비고 난에는 재산 500원, 서반(西班)이라고 적혀 있는 게 눈에 띈다. 조선시대에는 통상 문관을 동반(東班), 무관을 서반이라고 불렀다. 서반이라면 무관을 가리킨다. 방정환 집안 조상 중에 그런 벼슬을 한 분이 있었는지는 확인할 수 없다.

재산 500원은 요즈음 돈으로 치면 1천5백만 원 정도로 추산할 수 있다. 이것 또한 재산을 구체적으로 적었다고 보기는 어렵다. 그냥 학적부를 기록하는 사람이 '가난하다고는 하지만…' 하는 생각에서 500원으로 기록했을 것이다. 예전의 면서기나 공무원들의 문서 작성 감각으로 보면 그렇다는 추측이 가능하다.

선린상업학교

정환의 나이 열다섯 살이 되었다. 미동보통학교를 마치고 이해 봄, 정환은 할아버지가 권하는 대로 선린상업학교에 입학했다.

할아버지는 "상업학교를 나오면 조선은행[26]에 취직할 수 있을 거야" 하고 말씀하시곤 했다. 그만큼 정환네는 제대로 번듯한 직장에서 돈벌이를 해주는 가족이 절실했던 것이다.

선린상업학교는 1899년에 고종 황제의 칙령으로 세워진 학교이다. 말하자면 우리나라 최초의 국립 실업학교이다. 개교할 때의 학교 이름은 '관립상공학교'였지만 그 후 여러 차례 학교 이름이 바뀐다. '관린농상공학교' '선린상업학교' '선린상업고등학교' '선린정보산업고등학교'를 거쳐 현재는 '선린인터넷고등학교'라는 이름이 되었다. 특히 선린상업고등학교 시절인

---

26 현재의 한국은행을 가리킴. 당시 은행원은 신분 보장이 되는 최고의 직장이었다.

방정환은 육당이 창간한 《청춘》에 작품 발표를 시작한다.

1960년대~1970년대에는 야구 명문교로 유명했다.

할아버지의 강권으로 선택의 여지없는 학교생활이 시작되었다. 그러나 공부는 뒷전이었다. 하고 싶은 공부가 아니었기 때문이다. 과목들이 모두 마음에 내키지 않았다.

정환은 학교 공부보다는 잡지 읽는 데 많은 시간을 보냈다. 이 무렵에는 육당 최남선의 '신문관(新文館)'에서 《청춘》《붉은 저고리》《아이들보이》 같은 잡지를 펴내고 있었다. 육당은 이보다 앞서 1908년에 최초의 소년잡지 《소년》을 발행한 적도 있었다. 《소년》은 몇 번의 정간 조치 등에 시달리다가 1911년에 통권 23호로 그만 문을 닫고 말았다.

육당은 단행본 출판에도 힘을 쏟았다. 『걸리버 여행기』 같은 제목의 10전짜리 소설 시리즈를 출판하기도 했다. 그러다가 1913년에는 잡지 《붉은 저고리》《아이들보이》《새별》을 잇따라 창간하고 그 이듬해인 1914년에 《청춘》을 창간했다.

정환은 이런 잡지들을 읽으며 그때까지 몰랐던 세계정세를 알게 된다.

잡지에 수록된 명작의 향기를 맛보며 인생의 진로도 생각하기 시작했다. 잡지에서 읽은 내용은 소년 방정환에게는 감동 그 자체였으며 놀라움이었다. 잡지 분량이 많지 않았으므로 어떤 글은 몇 번씩이나 되풀이해서 읽었다. 그럴 때마다 처음 읽었을 때는 몰랐던 새로운 세계가 열리곤 했다.

'그래, 할아버지 말씀처럼 내 인생은 그냥 은행에 취직이나 하는 게 아닐 거야. 내겐 더 큰 일이 있어. 더 넓은 세상이 기다리고 있을 거야.'

정환은 이 잡지들을 열심히 읽는 것만으로는 만족할 수 없었다. 투고를 하기 시작했다. 잡지를 읽게 되면서 내적으로 충실해지는 자기 자신을 느끼게 되었다. 그래서 무엇인가 써 보고 싶다는 욕구가 자연스레 생긴 것이다.

* * *

어느새 한 해가 지나고 2학년이 되었다. 학교 공부보다는 잡지나 책을 구해서 읽는 취미에 빠져서 보낸 1년이었다. 그 1년 동안 정환은 몹시 괴로웠다. 상업학교가 자신의 적성에 맞지 않는다는 것을 진작부터 느끼고 있으면서 어른들께 숨기고 있다는 사실도 그랬지만, 자기가 가야 할 길이 학교 공부와는 전혀 다르다는 사실이 더 괴로웠다.

'할아버지가 아시면 얼마나 노하실까? 아버지는 얼마나 실망하실까? 진정으로 내 마음을 이해해 주실 분은 없단 말인가? 삼촌에게 말해 볼까? 그래도 삼촌만은 나를 이해해 줄는지 몰라.'

이런 고민 속에 결론을 끌어내기가 쉽지 않았다. 그래서 번민하며 1년을 그냥 보내야 했다. 고민은 그것뿐만이 아니었다. 철없는 정환의 눈으로 봐도 경제적으로 너무 어려운 집안 형편이 부담이 되었다. 보통학교와는 비교도 안 될 만큼 학비가 더 들 것이었다. 학비를 마련하기 위해 연로한 할아버지와 병약한 아버지가 인쇄소에서 눈칫밥을 먹고 있다. 그렇게 해서 번 돈으로 다니는 학교였다.

그런데, 학교 공부가 싫다. 오히려 학교 수업 시간에서는 배울 수 없는 문학이 좋다. 문학에 대한 끊임없는 관심을 잠재울 수 없다. 새로운 미래에 대한 강렬한 호기심을 포기할 수도 없다. 결국 '이럴 바에야' 하고 정환은 마침내 학교를 중퇴하기로 결심했다. 때마침 오랫동안 병석에 누워 문 밖 출입도 못하시던 어머니의 병환이 급격히 위중해진 것도 빌미가 되었다. 어머니가 이렇게 편찮으신데, 학교는 무슨 학교…. 정환은 어머니 병환이 위독해지시자마자 중퇴 결심을 앞당긴다. 2학년이 되던 해 봄이었다.

정환은 2학년 때 선린상업학교를 중퇴한다. 집안 어른들은 한사코 반대했다. 어른들의 생각으로는 졸업하자마자 취직자리가 보장되는 상업학교를 중퇴한다는 말은 있을 수 없었다. 담임선생님도 간곡하게 만류했다.

정환은 "왜 자퇴하느냐? 자퇴한 다음에 무얼 하겠느냐?"는 선생님의 질문에 뚜렷한 대답을 하지 못했다. 열다섯짜리 소년 방정환으로서는 아직 분명하고 뚜렷한 인생의 밑그림이 그려지지 않았기 때문이었다. 다만 학교가 전부가 아니다. 나에겐 새로운 나의 길이 있다. 그런 정도의 확신만이 있을 뿐이었다. 불확실한 미래에 대한 소년의 순수한 지향이 학교 중퇴라는 큰일을 저지르게 만들었다.

모든 연표나 전기에는 방정환이 선린상업학교를 다닌 것으로 적고 있다. 하지만 연표 작성자나 전기 필자에 따라 선린상업학교에 입학하고 중퇴한 때가 한두 해씩 서로 다르다. 그래서 보다 정확한 학적 기록을 학교 측에 조회했으나 실패했다. 학적에 관한 기록은 학교 행정실(지금의 선린인터넷 고등학교 행정실)에서 보존 관리하고 있는데, 그 당시 기록들이 모두 유실되고 없었다.

따라서 정환이 선린학교를 입학한 기록과 중퇴한 정확한 날짜, 학교 성적이나 학교생활에 대한 기록은 전혀 확인할 길이 없었다. 이보다 시기적으로 오래된 미동보통학교 시절 방정환에 대한 학적부가 보존된 것에 비하면 아쉬운 점이다.

토지조사국 사자생 시절

　학교를 그만둔 정환은 운 좋게도 금방 취직할 수 있었다. 토지조사국이라는 곳이었다. 이제 나이도 열일곱 살이나 되어 집안 사정을 뻔히 아는 정환이다. 그런 정환으로서는 마냥 쉴 수가 없는 노릇이었다. 어떻게 보면, 정환이 학교를 그만둔 이유도 어려운 집안 사정 때문이었다. 학교 공부가 마음에 들지 않는다는 건 핑계였는지도 모른다. 정환은 학비를 대기 위해 인왕산에 가서 땔나무를 해다가 판 적도 있었다. 하지만 집안 형편 때문에 학교를 그만두겠다고 말씀드릴 수는 없었다. 단 하나밖에 없는 손주 녀석 아닌가. 학비 때문에 학교를 그만둔다면 어른들 마음이 오죽 아프겠는가?

　할아버지조차 노구를 이끌고 하루도 빠짐없이 인쇄소에 일하러 나가신다. 당주동 시절, 많은 하인들을 거느리고 큰 가게를 운영하실 때는 사랑방에 편히 앉아서 명령만 하시던 어른이다. 그런 분이 매일 아침 일찍 도시락을 싸 들고 직장이란 데를 나가신다.

　인쇄소란 어떤 곳인가. 지금이야 여러 가지 시설들이 잘 갖춰져 있어서 많이 좋아졌지만 당시의 인쇄소 작업환경은 무척 열악했다. 거기다 하시는 일이 연판공이었으니 오죽했으랴. 작업실 안에는 눈에는 보이지 않지만 납 가루가 떠다닌다. 연판을 달구는 냄새는 코를 찌른다. 세탁을 자주 하지 않는 눅눅한 작업복이며 연판을 묶은 나무 상자 같은 것에서 나는 퀴퀴한 냄새도 고약하기 짝이 없다.

이렇게 열악한 작업환경 속에서 일하시는 어른들이었다. 아무리 어린 나이라고 하지만 정환이 이런 사실을 모를 리 없었다.

정환이 토지조사국 사자생(寫字生)으로 취직해서 받는 돈은 고작 일급(日給) 20전. 일요일 빼고 한 달 꼬박 일해야 5원이었다. 당시 화폐가치를 요즈음 화폐단위로 비교할 수 있는 정확한 기준은 없지만 대충 큰 황소 한 마리 값이 100원이었다는 기록이 있으므로, 이를 기준으로 환산하면 5원은 요즈음 돈으로 15만 원 정도 될까 말까이다.

정환이 하려는 사자 작업이란 글을 베끼는 작업이다. 쉽게 설명하자면 측량사들이 측량 작업하면서 적어 놓은 기록들과 지적도에 필요한 토지에 관한 각종 기록들을, 토지조사부에 정확한 정자(正字)로 옮겨 적는 일이다. 글씨가 단정하고 필체가 좋아야 하는 것이다. 그래서 사자생은 처음에는 상당 기간 연습을 거친 후 테스트를 한 다음 채용한다.

토지조사국은 두 군데 사무실이 있었는데, 한 곳은 서대문구 정동(貞洞)으로 법원 건물이 서울 서초동으로 이사 가기 전까지 있던 곳이고, 또 한 곳은 세종로 정부종합청사 맞은편의 경제기획원이 있던 자리로 지금은 대한민국역사박물관이 있다. 정동에 있던 토지조사국은 대한문 왼쪽 덕수궁 돌담길을 따라 조금 들어가면 사무실이 있었다.

조선총독부 토지조사국.
소년 방정환과 유광렬은 이곳에서 임시직 사자생으로 일했다.

토지조사국은 1910년 한일합병 직전 이미 행정권을 장악하고 있었던 통
감부가 장차 식민지로 편입될 조선 국토를 철저하게 탈취할 목적으로 설립
한 임시 기관이다. 1910년 3월, 통감부는 껍데기만 우리 정부였던 구한국
정부를 앞장 세워 '조선토지조사국'이라는 관제(官制)를 만든다. 한일합병이
되기 전부터 토지 측량에 착수한 것이다. 일본은 병합이 되자마자 1910년
10월 '조선총독부 임시 토지조사국'을 설치해서 1918년 11월까지 장장 9년
이라는 긴 시간 동안 우리나라 전 국토의 토지를 측량하고 지적도를 만들었
다. 여기에 참여한 정식 직원만 해도 연인원 7,113명에 이르렀고, 제작된 지
적도가 812,093매에다 토지조사부 책이 28,357권, 토지대장이 109,998권이
나 되는 방대한 작업이었다.

이것으로 일제는 이른바 신영토(新領土)로 편입된 조선의 국토를 샅샅이
빠짐없이 착취하는 귀중한 근거를 확보하는 한편, 토지세를 부과하는 근거
를 마련한 셈이다. 이 토지조사사업으로 확보한 '지적도' 같은 조사 자료를

토대로 일제는 곧이어 동양척식주식회사를 앞세워 조선 농민들로부터 토지를 빼앗는 작업을 벌이게 된다.

하루 20전이라면 말도 안 되는 박봉이다. 하지만 이 토지조사국에서 사자생으로 일하는 동안 정환은 유광렬이라는 이름의 고양군 일산 출신의 한 친구를 사귀게 된다. 형제도 없이 외동아들로 외롭게 생활하고 있는 정환으로서는 친구 유광렬의 등장은 이루 말로 다 표현할 수 없는 기쁨이었다.

찢어지게 가난하다는 점에서 광렬이나 정환은 처지가 똑같았다. 그리고 큰 야망을 가슴속에 품고 있다는 점을 서로 알게 되자 두 사람은 금방 의기투합한다.

유광렬은 정환보다는 한 살 위였지만 동갑내기 친구 같았고, 어떤 때는 마치 친형처럼 느껴질 만큼 어른스러운 시골 청년이었다. 두 사람은 밤늦게 일이 끝나면 하루도 빠짐없이 봉놋방에 함께 가서 쉬었다. 이 봉놋방이라는 곳은 노동자들을 엄청나게 싼값으로 재워 주는 공동 숙소 같은 곳이다. 큰방에는 대개 3, 40명쯤 되는 품팔이꾼이나 하루 벌이 막노동자들이 콩나물 시루같이 끼어 자곤 했다.

이 봉놋방에서 처지가 같은 두 소년은 서로 꼭 껴안고 잠을 잤고, 밤을 새워 대화를 나누며 우정을 쌓는다. 이야기를 하면 할수록 두 사람은 서로 자기가 놓인 처지를 이해하게 되었다. 그리고 인생에 대한 포부와 가슴에 품은 꿈이 크다는 것을 새삼 확인할 수 있었다. 두 소년은 굳이 말로써 의형제를 맺지는 않았지만 형제 이상으로 가까워지고 있었다. 쓰레기통에서 장미 꽃이 핀다고 했던가! 궁핍하기 짝이 없는 생활 속에서도 평생을 함께하는 소중한 우정이 싹트고 있었던 것이다.

사자생 시절 봉놋방에서 만난 친구 광렬을 통해 정환은 비로소 새로운 세상에 눈을 뜨기 시작했다. 그것은 전부터 마음속으로 그리고 있었던, 그러나 형체가 없어서 무슨 그림을 그려야 할지 모르고 있던 인생의 그림을 그리는 데 큰 도움이 되었다. 비록 지금은 힘들고 앞날이 막막한 처지일지라도 가슴속에 품은 큰 꿈이 용솟음쳐 나오는 듯한 느낌이 들기 시작했다. 매일 밤 노동자들 사이에 끼어 자면 괴롭기는 했으나 한편으로는 재미도 있었다. 대개 지게꾼, 날품팔이하는 사람들은 봉놋방에 모여 이날 하루 있었던 고생스런 일들을 이야기하곤 했는데, 그것을 듣는 것으로도 세상에서 일어나는 많은 일들을 간접 체험할 수 있었다.

이를테면 봉놋방은 정환의 학교였다. 그곳에서 정환은 매일같이 집에서는 들을 수 없었던, 학교에서도 배울 수 없었던 세상 공부를 하고 있었다.

정환은 워낙 하루 수입이 쥐꼬리처럼 적었으므로 세 끼 밥을 사 먹을 수 없었다. 정환은 부근 청나라 사람이 하는 호떡집에서 2전짜리 큰 호떡 한 개로 한 끼를 때우는 날도 많았다. 어떤 날은 술지게미, 다시 말하면 모주를 파는 가게에서 비지에 우거지와 김치를 섞어 넣고 끓인 2전짜리 비지를 사다 먹기도 했다.

2전을 내면 주인은 이 비지를 큰 사발로 한 그릇 그득히 담아 준다. 김이 모락모락 피어오르는 비지와 따뜻한 호떡이 있어서 봉놋방 생활도 견딜 수가 있었다. 두 소년은 호떡을 먹을 때마다 혀에 전해져 오는 달콤한 맛이며 비지의 구수한 맛을 잊을 수가 없었다. 이 맛은 부자들이 먹는 청요릿집 산해진미에 뒤지지 않았다.

토지조사국에 나가 하루 종일 지적대장을 베껴 적는 일이 하루하루 계속되었다. 지적대장이라는 것은 어떤 문서보다도 글자 한 자, 숫자 하나라도 오기(誤記)가 있으면 안 된다. 토지 소유에 관계되는 일이요 큰 재산에 관계되는 일이기 때문이다. 피곤하다고 해서 글자를 흘려 쓸 수도 없고 약자나 속자로 써서도 안 된다. 그러다 보니 오후 일을 마칠 때쯤이면 녹초가 되기 일쑤였다. 그만큼 토지조사국 일은 고되었다.

① 그는 후일에는 몸이 비대하였으나 처음 만나던 때에는 몹시 마르고 자기의 집은 행촌동이라고 하였다.

② 그때의 소파는 빈한한 집에서 자라는 아이가 대개 그렇듯이 몸이 말랐었다.

①의 글은 유광렬의 자서전 『기자 반세기』에 적은 내용이다.

②의 글은 외솔회의 기관지 《나라사랑》 '소파 특집'에서 「소파와 나」라는 제목으로 쓴 유광렬의 글이다.

이것이 어린 시절 정환의 외모를 상상할 수 있는 유일한 기록이다. 방정환 하면 중절모를 단정히 쓴 뚱뚱하고 풍채 좋은 아저씨의 모습으로 알려져 있지만 이는 훗날 청년기 이후의 모습이다. 한창 자랄 나이에 아침은 겨우 콩나물죽으로 때우고 점심과 저녁은 있으면 먹고 없으면 굶는 생활을 해 왔으니 짐작할 만도 하다.

토지조사국 시절에는 그래도 자기가 번 돈으로 호떡이나 술지게미(모주)로 허기를 때울 수 있었으니 그것만도 다행이었을 것이다. 이렇게 고단하고 힘든 일과가 계속되었지만 뜻이 맞는 좋은 친구가 있어서 정환은 하루하루가 즐거웠다.

그러나 이런 생활도 오래가지 못했다. 얼마 안 있어 친구 유광렬은 부모님의 성화로 고향으로 돌아가게 된다. 고향으로 돌아간 광렬은 이내 고양군 중면 면서기로 취직하고 정환 혼자서 토지조사국에 남게 된다. 광렬이 떠나가자 토지조사국 다니는 일도 전처럼 신이 나지 않았다. 또한 토지조사 작업도 마무리 단계에 접어들었다. 따라서 정환은 곧 지적대장을 베껴 쓰는 일도 그만두게 된다.

2부 **청년 독립**

거부할 수 없는 결혼

    정환은 임시직으로 취직해서 다니고 있던 토지조사국을 그만둔다. 토지 조사 작업이 마무리 단계에 접어들게 된 것이다.

    토지조사국은 차츰 임시직들을 하나둘 정리하기 시작했다. 먼저 유광렬 이 그만두었다. 정환보다는 나이도 한 살이 많고 집안 사정도 나은 편이어 서 광렬이 정환을 위해서 양보한 셈이었다. 토지조사국을 그만둔 광렬은 새 로운 일자리를 찾아야 했다. 그러나 붙박이로 출근할 만한 직장다운 직장 은 없었다. 그래서 아쉬운 대로 연초회사 잡역부로 나갔다. 그 당시 경성 배 우개에는 '동아연초회사'라는 회사가 있었고 소공동 조선호텔 근처에 '광장 회사'라는 궐련을 만들던 회사가 있었다. 배우개는 지금 종로 5가 부근이다. 이때까지는 조선총독부가 담배 제조를 전매사업으로 하지 않던 때라서 민 간 회사들이 담배를 만들었다.

    담배 회사는 일이 너무 힘들었다. 광렬이 감당하기에는 힘에 부쳤다. 토지조사국 일이야 사무실에 앉아서 글씨만 쓰면 되는 일이었지만 이번은 달 랐다. 막노동이나 다름없었다. 무거운 짐을 날라야 하고 하루 종일 담배 제 조기 앞에 서서 일해야 했다.

광렬은 곧 담배 회사를 그만두고 말았다. 몸도 약했지만 학교에 다닐 수 가 없었다. 야근이 잦아서 시간이 나지 않았다. 담배 회사를 그만둔 뒤에 광 렬은 빵 배달, 채권 판매 영업직 등 학비를 보탤 수 있는 일이라면 닥치는 대 로 찾아다녔다. 하지만 낮에는 힘들게 일하며 학비를 벌고 밤 시간을 이용 해서 야간부에 다니는 광렬에게 날아오는 고향 소식이 편치 않았다. 집안의 경제 사정도 나빴지만 부친의 건강도 극히 나빴다. "나 죽은 다음에 올 생각 이냐"고 힐문하는 부친의 편지를 받을 때마다 광렬은 괴로웠다. 결국 광렬 은 고심 끝에 고향 일산으로 돌아간다. 큰 세상에서 뜻을 펼치기 위해서 어 떻게든 공부를 하자는 꿈을 잠시 접어야 했다. 광렬은 고향으로 돌아가서 고양군 중면 면서기로 취직한다.

1916년은 그렇게 지나갔다. 정환은 열여덟 살이 되었다. 이제는 청년이 라고 불러도 좋을 나이였다. 선린상업학교를 중도에 그만두고 토지조사국 일을 하면서 정환은 훌쩍 커 버린 자신을 느꼈다. 정신적으로도 육체적으로 도 청년이 된 것 같았다.

아아, 청년! 청년이란 얼마나 가슴 떨리는 말인가! 센티멘털한 사춘기 소 년이 좁은 울타리를 박차고 나와 생의 광활한 들판이 펼쳐지는 풍경을 만난 다. 청년은 이 들판 앞에 서서 큰소리로 외쳐 보고 싶은 때다.

"나는 무엇인가 되겠다!"

"나는 무엇이든 할 수 있다!"

아직은 인생이란 보석이 손바닥 안에 들어와 잡히지는 않았다. 아직은 세상이라는 전쟁터에 나가서 싸울 확실한 무기도 없다. 그렇지만 언제든 잡을 수 있다는 자신감으로 충만한 때가 청년기이다.

광렬이 고향 일산으로 훌쩍 돌아간 뒤부터 정환은 천도교당에 나가기 시작했다. 봉놋방에서도 나왔다. 토지조사국 일도 그만두었다. 대부분의 시간을 정환은 천도교 총부로 가서 보냈다. 그곳에서 청년회 일을 거들며 사람들을 만났다.

정환네 집은, 특히 아버지는 독실한 천도교도이다. 그러나 정환은 이때까지만 해도 천도교가 자기 인생을 평생 지원하는 힘이 될 줄은 몰랐다. 다만 아버지가 열렬한 천도교도였으므로 아버지를 거든다는 소박한 생각을 갖고 있었다.

> 소파의 아버지 방경수는 기미독립운동 민족 대표 33인 중 천도교 대표인 권병덕(權秉悳)과 의형제를 맺고 권병덕과 함께 동학의 분파인 시천교(侍天敎)를 믿고 있었다. 그 후 권병덕이 시천교를 떠나 천도교로 개종하면서 방경수 역시 천도교를 신봉하게 되었고 …(후략)…

이 글은 방정환네와 천도교의 인연을 설명한 유광렬의 글이다.

다시 말하지만 정환의 아버지는 뿌리 깊은 천도교도였다. 그가 잠시 시천교를 믿기는 했었지만 어중이떠중이 천도교도가 아니라 동학혁명 당시부터의 골수 천도교도였을 것이다.

시천교는 또 무엇인가? 시천교는 동학혁명 실패 후 일제의 눈을 피해서 의암 손병희 선생이 일본으로 망명길을 떠난 후 돌아오지 못한 채 떠돌아다닐 때 이용구 등이 몰래 딴집살이로 차린 천도교의 분파이다. 그런데 시천교 교주 이용구는 천도교 정신을 망각하고 민족을 배반한다. 민족 자주 자존의 깃발을 높이 들고 일본과 당당하게 싸운 동학이 아닌가!

이용구가 일부 동학의 무리를 이끌고 일본과 야합하고 매국 행각을 벌이는 것을 보다 못해 마침내 의암 선생은 그를 종단에서 축출한다. 권병덕과 정환의 아버지가 시천교를 버리게 된 것도 그 때문이다. 그런 집안 내력이 있었으므로 정환은 자연스레 천도교와 접하게 된 것이다.

그렇다면 유광렬의 글에 나오는 권병덕은 누구인가? '권병덕이 아니었다면 소파 방정환이 있었을까?' 하는 질문도 가능할 만큼 중요한 역할을 하는 분이다. 그 질문에 대한 대답은 '아마 없었을 것'이라고 말할 수 있을 것이다. 그만큼 권병덕은 정환을 위해 결과적으로 큰 연분을 맺게 해 준 사람이다. 불알 두 쪽밖에 없는 청년 정환의 결혼 중매를 성사시킴으로써 인생 역전을 선물한 셈이니까.

권병덕은 3.1 독립운동 당시 33인 중의 한 분이다. 정환의 아버지와는 의형제를 맺을 정도로 평생지기였다. 청주 출신으로 18세 때 동학교도가 되어 1894년(고종 31년)에 일어난 갑오 동학혁명 때는 6만 군중을 이끌고 봉기한 손병희 밑에 있었다. 혁명이 실패하자 손병희는 이상헌이라는 이름으로 이름을 바꾸고 외국으로 피신했고, 권병덕도 지방 각처로 은신했다. 1908년에 겨우 일본에서 귀국한 손병희가 흩어진 신도들을 새로 규합해서 천도교를 일으키자 천도교에 입교해서 전제관장(典製官長), 금융관장(金融官長) 같은 교직(教職)을 맡는다. 1919년 3.1 독립운동 때는 천도교를 대표해서 민족 대표 33인의 한 사람으로 서명한다. 이 일로 투옥되어 2년간 복역한 후 감옥에서 나와 천도교의 여러 교직을 맡았다.

충북 청주시 우암산 삼일공원에 있는 독립지사 권병덕 동상

＊ ＊ ＊

　　나이가 채 스무 살도 안 된 앳된 청년이 교당을 드나들고 있었다. 그 청년
은 천도교청년회에서 활동을 하기도 하고 그곳에서 교당에 출석하는 소년
들을 지도하기도 했다. 교회 일이라면 아무리 작은 일이라도 열심히 했으므
로 교인들은 입을 모아 참 성실한 청년이라고 칭찬했다. 물론 의암 선생의
귀에도 그 청년의 이야기가 들어갔다. 의암은 방정환이 어떤 청년일까 하고
교당에 나올 때마다 유심히 살피기도 했다. 그때까지만 해도 이 청년이 자

기의 사위가 되리라고는 전혀 생각하지 않았다. 물론 정환도 자기가 의암 교주의 사위가 되리라고는 꿈도 꾸지 않았다.

인연이란 작은 우연에서 시작하는 법이다. 부부로 짝 지워진다는 것은 인연 중에서도 큰 인연이다. 그래서 그 만남은 운명이라는 말로 표현되기도 한다. 가난한 인쇄공의 맏아들이 어떻게 백만 교도를 호령하는 천도교 교주 의암의 사위가 되는지, 사위가 됨으로써 어떻게 팔자가 바뀌는지 알아보기로 한다.

우선 장남 운용[27]이 쓴 글로 실타래를 푼다.

> 열아홉 살 되던 해, 당시 백만 교도를 손발같이 움직이며 과거 갑오 혁명에 실패한 후 또다시 기회를 보아 독립운동을 일으키려 하던 천도교의 3세 교조이시던 손병희 선생의 셋째 사위가 되었습니다.
> 그때 우리 집안이 천도교였던 관계로 당시 천도교회 간부의 한 사람인 권병덕 선생의 천거로 많은 교인 청년들 틈에서 뽑아서 손 선생께서 사위를 삼으신 이유는 어릴 때 고생을 몹시 했으면서도 장래에 대한 야심이 큰 것을 눈치챈 것이 아닌가 생각됩니다.

이 글에서 운용이 이야기한, 정환을 사위로 정한 의암 선생의 의중(意中)은 어디까지나 주관적 추측이다. 운용이 소파의 장남이기 때문에 그렇게 썼을 것이다.

왜 의암 선생이 하고많은 사위 후보들 중에서 말라빠지고 키도 작고 집

---

27 방운용, 「아버님의 걸어가신 길」, 『소파아동문학전집』, 문천사, 1965년 11월 30일.

방정환의 부인 손용화 여사.
사진을 찍은 때는 1980년대로 추정된다.

안도 볼품없는 청년을 사위로 선택했을까? 딸을 가진 부모라면 선뜻 동의할 수 없는 대목 아닌가. 혹시, 의암의 따님에게 무슨 약점이라도 있었을까? 3류 잡지 기사 제목 같은 호기심이 일어나는 것도 무리가 아니다.

그 이유를 설명하는 데는 결혼 당사자의 글이거나 의암 선생 측 기록이라야 맞을 것이다. 그래서 찾아낸 것이 정환의 신부가 된 의암 선생 따님의 인터뷰 기사[28]이다.

---

28 《신인간》 367호. 11쪽~21쪽.

당시 여기저기서 중매가 들어왔지만 아버님께서는 천도교인에게 시집보낸다고 해서 언젠가 권병덕 선생께서 그이를 소개하게 되었어요.

여기서 '그이'는 물론 정환이다. 아무리 좋은 집안 자제라도 천도교인이 아니면 1차 예선 탈락이다. 사위 후보는 일단 '천도교인이어야 한다'는 가이드라인이 그어진다. 정환은 아무 문제없이 통과다.

그래서 저희 외칠촌 되시는 홍병기(洪秉箕) 선생께서 선을 보게 되었어요. 그런데 바짝 마른 체구에 눈만 매섭게 생겼기 때문에 일단 거절하고 보냈죠.

정환은 1차 심사에서 불합격 점수를 받는다. 역시 외모 때문이다. '바짝 마르고' '눈매가 매섭다'는 것이 마이너스 점수를 받은 원인이다. 이때의 모습은 훗날 둥글둥글하고 원만한, 법 없이도 살 수 있을 것 같은 소파의 외모와는 영 딴판이다. 당연히 불합격이었겠다. 손용화 여사의 인터뷰는 계속 이어진다.

그러한 이야기를 아버님께서 들으시고 직접 선을 보시겠다고 해서 다시 보게 되었어요. 아버님께서는 어려워하는 그이에게 "고개를 들어 나를 똑바로 쳐다보라"고 하셨다 합니다.

역시 색시의 아버지 눈에도 차지 않는 청년이었다. 어쩌면 이 혼담은 깨질는지도 모른다. 위기 상황이다. 이제까지 씌어진 많은 소파의 전기들은 이 대목에서 거의 전부 '의암 선생이 소파의 눈을 보자마자 결혼을 승낙했 다'고 쓰고 있다. 소파의 눈에 무슨 마력이라도 있었다는 것처럼…. 그것은 죄다 거짓말이다. 소파를 미화하는 과장된 표현이다. 손 여사의 인터뷰가 진실을 증언하고 있다.

의암 선생도 먼저 선을 본 홍병기와 비슷한 생각이 들었다. 바짝 마른 체 구의 청년에게 딸을 맡기기에는 왠지 마음이 내키지 않았다. 아무리 그가 천도교 교주라고 해도 그 역시 결혼 적령기 딸을 둔 아버지일 뿐이었다. 그 렇다면 이 혼담을 성사시킨 건 누구인가? 없었던 일처럼 되었을 수도 있는 혼담이다.

아버님께서 그이를 돌려보낸 후 "어쩌면 사람이 그렇게까지 마를 수 가 있느냐"고 하시니까 권병덕 선생께서 "사람은 똑똑하나 어렸을 때 너무나 굶주려서 마른 것이므로 잘 먹으면 괜찮을 것입니다" 하였다.

드디어 대역전이다. 권병덕의 이 말 한마디가 물꼬를 틀어 놓은 것이다. 마침내 의암 선생은 결혼을 승낙했다. 권병덕이 의암에게 정환을 소개하지 않았다면, 아니 두 번씩이나 선을 본 결과 탐탁해하지 않는 신부 아버지에 게 정환을 변호하지 않았다면 깨질 뻔한 혼담이었다. 권병덕이 의암 선생으 로부터 절대적인 신임을 받고 있었던 것도 결혼을 성사시키게 하는 일등 공 신이었다.

그렇게 해서 정환과 의암 손병희의 셋째 딸 손용화는 결혼한다. 1917년 음력 4월 초파일, 그날은 의암의 생일이기도 했다. 소파의 나이 겨우 19세 때였다.

정환은 결혼 후 재동(齋洞) 처가에서 신혼살림을 시작했다. 재동은 천도 교 교당이 있는 경운동에서 아주 가까웠다. 재동 뒤쪽으로는 북한산 자락이 부드럽게 내려온다. 그 산자락이 잠시 멈칫하면서 작은 봉우리를 이루는데, 봉우리에 올라서면 경성 시내가 조망이 확 트인다. 이 전망 좋은 자리에 취 운정(翠雲亭)²⁹이 자리 잡고 있다. 복잡한 시내에서 한 마장도 안 되는 거리 에 있으면서도 깊은 숲 속과 같은 분위기가 살아 있는 동리이다.

한옥들이 빼곡하게 들어찬 재동은 그래서 더욱 부잣집 동네답다. 처가는 그 재동 언덕배기 양지 바른 중턱에 있었다. 처가살이하는 것이 좀 그렇긴 했지만 결혼하는 날부터 유복한 처가 덕분에 지긋지긋한 가난에서는 해방 될 수 있었다.

장인 의암 선생은 정환에 대한 기대가 아주 컸다. 대를 이을 아들이 없이 딸만 셋 두었기 때문에 정환을 아들처럼 생각했다. 당연히 사위에 대한 기 대가 더 컸을 것이다. 어쩌면 천도교 교회 일을 아예 정환에게 맡길 생각이 었는지도 모른다. 의암은 진작부터 정환이 청년회에 드나들면서 정성껏 소 년들을 가르치고, 천도교회 활동을 누구보다 열심히 하고 있다는 사실을 알 고 있는 터였다.

정환의 신부 손용화(孫溶嬅)는 애지중지하며 키운 셋째 딸이었다. 셋째 딸 용화 위로는 큰언니와 둘째 언니 광화(廣嬅)가 있었는데, 광화는 동생 용화

---

29 가회동에서 삼청동으로 넘어가는 언덕에 있었다. 지금 감사원 앞, 중앙고등학교 후문 쪽이다. 구한말 갑신정변을 일으켰던 개혁과 선비들이 자주 모였던 곳이기도 하다. 소파 방정환도 자주 취운정으로 친구들을 초대해서 한잔 술을 마시며 교분을 나누기도 했다. 이곳에서 보는 북한산은 그야말로 절경 이다.

취운정 터. 지금의 감사원 건물 앞

보다 먼저 천도교 교회 일을 맡은 정 씨(鄭氏)에게 출가했다.

정환의 학력이 선린상업학교를 중퇴한 게 전부인 반면 용화는 고등여학교까지 마쳤다. 용화는 동덕고등여학교(同德高等女學校) 출신이었다. 이 동덕여학교에 의암은 1909년부터 상당한 후원금을 기부하고 있었다. 후원금 외에도 천도교가 갖고 있는 관훈동 땅[30]과 서른두 칸이나 되는 천도교 사무실을 학교에 회사하기도 했다. 이곳은 동덕여자대학교의 초창기 역사가 시작되는 터전이다. 그런 사실에 대해서는 동덕여대 조원영 총장이 쓴 글이 있다.

의암 선생은 같은 해(1909년) 12월, 관훈동 151번지에 소재한 대지 205

---

30 이곳에는 현재 동덕여대 '동덕 아트갤러리'가 들어서 있다.

평에 32칸의 와옥(瓦屋)으로 이루어진 천도교의 사무실을 기꺼이 동덕
여자의숙에 희사했습니다. 이곳은 동덕여자중고등학교가 창신동 교
사로 이전하기 전까지 사용했던 구교사이며, 오늘의 동덕여자대학교
도 이곳에서 설립되었습니다.

의암은 이 동덕여학교에 셋째 딸 용화와 조카딸 문화(汶燁)를 다니게 했
다. 그만큼 동덕여학교 창립자 조동식(趙東植)이 민족 교육을 펼치려고 하는
데 대해 깊이 신뢰하고 있었다. 의암이 후원한 학교는 이 동덕여학교 말고
도 보성학교[31]가 있으며 이들 학교마다 의암은 재정적인 지원을 아끼지 않
았다.

의암의 부인이 셋째 사위에게 쏟는 정성도 대단했다. 홍 씨는 '남자가 큰
일을 하려면 우선 몸부터 튼튼해야 한다'고 믿고 있는 듯했다. 그래서 홍 씨
는 바싹 마른 정환을 위해 장안에 이름난 한의사에게 약을 짓게 해서 보약
을 끊이지 않게 들도록 했다. 보약과 충분한 영양 섭취 덕분에 정환은 건강
해지고 몸집에도 살이 붙기 시작했다. 생활 걱정은 자연히 없어졌다.

방 군은 손의암의 서랑(壻郎)[32]이 된 후에는 그 댁에 가서 있으면서 생
활 걱정은 없는 동시에 보약도 먹었다 한다. 그 관계 때문인지 나와 토
지조사국에 다닐 때에는 바싹 말랐더니 몸에 살이 찌고 비대하였으며,
내가 겨울에도 땟국이 흐르는 홑두루마기를 입고 서울에 와서 그를 만

---

31 보성전문학교를 가리킴. 이용익이 대한제국 시절 세운 보성전문학교가 경영 위기에 빠지자 손병희
    선생이 인수해서 운영한다.
32 사위의 높임말.

나면 그는 좋은 양복에 외투로 몸을 싸고 다녔다.

유광렬이 결혼 이후 달라진 정환을 묘사한 글의 대목이다. 좋은 음식과 좋은 옷, 다시 말해 호의호식(好衣好食)하는 날들이 계속되었다. 자칫하면 이런 여유 있는 생활 속에 파묻혀 버릴 수도 있다. 쓰고 싶을 만큼 충분한 돈이 있고, 하고 싶은 것을 할 수 있을 만큼 여건이 마련되면 사람은 창조적이고 생산적인 일보다는 쾌락에 빠지기 쉬운 법이다. 창조적인 일은 대개 정신적 고통을 수반하고 생산적인 일은 거의 모두 힘든 노동이 뒤따르는데, 그 대신 쾌락은 어떤가? 그것은 놀고먹고 마시는 놀음의 연속이므로 짜릿한 순간이 육체를 자지러지게 해서 사람의 영혼을 멀게 한다. 쾌락은 힘들지 않고 시간에 쫓기지도 않는다.

아무튼 좋은 양복을 입고 맛있는 음식을 항상 먹을 수 있게 됨은 기분 좋은 일이다. 방정환은 그런 생활 속에서 여유를 되찾는다. 그러면서도 인생의 길을 찾는 노력은 게을리하지 않았다. 매달 잡지《청춘》을 탐독하는 한편 단편소설과 수필 같은 원고를 창작해서 투고를 하기 시작한 것도 이 무렵이다.《청춘》에 기재된 춘원 이광수의 소설 「어린 벗에게」「소년의 비애」[33]를 심상치 않은 관심 속에 읽었다. 그리고 토지조사국에서 사귀기 시작한 친구 유광렬도 변함없이 자주 만났다.

방 군은 끔찍이도 나를 생각해 주었다. 고대광실(高臺廣室)[34]에 살며 비

---

33 이 당시 쓰는 '소년'은 지금의 소년과는 좀 다른 것 같다. '어린이'가 지금 말로 소년의 뜻이라면, 소년은 오히려 청년에 가깝다. 그러니까 '소년의 비애'는 '청년의 비애'라고 보면 된다

34 크고 좋은 손병희 댁을 가리킨다.

단옷 입고 지내는 그는 초라한 시골 청년이 찾으면 겸상을 하여 밥을 먹고 신혼 초라서 신부와 신정(新情)이 아쉬운 때이련만 내외가 함께 덮던 이불을 덮고 나와서 사랑에서 함께 잔 것은 심상한 우정이 아니었다.

유광렬의 글처럼 정환의 우정은 변하지 않았다. 아니 오히려 결혼한 뒤부터 두 사람의 우정이 더 깊어졌다고 해야 할 것 같다. 당시의 유광렬은 고양군 중면 면서기로 있었기 때문에 서울에 있는 고양군청[35]에 자주 공무(公務)가 생겨서 올라왔다.

그 당시 고양군청은 지금의 서대문 네거리 적십자병원 자리에 있었다. 향학심에 불타고 있던 광렬은 낮에는 면서기로 하루 종일 일하고 집에 돌아와 밤이면 와세다대학 강의록으로 독학을 하고 있다고 했다. 정환으로서는 광렬이 마음을 털어놓고 모든 것을 의논할 수 있는 유일한 친구인 셈이었다. 광렬이 집에 찾아오면 두 사람은 밤새 잠도 자지 않고 이야기를 나누었다. 단잠을 자기에는 할 말이 너무도 많았던 탓일까?

두 사람은 똑같이 빈한한 가정에서 자라온 감성적인 청년이다. 그래서 그런지 시쳇말로 죽이 잘 맞았다. 처지가 같았기 때문에 생각도 비슷했다. 두 사람이 나누는 이야기란 처음에는 대개 어릴 때 집안이 가난해서 고생하던 이야기부터 시작한다. 상대방 이야기를 들으며, 그래 맞아, 그 처지가 곧 자기 처지와 같다는 것을 알게 되고 맞장구를 치면서 이야기는 꼬리를 물고 이어진다. 그런 신상 문제, 신변잡사 같은 이야기가 끝나면 '국가'와 '민족의

---

[35] 고양군청은 그 후 을지로 6가 지금의 두타빌딩 자리로 옮겼고 그곳에서 해방을 맞는다.

장래'에 대한 시작도 끝도 없는 화제로 접어든다. 그러니 잠잘 시간이 어디 있으랴. 만날 때마다 두 사람은 끝없는 대화로 밤을 새기 일쑤였고 이 대화는 심야 토론 같은 비장함까지 곁들여 끝나곤 했다.

이렇게 광렬과 만나는 횟수가 늘어가면서 두 사람은 중요한 결정 한 가지를 한다. 이렇게 허송세월할 것이 아니라 모임을 하나 만들자는 것이었다. 말하자면 비밀결사(秘密結社)인 셈이다. "나라를 위해 무엇인가를 하는 단체를 만들자"고 했다.

일본인들 눈을 속이기 위해서 단체의 이름은 '청년구락부'라고 평범하게 지었다. 청년구락부! 이름이 싱겁고 의미 없는, 그냥 그렇고 그런 친목 단체처럼 보이게 하는 데는 아주 좋은 이름이었다. 구락부(俱樂部)는 영어 단어인 클럽(club)을 일본어 발음대로 표기한 것이다.

1917년의 일이었다. 정환, 아직은 열아홉 살.

경성 청년구락부

방정환의 짧은 생애에서 1917년은 매우 중요한 의미를 갖는다. 우선 열아홉 살이라는 나이가 그렇다. 소파는 더 이상 소년이 아니었다. 가난한 10대를 마감하는 인생 대사를 치른 것도 이해였고, 소년 방정환이 10대를 마감하는 '어른스런 큰일'을 터뜨리는 것도 이해였다. '인생 대사'는 물론 결혼을 가리키는 말이며 큰일은 청년구락부를 조직한 일을 가리킨다.

10대를 내내 혹독한 가난으로 시달려온 정환이었다. 인생의 미래를 설계하기는커녕 하루하루 굶지 않고 사는 일이 언제나 코앞에 놓여 있었다. 다니던 학교도 학비를 댈 수 없어 그만둔 처지였다. 상업학교여서 자기가 배우고 싶어 하는 공부가 아니라는 것은 사실 핑계에 지나지 않았는지 모른다. 학비를 대기 위해 정환은 인왕산이나 삼각산에 올라가 땔나무를 해다가 팔아야 했다. 땔나무는 일 년 내내 할 수도 없다. 낙엽이 지는 늦가을부터 이른 봄까지나 가능했다. 나무가 녹음으로 변하는 봄부터는 나무도 할 수 없었다.

이렇게 곤궁한 소년 시절의 라스트신은 의암 손병희 선생의 사위가 되는 것으로 끝난다. 고생 끝 호강 시작이다. 열아홉 살이 되던 해 봄이었다. 이 때부터 정환에게는 당연히 물질적인 여유가 뒤따른다. 하루하루 먹을 걱정 이 없어졌다. 궁핍하고 좁은 집 대신에 고래 등 같은 거주 공간이 생겼다. 사 위의 건강을 염려해서 보약을 조달해 주는 장모가 있고 팍팍 뒤를 밀어 줄 장인도 있고 정다운 아내도 있다. 모든 것이 하루아침에 변했지만 달라지지 않은 것도 있었다. 그것은 바로 토지조사국 시절의 친구 광렬이 변함없이 찾아오는 일이었다.

정환과 광렬 사이는 형제 이상이었다. 정환이 가정적으로 외로워서 더 친해졌는지도 모른다. 아무튼 두 사람은 서로 반말을 나누는 허물없는 사이 가 된다. 차라리 반말하는 것이 나이가 한 살 많은 광렬은 편했다. 다음 인용 하는 글을 보면 두 사람이 얼마나 친했는지를 알 수 있다. 유광렬의 글이다.

방 군과는 어느덧 너 나 하는 사이가 되었다. 역 안 플랫폼에서 그를 만났다. 서울의 외교관, 총독부 고급 관리, 유수한 선교사, 각 사 신문 기자 이외에는 다른 사람을 일체 안 들이는데, 그가 들어온 것이 하도 이상하여 옆으로 데리고 가서 "너 이 자식 어떻게 들어왔니?" 하고 물 으니, 그는 웃으며 "아니다. 이놈아" 할 뿐이었다.

광렬은 그 당시 새문 밖에 있는 고양군청에 공무로 올 때마다 정환을 만 났다. 군청에서 일을 마치고 나면 으레 정환네 집에 와서 묵곤 했다. 이렇게 좋은 친구 광렬과 사실은 가난했던 토지조사국 시절부터 약속해 둔 게 한 가지 있었다.

소파 장남 운용의 글을 보자.

이 무렵부터 두 소년은 주위에 뜻 맞는 친구들을 골라서 무엇이고 일을 꾸며야겠다는 정열과 의욕으로 가슴이 벅차오르고 있었던 것입니다. 이러한 환경과 이러한 소년들의 힘으로 조직된 것이 '청년구락부'라는 단체였습니다. 지하운동 조직이기 때문에 만일을 염려하여 평범한 명칭으로 했던 것입니다.

'이 무렵'이란 토지조사국 시절을 말한다. 1915년, 그러니까 정환이 열일곱 살, 그보다 한 살 많은 광렬은 열여덟 살 때였다. 감수성이 예민하고 호기심 강한 소년기는 이제 지나고 있었다. 아직 어리지만 인생에 대해서도 생각할 만한 나이였다.

마침내 오래전부터 두 사람이 꿈꾸며 함께 의논하던 일을 시작할 수 있는 때가 온 것이다. 그래서 정환의 처가 사랑방에서 두 사람은 '청년구락부'라는 이름으로 '민족을 위해 무엇인가 역할을 하는 단체'를 만들기로 한 것이다.

청년구락부 탄생에 대해서 좀 더 구체적으로 기록한 유광렬의 글을 보자.

우선 일본인의 눈을 속이면서 비밀결사를 하기로 하였다. 그것은 이름은 싱겁고 평범하게 '청년구락부'로 하였다. 이 청년구락부는 1919년 3.1운동 전해까지 회원이 이백여 명이나 되었으니 18, 9세 소년들의 일로는 상당히 큰 것이었다.

중앙일보에서 유광렬과 방정환의 활동을 '항일문학'으로 재조명한 기사. 2002.12.10.

이 글에서 눈길을 끄는 대목은 '비밀결사'라는 단어이다. 유광렬은 청년
구락부의 성격을 '비밀결사'라고 단정 지었다. 앞에서 인용한 방운용의 글
에서는 '지하운동 조직'이라고 표현했다. '비밀결사'라는 말이 '지하운동 조
직'이라는 말보다는 뜻이 강하고 간결하다. '청년구락부'가 비밀결사라고
할 수 있는지, 지하운동 조직이라고 하는 게 더 적절할는지 명확한 결론을
내리기는 어렵다. 청년구락부가 발족한 이후 이 단체가 실제로 활동한 근거

를 가지고 평가하는 것이 옳다고 보여진다.

이렇게 세상에 모습을 드러낸 청년구락부는 뒷날 몇 가지 '의미 있는 일'을 하게 된다. 수시로 회원들이 모여서 오늘날 말하는 MT(멤버십 트레이닝)를 갖기도 하고, 일제 식민지 통치를 비판하는 연극 공연을 하기도 하고, 기관지 성격의 월간 문예잡지 《신청년》을 발행하기도 했다. 또 3.1운동 때에는 일정한 몫을 담당하기도 했다.

유광렬의 증언에 따르면 이 무렵에는 청년구락부 말고도 이와 비슷한 지하 단체들이 많았다고 한다. 한일합병이 된 지 불과 5년을 바라보는 때이다. 치욕적인 병합 문구의 먹물이 마르기 전이었으니 나라를 되찾기 위한 단체들이 이곳저곳에서 생겨나는 것은 너무도 당연한 일이었다.

1914년에 발발한 제1차 세계대전은 막바지로 접어든 느낌이다. 1917년 새해가 밝아오자, 새해 벽두 1월 1일부터 춘원 이광수는 〈매일신보〉에 장편소설 『무정(無情)』을 연재하기 시작했다. 그동안 중립을 지켜 오던 미국은 독일에 선전포고를 하고 세계대전에 참전한다.

1916년 10월 조선총독으로 부임한 일본 육군대장 출신의 장곡천호도(長谷川好道)[36]는 나날이 식민지 통치를 강화하고 있었다. 삼천리 방방곡곡 치안은 헌병경찰(憲兵警察)이라는 독특한 조직이 맡고 있었다. 이 헌병경찰은 군대도 아니고, 그렇다고 경찰도 아니었다. 군대와 경찰의 역할을 합한 그들로 봐서는 기막힌 통치 전위 조직이었다. 조선을 일본 손아귀에 거머쥐려는 악질적인 손길은 구석구석 안 미치는 데가 없었다.

하지만 독립운동의 흐름 역시 눈에 보이지 않는 곳에서 도도히 흐르고

---

36 하세가와 요시미치. 3.1 독립운동 당시의 조선총독.

매일신보에 연재한 이광수의 '무정' 제1회분

있었다. 한 번도 흐름을 멈춘 적이 없었다. 흐름을 멈추기는커녕 쉬지 않고 뜨겁게 달구어지고 뭉쳐지는 동안 무서운 힘을 축적하고 있었다. 그것은 곧 기미년 3.1 독립운동이라는 이름으로 분출할 터였다. 지금은 다만 그 무서운 힘이 지하로 숨어들어 화약을 준비하고 불씨를 지키는 단계일 뿐이었다.

거의 모든 소파 방정환 연표는 청년구락부를 결성한 시기를 1917년으로 적고 있다. 소파 나이 열아홉 살 때이다. 그러나 청년구락부가 정식으로 결성된 날짜는 이보다 훨씬 시간이 흐른 뒤인 이듬해 1918년 7월 7일이라는 기록이 있다.

〈조선일보〉 1920년 5월 12일자 기사를 보자.

재작년 7월 7일에 방소파(方小波) 군과 이일해(李一海) 양군(兩君)의 발기로 경성청년구락부가 성립되었다.

경성 청년구락부

이 기사 말고는 따로 청년구락부 발기와 결성에 관한 구체적인 증언이나 기록은 따로 없다. 일단 이 신문 기사를 근거로 청년구락부 결성일을 1918년 7월 7일이라고 고쳐 둔다. 그러나 거의 모든 연표에 나와 있는 '1917년 어느 날, 소파의 처가에서 두 사람이 의논한 끝에 청년구락부를 결성했다'는 기록과 1918년 7월 7일 결성되었다는 조선일보 기사와는 1년 정도 간격이 생긴 이유는 알 수 없다.

청년구락부가 실제로 결성된 것은 1917년일까 아니면 1918년일까? 섣불리 단정할 수는 없겠다. 하지만 앞에서 인용한 유광렬의 증언과 이 조선일보 기사를 종합해 보면 이런 결론이 가능하다.

두 사람이 청년구락부를 만들자고 결정을 한 것은 1917년이지만, 이에 부수하는 운영 규약을 정하고 회원을 모으는 등 준비 기간이 필요했을 것이다. 1년 남짓 소요 기간을 거쳐 정식으로 청년구락부의 결성식을 가진 것은 1918년 7월 7일이다.

청년구락부가 어떤 활동을 펼쳤는가에 대해서 더듬어 보려면 유광렬의 자서전 『기자 반세기』를 다시 인용할 수밖에 없다. 청년구락부 운영에 관한 대목이다.

이 청년구락부의 중심은 역시 방정환이었다. 그는 매사에 주밀하게 생각하는 성질이었고 또 무슨 일에나 비용이 드는데, 비록 처가에 붙어 있는 몸이라도, 용돈 속에서 할애하는 것이라도 다소간 재정을 담당할 수 있는 것도 방 군인 것이 큰 이유였다.

나는 방 군에게 회장이 되라고 하였더니 그는 "내가 회장이 되어서는 일을 마음대로 할 수 없으니 차라리 그대와 나는 테두리 밖에서 일하는 것이 낫겠다"고 하였다.

이렇게 상의하여 결정한 것이 회장에 이복원(李馥遠), 부회장에 이중각
(李重珏)이었다.

이것으로 추정하면 청년구락부는 방정환, 유광렬 외에 이복원, 이중각
네 사람이 주축 멤버라고 볼 수 있다. 그러니까 방정환은 사실상의 대표였
지만 '마음대로 일을 하기 위한 방편으로' 이복원과 이중각을 회장단으로
뽑았다는 것이다.

유광렬은 다른 글에서 이 네 사람을 가리켜 '청년구락부의 사천왕'이라
는 표현을 한 적도 있다. 하지만 청년구락부가 방정환, 유광렬, 이복원, 이중
각 4인이 움직였다는 위와 같은 주장에는 믿음이 가지 않는 부분도 많다.

앞에서 인용한 조선일보 기사도 청년구락부 발기인으로 방소파(정환)와
이일해 두 사람이라고 분명하게 명시하고 있다. 일해(一海)는 이중각의 호이
다. 발기인이 누구인가는 청년구락부 운영 주체가 누구인지를 밝히는 중요
한 열쇠이다.

조선일보 기사를 소개하면서 청년구락부 중심인물 네 사람의 역할에 대
해서 이의를 제기하는 주목할 만한 견해를 제시한다. 성균관대학교 국어국
문학과 교수 한기형이다.

한기형 교수[37]는 최근, 경성 청년구락부가 발행한《신청년》에 관한 연구
결과를 내놓았다. 그는 서지학자 하영휘와 소장자 오영식의 도움으로 '겨우
이름만 전하던 최초 문예운동 잡지'《신청년》을 발굴해서 이 잡지의 실체를

---

37 성균관대학교 국어국문학과 교수. 서지학자들이 보관해 오던《신청년》을 발굴해서 학계에 보고했다.

신문에 소개했다. 그는 학계에 잡지 내용을 보고하는 한편 이 발굴 작업을 통해 입수된 자료를 근거로 '청년구락부' 활동에 대한 소상한 연구 논문을 잇따라 발표한다.

청년구락부와 관련한 한기형 교수의 논문을 인용한다.

이 기사는 유광렬의 회고와는 달리 경성청년구락부가 존재했던 당시와 가장 근접한 시기에 씌어진 글인 셈이다. 따라서 유광렬의 회고와 그 내용을 비교하여 볼 필요가 있다. 이 기사의 첫 번째 요지는 경성청년구락부와 《신청년》의 핵심 인사를 소파 방정환과 일해 이중각이라고 보고 있다는 점이다. 그리고 유광렬이 청년구락부의 사천왕으로 말한 그 사천왕 가운데 유광렬과 이복원은 전혀 거론되지 않는다. 이러한 진술은 유광렬의 견해와는 상당한 차이가 있다. 유광렬의 회고록은 방정환과 자신이 단체와 잡지의 핵심 인물이고 이복원과 이중각은 비록 그들이 경성청년구락부의 회장과 부회장이었지만 영입 인사정도로 판단하고 있기 때문이다.

한기형의 이의 제기는 당시 〈조선일보〉 기사를 근거로 제시하고 있으므로 상당한 설득력이 있다. 또한 경성 청년구락부가 결성되는 중요한 시기에 유광렬의 신분은 고양군 중면 면서기였다. 공무에 매인 신분으로 시간을 자주 내기 어려웠을 것이다. 또한 거주지도 경성이 아니다. 고양군 일산이다. 지금은 한 시간 거리로 가깝지만 당시는 한번 경성에 오려면 반나절은 허비해야 했다. 경의선 기차밖에는 별다른 차편이 없었고 또한 그는 낮에는 면서기를 하면서도 밤에는 와세다 강의록으로 대학 과정 독학을 하고 있었다.

정환은 이따금 천도교 교당 일을 돌보는 일 외에 별달리 할 일이 없어 시간이 많았지만 광렬은 그렇지 못했다. 그래서 광렬은 개인적인 여러 가지 사정으로 구락부 일에 전념할 수 없었을 것이다. 유광렬은 다음과 같은 글[38]에서 그런 사정을 토로하고 있다.

> 친구의 집에서 밥을 얻어먹으면서 이 일을 돕다가 여름날에 면서기로 다니던 중면에 가 보니, 총독부 기관지이지만 하나밖에 없는 우리말 〈매일신보〉사에 나카무라의 엽서가 온 것을 면장이 준다. 신문에서 독립운동 기사를 안 낸다고 시민들이 기자를 때려죽인다고 벼르는 사람들이 많기 때문에 편집장 이상협이 나간 이후이다. 엽서 내용은 '그대는 글을 쓸 줄 아니 신문사에 가서 기자될 생각이 없느냐'는 것이다.

유광렬의 글에서 친구는 방정환을 가리킨다. 이 엽서를 받은 시점이 1918년 8월경이라고 하니 그때까지는 아직 조선일보, 동아일보 같은 우리말 신문이 창간되기 전이다. 유광렬은 '조선광문회'를 찾아가 육당 최남선에게 매일신보 취직 부탁을 해 둔 터였다. 육당은 매일신보 편집국장 이상협과 잘 아는 사이였기 때문이다.

나카무라의 엽서를 받은 광렬은 정환과 취직 문제를 상의한다. 광렬로서 신문기자는 꼭 되고 싶었지만 이런 시기에 매일신보 같은 신문에는 들어가고 싶지 않다고 말했다. 광렬은 정환도 반대할 줄 알았다. 그러나 뜻밖에도 정환의 의견은 달랐다. 낮에는 매일신보 기자로 취직해서 일하는 체하다가,

---

38 『기자 반세기』, 서문당, 1969년 12월 15일.

퇴근하면 《신청년》 편집 일을 도우면 되지 않느냐는 것이었다. 일종의 위장 취업인 셈이다.

매일신보 취직을 망설이던 광렬은 정환의 의견을 따른다. 그렇게도 하고 싶던 기자가 된 것이었다.

유광렬은 1918년 8월에 〈매일신보〉 기자가 되었다가 '독립운동 관련 보도를 아예 못하는 것이 싫어서' 한 달 만에 〈만주일보〉 경성지국 기자로 직장을 옮긴다. 그리고 이 신문에다 연이어 '남녀 학생들의 법정 투쟁 기사' '대동단 사건' '강우규 의사 폭탄 투척 사건' 등을 취재 보도한다. 그러다가 1920년 4월에 창간하게 되는 〈동아일보〉 창간 기자로 스카우트(?) 되어 동분서주하게 된다. 따라서 청년구락부와 잡지 《신청년》에 많은 시간을 할애할 수 없는 처지였다.

한기형 교수가 연구 논문에서 지적한 것처럼 (생각은 있으나) 유광렬은 개인적으로 신문사 일이 바빠져서 실제 활동에는 큰 역할을 하지 못했을 것이다. 또한 유광렬의 회고록 『기자 반세기』가 세월이 많이 흐른 뒤인 1970년대에 씌어진 시점과 조선일보 기사가 작성된 시점의 차이도 중요한 대목이다.

유광렬은 방정환과 함께 민족정신에 불타는 뜨거운 마음으로 청년구락부 일을 하던 청년 시절과는 달리, 일제 치하에 주로 친일 매체인 〈만주일보〉 〈매일신보〉 등에서 봉직하며 훼절했다는 비판을 받아 왔다. 그가 『기자 반세기』를 집필할 때는 이런 비판을 의식했을 수도 있다. 어쩔 수 없이, 결과적으로 '친일 행위를 했다'는 자책감이 들었을 것이고, 자기의 흠결을 감추기 위해서라도 청년구락부 같은 독립운동 이력을 실제보다 과장했을 가능성도 적지 않다.

유광렬은 1920년 4월, 동아일보 창간 기자가 된다.
오른쪽에서 두 번째가 유광렬

다시 유광렬의 『기자 반세기』 기록 속으로 돌아가 보자.

방 군의 설명으로 이복원은 평동 대신의 몇 촌 조카 되는 청년이라 한
다. 평동 대신은 평동에 사는 대신이라는 뜻이겠다. 이 평동 대신 이용
직(李容稙)은 구한국 왕조 말엽 최후의 내각이던 이완용 내각의 학부대
신이었다.

정환은, 이용직이 망국을 막지 못한 망국 내각의 학부대신이기는 하지만
끝까지 한일합병조약에 반대한 유일한 대신이었다는 사실을 높이 평가했
는 것이다. 그래서 그 조카라는 점 하나만으로도 이복원을 신뢰했다. 그만
큼 소파는 사람을 잘 믿었다.

이용직이 끝끝내 조약 문서에 도장 찍는 것을 거부하자 당시 조선 주둔 군 사령관이었던 장곡천호도는 이용직을 굴복시키려고 수단과 방법을 가리지 않았다. 총검으로 완전 무장시킨 군대로 이용직의 집을 수십 겹으로 에워싸고 협박한 것이다.

예를 들면 이런 식이다. 장곡천 부하 한 명이 대신 댁 사랑방 문 앞으로 와서 칼로 사랑채 마루를 내려쳐서 마루를 지탱하고 있는 기둥을 두 동강 내기도 했다. 그러나 방 안에 있던 이용직은 눈 하나 깜짝하지 않고 웃으면서 말했다.

"너는 나의 목을 베어 갈 수 있을 터인데 왜 죄 없는 마루를 두 동강 내느냐?"

일본은 한 망국 대신의 기개를 꺾지 못한 채 조약을 맺게 되어 그 조약 문서에는 학부대신의 날인이 빠지게 되었다.

유광렬의 생각처럼 방정환은 곡 평동 대신의 조카라는 점 때문에 그를 중용하지는 않았을 것이다. 정환은 이복원을 칭찬하며 유광렬에게 이렇게 말한 적이 있었다.

"이복원이가 우연히 학부대신의 몇 촌 조카뻘이 되었을 뿐이지 전연 별개의 인격이 아니냐. 더욱이 이복원 군은 그대도 만나 보면 알려니와 나랏일이라면 목숨을 아끼지 않고 나설 사람이야."

이중각에 대해서도 방정환과 유광렬의 시각은 다르다. 정환은 청주 출신 이중각을 가리켜 '어려서부터 부친이 돌아가시고 편모슬하에서 자라났는데 사람이 묵중하고 또 나랏일을 위하여 몸을 바칠 사람'이라고 하였다. 그렇게 해서 방정환의 생각대로 회장에는 이복원, 부회장에는 이중각을 추대하게 된다. 이들이 바로 청년구락부의 '사천왕(四天王)'으로 불리는 인물이었다.

그렇다면 이복원과 이중각은 어떤 인물인가? 유광렬의 소개와 평가이다.

이복원은, 말은 무정부주의 운동이라고 하나 실상은 독립운동 단체인 '흑기연맹(黑旗聯盟)'이라는 비밀결사를 하여 대규모로 테러리즘을 추진하려다가 서대문 감옥에서 옥사로 죽어서 시체로 나왔다.

이중각은, 3.1운동이 일어나자 초기 수개월에 열중했을 뿐만 아니라 상해임시정부와 연락하여 꾸준히 (독립)운동을 하다가 잡혀 종로경찰서에서 고문치사로 죽어서 나왔다.

유광렬이 『기자 반세기』에서 언급한 이복원에 관한 기록은 별로 확인할 수 없었다. 이복원이 관계했다는 흑기연맹은 1925년 1월 경성에서 서상기(徐相基), 서우순(徐宇淳), 서상경(徐相庚) 등이 모여서 조직한 무정부주의 독립운동 비밀결사 단체이다. 이들은 무정부주의 연구와 독립운동을 하다가 일본 경찰에 붙잡혀서 주동자급들은 1925년 11월 징역형을 언도받고 서대문 감옥에서 복역한다. 이때 '흑기연맹 사건'으로 체포된 인물들 중에 이복원은 보이지 않는다. 아마도 주동자급이 아니었기 때문에 이 명단에 들어 있지 않았는지도 모르겠다.

이중각에 대해서는 《신청년》을 발굴 보고한 한기형 교수의 글에서 이를 찾아 인용한다. 출처는 충북대학교 인문과학연구소가 1997년에 펴낸 『청주 시지』이다.

이중각은 1895년생이며 몰년(沒年)은 1923년이다. 청원군 출신으로 호는 일해(一海)라고 한다. 1918년 청년구락부를 조직하고 기관지《신청년》을 발간하여 독립사상을 고취하였다. 1921년 3월부터는 〈신조선(新朝鮮)〉의 기자로 일하면서 이달(李達), 김만수(金萬洙) 등과 함께 3.1운동 1주년 기념 시위를 거행하기로 결의하고 거사를 준비하는 한편, 일본 제국의회에 독립 청원서를 제출하려는 계획을 추진하다가 동경에서 체포되어 서울로 압송되었으나 면소되었다. 이해 7월에는 조선민단(朝鮮民團)을 결성하고 경성기독교 중앙회관에서 독립사상을 고취하는 연설을 진행하여 다시 체포되었으며 12월 23일 경성 지방법원에서 8개월 형을 언도받았다. 1923년 3월부터는 자유노동조합 집행위원으로 활약하였으며 의열단원으로 활약하다가 다시 체포되었다. 이때 일제의 모진 고문으로 정신이상이 되었으며 이를 비관하여 자살하였다.

* * *

1918년 가을 어느 날, 청년구락부 전 회원은 구파발[39]에서 습율대회(拾栗大會)를 갖는다. 습율이란 '밤 줍기'이다. 밤나무 동산 주인에게 일정한 입장료를 내고 마음껏 밤을 딴다. 가을 야유회였지만 그저 단순히 하루를 노는 소풍은 아니었다. 이를테면 회원 친목 모임을 겸한 MT 성격의 야유회였다.

지금은 구파발이 서울이지만 당시에는 경기도 고양군 신도면이었다. 북한산 능선이 문수봉에서 솟구쳤다가 비봉을 지나면서 한 풀 꺾여 향로봉을

---

39 이곳에는 해주, 평양 등으로 파발마를 띄우는 역참이 있었다.

만든다. 그 봉우리를 살짝 올라섰다가 북서쪽으로 내려서면 깊은 계곡이 나타나는데 그곳이 구파발이다. 진관사라는 절이 있는 그 산자락은 온통 밤나무 동산이었다. 야유회는 바로 그 밤나무골에서 있었다.

200명 가까운 17, 8세의 고만고만한 소년들이 모인 자리였다. 방정환과 유광렬은 그들과 또래 친구 같은 존재였고 이중각이나 이복원도 몇 살밖에 차이 나지 않는, 바로 손위 형과 같았다.

나이는 비록 몇 살 차이 나지 않았지만 소년들은 회장단을 어른처럼 대했다. 나라 안팎의 정세를 보는 눈이나 독서로 다져진 교양은 소년들을 압도하고도 남았기 때문이었다. 소년들은 차례차례 앞에 나와 연설하는 네 사람의 말을 한 대목도 놓치지 않겠다는 듯이 경청했다. 조금만 우스운 이야기를 해도 까르르 웃음바다가 되었고, 조금만 심각한 이야기를 해도 깊은 물속에 잠기는 듯 일순 조용해졌다.

이날의 야유회는 청년구락부가 나아가야 할 길을 제시하는 자리였다. 청년회가 앞으로 펼쳐 나갈 주요 사업을 결정하고 이를 합의하는 모임이었다. 이 모임에서 논의된 가장 중요한 결정 사항은 유광렬이 『기자 반세기』에다 단 한 줄로 명쾌하게 써 놓았다.

'우선 청년구락부의 일로 잡지를 내기로 하였다.'

청년구락부는 1918년 연말에 또 한 번 소의소학교 대강당에서 전 회원이 참석하는 송년회를 가졌다. 소의소학교는 신구서림(新舊書林)이라는 책방을 운영하는 지송욱(池松旭)이 세운 사립학교였다. 3.1운동 이후에 소의상업학교로 바뀌었다가 운영난으로 학교 문을 닫았다. 이 학교에서 송년회를 열수 있도록 배려해 준 지송욱과 방정환이 어떤 관계인지는 확인할 길이 없다. 강당을 사용한 단체가 청년구락부라는 것을 나중에라도 경찰이 알게 되면 경을 칠는지도 모를 일이었다.

이 무렵 유광렬은 경성에 오는 횟수가 잦아진다. 일산 면사무소에서 얻어서 읽은 일본어 신문 〈조일신문(朝日新聞)〉에서 '민족자결주의'에 관한 기사를 읽었기 때문이었다. 세계정세를 꿰고 있을 만큼 밝지는 않았지만 '민족자결주의가 무엇을 뜻하는지' 정도쯤은 알 수 있었다. '민족자결주의'는 미국의 윌슨 대통령이 대독 강화 조건 14개 조항 중에 들어 있었다. 독일은 제1차 세계대전 패전국으로서 그 조건을 받아들여야 했다.

독일의 패전이 확실해지고 전쟁도 마무리 수순에 접어들었다. 이 민족자결주의 영향 때문인지, 이해 겨울이 오자마자 아일랜드의 신페인 당이 독립을 선언했다. 아일랜드는 영국의 식민 통치를 받고 있던 나라였다. 이런 일련의 관련 기사들이 일본어 신문에 계속 실리고 있었다.

정환과 광렬은 막연하게나마 '우리나라도 아일랜드처럼 독립운동을 할 때가 오지 않았을까?' 하는 생각을 했을 것이다. '그렇다면 무엇부터 해야 할까?' 하는 걱정도 생겼다.

이에 두 사람은 연말을 그냥 넘기지 말고 전체 회원이 모일 수 있는 집회

윌슨의 민족자결주의는 3.1운동의 도화선이 되었다.

를 갖자는 데 의견을 모은다. 송년회 같은 형식이 좋을 것이다. 일본 경찰들도 연말은 송년회 시즌이므로 별로 신경 쓰지 않을 것이다. 그러니 한데 모여 우리도 아일랜드와 같은 독립운동에 대한 준비를 갖자!

송년회는 일제의 눈을 속이는 눈속임이었다. 일본 경찰은 군중이 모이는 것을 싫어한다. 그들은 3인 이상의 집회는 모두 금지했다. 동창회라든가 환갑잔치라든가 송년회라든가 하는 친목 성격의 모임만 묵인해 주고 있는 실정이었다.

어쨌든 송년회는 송년회…. 모든 참석자 앞에는 중국 국수 한 그릇과 과자 몇 봉지가 놓였다. 송년회치곤 대단히 빈약한 메뉴였지만 누구 하나 탓하는 사람은 없었다. 방정환을 비롯한 이복원, 이중각, 유광렬 등 간부들이 한 사람씩 나와 강연을 했다. 그것은 '세계정세의 대세가 되어 가는 민족자결주의에 입각해 우리 청년구락부도 시기를 놓치지 말고 민족운동의 선봉에 서자'는 뜻이었을 것이다. 어쩌면 이날의 모임은 송년회를 빙자한 독립 예비 운동 성격이었는지도 모른다.

마침내 의식 교육 같은 강연과 인사말이 끝나자 단상은 간단한 장치 끝에 그대로 무대가 되었다. 〈동원령〉이란 연극이 상연된다는 것이었다. 혹 들이닥칠는지 모를 일본 경찰을 염려해서 연극 제목은 일단 〈○○령〉[40]이라고 숨겼다. 무슨 뜻인지 알아볼 수 없게 제목을 숨겼지만 회원들은 제목이 '동원령'이라는 사실을 다들 알고 있었다.

각본을 쓴 것은 물론이요, 연출과 남자 주인공까지 방정환이 맡았다. 그야말로 1인 3역이었다. 아쉽게도 현재 〈동원령〉 대본은 유실되었다. 다만

---

40 당시 신문 기사나 잡지에 이런 식으로 가리는 경우가 많았다. 예를 들면 독립군은 ○○군, 독립 만세는 ○○○○ 하는 식이었다.

간단한 줄거리는 유광렬이 회고록에서 전하고 있다.

우리나라 가난한 농사꾼이 일본 고리대금업자에게서 비싼 이자의 고리채를 쓴다. 농사꾼 남편이 병든 아내를 위하여 약을 지으러 간 사이에 일본인 고리대금업자가 집에 온다. 몸이 몹시 아픈 농사꾼 아내는 애걸복걸하며 빚을 연기해 줄 것을 간청한다. 막무가내로 일본 놈은 부엌에 있는 밥솥을 떼어 간다. 돌아온 남편은 아내를 달랜다. 농사꾼 남편 역을 맡은 방정환의 연기는 서툴렀다. 하지만 '농촌 실정이 이렇기 때문에 이 나라의 농민은 전부 고향을 등질 수밖에 없다'는 메시지를 관객에게 전하려고 애를 썼다.

이 송년회가 있은 지 석 달쯤 뒤 3.1 독립운동이 일어난다. 이날 송년회를 주도했던 청년구락부 간부들 중 유광렬을 제외한 세 사람은 모두 체포된다. 이복원과 이중각은 3.1 독립운동에 주도적으로 참가한 혐의로 체포되어 투옥되고, 방정환은 〈독립신문〉을 만들어 배포하다가 체포된다. 방정환은 경찰서에서 코에 물을 붓는 모진 고문을 받지만 증거 불충분으로 석방된다.

《신청년》의 야망

　앞에서 언급한 대로 청년구락부의 첫 사업은 잡지 발간이었다. 그것은 누구보다 방정환의 뜻이기도 했다. 앞으로 민족해방운동을 펼쳐 나갈 역량을 갖추기 위해서 여러 가지 활동을 벌여야 한다. 하지만 이를 널리 알리고 계도하는 미디어가 반드시 필요하다. 그것이 정환의 판단이었다.

　훗날 방정환은 참으로 많은 잡지를 창간하거나 운영을 맡았고 편집에도 참여하게 된다. 《신청년》은 말하자면 잡지 저널리스트로서 빼어난 재능을 발휘하는 정환이 출판문화 운동의 첫 삽을 뜨는 잡지인 셈이다.

　정환은 곧 《신청년》 창간 작업을 시작한다. 우선 창간호에 실을 권두사를 만해(卍海) 한용운(韓龍雲)에게서 받기로 했다. 만해는 이때 불교 청년들을 교양하기 위해서 《유심(惟心)》이라는 잡지를 내고 있었다. 《신청년》을 창간하려는 뜻이며 청년구락부에 대한 설명을 들은 만해는 흔쾌하게 권두사를 써 주었다. 만해가 쓴 글은 필자 이름 없이 《신청년》 제1호 표지에 실렸다.

방아머리 까치저고리 앵두 같은 어린 입술로 천진난만하게 부르는 너의 노래 그 성파(聲波)가 얼마나 퍼지며 그 곡조가 음률(音律)에 맞으랴마는, 지음(知音)의 고수(鼓手)는 두리둥 두리둥 울리면서 자연의 음조(音調)와 맞는다고 흑암(黑暗)의 적막을 깨치는 노래의 초성(初聲)이라 하나니라. 한강의 깊은 물에 자맥질하는 사람들아. 아느냐, 오대산 바위틈에서 흐르는 실낱같이 흐르는 그 물의 근원을, 이러하니라. 너희 일도 이러하고 나의 일도 이러하며 마(魔)의 일도 님의 일도 온갖 일이 이러하니라. 하늘에 가득한 바람과 눈 그 가운데서 피는 매화(梅花). 용기(勇氣)인지 원력(原力)인지 자연의 천기(天機)인지 대우주(大宇宙)의 율칙(律則)인지 무슨 비밀을 폭로하면서 너의 노래의 요구(要求)를 보답하리라.

조금 인용이 길어졌지만 만해가 쓴 권두사 전문이다. 맞춤법만 바로잡은 원문 그대로이다. 이 권두사를 한기형 교수는 이렇게 해석하고 있다.

이 글 속에서 '지음의 고수'로 자기를 비유한 작자는 청년들의 노래(행위)가 겉으로는 천진난만하고 음률에 맞지 않는다고 하더라도 그것이 결코 부질없는 일이 아님을 힘주어 말한다. 청년의 그 노래가 '흑암의 적막'을 깨치는 힘이며 한강 깊은 물의 발원이고 하늘에 가득 찬 바람과 눈 속의 매화이며 또 끝내는 자연의 천기와 대우주의 율칙으로부터 보답을 받으리라고 작자는 쓰고 있다. 격조 있게 은유화되어 있으면서도 한편으로 대담하게 시대의 정조를 분석하며 조선 청년의 역할을 설파한 명문이다.

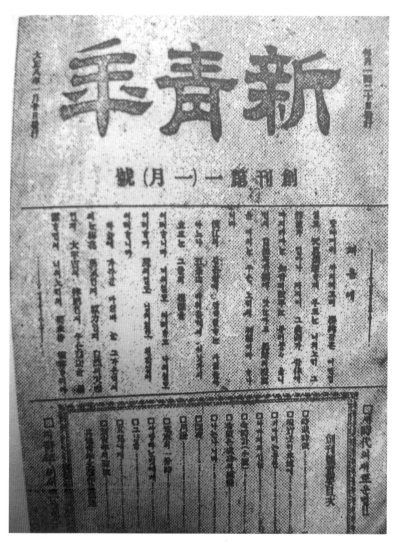

《신청년》창간 제1호에 만해 한용운이 써 준 권두사. 하단은 목차이다.

《신청년》은 오랜 준비 끝에 1919년 1월 20일 제1호가 발간되었다. 여기서 '창간호'라고 하지 않고 '제1호'라고 쓰는 이유는 '제1호'가 나오기 전에 등사판으로도 나왔기 때문이다. 등사판《신청년》이 어떤 내용인지 알 길은 없다. 다만 유광렬의 글에서 '이 기관지《신청년》은 처음에는 방 군이 등사판으로 내고 있었으나 2호부터는 인쇄로 내게 된 것이다'라는 구절로 미루어 한 번은 등사판으로 낸 다음 2호부터 인쇄본으로 발간했다고 추정할 뿐이다.

《신청년》 제1호의 발간일이 1919년 1월 20일이면 3.1운동이 일어나기 꼭 40일 전이다. 따라서 독립에의 열망이 뜨거운 용암처럼 분출하려는 기운이 팽배하고 있을 즈음이었다. 풍선을 힘껏 불어 바늘로 콕 찌르면 터질 것 같은 그런 때였다. 그런 때《신청년》이 나온 것이다.

3.1운동은 단순히 조선의 독립운동이라는 차원을 뛰어넘는다. 세계 역사상 비중이 가볍지 않은 사건이다. 세계사적 관점에서 보면 더욱 그렇다. 중국의 5.4운동에 결정적인 기폭제 역할을 한 사건이 기미독립운동이었다.

제1차 세계대전이 끝난 뒤에 발표한 미국 윌슨 대통령의 '민족자결주의'의 첫 결실이었다. "모든 민족은 그 민족 스스로 국가를 가질 수 있다"는 윌슨의 말은 망국의 설움 속에 식민지 국민으로서 치욕적인 삶을 영위하고 있던 조선인들에게는 복음과 같은 선언이었다.

《신청년》 제1호는 1919년 1월 20일, 제2호는 1919년 12월 8일, 제3호는 1920년 8월 1일, 제4호는 1921년 1월 1일, 제5호는 발행일자 불명, 제6호는 1921년 7월 15일이다. 월간잡지이면서 이처럼 발행 간격이 들쭉날쭉한 것은 일제의 검열 문제, 자금 관계 등 복합적인 이유 때문일 것이다.

이때는 3.1운동 전이어서 조선인이 잡지를 발행하는 데 있어서 상상할 수 없는 고초가 뒤따랐다.

얼마나 검열이 심했는지, 앞에서 인용했던 1920년 5월 20일자 〈조선일보〉를 다시 보자.

> 운명(運命)인지 원리(元理)인지 사상(思想)이 있는 이에게는 금전(金錢)이 없고 금전이 있는 이에게는 사상이 없구나. 혹 사상이 있고 금전이 있나 하면 습관적으로 부모 명령에 희생되어 마음만 썩을 뿐이다. 전기(前記)의 양군(兩君)도 금전으로 하여금 동서로 분주(奔走)하고 상하(上下)로 헤매다가 부원(部員)과 기타 자기의 1푼(一分) 2전(二錢)을 모두 합하여 재작년 11월에 비로소 순전한 문예(文藝)로 《신청년》 제1호가 발간되었다.
>
> 이것이 신청년(新靑年)의 문예를 돕는 첫소리이다. 동시에 생(生)답게 주(主)하려는 자의 소리이다. 그로부터 달마다 계속 내려고 하였으나 당국에 원고로 제출한 지가 1, 2개월 내지 5, 6개월이 되어도 아무 소식이 없거나 그렇지 않으면 몇 달 만에 발행금지를 당하여 작년 12월에야 비로소 3호로 편집하였던 것이 제2호로 발간되었다. 이것이 독자에게는 불평이 되고 우리 사회의 큰 해가 되었다. 금번 3호 편집은 3배호(三倍號)로 완전히 결혼 문제를 써서 당국에 제출할 터인데, 언제나 발행 허가가 될는지 관계자는 무한(無限)히 근심하는 모양이더라.

또 이 무렵의 검열이 얼마나 혹독했는지를 증언하는 자료 한 가지만 더 소개한다. 《신청년》 제4호부터 발간 스태프로 참여했던 박영희의 회고이다.

잡지를 내려면 먼저 원고를 한 장도 빼놓지 말고 편집여언(編輯餘言)까지도 한데 책을 매고 페이지 수와 함께 수를 명기한 후에 따로 허가원을 써서 경찰서 고등계에 제출하면 경찰에서 초벌을 본 후에 도 경찰부로 돌리면 도에서 내용을 살핀 후에 경무국으로 보내는 것이었는데, 이렇게 돌아 나오는 동안에 수개월이 걸리게 되었고 허가가 된다고 하여도 대개는 군데군데 삭제 도장이 찍혔으며 어떤 때는 한 사람의 원고 전체가 압수되어 나오는 것이다. 원고를 경찰서로 찾으러 가면 무슨 나쁜 글을 썼느냐고 발행자를 붙들어 놓고 괴롭혔다.

그러던 일제의 태도가 조금 바뀌는 것은 3.1 독립운동 이후이다. 3.1운동으로 큰 코를 다친 일제는 이른바 '문화 정책'을 편답시고 검열을 완화했다. 출판법을 통해서 조선인들이 얼마나 조직적이고 무섭게 저항하는지를 뼈저리게 맛본 것이다. 그리하여 일제는 채찍 일변도 통치에서 '당근도 주는 정책'으로 바꾸게 된다. 하지만 원고 검열에 대한 기본은 바꾸지 않는다. 오히려 겉으로는 완화하는 척하고 속으로 들어가면 더 까다로워졌다고도 할 수 있다.

* * *

《신청년》 잡지에 방정환은 소설 한 편과 시 한 편 그리고 서간문 한 편을 싣는다. 소설 제목은 「금시계」이고 시 제목은 〈암야(暗夜)〉이다. 서간문은 「동경 K 형에게」라는 제목이다.

그 가운데 시 〈암야〉를 보자.

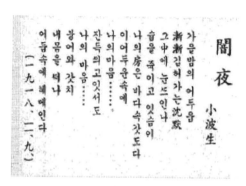

《신청년》 창간호에 실린 시 〈암야〉

가을밤의 어두움

점점 깊어 가는 침묵

그중에 눈 뜨인 나

숨을 죽이고 있음이

나의 방은 바다 속 같도다

이 어두운 속에

나의 마음…

붕어와 같이

내 몸을 떠나

어둠 속에 헤매인다.

　　《신청년》에 수록한 시 〈암야〉의 전문이다. 우선 눈을 끄는 것은 소파생
(小波生)이라는 필자명이다. 이 시를 쓰기 전에도 정환은 육당의 《청춘》이나
만해의 《유심》 같은 잡지에 투고를 해서 시와 수필, 단편소설 등이 실리기

도 했었다.

그때마다 정환은 필명을 사용했다. 예를 들면 'ㅈㅎ생' 'ㅅㅎ생' 등을 즐겨 쓰곤 했는데, 소파생(小波生)은 이번이 처음이다. 한자로 쓸 때는 '소파'이지만 이것을 우리글로 쓰면 '잔물'이다.

방정환이 일본 유학을 떠나기 훨씬 이전부터 '소파'라든가 '잔물'이라는 필명을 사용했다는 것은 방정환 문학의 정체성을 밝히는 데 아주 중요한 단서가 된다(이 점에 대해서, 그리고 소파 방정환이 많이 사용한 필명에 대해서는 뒤에 가서 상세한 설명을 하기로 한다. 그의 필명을 확인하고 의미를 부여하는 작업은 상당히 중요한 의미가 있다).

그 다음 시 〈암야〉에서 눈길을 끄는 점은 아직까지는 아동문학가 방정환의 징후가 전혀 보이지 않는다는 점이다. 오히려 그 당시 세기말을 거치면서 온 세계를 풍미하고 있는 문학적 허무주의의 냄새가 짙다. 어둡고, 무겁고, 갇혀 있고, 침묵하고, 헤매고….

이런 경향은 〈암야〉 말고도 이 무렵 발표한 작품들에서 공통하는 분위기이다. 적어도 1916년부터 1922년 사이에 발표한 작품들과 맥을 같이 한다고 보면 된다. 아직은, 열혈한 소년운동가이자 탁월한 이야기꾼 동화작가 방정환의 모습을 드러내지 않고 있다.

스승 한용운

1918년 연말을 넘기면서 경성구락부도 차츰 자리를 잡아 갔다. 경성 근교에 있는 구파발로 가을 소풍을 다녀왔고, 이해 연말에는 소의소학교에서 송년회도 가졌다. 친목도 다지고 연극과 강연을 통해 정신적인 훈련도 한 모임이었다. 회원은 300명 가까이 늘어났다.

청년들 앞에 이미 역사의 새벽은 밝아 온 것이다. 조용히 흐르던 강은 물굽이를 굽이치며 격류로 변했다. 들판에는 요란한 말발굽 소리로 질풍 같은 새 시대의 바람이 몰려오고 있었다. 잔잔하던 파도는 노도로 바뀌었고 청년들은 배를 탈 참이었다.

방정환, 이복원, 이중각, 유광렬 등 지도부 인사들은 차츰 바빠졌다. 청년구락부가 무엇부터 할 것인가 하는 의논은 끝났다. 모두들 독립운동의 깃발을 들자고 맹세했다. 한 번뿐인 인생이 아니더냐. 나이 많은 어른들에게 이 나라를 맡길 수 없다. 젊은이들이 몸과 마음을 바쳐 나서야 할 순간이 다가오고 있는 것이다. 모두들 그날이 머지않았음을 알았다.

그 순간을 위해서 청년구락부가 할 일은? 우선 기관지를 발행하자는 데 의견이 모아졌고 그렇게 해서 탄생하게 되는 잡지가 바로 《신청년》이었다.

정환도 이제는 《신청년》 제1호에 발표한 시 〈암야〉의 구절처럼 '가을밤의 어두움' 속이나 '점점 깊어 가는 침묵' 속에 안주할 수는 없었다. 떨쳐 일어나 눈을 크게 떠야 한다. 백만 신도를 자랑하는 천도교 교주 사위가 아니냐. 그런 장인이 뒤를 봐주는데 무엇이 걱정이랴. 사위 방정환이 무엇을 하든 장인은 믿는다. 눈빛 하나만을 보고 딸을 선뜻 내준 분 아니냐. 정환은 비록 체구는 작고 말랐지만 눈빛 하나는 형형하게 살아 있는 이제 갓 스무 살 청년이다.

그러나 《신청년》 창간 준비는 생각처럼 쉽지 않았다. 우선 돈이 넉넉하지 못했다. 아무리 천도교주 장인이 뒷돈을 대 준다고 해도 잡지 발간하는 데 드는 돈은 스무 살 안팎의 젊은이들로서는 적은 돈이 아니었다. 돈만 부족한 것도 아니었다. 잡지 편집을 해 본 실무 경험자가 한 명도 없다는 것도 문제였다. 그들은 모르는 것은 묻고 부족한 경비는 십시일반 회원들이 내는

젊은 시절의 한용운

기부금으로 충당해 나갔다. 그보다 더 큰 문제도 있다. 누가 글을 쓰며 무슨 내용으로 채울 것인가?

그래서 방정환은 만해 한용운을 만나게 된 것이다. 말하자면 만해는《신청년》창간 작업의 스승인 셈이다.

방정환이 한용운을 만났다!

운명적인 만남이라는 표현은 어쩐지 상투적이다. 한용운은 이미 방정환을 알고 있었다. 아니 더 정확하게 말하자면 'ㅈㅎ생'이라는 필명을 지닌 청년을 알고 있다고 해야 정확하다. 만해 스님이 펴내던 잡지에 정환의 글이 실린 적이 있었다. 꼭 1년 전이었다. 「고학생」[41]이라는 제목의 단편소설이다. 이 글의 필명이 ㅈㅎ생이었다.

창호는 ○○고등보통학교 3년생이다. 고향의 본가가 넉넉하지 못하므로 경성 냉동(冷洞)[42] 외삼촌댁에 기류하고 통학한 지 햇수로 3년이 되었으나 그 외삼촌의 집도 그다지 넉넉하지 못하므로 창호가 학교에 갔다 와서는 물도 긷고 뒤꼍 차밭에 거름도 주고 하였다.

이번 방학에 집에 갔을 때도 "아무리 공부를 하려고 해도 할 수가 없는 것을 어떡하니. 그나마 외가댁에도 있지 못하게 되니 이제 하루인들 서울에 있을 수나 있니" 하여 상경하지 말라는 것을 "어떠한 일이 있든지, 어떠한 고생을 하든지 공부를 마쳐야 합니다"고 억지 대답을 하고 올라왔는데, 과연 외삼촌의 일가는 회령으로 옮겨 가기로 작정되었으니 장차 이 몸을 어느 곳에 붙이고 공부를 하랴….

---

41 《유심》제3호. 독자현상문예 당선작, 1917년.

42 새문 밖

원래 가세가 넉넉하지 못해 상경 유학치 못할 것을 억지로 외삼촌의
승낙을 받아 올라와서 입때껏 통학을 해 온 터이니 남같이 기숙 생활
을 할 수 없고 그렇다고 입때껏 해 온 공부를 중도에 폐할 수도 없다.
아아 장차 어찌하면 좋으랴. 공부는 해야겠고 하는 수는 없고….

　이렇게 「고학생」은 시작한다. 방정환은 이 작품과 거의 같은 작품을 최
남선 발행의 《청춘》지에도 투고해서 뽑혀 실린 적이 있다. 「우유 배달부」
라는 작품인데, 이 작품 역시 「고학생」과 비슷하게 우유 배달을 하는 고학
생이 주인공이다. 「고학생」의 주인공 창호는 금화산, 지금 금화터널이 있는
금화산 너머 이화여대 뒤편 산기슭에 있는 목장 목부 겸 배달부로 취직한
다. 우유 배달은 아침과 저녁 두 차례이다.
　다시 「고학생」을 보자.

목장 생활의 제1야는 다다미 위에서 싸늘하게 지냈다. 새벽 4시에 일
어나 담아 놓은 우유병의 수를 세어 주머니에 넣어 등에 둘러메고 아
직도 꿈속에 들어 있는 시중으로 배달을 하러 나섰다. 아직 가을이므
로 낮이면 꽤 따뜻한 것이다. 그래도 새벽이라 쌀쌀하기 짝이 없다. 내
의도 못 입었으므로 양복의 해진 구멍으로 침입하는 바람이 살을 찌
르는 것 같다. 모표가 반짝이는 교모(校帽)를 우그려 쓰고 걸음을 속히
하여 감영 앞을 지나 죽첨정(竹添町) 서대문으로 들어와 당주동 수창동
도렴동을 지나 광화문통 태평통을 거쳐 정동으로 돌아오면서 수용자
의 집에 배달하고 오니, 때는 벌써 7시가 가까워 올 때다.
이렇게 피곤한 몸을 쉬지도 못하고 창호는 싸늘하게 식은 조반을 억지

로 마치고 오늘 배울 것을 예습할 새도 없이 학교에 등교한다. 수업 시간에 '졸지 말라'는 선생의 주의를 두세 번 받았다. 졸린 것을 겨우 참으며 여섯 시간을 마치고 목장으로 돌아와 일찍 복습을 마치고 일찍 자려고 했더니 심부름할 것이 한두 가지가 아니다. 책은 들여다볼 사이도 없다. 두서너 시간 저녁 우유를 배달하고 석반을 먹고 나니 힘이 빠지고 잡념이 떠나지 않는다.

고학! 말이 좋아 고학이지 못 해 먹겠다. 고생하는 건 미리 예상했지만 공부할 시간이 없으니 어쩌란 말이냐. 그래서 창호는 학교를 때려치우고 시골로 가서 땅이나 파야겠다고 하며 눈물을 흘린다. 그때였다. 체전부(遞傳夫)가 편지를 던지고 간다. 편지를 펴 보니 모친의 편지이다.

'창호야. 객지에서 돈 한 푼 없이 얼마나 고생이 되느냐. 몸이나 성히 있느냐. 나는 밤이나 낮이나 네 생각으로 울며 지낸다. 그러나 나는 너의 졸업하기만 낙으로 알고 기다리며 속히 성공하도록 일야(日夜)에 신명께 축원한다…'

창호는 눈물이 나와 다 읽지를 못한다. 결국은 편지를 접어들고 떨리는 목소리로 어머니에게 잘못을 빈다. 한순간의 고통을 참지 못한 자신을 깊이 반성하는 것이다. 그러고는 어머니에게 기어코 성공하겠다는 약속을 한다.

「고학생」과 거의 같은 때《청춘》에 발표한 단편소설 「우유 배달부」의 주인공은 오기영이다. 그는 우유 배달을 하는 고학생이다.

「우유 배달부」도 읽어 보자.

오기영이 흩날리는 눈 속에서 우유를 다 배달하고 나니 아침 일곱 시가 지났다. 서둘러 학교에 가려고 목장을 향해 가다가 그만 교장을 만난다. 교장에게 인사를 하니, 교장은 우유 배달을 하는 고학생이라는 걸 알자 감동한다. 점심시간에 교장은 기영을 부른다. 그러고는 이런 저런 말로 기영을 위로하며 자기 집에 와서 학교를 다니라고 권한다. 하지만 기영은 교장의 제의를 사양한다. 결코 남의 힘을 빌리지 않겠다는 결심을 했다고 말하면서 "남의 집에서 얻어먹는 진수성찬보다는 자기가 직접 벌어서 해 먹는 찬밥에 식은 된장찌개 한 그릇이 좋다"고 단호하게 대답한다.

앞에서 인용한 「고학생」과 「우유 배달부」는 문학적 완성도 면에서만 보면 소년 시대의 습작에 지나지 않을지도 모른다. 스토리가 단조롭고 해피엔딩으로 끝나는 작품의 메시지도 상투적이라고 할 수 있겠다. 하지만 방정환의 삶을 이해하는 중요한 포인트가 몇 가지 숨겨져 있다.

그중 하나는 이 소설의 작자(방정환)가 실제 우유 배달부를 했을 것이란 추측이 든다. 선린상업학교 다닐 때 아니면 사자생 시절 정환은 분명 우유 배달을 했을 것이다.

목장 풍경이라든가 주인공 기영과 창호가 심경을 토로하는 장면을 보면 확실해진다. 직접 체험하지 않고서는 그릴 수 없는 리얼한 묘사가 더욱 그렇다. 찢어지게 가난한 고학생이 역경에 굴하지 않고 마침내 굳은 결심을 하게 된다는 것은 방정환 자신의 각오로 느껴진다. 이런 궁핍한 체험들이 훗날 사회주의적 작품을 쓰게 되는 원인이 된다.

고학생 이야기는 이쯤에서 그만하고, 방정환이 작품을 투고했던 《유심》

이라는 잡지와 방정환이 한용운을 만나게 되는 이야기로 돌아가자.

한용운이 《유심》을 창간한 것은 1918년 9월이다. 오세암에서 오랫동안 정진 수행을 마치고 경성으로 돌아온 직후였다. 오세암에서 한용운은 유명한 오도송(悟道頌)을 남긴다. '객수 속에 갇힐 수 없는 이 몸 한마디 버럭 소리를 질러 삼천대계 세계를 뒤흔들고야 말겠다'는 내용이었다.

한용운은 경성으로 돌아오자마자 '유심사'를 차린다. 봄볕이 한층 따뜻해져 가는 4월이었다. 발행소는 한용운이 거처로 정한 계동 43번지였고 인쇄는 을지로 2가에 있는 신문관(新文館)에서 했다.

잡지 《유심》의 성격을 한용운 연구가 전보상은 「한용운의 3.1 독립정신에 관한 한 일고찰」이라는 논문에서 '《유심》지는 3.1운동 전위지의 역할과 근대정신의 여명기를 개척해 준 잡지'라고 전제한 뒤 '《유심》은 단순한 종교지를 탈피하여 민족의 전통 문화지, 사상지, 언론지로서의 역할을 하였다'고 지적했다. 또한 '만해는 이 잡지를 민족 사상지, 언론지, 3.1운동 전위지로 발전시키려고 하였다'고 평가했다.

그러니까 《유심》지는 방정환이 창간을 서두르고 있는 《신청년》과도 상당히 비슷한 성격의 잡지라고 봐도 되겠다. 《신청년》이 문예물에 치중한 잡지인 데 비해 《유심》은 일반 종합잡지 요소가 조금 많다는 것이 다를 뿐이다.

《신청년》이나 《유심》과 같은 시기, 즉 개화기에 발행된 잡지들은 대부분 개화운동의 전위부대 역할을 떠맡는다. 이러한 잡지들은 개화운동과 함께 국권을 상실한 나라를 되찾고 수호하려는 구국운동의 수단이기도 했다. 조선을 강점한 일제는 이 무렵 이른바 무단(武斷) 정책을 앞세워 조선인의 입

한용운이 창간한 잡지《유심》

과 귀를 완전히 틀어막고 있었다.

한일합병이 강제 체결된 1910년부터 기미년 3.1운동이 발발한 1919년까지 10년간은 언론의 암흑시대이다. 그렇기 때문에 이 시기에 나온 몇 안 되는 잡지 중에서 만해가 창간한《유심》의 존재 가치는 귀하고 소중하다. 또《유심》을 3.1운동의 전위지라고 평가하는 데 아무런 이견이 없는 이유이다.

《유심》지는 스님이 발행인이라는 특색 때문에 종교 잡지의 성격을 크게 벗어나지 못할 것으로 추측하기 쉽다. 하지만 사실은 그렇지 않다. 종교지는커녕 실제로는 민족의 입과 귀가 되고 눈이 되고자 하는 언론지요, 사상지의 역할을 실천했다.

종교지일 것이라는 생각은 총독부 검열 당국을 속이는 데 지나지 않았다. 3호까지 나오는 동안 이《유심》지에는 권동진, 최린, 오세창, 최남선, 현상윤 같은 당대 최고의 논객들이 글을 싣는다. 이런 글을 통해 한용운은 민족의 전통 문화·사상·정신을 수호하려고 노력한 것이다.

만해 한용운의 고향은 충남 홍성군이다. 이 홍성에 훗날 방정환이 한동안 낙향을 해서 살았다. 《어린이》지에 몇 번에 걸쳐 실린 「나그네 잡기장」이라는 방정환의 글에는 홍성을 가리켜 '제2의 고향'이라는 표현까지 하고 있다. 무슨 인연으로 방정환이 홍성에 가서 살게 되었을까? 몹시 궁금하다.

방정환은 아시다시피 서울 토박이이다. 당주동, 견지동, 미근동, 재동, 소격동 등 여러 번 이사를 하게 되지만 모두 반경 4킬로미터 이내이다. 그런 방정환이 아무런 연고도 없는 홍성으로 왜 이사를 가서 살게 되었을까?

그 이유를 한용운과의 관계에서 찾아도 되겠다. 한용운에게서 얼마나 큰 영향을 받았으면… 하는 상상이 가능하다. 청년 방정환이 《신청년》을 창간해서 신문학을 개척하고, 한 발 더 나아가 독립운동의 한 방법으로 활용하려고 노린 것처럼 한용운도 《유심》을 통해 민족의 눈과 귀를 열려고 애썼다. 이런 작은 잡지 하나가 민족 투쟁의 불씨를 지피고 자주독립의 뜨거운 불을 활화산처럼 타오르게 했다는 것은 어찌 보면 기적이다. 《유심》지가 방정환과 한용운의 깊은 인연을 맺어 주는 중매자가 된 것이다.

사람에게는 누구나 운명의 사람이 있다. 어느 한순간 전혀 생각지도 않았던 일로 만난 사람으로 하여 인생이 뒤바뀌는 경우가 허다하다. 방정환에게는 한용운이 바로 그런 운명의 사람이다.

한용운은 1879년생이다. 방정환보다는 꼭 스무 살 위이다. 사자생을 하던 시절 사귀게 된 유광렬이 평생 친구라면 스무 살 연상의 한용운은 평생 엄부(嚴父)와 같은 존재였는지 모른다.

방정환과 한용운은 너무나도 닮았다. 일란성 쌍둥이 같은, 비슷한 점이 한두 가지가 아니다. 한용운이 민족운동에 앞장섰던 독립운동가이자 사상적으로 큰 지도자였으며, 만장한 관중을 휘어잡는 능숙한 대응변가라고 한

(왼쪽) 소파 방정환은 만해 한용운의 고향 홍성을 제2의 고향이라고 불렀다.
(오른쪽) 방정환이 홍성으로 여행가는 모습을 애독자가 그린 것.

다면 방정환 역시 그에 버금가는 인물이다.

독립운동을 위해 남긴 업적 면에서는 방정환이 한용운에 미치지 못하지만, 아동문학과 교육에 대한 사상적 지도자라는 측면과 청중을 사로잡는 강연 솜씨 면에서는 오히려 한용운이 미치지 못할 것이다. 한용운이 독실한 종교인(불교)인 동시에 다양한 장르의 문학가였다면 방정환 역시 독실한 종교인(천도교)이자 소설, 동화, 시, 동화극 등 여러 장르의 작품을 남긴 빼어난 문학가였다.

이렇게 풍모가 비슷한, 꼭 스무 살 나이 어린 방정환이 《유심》지에 작품을 투고한다. 그것이 편집자인 한용운의 눈에 띈다. 그러니까 닮은꼴 두 사람은 먼저 작품으로 상견례를 한 셈이다.

《유심》지는 창간호에서부터 현상 문예난을 만들어 재능 있는 신인들을 대대적으로 찾았다. 그렇게 해서 모은 작품 중에서 고른 작품을 1918년 12

월 1일 발행하는 제3호에서 발표한다. 여기에 학생 소설 부문에 방정환이 뽑히게 된 것이다. 그것도 한 편이 아니라 두 편이 뽑히는데, 단편소설「고학생」과 시 〈마음〉이 각각 1원과 50전 상금을 탔다.

방정환의 '처녀시'라고 할 수 있는 〈마음〉을 보자.

보려도 보이지 않고 흔적 없으니
그 한번 동(動)하면 못할 것 없고
그 가는 곳마다 사업(事業) 이루니
귀(貴)여움 무한하다 우리의 마음

뜨거운 불길이 태우지 못하며
힘 있는 세력이 빼앗지 못하며
굳센 물결이 씻지 못하니
그 조화(造化) 무한하다 우리의 마음

무엇을 원하며 무엇을 바라나
마음만 굳세면 못할 일 없네
세계가 넓으나 그보다 크니
그 크기 무한하다 우리의 마음

이 보배 이 조화 향하는 곳에
뉘 능(能)히 막아 낼 장사 없나니
갈아서 빛내세 더욱 힘 있게

'유심' 잡지에 실린 <마음>. 방정환의 처녀시이다.

닦아서 키우세 우리의 마음

시 <마음>의 전문이다. 소년의 꿈으로 보기에는 그릇이 큰 '마음'이다. 소년 방정환에서 청년 방정환으로 넘어가는 마음의 흐름을 보는 듯하다. 「고학생」보다는 이 시가 한용운의 마음에 더 들었는지 모른다. 이 작품으로 해서 한용운은 방정환을 알게 되고 방정환은 하늘 같은 대선배 한용운을 만나게 된다. 만해 역시 스무 살이나 손아래인 청년 방정환을 각별한 감정으로 만났을 것이다.

이후 방정환은 《신청년》 창간을 의논하기 위해서 자연스럽게 계동의 한용운 댁을 방문하곤 했다.

한용운은 방정환 등이 원고를 부탁하자 흔쾌히 '권두언'을 써 주기로 한다. 원고뿐만이 아니라 청년구락부가 나아가야 할 방향이라든지 방정환 개인의 인생 지도도 했을 것으로 추측된다. 한용운에게서 어떤 삶의 지침을 받았는지, 독립운동에 대한 구체적인 행동 방향을 어떻게 지도받았는지에 대한 기록은 찾을 수 없다. 그렇지만 한용운이 방정환에게 특별한 지도를 했으리라는 추측은 가능하다.

무엇보다 한용운은 손병희 선생 댁을 자주 방문했다. 3.1운동에 참여하는 민족 대표를 영입하는 문제며, 독립운동의 전개 방향과 운용 등에 관해서 천도교 대표인 손병희 선생과 협의할 일이 많았기 때문이다. 그럴 때마다 그 댁에 사는 방정환과 자주 조우했을 터였다. 이런 기회마다 방정환은 청년구락부 기관지《신청년》의 편집 자문은 물론 구락부가 3.1 독립운동을 맞아 무슨 일을 구체적으로 어떻게 전개해야 하는지에 대한 상의를 드리고, 그의 지도를 받았으리라는 것은 충분히 상상이 되는 대목이다.

＊　＊　＊

1919년 1월 어느 날, 나는 서울에 왔다가 소파를 찾았더니 소파는 뛰어나와서 손을 잡으면서 눈물을 주르르 흘린다. 그의 말은 "우리는 하도 답답하여 우리끼리라도 해보려던 것인데, 벌써 어른들이 일으키게 되었다"고 하면서 그의 장인 손 선생이 중심이 되어 작년 여름부터 일을 추진하여 근일에는 천도교, 예수교, 불교의 지도자들이 일치단결하여 독립운동을 하게 되었으니 우리들은 그 뒤를 따라서 하면 된다고 하였다.

방정환의 친구 유광렬이 적어 놓은 증언[43]이다. 그러니까 정환은 그의 장인 손병희 선생이 이미 전국의 기독교도들과 불교도들을 연합해서 크게 독

---

43 「소파와 나」,『소파아동문학전집』, 문천사, 1965년 11월 30일.

언론인 유광렬의 캐리커처. 방정환의 소년 시절 친구였다.

립운동을 일으키려는 거사 계획이 한창 진행 중이라는 것을 알게 되었다. 경성 청년구락부를 조직한 것도 결국은 이 같은 독립운동을 하려고 했음이니, 누가 주동자가 되든 뜻이 같으면 합한다. 그렇게 합쳐진 힘은 합칠수록 큰 위력이 있다는 것을 잘 알고 있었다.

사실 의암 손병희 선생은 3.1운동이 일어나기 거의 1년 전부터 독립운동을 준비하고 있었다. 그런 분위기는 방정환의 장남 운용도 눈치챌 정도였다. 벌써 이 무렵부터 천도교인들은 독립운동의 준비를 비밀리에 진행시키고 있는 때여서 집안 공기가 이상하고 심상치 않은 것을 느꼈다고 운용은 회고했다.

천도교도들은 갑오 동학혁명이 실패한 후 또다시 찾아온 기회를 놓치지 않으려고 치밀하게 준비하고 있었다. 물론 그들의 3대 교주인 손병희 역시

3.1운동을 준비하는 심경은 비장했다. 갑오년 봉기의 실패로 손병희는 오랫동안 일본으로 중국으로 '망명객'이라는 허울 좋은 떠돌이 생활을 해야 했던 것이다. 가족들 고생도 이루 말할 수 없었다. 뿔뿔이 흩어져서 전국 각지를 전전하며 한 끼니 식사를 걱정하는 날이 하루 이틀이 아니었었다.

1919년 3월 1일 정오가 지나자 "조선 독립 만세" 소리가 삼천리 방방곡곡을 뒤흔들기 시작했다. 어른 아이 남자 여자 할 것 없이 수많은 인파가 골목골목을 빠져나와 거리로 쏟아져 나왔다. 마침 이날은 고종 황제의 인산(因山)[44]을 앞둔 날이었다.

"대한 독립 만세!"

"대한 독립 만세!"

인산을 지켜보기 위해서 상경한 시골 사람들까지 합세하여 인원이 엄청나게 늘었다. 서울 거리는 가히 백만 인파로 뒤덮였다. 공평동에 있는 음식점 태화관 분점에서 독립선언서를 낭독하기로 한 33인 중 이날 참석한 29인은 곧장 경찰에 붙잡혀 갔다.

3.1 독립운동이 일어났을 때 정환은 보성전문학교 법과 학생이었다. 장인은 정환이 결혼하자마자, 가난 때문에 중도에 그만둔 학업을 계속하도록 권했던 것이다. 정환도 마다할 리가 없었다. 보성전문학교는 이때 보성법률상업학교라는 긴 이름으로 교명이 바뀌어 있었다. 학교를 설립한 교주 이종호가 망명하는 바람에 전문학교에서 한 등급 아래인 법률상업학교로 강급(降級)된 후였다.

---

44 장례식

서울 탑골공원에 있는 3.1 독립운동 기념 부조

　이때 보성법률상업학교 교장은 윤익선으로 이분은 〈독립신문〉 사장을
겸하고 있었다. 독립신문은 천도교가 운영하는 보성사 인쇄소에서 찍고 있
었다. 독립선언서와 독립신문을 인쇄하던 보성사 자리는 지금의 조계사 대
웅전 앞마당이다. 30평 정도의 2층 건물로서 천도교 소유였다. 지금은 헐리
고 없다.

　이곳에서 2월 20일부터 보성사 사장 이종일이 몰래 '독립선언서'를 인쇄
하는 한편 3월 1일자 독립신문도 찍어 냈다. 3월 1일 오후 독립신문이 시내
에 배포되자마자 이 신문을 인쇄한 곳이 보성사라는 사실은 금방 들통이 난
다. 이날 이종일 보성사 사장과 윤익선 독립신문 사장은 일본 경찰에 체포
된다. 보성사에서 인쇄도 할 수 없게 되었다.

　그렇게 되니 독립신문을 계속 발행하는 게 당장 문제였다. 이가 없으면

잇몸으로라도 먹어야 사는 법이다. 의논 끝에 방정환과 오일철이 등사판으로 밀어 몰래 배부하기로 했다.

오일철은 서예가 오세창의 둘째로 당시 보성학교 서무과 직원이었다. 〈독립신문〉은 외국 소식은 외국 선교사들을 통해서 귀동냥으로 수집하고 국내 소식은 천도교 조직과 줄이 닿는 학생들의 비밀 루트를 통해 입수하여 이를 기사화했다.

이런 극비 작업은 방정환의 재동 처가에서 3주일 동안 계속되었다. 그러나 꼬리를 아무리 감추어도 눈에 띄는 법이다. 3주일쯤 되던 어느 날 종로경찰서 형사들이 냄새를 맡고 비밀 등사 작업을 하던 재동 집을 포위했다. 형사들이 들이닥친다는 급보가 날아들자 방정환은 등사기구와 종이 등 흔적이 될 만한 것들을 차근차근 챙기더니 앞마당에 있는 우물에 처넣었다. 그러고는 형사들을 맞았다. 증거를 하나도 잡지 못한 형사들은 허탕을 친 것이 몹시 분했는지 방정환을 연행했다.

종로서에 붙잡혀 간 방정환은 일주일 동안 혹독한 고문을 받는다. 그러나 끝끝내 자백을 하지 않자 결국 '증거 불충분'으로 풀어 주었다. 절망적인 긴급한 상황에서도 서두르지 않고 침착하게 위기를 벗어난 이런 일화를 통해 방정환이 얼마나 배짱이 두둑했는지 놀라게 된다.

아무리 위급한 상황에서도 침착하게 일을 처리한 일화가 한 가지 더 있다. 독립신문에 실을 원고 심부름을 하던 이태운(李泰運)이 원고를 받아 가지고 오다가 안국동 네거리에서 불심검문을 당했다. 만약 원고를 들키기라도 하면 독립신문에 관계하는 모든 동지들이 위험에 빠질 그런 순간이었다. 이태운은 경찰이 한눈을 파는 사이에 경찰의 정강이를 걷어차고 재동 집으로 도망쳐 들어왔다. 방정환은 재빨리 사태를 알아차리고 이태운을 다락에

일제강점기 종로경찰서. 소파도 여러 차례 구금당했다.

숨겼다. 뒤따라 들어온 형사가 다그치자 태연하게 말하기를 어떤 사람이 집 안으로 뛰어 들어왔었는데 금방 뒤쪽 담 밖으로 뛰쳐나갔다고 하였다.

우리 근대사에서 3.1 독립운동의 의의는 대단히 크다. 이 운동은 국내 문 제로 시작했지만 파장은 국제적이었고 세계사적인 사건으로 발전했다. 중 국의 독립운동인 5.4운동의 촉매 역할을 한 것도 3.1 독립운동이었다.

이 3.1운동은 실패했다. 적어도 겉으로는 일본 경찰의 강제 해산과 무차 별 사격, 체포, 구금 등으로 실패한 것처럼 보였다. 그러나 상해(上海)임시정 부가 탄생하는 계기가 되었다. 그래서 3.1운동 후 탄생한 상해임시정부에 대한 정통성은 확실하다.

《신여자》와 자유연애

경찰에 끌려가서 견디기 힘든 고문을 받은 정환은 숫제 깡패 같은 공갈
협박 속에서 '독립신문을 누구 지시로 만들고 배포했느냐?'에 대한 조사를
받았다. 정환은 혼자서 만들었고 혼자서 배포했다고 대답했다. 다행히, 정
환은 정식 기소가 되지는 않고 일주일 만에 풀려났다.

뜻밖이었다. 당연히 구속되고 '재판'이란 요식행위 끝에 상당 기간 감옥
생활을 할 줄 알았다. 독립신문을 인쇄한 일도, 그것을 몰래 배포한 일도 작
은 죄가 아니었다. 함께 잡혀 들어갔던 이복원이나 이중각 등이 모두 구속
송치되어 재판에 회부된 것에 비하면 아주 관대한 처분이었다.

그 때문이었을까? 정환은 한동안 심한 우울증에 빠져 있었다.

유광렬의 『기자 반세기』 한 대목이다.

그때 방정환은 상당히 울적한 듯이 보였다. 〈독립신문〉을 등사판으로
계속 발행하다가 어느 날 일본 경찰이 담을 뛰어넘어서 급히 습격하였

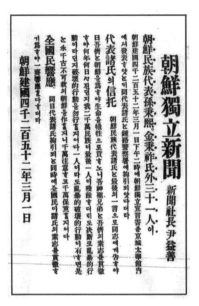
기미년 3.1운동 그날 윤익선은 〈독립신문〉을 창간했다.

기 때문에 급한 김에 등사판을 우물에 집어넣고 체포는 면하였으나 정
열을 기울여 비밀출판을 하던 독립신문은 중단되고 있던 때이다.

유광렬이 전하는 3.1운동을 전후한 방정환의 모습이다. 체포를 면했다고
표현한 부분은 구속 재판에 회부되지 않았다는 것을 가리킨다. 정환은 이
일로 종로경찰서에 구금되었던 것이다.

최근 역사학계에서는 3.1운동이 나라를 되찾는 데는 비록 실패했지만 결
코 실패한 운동은 아니었다는 평가가 지배적이다.

예를 들면 이런 변화 때문이다. 우선 일제는 군화와 총칼로 조선을 통치

하던 방식을 바꾸게 된다. 그동안 전혀 허가하지 않았던 우리말 신문의 발행을 허가한다. 그 덕으로 〈동아일보〉와 〈조선일보〉가 탄생하였다. '신문지법'이나 '출판법' 같은 악질적 법률 조항이 있긴 하지만 우리말 신문이 나온다는 것만 해도 막혀 있던 민족의 언로(言路)가 열린 셈이었다.

3.1운동을 겪고 나서야 비로소 일제는 조선을 두려워하기 시작한 것일까? 아니 조선인들이 무서워졌다고 말하는 편이 옳겠다. 변변한 공장 하나, 번듯한 기업 하나 없는 조선이다. 그런데 어디서 그런 큰 힘이 생겼을까? 누가 일일이 시킨 것도 아니다. 또한 전국적인 조직도 없어 보인다. 그런데도, 이 도시 저 마을에서 불붙기 시작한 만세 운동은 총칼을 휘두르는 군대의 겁박만으로는 막을 수 없었다. 다른 방법이라야 한다. 그동안 너무 채찍으로 간단히 통치할 수 있다고 믿은 것이 실수였다.

그래서일까? 총독부는 총칼을 보이지 않는 곳에다 깊이 숨겨 둔 채 그 대신 '문화 정책'이라는 새로운 코드를 통치 무기로 사용하기 시작했다. 채찍 대신 당근으로 식민지 조선인들을 달래기 시작한 것이다.

이때부터 조선에서는 온갖 문화적 욕구가 터져 나온다. 그것이 예술이라는 형태로 샘물처럼 솟아 나온 것이다. 식민 통치로 메마른 대지를 하루빨리 문화의 물줄기로 적셔야 했다. 우리말 신문, 우리말 잡지들을 허가한 것도 그 문화의 세례 가운데 하나였다. 나라를 빼앗긴 지도 이미 10년이 지나가고 있었다.

정환의 나이도 이제 스물한 살이 되었다.

천도교 교당에 나가는 날이 잦아졌다. 거의 매일같이 교당에 나가 새로 발족한 천도교 교리연구부 일을 했다.

동학혁명이 있은 지도 꽤 오랜 세월이 흘렀다. 동학혁명은 중국과 일본 등 외세의 간섭으로 뜻을 이루지 못했다. 전봉준 장군은 잡혀서 죽었고 김구(金九)[45] 같은 젊은 교도들은 중국이나 러시아로 망명길에 올라야 했다. 의암 선생도 잠시 이 땅을 떠나서 이상헌이라는 변성명을 사용해야 했다. 무자비한 탄압으로 교세는 일시 주춤하는 듯했다.

하지만 1920년대로 접어들면서 신도 수는 다시 백만을 돌파했다. 나라를 빼앗긴 것이 젊은이들로 하여금 민족 종교인 천도교로 발길을 돌리게 했는지도 모른다. 그래서 새로 입문하는 젊은 교도들을 위해 알기 쉽고 체계적인 교리를 정리하는 작업이 시급했다. 교리연구부는 그런 일을 하는 부서였다. 정환이 여기서 구체적으로 어떤 역할을 맡았는지는 확실하지 않다.

교당에 나가지 않고 집에 있는 날은 서점에서 책을 사다가 하루 종일 읽었다. 신문기자가 된 이후로 기자 생활로 바빠서인지 광렬이 집으로 찾아오는 횟수는 뜸해졌다.

바로 이 무렵이었다. 김원주라는 여성이 일을 도와 달라는 부탁을 해왔다. 자기들은《신여자(新女子)》라는 잡지를 창간하려고 한다. 하지만 갓 학교(이화학당)를 졸업한 처지들이니 잡지에 대해서 아는 것이 없다. 그러니까 잡지 편집을 전적으로 가르쳐 달라. 이런 부탁이었다.

《신여자》판권이나 차례, 페이지 어디를 펴 봐도 방정환이나 유광렬의 이름은 없다. 오히려 판권에는 '편집 고문 양우촌(梁雨村) 선생'이라는 또 다른 고문의 이름이 보인다. 조그만 잡지에 편집 고문이 세 사람이나 있을 필요는 없을 테니까 정식 편집 스태프로 참여하지는 않은 셈이다. 비공식적으로

---

45 18세 때 동학에 가입해서 해주 동학군의 선봉으로 활약했었다. 그때 이름은 김창수.

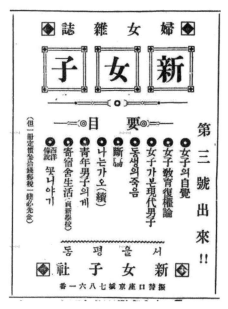

방정환은 여러모로 김원주의 《신여자》 잡지 창간을 도와주었다.

기획을 도왔을 가능성이 크다.

　정환은 이미 두 번이나 잡지를 창간한 경험이 있다. 첫 번째가 영화잡지 《녹성(綠星)》[46]이고 두 번째가 문예잡지 《신청년》이다. 김원주의 부탁을 거

---

46 《녹성》은 방정환이 발행한 우리나라 최초의 영화잡지이다. 1918년 12월 15일 제1호가 나왔다. 일제의 까다로운 검열을 피하기 위해 발행소는 동경시 신전구 원락정 3번지로 해 놓았다. 판매처는 경성 죽첨정(竹添町) 1정목(町目) 39번지 녹성사. 국판, 표지 포함 90면이다. 당시 잡지로는 제법 두툼하다. '이미 새로운 시대가 왔도다. 아름다운 새벽과 같이'로 시작되는 권두언이 있고, 영화소설 「고송(孤松)의 가(歌)」, 사회 비극 영화 〈독류(毒流)〉, 애련 비화 「장한가」, 활극의 인기남 '로로의 이야기' 같은 스타 스토리가 수록되어 있다. 이 중에서 「채플린 선생의 혼인」 「모험 활극 박히던 이야기」 탐정소설 「의문의 사(死)」 등은 방정환의 원고로 보인다. 편집 후기를 보면 주목할 만한 구절이 있다. '우리는 딴 생각이 있어서 이 책을 만듭니다. 뜨거운 심화(心火)의 발로(發露)는 가릴 수 없으며 넘쳐흐르는 번민의 흐름은 막지 못하나니 평범한 이 책에도 보이지 않는 무엇이 분명히 있는 줄로 우리는 믿습니

절할 이유가 없었다. 정식 스태프는 아니지만 방정환은 《신여자》 창간 작업에 적극적으로 관여한다. 마치 내 잡지를 만들 듯이 말이다. 이 잡지에는 「처녀의 가는 길」이라는 방정환의 소설이 실린 것 외에도 그의 손때가 묻은 흔적이 여러 곳에 남아 있다.

방정환이 편집 실무를 맡고 김원주가 주간을 맡아 창간한 《신여자》는 최초의 여성잡지이다. 이미 이전에 상동교회 청년부에서 《가뎡잡지》라는 여성잡지를 창간한 적이 있고, 나혜석이 일본 동경에서 《여자계》라는 잡지를 창간했다는 기록이 있지만 《가뎡잡지》는 교회 신자들을 위한 교회 내 회보 같은 비매품 잡지였고 《여자계》는 동경에서 발행되었다는 점 때문에 《신여자》가 사실상 우리나라 최초의 여성잡지라고 말해도 좋을 것이다. 다시 말하자면 《신여자》는 서점에서 판매한 우리나라 최초의 종합 여성잡지였다.

그럼 이 잡지 창간을 주도하는 김원주는 어떤 여성인지 알아보자. 김원주는 이화학당을 나온, 그 당시 표현을 따르면 '신여성'이다. 신여성 중에서도 선봉이라고 할 수 있는 이화학당 출신이다. 신여성이라는 용어는 20세기 초반 한국의 지식인 여성을 가리키는 말이다. 머리를 쪽지지 않은, 트레머리를 했거나 과감하게 단발한 여성이 신여성의 이미지였다.

신여성 김원주는 정환보다 한 살이 많았다. 김원주(金元周)라는 본명보다 지금은 일엽(一葉)이라는 이름이 더 유명하다. 그녀는 훗날 속세를 버리고 머리 깎고 스님이 된다. 스님이 되어 받은 법명이 일엽이다.

다. 머지않아서 우리가 진심으로 계획하는 것이 발행됩니다. 다 짐작하시는 바와 같이 이 잡지는 어쩌지 못할 형편하에 편집되는 것이요, 실상 우리가 부르짖으려는 것은 피 있고 생기 있는 것은 머지않아 발행될 터이오니 다대한 동정(同情)과 공명(共鳴)으로 애독하시기를 바랍니다.'

이 편집 후기에 '머지않아' 발행한다는 잡지가 무엇일까? 훗날 경성 청년구락부가 내는 《신청년》과 무관하지 않을 것이다.

백과사전을 펴서 '김원주' 항목을 펴니 그를 가리켜 '자유연애의 선구자'라고 표현하고 있다. 자유연애? 자기가 사랑하고 싶은 사람을 마음대로 사랑한다? 그 당시로서는 여간 담대한 용기가 없고서는 상상도 하지 못할 발상이다. 지금과는 비교도 안될 만큼 성적(性的)으로 억압받고 있던 시대였다. 그런 시절 당당히 자유연애를 주장한다. 아니, 자유연애론을 펼치기 위해서 《신여자》를 창간했다고 해도 지나치지 않는다.

여성들에게는 순결이 강요되던 때였다. 성이란 평등하며 남녀가 서로 아름답게 누려야 할 권리라는 의식이 싹트지 못한 때였다. 보수적이고 비겁한 남성 중심주의 사회에서 여성들은 특히 성적 불평등 속에서 신음해야 했다.

김원주는 '신여성'이란 용어를 처음 쓴 사람이기도 했다. 그녀는 자신과 주변의 지식인 여성 집단을 스스로 신여성이라고 부르며 한반도의 많은 여성과 남성들에게 낡아 빠진 유교적 가치 체계에서 벗어날 것을 촉구했다.

김원주가 가장 큰 목소리로 외친 것은, 남녀는 성적으로 평등하게 자유로운 교제를 하고 그런 후에 결혼해야 한다는 것이었다. 이때까지도 여성은 자신의 배우자를 스스로 선택할 권리가 없었다. 결혼 당사자인 여성의 의견은 철저하게 무시된 상태에서 가문과 가문, 부모와 부모의 결정으로 배우자를 맞아들인 것이다.

김원주는 이러한 결혼 제도의 폐해를 통렬히 비판했다. 사랑하지 않으면 결혼도 할 수 없다는 것이 그녀의 주장이었다. 즉 결혼의 전제 조건은 자유로운 남녀 교제와 자유연애라는 것이었다. 그리고 김원주는 평소 자신이 주장하던 대로 몸소 자유연애를 실천했다. 대부분의 여성들이 기존의 결혼 관습에 따라 집안에서 정해 준 사람과 결혼을 할 때였다. 하지만 김원주는 그러지 않았다. 당당하게 자신이 고른 남자와 자유연애를 공표하며 연애의 달

한국영상자료원에는 우리나라 최초의 영화잡지 《녹성》이 전시되어 있다.
그런데 사실 이 잡지를 방정환이 창간했다는 구절은 없다.

콤함을 누렸고, 남편감 또한 인생의 동반자가 됨직한 사람을 골랐다. 또한
그녀는 결혼한 이후에도 자유의지에 따라 많은 남성들과 교제했다.

세 번의 자유연애와 이혼, 그리고 또다시 자유연애. 세상은 김원주의 뜻
대로 되는 것 같았다. 얼핏 보기에는 생각 없이 흘러가는 듯이 보이지만 사
실 그녀는 자신의 삶을 통해 사랑의 실험과 도전을 끊임없이 실천했던 것이
다. 그러다가 도전은 중단되고 만다. 결국 그녀는 모든 세속적인 삶을 접고
불가에 귀의한다.

방정환은 김원주에게서 편집을 도와 달라는 부탁을 받았다는 사실을 친
구 광렬에게 알려 주며 함께 동참하자고 권유했다. 광렬은 망설였다. 원래
성격이 소심하기는 했다. 하지만 잡지 편집 경험도 별로 많지 않은데다가
'여성잡지'라는 것이 썩 내키지 않았기 때문이다.

유광렬이 쓴 회고록에는 이렇게 적혀 있다.

E 여학교의 대학 과정을 마친 이들을 편집 스태프로 해서《신여자》라는 잡지를 낼 터이니 그 편집에 고문 격으로 와 달라는 부탁을 받게 되었다. 중간에서 R이라는 청년이 소개한 것이요, 그 부탁에는 방정환과 나 두 사람이었다. 방정환에게서 그 말을 들었을 때 나는 주저하지 않을 수 없었다. 평소에 여성 문제에 아무 연구가 없었을 뿐만 아니라 실상 나의 견식, 더욱이 20세 내외의 나로서는 남의 월간 잡지를 지도하기는커녕 내 자신이 남의 지도를 받아야 할 처지인 때문이다.

처음에는 주춤했으나 정환이 재차 권하므로 광렬도 응하기는 응했다. 사실은《신여자》의 주축 멤버들이 당대 최고 명문 E 여학교 출신들이라고 하니까, 은근히 가방끈이 딸리는 것 같았다. E 여학교는 물론 이화학당의 이니셜이다.

그런데 방정환은 생각이 달랐다.《녹성》과《신청년》잡지를 해 보니까 꽤 할 만하다는 생각이 들었던 것이다. 자신감의 차이라고나 할까. 정환은《녹성》을 통해서 기획에서부터 편집, 제작, 판매까지 한 번씩은 다 경험했다.《신청년》때는 이복원이나 이중각이 힘을 합쳤지만《녹성》은 방정환 혼자서 전담하다시피 했다.《녹성》이 비록 종합지나 문예지는 아니라고 해도, 여성잡지가 뭐 별거냐 하는 자신감이 있었던 것이다. 또 유광렬이 E 여학교 출신이라는 말에 콤플렉스를 느끼는 반면, 방정환은 오히려 명문 여학교 출신이라고 해 봐야 그녀들은 아직 사회적 견식이 없을 테니까, 그런 신여성들하고 일을 한 번 해 보는 것도 좋겠다는 호기심이 일었다.

요즈음에는 남녀가 한곳에 모이는 기회가 얼마든지 있다. 하지만 당시만 해도 남녀가 한 자리에 모이는 기회란 흔하지 않았다. 그런데 멋쟁이 신여성들과 함께 일을 한다? 이런 점도 정환으로 하여금 《신여자》를 적극 돕도록 만들었을 것이다. 할 일이 그렇게 많은 처지도 아니었다.

김원주는 《신여자》를 창간할 무렵에는 연희전문학교에 재직 중이던 이 아무개 교수의 부인이었다. 이 아무개 교수와는 나이 차이가 상당히 많았다. 그와 결혼하기 전까지만 해도 여러 남자와 자유분방한 연애를 즐겼었다. 이 아무개 교수와도 요란한 연애 행각을 펼쳐서 세간(世間)의 화제에 자주 올랐었다. 연애도 숨어서 하지 않았다. 당당하게 대중들 앞에서 데이트 했으며 결혼 신청도 그녀가 먼저 했다. 당시로서는 파격적인 '사건'이었다.

그러나 《신여자》를 발간하면서 남편과 틈이 벌어진다. 자유연애를 구가하던 그녀로서는 당연한 귀결이었다. 사랑을 자기 의지대로 선택한 것처럼 이별도 자기 의지대로 선택한다는 것이 자유연애의 기본이다. 어쩌면 그녀는 자유연애의 논리에 스스로 희생되었는지도 모른다. 《신여자》를 발간하느라고 더욱더 집안일을 놓을 수밖에 없는 사정도 이유가 되었을 것이다. 3호를 발행할 무렵에 시아버지도 죽었다. 시아버지의 장례를 치른 후 그들 부부는 결국 파경을 맞게 된다.

《신여자》 창간호 발행일은 1920년 3월 10일, 2호는 4월 25일, 3호는 5월 31일, 4호는 6월 20일에 발간되었다. 4호까지 나온 《신여자》의 원본은 국립도서관에 소장되어 있으며 워낙 오래되고 낡아서 일반인들에게는 영인본을 대출해 주고 있다.

3.1 독립운동을 겪은 지 꼭 1년 만이다. 발행인은 필닝스 부인, 발행인의 주소는 경성부 정동 32번지로 되어 있다. 사실상의 발행인인 김원주는 인쇄인 그리고 발행인으로는 이화학당과 관련이 있는 선교사 부인 필닝스로 등록했다. 발행인을 외국인으로 한 것은 일제의 검열을 피하기 위해서다. 외

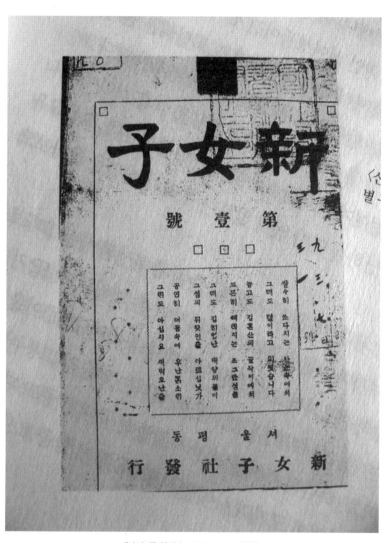

《신여자》창간호. 1920. 3. 10. 발행

국인이 발행인이면 그만큼 검열이 쉬웠다. 3.1운동 이후 조선총독부가 이른바 문화 정책으로 바꾸고 신문 잡지 발행을 허가해 주고 있었지만 검열의 족쇄까지 없앤 것은 아니었기 때문이다.

《신여자》 창간 작업을 하는 동안 두 사람은 거의 매일 신여자 편집실에 들렀다. 편집실은 여자들만의 성이었다. 그것도 당대 내로라하는 신여성들만의 작은 성이었다. 판권에서는 편집실 위치를 다음과 같이 밝히고 있다.

> 의주통(義州通) 전차(電車)로 새문(門) 터에서 내려서 바른손 편(便) 언덕 길로 고성(古城)을 끼고 조금 가면 전 독일영사관(獨逸領事館) 앞, 검은 판 장(板墻)한 반양제(半洋製) 집에, 신여자사(新女子社)라는 간판이 걸려 있습니다.

이 위치는 지금 서울 강북삼성병원 쪽에서 기상대 방향으로 100여 미터 정도 올라가는 골목길 옆일 것이다. 정환의 집이 재동이니 그리 멀지는 않다. 정환은 아주 사무실로 출근했다.

《신여자》의 편집 스태프들은 자유연애니, 여성도 인간이니 하는 새로운 의식에 눈 뜬, 지금으로 치면 아주 진보적인 신여성들이긴 했지만 잡지 편집에 관한 한 초보들이었다. 그래서 원고를 써서 인쇄소에 넘기고, 교정쇄를 받아 교정을 보고, 그것을 오케이 하는 일들은 모두 정환의 손을 거쳐야 했다.

> 권두 논문은 현금(現今) 조선 여자 사회를 표준하여 한 말씀이온데, 고 등교육을 받으신 제씨(諸氏)는 비난하실 일이 없지 않으나 우리의 형편

을 돌아보고서 용서하십시오.

서정문(敍情文)「희생된 처녀」1편은 신구(新舊) 충돌에 희생된 사실 그대로를 그의 애제(愛弟)되는 여자가 눈물로 원고지를 적시며 쓴 것입니다. 또「기숙사 생활」은 조선 여자 해방의 선구자라고 할 만한 이화학당의 이면(裡面)이올시다.

소설은「처녀의 가는 길」「계시(啓示)」2편이온데 하나는 인습의 고통 아래에서 울고 면하려는 것이요, 하나는 우매한 세상 사람들의 무지한 종교 관념과 피할 수 없는 죽음이 사정없이 모자의 사이를 사별(死別)케 함을 묘사하여 백열(白熱)한 주관(主觀)이 인생의 반면(反面)을 표백(表白)함이외다.

인용이 조금 길어졌다. 《신여자》 창간호 마지막 페이지에 실려 있는 '편집인들이 여쭙는 말씀'의 일부이다. 잡지가 어떤 내용으로 구성되었는지를 알 수 있는 설명이다.

이 잡지에 수록한 소설「처녀의 가는 길」은 물망초(勿忘草)라는 필명을 사용했지만 방정환의 작품이다. 물망초는 나중에 즐겨 쓰게 된 필명 가운데 하나이다. 이 소설 말고도 방정환 작품으로 추정되는 기사와 작품이 몇 편 더 있다.

반면에 유광렬의 작품으로 추정할 만한 것은 한 편도 눈에 띄지 않는다. 그만큼 정환은 그 잡지의 편집 작업에 깊숙이 관여한 셈이다. 왜 그랬을까? 자기 잡지도 아니면서….

그 궁금증은 《신여자》의 편집 스태프 구성을 보면 짐작이 간다. 어떤 여성들이 편집부에 있었길래? 유광렬이 『기자 반세기』에서 맨 처음 《신여자》

사무실에 가서 모임에 참석했을 때를 회고하는 대목을 보면 실마리가 하나씩 풀린다.

> 모임에는 주인인 K 여사와 E 여자대학 과정을 마쳤다는 S 양과 P 양이 있었다. …(중략)… 거의 50년 전의 일이므로 무슨 이야기를 하였던지 기억에 남지 아니하나 《신여자》 잡지 편집에 대한 얘기, 그때에 이 나라에 처음 들어오기 시작한 자유연애, 자유결혼, 자유이혼에 대한 얘기, 프랑스 여류 문인과 청답회(靑踏會) 얘기….

이 글에 등장하는 K 여사는 주간 김원주를 말한다. 이니셜로 표기된 S 양은 신줄리아, P 양은 박인덕이다. 신줄리아와 박인덕은 두 사람 다 이화학당 출신으로 3.1운동 직전까지는 이화고녀에서 교편을 잡고 있었다. 3.1 독립운동 때 두 사람은 후배 김활란과 함께 3.1운동에 참가했다가 곧 일본 경찰에 체포, 구속되어 얼마 동안 형을 살기도 했다. 나이는 신줄리아와 박인덕이 모두 정환보다 한두 살 연상이고 김활란은 1899년생으로 동갑이었다.

다시 이해를 돕기 위해 유광렬의 회고록을 조금 더 인용한다.

> S 양은 흰 저고리에 파란 치마를 입었었고 P 양은 자색 저고리에 검은 치마를 입었었다. S 양이나 P 양 모두 23, 4세인 듯, 방정환이나 나보다는 3, 4세 위인 듯하였다. 말로는 우리들이 고문이었으나 나이로나 실제의 지식수준이 우리보다 나은 듯이 보였다. P 양은 그때로는 드물게 보는 영어 잘하고 음악 잘하는 여자로서, 장안의 남자들의 인기를 모은 듯하였었다.

편집 스태프들과 첫 미팅은 놀랄 만한 체험이었다. 특히 유광렬로서는 여자라면 소설책을 읽어 주기 위해서 나이 많은 시골 부인들 틈에 앉아 본 적은 있었으나 이처럼 발랄하고 젊고 예쁘고 대담한 신여성들과 자리를 함께하기는 처음이었다. 정환 역시 그랬다. 아직은 동양적인 고루한 생각이 남아 있는 탓인지, 특히 성격이 활달한 박인덕이 서양 여자들처럼 눈웃음을 치는 듯한 표정으로 말을 하는 것은 퍽 낯설었다.

세 여자 가운데는 그래도 S 양이 가장 얌전해 보였다. 말하는 거며 행동거지가 박인덕이나 김원주와는 달랐다. 처음 미팅 때부터 유광렬은 이 S 양에게 특별한 감정을 느꼈다. 봉건적인 가정에서 교양 높은 가정교육을 받은 듯한 S 양이 좋았다. 유광렬은 서양 여성처럼 적극적으로 화제를 이끄는 박인덕 같은 여성은 왠지 부담이 되었다.

S 양에 대한 인상을 유광렬은 이렇게 말하고 있다.

S 양은 봉건적인 교양 높은 가정에서 자라나서 개화의 꽃이 피어오른 듯한 전형적으로 아름다운 여성인 듯하였다. 말이 적고 태도는 잠잠하나 때로는 얼굴을 붉히면서 그 특유의 미소로 사람의 눈을 끄는 듯한 점잖음이 있었다. 어떤 때에는 그의 특유한 견식으로 우리의 말을 가로막으면서 의연하게 단안을 내릴 때에는 나이 많은 누이로서 나이 어린 사내 동생들을 타이르는 듯한 자랑이 있었다.

유광렬이 말하는 '봉건적인 교양 높은 가정'이란 양반 집안을 가리키는 말이겠다. 실제로 신줄리아네는 부친이 경기도 가평군수를 지낸 적도 있는 훌륭한 가문이었다. 영어 잘하고 너무 똑똑해서 오히려 손해를 보는 쪽은 박인덕이다.

《신여자》 창간 작업이 진행되면서 박인덕과 신줄리아 외에 이화학당을 갓 졸업한 김활란도 스태프에 합류한다. 김활란에 대해서 유광렬은 '아무 특색이 없는 얼굴'이었다고 기억하며 '마치 언니를 따라온 손아래 여동생 같았다'고 회고한다. 《신여자》의 막내 김활란은 이화여대 총장을 역임하기도 한 이 나라 여성계를 대표하는 큰 인물이 되지만 이때는 아직 막내 편집 기자일 뿐이었다. 박인덕도 훗날 기독교계와 교육계를 움직이는 큰 어류 명사로 활약이 대단하다.

이화학당 출신 신줄리아

　방정환이 신줄리아를《신여자》잡지 스태프들과 함께 처음 만난 건 1919년 연말이다. 영화잡지《녹성》발행일이 1919년 12월 5일이니까 바로 그 직후일 것이다.

　《신여자》창간 작업에 대한 논의를 하는 자리에서였다. 그 후, 정환과 줄리아는 만나는 횟수가 늘었다. 단 둘이서 만나는 기회도 생겼다. 처음에는 잡지에 대한 대화만 하다가 차츰 개인적인 이야기도 나누게 되었다. 그러면서 두 사람은 연애 감정을 느끼기 시작한다.

　대개 연애와 사랑은 이렇게 시작한다. 이런 프로세스는 이상할 것도 없다. 아주 자연스러운 진도이다. 지금으로부터 한 세기 가까운 90여 년 전이니까 요즘과는 달리 템포가 좀 느렸을 뿐이지 스토리 전개는 비슷할 것이다.

　그렇다면 신줄리아는 방정환의 첫사랑인가? 이런 결론을 미리 정해 놓지는 않겠다. 자칫하면 이미 고인이 된 두 사람을 멜로드라마의 주인공으로 각색할 위험 때문이다. 그런 결론은 평전을 꼼꼼하게 읽은 독자들이 판단했으면 한다.

하지만 줄리아는 일 때문에만 만나는 단순한 '여자'는 아니었다. 그녀를 만나면서부터 정환은 비로소 '여성'을 느낀다. 방정환은 동경 유학 시절 직접 그녀에 대한 감정을 토로한 글도 남기고 있고 친구 유광렬의 회고기에도 그런 심증이 가는 대목이 있다.

줄리아는 정환보다 한 살 위였다. 한 살 위이기는 했지만 산전수전 고생을 한 정환이 정신적으로는 훨씬 어른스러웠을 것이다. 또 정환의 역할이 편집 고문이었으니 줄리아에게는 말하자면 선생님이다.

그렇다면 왜 정환은 줄리아에게서 '여성'을 느꼈을까? 그것은 정환이 이제까지 살아오면서 만난 여자들과 전혀 다른 여자였기 때문이다. 정환이 아는 여자들이란 고작 어머니, 누이, 대고모, 고모 정도였다. 그들은 모두 가부장적인 틀 속에 머물러 있는 전형적인 여자들이었다. 남편은 하늘이고, 부모님이 정해 준 남자에게 군말 없이 시집을 온 그런 여자들이었다.

그런데 줄리아는 달랐다. 줄리아뿐만이 아니었다. 김원주나 박인덕은 한 술 더 뜬다. 그네들은 '여성해방'이라거나 '자유연애'라는 단어는 물론 "여성도 인간답게 살 권리가 있다"는 말을 서슴없이 하고 있다. 이런 그들의 주장에 정환은 심정적으로 동의하고 싶었다. 사람은 곧 하늘이다. 한울님 앞에서는 누구나 다 평등하다. 어린애든 여자든 모두 다 인간으로서 같은 대접을 받아야 한다. 천도교의 중심 사상인 '인내천(人乃天)'과 다르지 않다.

그렇지만 두 사람이 '연인'으로 발전했는지, 관계가 어느 정도 깊어졌는지 통속적으로는 접근하고 싶지 않다. 남아 있는 자료들은 단편적이어서 일관된 스토리로 재현(再現)할 수 없다. 그 자료들조차 모두 방정환이 쓴 글이거나 아들의 증언, 친구 광렬이 쓴 회고 글뿐이므로 신줄리아의 속내가 어뗐는지 읽을 수 없는 것들뿐이다.

신줄리아와 만나고 있을 때 정환은 이미 결혼한 몸이었다. 신혼의 새신랑이었다. 양력 5월에 결혼했으니 1년이 채 안된 때다. 정확하게 말하면 결혼한 지 겨우 여섯 달이 지났을 뿐이다. 결혼은 했지만 나이는 이제 겨우 스물한 살, 요즈음 나이로 치면 갓 스물이다. 신부는 더 어리다. 정환보다 두 살 아래로 꼭 열여덟 살이다.

결혼에 관한 한 정환은 행운의 남자였다. 옛날이야기에나 있을 법한 행운을 잡은 것이었다. 민족을 위해서, 어린이를 위해서 하느님의 큰일을 맡길 사람으로 정환을 점지했는지도 모른다. 결과적으로 그렇게 된 셈이다. 찢어지게 가난한 청년이, 뜻이 아무리 크다 한들 무슨 일을 할 수 있었으랴. 소도 비빌 언덕이 필요한 것처럼 의암 선생은 정말 큰 언덕이고 든든한 '백'이었다.

의암이 사윗감을 고르기 위해 정환을 앞에 불러 놓고 "나를 한 번 처다보라"고 했을 때에도 그 이유를 알 수 없었다. 아버지 친구 권병덕으로부터 "의암 선생 사위로 결정되었다"는 연락을 받고도 남의 이야기 같았다. 천도교 교당에 드나들면서도 하늘같이 우러러보던 교주님이 아니냐. 그의 사위가 된다는 것은 상상도 하지 못한 일이었다. 게다가 셋째 딸이라는 것이다. 그녀는 이해 봄에 동덕여학교를 졸업했다지 않은가!

백만 교도를 호령하는 의암 선생 사위가 되는 날부터 가난과는 영영 이별이다. 정환이 재산을 탐할 사람은 아니지만 큰일을 하는 데는 돈도 필요하다는 것은 상식이다. 그래서 정환은 아무 불만 없이 결혼했을 것이다. 정환 쪽에서 신붓감을 놓고 이러니저러니 할 처지가 아니었다. 그저 어른들이

하라는 대로 따르면 되었다. 결혼하는 날부터 정환은 처가 덕에 먹고 사는 것을 비롯한 모든 경제적인 문제가 완전히 해결되었다. 뿐만 아니라 장래까지도 훤하게 열린 듯이 보였다. 학비 때문에 중단했던 공부도 마음만 먹으면 할 수 있고, 보고 싶은 책은 물론 그렇게 좋아하던 활동사진 구경도 마음껏 할 수 있었다.

정환은 서두르지 않았다. 여러 가지 생각들이 한데 몰려왔다. 3.1운동 때 〈독립신문〉을 배포하다가 붙들렸던 혐의 때문에 일제 경찰의 감시도 시작되었다. 모든 일들을 신중하게 생각해야겠다는 입장이었다. 말하자면 한 걸음 내딛기 위해서 반걸음 뒤로 물러나서 기다리는 때였다. 이런 걸 가리켜 '숨 고르기'라는 표현을 쓰기도 한다. 그런 숨 고르기를 하고 있는 참인데, 신줄리아를 만난 것이었다. 신줄리아는 정환에게는 그야말로 멋진 신세계였다.

그녀의 고상하고도 얼른 보면 거만하여 보이는 태도에 방정환과 나는 함께 처음에는 어떤 존경과 사모를 하였고 나중에는 일시 지독한 애모로 변한 때도 있었다. 그러나 편지가 오고가는 중에 S 양의 마음은 방정환에게 쏠려서 그 편지에는 행간에 흐르는 정열을 엿볼 수 있었다. 어느 때인가 나는 S 양에게 불평을 하소연하는 자신을 발견하였다.

유광렬이 회고록[47]에서 밝힌 대목이다. 광렬과 정환 두 청년은 신줄리아에게 매혹된다. 신줄리아를 가운데 놓고 방정환과 유광렬 그리고 신줄리아

---

47 『기자 반세기』, 서문당, 1969년 12월 15일.

2부 청년 독립

는 삼각관계가 된 것이다. 두 사람은 각자 신줄리아에게 편지를 보냈고, 편지를 받은 신줄리아는 두 사람 모두에게 답장을 주곤 했다. 처음에는 그랬다. 신줄리아는 두 사람 모두에게 답장을 빠지지 않고 보냈다. 그러나 얼마 지나지 않아 신줄리아의 태도가 변한다. 광렬보다는 정환 쪽으로 마음이 기운 것이다.

광렬은 줄리아의 마음이 정환에게로 기울자 참을 수 없었다. 그래서 줄리아에게 그럴 수 있느냐며 '눈물을 팍팍 흘리면서' 대들기도 했고, 그녀에게 하고 싶은 말이 하도 많아 오히려 '가슴이 막히고 입이 떨어지지 않는' 괴로운 나날이 계속되었다. 아마 광렬은 총각인 자기 대신 기혼남인 정환을 더 좋아하는 줄리아가 한없이 원망스러웠던 것 같다. 그러나 광렬이 항의할 때마다 신줄리아는 조용한 미소를 지으며 "두 분에 대한 나의 우정은 아무 차등이 없으니 상심하지 말라"고 응답했다.

광렬은 처음에는 신줄리아의 이런, 마치 자기를 동생처럼 타이르는 듯한 태도가 불쾌했다. 그렇지만 이런 경우가 계속 반복될수록 광렬은 약해졌다. 항상 손위 누이처럼 부드럽게 말하고 위로해 주는 데야 당할 수 없었던 것이다.

이 무렵《신여자》편집실에 식구가 한 명 더 늘었다. 김원주, 박인덕, 신줄리아보다 나이가 두 살 어린 김활란이었다. 김활란은 헬렌이라는 기독교 이름을 한문으로 표기한 것이라고 한다. 독실한 기독교 집안에서 태어나 이화학당을 나온 인천 배다리가 고향인 처녀였다. 어려서는 기해년(己亥年)에 태어났다고 해서 '기득(己得)'이라고 불리다가 어머니의 주장으로 온 가족이 기독교로 입문하면서 세례명으로 '헬렌'이 되었고 이를 한문으로 표기할 때는 활란(活蘭)으로 적는다고 했다. 1899년생이니까 정환과는 동갑내기였다.

왼쪽부터 조재호, 윤극영, 윤석중, 손성엽, 소파의 장남 방운용

여기서 신줄리아에 대한 증언을 하나 더 소개한다. 정환의 맏아들 방운용의 인터뷰 기사이다.

운용 씨는 김일엽, 김활란과 박인덕 여사 등 쟁쟁한 여류들이 소파와 친했던 것으로 기억한다. 그러다 보니 여자 문제로 갈등도 따랐던 모양으로 소파(小波)의 일기에는 고민의 흔적이 남아 있었다.
- 오늘은 S가 나타났다. 사랑이냐, 사업이냐?
등등 일주일 내내 고민을 쏟아 왔던 소파의 일기책이 있었으나 6.25 때 인천에서 폭격으로 없어졌다면서 운용 씨는 아쉬운 표정을 짓는다.

이 기사는 1980년에 《교육춘추》 잡지에 실린 '소파 방정환 특집' 기사 속에 있는 '아들이 말하는 아버지 방정환'이라는 인터뷰의 한 구절이다. 여기서 소파의 장남 운용이 증언하는 여성 S는 신줄리아이다. 운용이 이야기한 일기책이 어느 때 씌어진 일기책인지는 알 수 없다. 다만 여러 가지 정황으로 추측하면 1920년부터 1922년 사이에 쓴 일기일 것이다. 왜냐하면 신줄리아는 《신여자》 창간 그 이듬해 중국을 거쳐서 미국으로 유학을 떠났고, 미국에서 곧 결혼을 약속하는 유학생을 만나기 때문이다. 정환을 사랑하는 마음은 아름다운 추억으로 가슴에 묻어야 한다. 정환 역시 고통 속에서 번민하며 그녀와의 일들을 정리했을 것이다.

운용은 또 다른 잡지 인터뷰에서 이런 증언도 했다.

아주 오래 전 일인데, 한 20년은 된 것 같아요. 추석 전에 아버님 묘소가 있는 망우리에 간 적이 있어요. 그때 초로의 여인이 아버님 산소 앞에서 기도를 드리고 있는 게 아니겠어요? 누군지 궁금했어요. 하지만 물어볼 수가 없었어요. 금방 자리를 떠났거든요. 나중에 안 사실인데, 그 여인이 아버지 젊었을 때 아버님의 로맨스 상대였던 것 같아요. 아주 어렸을 때 들은 적이 있거든요. 이화여전 학생들이 《신여성》 창간을 준비할 때였어요. 여학생들이 잡지에 대해 아는 게 있었나요? 아버님에게 배우려고 개벽사로 찾아왔죠. 아버님은 흔쾌히 승낙하고 여성지 창간에 많은 도움을 줬어요. 서로 일을 하다 보니 같이 있는 시간이 많아졌죠. 이화여전의 한 학생에게 연정을 품었던 것 같아요. 그러면서 데이트를 즐기고 연애편지도 오고 간 것 같아요.

이 인터뷰 기사는 조선일보사가 발행하는 여성잡지《여성조선》에 수록된 '소파 방정환 선생의 아들 방운용' 인터뷰 기사[48] 중 한 대목이다. 기사는 '아버지의 독특한 교육법 및 이화여대생과의 금지된 로맨스'라는 자극적인 부제를 달기도 했다. 아예 '금지된 로맨스'라고 단정한 전형적이고 통속적인 기사 제목이다.

앞에 인용한《교육춘추》지 인터뷰가 1980년에 한 것이니까 20년 이상 시간 차이가 난다. 그래서인지《여성조선》의 인터뷰는 몇 가지 궁금한 점과 사실 확인을 잘못한 구절이 눈에 띈다.

우선 운용이 20년 전에 망우리 묘소에서 만났다는 초로의 여인이 신줄리아인가 아니면 다른 여인인가 하는 점이다. 그 여인이 신줄리아일 가능성은 희박하다. 신줄리아가 아닌 이유는 그 무렵 신줄리아는 미국 로스앤젤레스에서 자식들과 함께 영주하고 있었기 때문이다. 반면 신줄리아일 것이라는 추측도 가능하다. 설사 그녀가 로스앤젤레스에서 영주하더라도 1970년대 후반쯤이면 한 번쯤 고국에 다니러 올 수도 있지 않았겠느냐는 점 때문이다.

신줄리아는 1980년에 로스앤젤레스에서 별세했다. 그녀에 대한 자세한 이야기는 뒤에서 다시 설명하기로 하겠다.

다음으로 잡지 이름《신여성》은《신여자》의 오류이다. 그리고 그녀들이 정환을 찾아온 장소도 개벽사는 아니다. 사실은 'R'이라는 인편에《신여자》편집 고문을 맡아 달라는 부탁을 했다는 것이 유광렬의 회고록에 나와 있다.

신줄리아라는 이름을 발견한 것은 S라는 이니셜이었다. 방정환이 동경 유학을 떠나기 직전《개벽》제4호에 발표한 「추창수필(秋窓隨筆)」이라는 글

---

48 《여성조선》 2001년 5월호, 취재기자 정연진.

에서다. 이 글 말미에는 '61년 초추(初秋) 동풍 세게 부는 날 잿골에서'라는 단서가 붙어 있다. 61년은 천도교 포덕(布德) 연호로는 1920년이다. 그리고 잿골은 당시 정환의 처가가 있는 재동(齋洞)이다. 《개벽》 4호 발행일은 1920년 9월 25일이다. 여기서 발견된 S라는, 여성의 성(姓)을 뜻하는 이니셜 하나, 글의 문맥을 살펴보면 정환과 심상찮은 관계인 듯하다.

> 밤 열 시 십 분…. 등불을 가깝게 하고 고(故) 독보(獨步)의 병상록(病床錄)을 읽다가 언뜻 S의 일을 생각하고 한참 동안이나 멀거니 앉았었다. "그대의 눈물이 내 눈에서 흐르고 나면 나의 눈물이 그대의 눈에서 흐른다"고까지 하던, 피차에 서로 "나에게 당신이 없으면 사자(死字)가 있을 뿐"이라고까지 하던 애인에게 버림을 받고 참혹한 실연에 몸 쇠(衰)쳐 병상에 누워서 운명의 마지막 날을 기다리던 독보! …(중략)… 그리하여 독보가 말한 "밭 있는 곳에 반드시 사람이 살고 사람이 사는 곳에 반드시 연애가 있다"고 한 그 구절 끝에 왜 이런 구절이 없는가 한다. "연애가 있는 곳에 반드시 실연 동거(失戀同居)한다"고, 아아 인정의 무상함을 지금 새로 느끼는바 아니지만은 S의 애(愛)를 노래하는 그 입으로서 어느 때일지 실연의 애가(哀歌)가 나오지 아니할까 생각은 생각의 뒤를 이어 …(후략)…

이 글만 가지고도 여기 등장하는 S와 어떤 사이인가를 짐작하기는 어렵지 않다. 하지만 착각하기도 쉽다. 가을이라는 계절이 주는 센티멘털한 감정이 행간마다 지나칠 정도로 드러나 있기 때문이다. 누구라도 바람 부는 가을밤에는 이렇게 슬픈 생각을 하게 되지 않는가. 실연을 예감하는 듯한 분위기도 가을밤의 정취 때문으로 보이기도 한다.

문제는 정환이 읽고 있다는 책이다. 「병상록」의 지은이가 독보(獨步)라는 사실이 그냥 지나칠 수 없는 것이다. 독보가 누구인가. 한문으로 표기하면 국목전독보(國木田獨步), 메이지시대의 유명했던 일본 작가이다. 당시 지식인 치고 독보의 책 한두 권 읽지 않은 이는 드물다. 일본어로 발음하면 구니기타 돗포이다.[49]

S는 방정환이 동경 유학 시절에 쓴 글에 다시 등장한다. 《천도교회월보》 1922년 1월 15일자에 실린 '이역(異域)의 신년(新年)'이라는 일기문이다. 이 일기문은 동경에 도착해서 하숙집을 정하고, 유학생 친구들과 사귀는 일 등 동경 유학 생활을 고국의 천도교 친구들에게 알리는 성격의 글이다. 일기문은 1월 1일자부터 시작하고 있다.

1월 1일 첫날 일기는 마지막 대목을 이렇게 끝맺는다.

> 오늘 연하장 많이 온 중에… 기다리던 S의 편지가 왔다. 누구의 집엔 지 인천에 가 있다고….

그리고 며칠 건너 1월 5일자 일기에는 제법 길게 S에 대한 이야기가 보인다.

> 늦게서야 일어나 보니까 S가 보낸 소포 뭉치가 와 있었다. 소포에는 어여쁜 문구가 들어간 일력책(日曆冊), 인삼, 커피, 손수 따뜻하게 지어

---

49 1918년 12월 25일 초판이 나온 구니기타 돗포의 『연애 일기』가 국립도서관 귀중본 서고에 있다. 이 책에서도 구니기타 돗포는 불륜과 실연으로 이어지는 그의 비련(悲戀)을 적고 있다.

보낸 삼팔 버선이 들어 있었다. 다다미방에 발 찰 일까지 생각해 준 성의에 무어라 감사한 말을 할 수 없이 기뻤다. 그저 어떻게 하면 좋을지 모르게 기뻤다. 지난번 수건(手巾) 때처럼 궁금해 할까 하여 이번에는 즉각(卽刻) 받은 통지를 하였다.

지금도 그렇지만 이 정도 선물을 주고받는 사이라면 친구 이상이라고 말할 수 있지 않을까? 선물도 선물 나름 아닌가. 발이 시릴까 봐 솜버선을 보낸다든지 인삼, 커피, 달력 등 이것저것 모아서 보낸다든지 하는 게 보통 정성인가. 또 수건을 받은 적도 있다는 걸로 봐서는 선물을 여러 번 보내온 것이다.

방정환의 글과 맏아들 운용이 쓴 글은 이것이 전부이다. 이 글들에 대한 설명은 쓸데없는 작문이 될 것 같아 그만두기로 한다.

그렇다면 S가 누구인가? 도대체 어떤 여성이기에 순진한 청년 방정환은 이 여성에게 마음을 송두리째 빼앗기고 말았을까?

S가 누구인지 확인 작업에 들어갔다. 대개의 경우, 사람을 찾으려면 그 사람과 행동을 함께한 동지라든가 동료들의 행적을 검색하면 나오기 마련이다. 김활란, 박인덕, 김원주의 이름을 차례대로 검색했더니 그들의 소개 글 속에 신준려(申晙麗)라는 이름이 등장한다. 신준려가 바로 S이다. 소파 자신이 쓴 글이나 장남 운용의 증언, 유광렬의 회고록에 영문 이니셜로만 등장했던 S의 실명을 알게 되었다.

신준려? 흔한 이름이 아니다. 여자 이름이라면 더욱 그렇다. 어려운 이름이다. '신준려'라는 이름으로 모든 검색 사이트를 아무리 검색해도 그녀가 3.1 독립운동에 참가했다가 구속되었다는 사실 외에는 나오는 것이 없었다.

신줄리아

평전을 쓰면서도 신준려는 계속 머릿속에 맴돌았다. 이름은 있지만 실체
가 없었기 때문이었다. 방정환과 깊은 인연이 있는 여성은 틀림없는데….
그러다가 의외의 자료에서 신준려로 짐작되는 인물의 단서를 발견했다.

내가 처음으로 오하이오 웨슬리안 대학으로 갔을 때 그곳에는 몇 명의
한국인 남학생이 있었다. 김기후(金己厚), 김도연(金度演), 류형기(柳瀅基)
씨 등이다. 그 남학생 중에 류형기 씨만이 기독교 신자였기 때문에 우
리 두 사람은 상대방에게 관심을 두고 있었다. 그는 내가 사귄 최초의
남자 친구라고 할 수 있다. 그해가 지날 무렵 그는 졸업을 하였고 곧
시카고에 있는 노스웨스턴 신학교로 갔다. 그곳에서 그는 한 한국 여

인을 만났고 서로 사랑하는 행복한 연인이 되었다. 그 여인은 이화에 서 온 나의 친구였다.

김활란의 자서전 『그 빛 속의 작은 생명』[50]에서 찾아낸 한 구절이다. '이 화에서 온 나의 친구'라는 구절이 심상치 않았다.

김활란 자서전을 구해서 살펴본 이유는 다른 데 있었다. 오로지 그녀가 《신여자》 창간 스태프로 일했으니 그 잡지 창간에 얽힌 이야기가 있지 않을 까? 하는 기대 때문이었다. 그러다가 신준려가 누구인지도 알게 되었으니 일석이조의 결과이다.

김일엽의 자서전 『청춘을 불사르고』도 꼼꼼히 살펴 읽었으나 아무런 내 용도 건지지 못했었다. 속세의 인연을 끊고 비구니가 된 김일엽에게는 속세 에서 있었던 문필 활동이나 잡지 창간 따위는 한 줌의 티끌 같은 추억거리 도 못 되는 듯했다. 편집부 막둥이로 잠깐 《신여자》에 와 있었던 김활란에 게도 그때의 일은 자서전에 적어 놓을 만한 가치가 없었던 듯했다.

그러다가 김활란이 이화에서 온 친구라고 언급한 구절을 보는 순간 감이 잡혔다. 틀림없이 신준려일 거라는 느낌이 온 것이다.

그렇다면 그녀가 결혼 상대로 선택한 류형기라는 인물은 누구인가? 인터 넷을 검색했더니 대번에 그 이름이 올라온다. 감리교단 감독을 지내신 분이 었다. 그리고 그가 쓴 『은총의 팔십오 년』[51]이라는 자서전이 국립도서관에 소장되어 있다는 사실도 확인했다. 곧바로 이 책을 열람했다. 책 속에는 예 상대로 신준려가 누구이며 언제, 어떻게 조선을 떠났는지 자세하게 설명되

---

50 1965년, 여원사.

51 한국기독교문화원 발행, 1983년 6월 15일.

어 있었다.

줄리아는 '줄려(julia)'라는 이름으로 김활란 자서전에 등장하는 바로 그 '이화에서 온 친구'였고 류형기의 부인이었다. 안타깝게도 류형기 자서전에는 부인 신줄려가 1980년 10월 31일 83세로 장서(長逝)했다는 사실도 적혀 있었다. 류형기 목사는 우리나라 기독교 감리교단을 이끌었고 『단권성경(單卷聖經)』을 펴내는 등 기독교계에 큰 족적을 남기신 분이었다.

신줄려, 이미 고인이 되었지만 방정환의 젊은 시절을 이해하는 데 중요한 여성이다. 그래서 남편 류형기 목사가 쓴 『은총의 팔십오 년』에서 그녀에 대한 몇 대목을 소개한다.

신줄리아의 일생을 요약한 대목이다.

학교와 친구들 사이에서 신줄려로 알려졌던 신 여사는 1898년 12월 23일 경기도 가평읍 신형철-윤메리 씨 차녀로 태어나 일찍 아버지를 여의고 어머니를 따라 상경해 동대문교회에 다니며 언니와 함께 이화학당에 입학해 언니 마실라는 제1회로, 동생은 1917년 제4회로 졸업하고 모교에서 가르치다가 1919년 독립운동 때 이화 주모자의 하나로 잡혀 서대문 감옥에서 7개월 옥고를 치르고 출옥해 벌써 도미한 언니의 도움으로 상해로 탈출, 남경 금릉대학에서 1년간 공부하고 1921년에 도미해 언니의 사업을 돕다가 1923년 9월에 아이오와 주 듀북대학으로 가던 길에 방금 오하이오 웨슬리안대학을 졸업한 류형기 씨를 시카고에서 만나 알게 되어 다음 해에 약혼하고 웨슬리안으로 전학해 1925년에 졸업하고 약혼자가 공부 중인 보스턴대학에서 2년간 사회 윤리학을 전공하며 「공자와 아리스토텔레스의 윤리 비교 연구」로 석사 학위를 받고 1927년에 귀국해 …(중략)… 해방 후 1951년 삼 남매를 데리고 도미해 LA에서 15년을 혼자 지내며 자녀들 교육 성가를 돕고 다음 15년은 도미한 부군과 같이 지냈다. …(후략)…

신줄리아는 미국으로 유학 간 이후에도 멀고 먼 이국 땅 동경에 있는 '사랑하는 사람'을 잊지 못해서 한동안 힘들어했을 것이다. 그러다가 유학생 남자 친구를 만났다. 그들은 결혼을 전제로 한 사랑에 빠진다. 그리고 얼마 후 행복한 결혼을 한다.

사랑하는 사람들이 무슨 이유에서건 헤어진다는 것은 슬픈 일이다. 방정환과 신줄리아도 그런 슬픈 '연인'에 속하겠다. 연인이라는 말이 어울리지 않는다면 '정인(情人)'이라는 호칭을 쓰고 싶다. 적어도 2년 이상, 두 사람은 편지를 주고받으며 사랑을 나누었던 사이니까.

큰 뜻 품은 동경 유학

 1920년 9월 중순, 방정환은 동경으로 유학을 떠난다. 오랫동안 벼르고 벼르던 일본 유학이다. 그런데 마음은 가볍지 않았다. 나라를 무력으로 빼앗은 일본 땅으로 유학 가는 것이 싫어서가 아니다. 식민지 통치를 하는 일본은 싫지만 일찍부터 선진 문명을 받아들인 일본에서 배울 게 있다면 배워야 한다. 일본을 이기려면 '호랑이 굴 일본'으로 들어가 배워야 한다. 이것은 3.1 독립운동 직후의 흐름이었고 사회적 경향이었다.

 사람들은 만세를 소리 높여 외친다고 독립이 되는 게 아니라는 걸 알게 되었다. 힘이 있어야 한다. 힘을 기르기 위해서는 배워야 한다. 10년, 20년, 아니 필요하다면 30년은 힘을 길러야 한다. 지식인들을 중심으로 이런 공감대가 형성되기 시작했다. 일본을 몰아내기 위해서는 일본보다 더 튼튼한 민족적 역량을 갖춰야 한다.

 1920년부터 늘어나기 시작한 조선 유학생의 일본행은 그 이듬해 1921년에 절정을 이룬다.

동아일보에 난 다음 기사를 보자. 얼마나 많은 학생들이 일본으로 유학을 떠났는지 알 수 있다.

재작년 이래로 일반 향학심이 늘어 감은 현저한 사실이며 우선 동경(東京)에 있는 조선 유학생으로만 본대도 작년 이후에 비상(非常)히 증가되어 이왕으로 말하면 오륙백 명 내외이던 학생이 일시는 2천에 가깝다고 하였으며, 또 금년 춘기(春期)로 보더라도 재정 공황의 장애가 있음에도 불구하고 예년보다 다수히 건너왔을 뿐 아니라 금년부터는 중학부터 시작하여 착실히 밟아 가고자 하는 사람이 매우 많은 모양인데, 우선 한두 가지의 실례를 들건대 경응보통부(慶應普通部) 4년급에서 5, 6명의 보결을 한 데 대하여 6, 70명의 조선 학생이 청원서를 제출하였다 하며 조도전대학(早稻田大學) 전문부 정경과 같은 데에는 지금까지의 출원인 수만 하여도 150명이 넘는다 한즉 …(후략)…

그야말로 '일본 유학 붐'이다. 그런데도 일본으로 떠나는 방정환의 마음은 몹시 무거웠다. 양양한 앞길을 향해서 내딛는 첫걸음 아니냐. 누구나 부러워하는 동경 유학이 아니냐.

정환은 경성 역에서 기차를 타고 부산으로 향할 때도, 부산에서 관부연락선에 오를 때도 무엇인가 뒤에서 자꾸 잡아당기는 듯한 착각이 드는 것이다. 서울에서 벌여 놓은 일들은 어떻게 마무리 지어야 하나. 6월 20일에 4호까지 발간한 《신여자》는 어떻게 되나. 의욕적으로 출발한 천도교청년회 일들은 어찌될는지. 청년회의 첫 번째 사업으로 창간한 《개벽》은 잘 될는지…. 거기에다 어머니 돌아가신 이후 오로지 하나뿐인 이 오빠만을 믿고 살아온 누이는 누가 돌보나. 안암동 채석장 야산 밑, 비바람이나 겨우 가리는 움막 같은 집으로 시집간 가난한 누님은 불쌍해서 어떡하나….

「달밤에 고국을 그리우며」에는 이 같은 절절한 심사(心思)가 구구히 이어진다.

생아(生我)의 모친과는 사별(死別)을 당하고 양아(養我)의 모친과는 생별(生別)을 당하고…. 아아, 나를 그리워하는 어린 누이들을 집에 남겨 두고 현해탄 멀리 건너 도야마바라 넓은 벌에서 외로이 우는 나는 어느 때까지 나 홀로 헤맬 몸이냐. 고적한 객창에 궂은 비 소리쳐 울고 싸늘한 장지(障紙)에 밝은 달 비출 때마다 가난 중에 돌아가신 어머님, 남아 있는 가련한 누이를 생각하면 손으로 괸 뺨에 추회(追懷)의 눈물이 하염없이 흘러 견디지 못하게 가슴이 아프다. 아아, 어머님 잃고 오라비마저 떨어진 가련한 누이들아, 지금 이 밤에 잠들이나 편히 자는가. 고개를 들어 달을 바라볼 때 어느덧 고인 눈물이 달빛을 흐리는도다.

하늘을 쳐다보니 달은 이 몸의 비애(悲哀)를 아는지 모르는지 여전히 잠잠하게 빛날 뿐이고 …(중략)… 생각은 어느덧 안암산 밑에서 빈한(貧寒)에 우는 누님께 이르도다. 안암산 화강암 깨뜨려 내는 바위 밑 과목(果木)밭 속에 조그만 집 그 속에서 가난에 부대끼며 눈물의 생활을 해 나가는 불쌍한 누님, 그가 어머님 돌아가신 후에는 외로이 나 한 몸을 믿고 나 한 몸을 세상에 단 하나로 알아 먼 곳이나마 자주 다녀가고 자주 오라고 때때로 보고자 고대 고대하는 것을 공부니 사무니 하고 바쁜 탓으로 자주 가지 못하매 고대하다 고대하다 못하여 아마 무정해졌을 게라고 산 밑에서 홀로 어머님 생각 내 생각 어린 동생 생각을 두루 하며 울더라는 누님! 아아, 그가 나 일본 갔단 말을 듣고 얼마나 울었을까!

이 글처럼 무엇보다 정환은, 눈을 감아도 눈앞에 어른거리는 가난하고 외로운 육친들 일이 마음에 걸렸다. 그런 그들을 내버려 두고 팔자 좋게도 일본 유학입네 하고 도망치듯이 떠나온 것이 비겁하게도 느껴졌다. 누님에게는 일본 유학 간다는 말 한마디도 하지 못했다. 하지만 떠나가지 않을 수도 없는 처지였다. 일본 경찰이 정환을 보는 눈초리가 점점 사나워지기 시작했기 때문이다.

일본 경찰은 이 스물한 살짜리 청년을 편하게 놔두지 않았다. 3.1운동 때는 운 좋게 풀려났었다. 그렇지만 정환이 그 후 벌이는 일들은 또 무엇인가. 일제 경찰은 못마땅했다. 아직도 감옥에 갇혀 있는 장인 의암 선생을 믿고 그러는 것인가. 그래서 정환을 담당하는 종로경찰서 경찰들은 수시로 재동집을 들락거렸다. 그들은 마치 냄새를 잘 맡는 사냥개 같았다.

그러나 대망(大望)을 품고 외국 유학을 떠나온 게 아니냐. 큰 꿈을 품은 청년 방정환치고는 너무 심약(心弱)한 것 아니냐. 이것은 마치 열두서너 살짜리 소년의 투정처럼 약해 보인다. 이미 결혼한 어른이 아니냐. 옛날 같으면 호패(號牌)를 차고 일가를 이룰 나이가 아니냐. 이런 지적이 나올 법하다. 옳은 지적이다. 굳이 변명할 필요는 없겠다.

하지만 장황할 정도로, 육친을 그리워하는 정환의 글을 인용한 이유는 분명하다. 바로 이런 요소들이 방정환을 읽는 아주 중요한 코드라는 것이다. 그의 가난을 이해하지 않으면, 지나칠 정도로 육친을 향한 그의 사무친 슬픔을 읽지 않으면 방정환을 올바로 읽을 수 없다.

가난과 육친은 방정환 문학의 코드이다.

＊ ＊ ＊

《신여자》를 돕는 일이 어느 정도 끝날 무렵부터 정환에게는 새로운 일이 맡겨졌다. 그것은 천도교청년회 같은 단체가 주최하는 강연회 연사였다. 한두 번 해 보니 딱 맞는 일이라는 생각이 들었다. 한자리에 모인 관중들에게 연설을 한다. 그들을 감동시키고 일깨우고 움직인다.

정환은 연사로 나서 달라는 부탁을 거절하지 않았다. 천도교청년회, 보성전문 친목회, 고려청년회 등이 자주 강연회를 열었고, 그곳에 나가 정환은 '세계 평화는 인내천주의' '자아 각성과 청년의 단합' '자녀를 해방하라' 같은 주제로 강연했다. 그렇지 않아도 정환은 주목받는 청년이었다. 종로경찰서의 1급 요시찰인이었다. 그렇기에 정환은 갑자기, 마치 등 떠밀리듯이 동경행 배를 타게 된 것이다.

이해 서울에는 '서반아 감기'라고 불린 지독한 독감이 유행해서 많은 사람들이 죽었다. 아직 영구차(靈柩車)가 등장하기 전이어서 장례식은 대부분 상여로 치렀다. 하도 많은 사람들이 죽었으므로 서울 장안은 시도 때도 없는 상여 행렬이 줄을 이었다. 상여 앞에서 상여꾼들은 "북망산이 어디매냐 가는 길이 멀고 멀다"는 따위로 소리 높이 외쳐 대고, 울긋불긋한 만장을 들고 그 뒤를 따르던 사람들과 삼베로 만든 굴건(屈巾)을 쓴 상주들이 구슬피 우는 곡소리는 사람들을 한없이 처량하게 했다.

같은 해 봄 3월 5일에는 〈조선일보〉가 맨 먼저, 그 한 달 뒤인 4월 1일에는 〈동아일보〉와 〈시사신문〉이 창간되었다. 겉으로는 문화 정책을 펼네 하면서 우리말 신문을 허가했지만 속내를 들여다보면 식민지 통치의 검은 흉계는 여전했다. 동아일보를 언론인 이상협에게 허가하고, 조선일보는 친일 실업인들의 모임으로 알려진 대정친목회(大正親睦會)의 조진태에게, 시사신문 발행인은 이른바 신일본주의를 주장한다는 친일 인사 민원식에게 발행권을 주었다.

일본의 수작은 뻔했다. 우리말 신문을 허가한다면서 하나는 노골적인 친일 신문(시사신문), 하나는 정치적인 색채보다 실업계의 의견을 싣는다는 구실로 조선일보를 허가함으로써 민족지를 표방하는 동아일보가 힘을 쓰지 못하도록 해 놓은 것이다. 그런데 총독부의 계산과는 달리 조선일보가 이내 경영난에 빠지게 되어 폐간 지경에 이르게 되자, 평안도에서 광산으로 큰돈을 벌어 거부가 된 방응모가 인수하게 된다. 이 바람에 민족지가 하나 더 늘어난 셈이다.

정환이 동경에 도착한 것은 정확하게 언제일까? 앞에서는 1920년 9월 중순이라고 썼다.

그 시기에 대해서는 증언과 기록들이 제각기 다르다. 장남 운용이 쓴 「아버님의 걸어가신 길」에는 '그냥 1920년 늦게 도쿄로 유학을 떠났다'고 애매하게 되어 있고, 유광렬의 『기자 반세기』에는 '방정환은 3.1운동 이듬해인 1920년 연말에 일본 유학을 떠났다'고 되어 있다. 이재철 교수가 작성한 방정환 연표에도 날짜는 정확하게 기록되어 있지 않았다.

이렇게 유학 시기가 다른 것은 유학 일자를 거의 정확하게 언급한 방정환의 글이 있음에도 이를 간과했기 때문이 아닐까? 그 글이란 바로 1921년

1월호 《개벽》에 실린 「달밤에 고국을 그리우며」라는 수필이다. 그가 동경 도착 후 발표한 첫 번째 글인데, 글을 찬찬히 살펴보면 동경 도착 날짜뿐만 아니라 동경 유학 생활을 시작하는 정환의 심경이 아주 세세히 잘 표현되어 있음을 알 수 있다.

첫머리는 이렇게 시작된다.

> 정 깊은 고국을 떠나 풍토 다른 이역(異域)에 원객(遠客)이 되어 객관(客館) 고창(孤窓)에 고국을 그리우는지 어느덧 십여 일이 된 지라 …(후략)…

이 글 속에 '십여 일이 지났다'는 표현이 단서이다. 이 글을 언제 썼을까 하는 것만 알면, 그날부터 십여 일 만에 이 글을 쓴 셈이니까 유학 날짜는 쉽게 알 수 있는 것이다. 맞다. 그 생각을 하면서 얼른 글의 말미를 넘겨 보니 '경신(庚申) 초추(初秋) 추석 다음다음 날 동경(東京)에서'라고 끝맺고 있다. 경신년이면 1920년이고, 추석이라면 음력 8월 15일 아닌가. 1920년 음력 8월 15일은 양력으로는 9월 26일, 이 글은 다음다음 날 쓴 것이니까 9월 28일이 된다. 그리고 '십여 일 전'이라고 했으니 9월 15일 전후이다. 하루 이틀 정도 오차가 있더라 해도 말이다.

얼마 전에 방정환의 동경 유학 일자를 9월 15일이라고 단정한 연구 논문도 입수했다. 일본인 학자 나카무라 오사무(中村修)가 1999년 4월 『청구학술논집』에 발표한 「방정환 연구 서설 - 도쿄 시대를 중심으로」가 그것이다. 나카무라 오사무의 이 논문은 '방정환의 동경 유학 시절'을 집중적으로 추적한 것이다. 지금까지 잘 알려지지 않았던 여러 가지 사실(fact)을 찾아내고

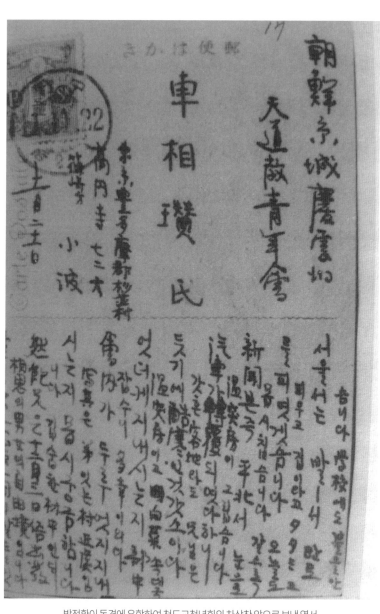

방정환이 동경에 유학하여 천도교청년회의 차상찬 앞으로 보낸 엽서

밝히고 있어서 좋은 참고가 되었다. 이 논문을 참고하자니까 반가우면서도 부끄러운 생각이 들었다.

나카무라 오사무는 논문에서 정환이 일본에 온 시기를 '2학기는 9월 11일부터 이미 시작되었고, 9월 15일 전후로 늦게' 왔다고 지적했다.

방정환은 준비도 제대로 하지 못하고 쫓기듯이 서둘러 동경에 왔으므로 하숙집을 금방 구할 수도 없었다. 서울과 다르게 일본인들은 하숙집을 내주는 데 까다롭다. 지금도 동경에서 셋집을 얻으려면 '셋집을 얻게 해 주셔서 감사합니다'라는 뜻으로 3개월 치 집세를 먼저 내야 한다. 아마 그때도 사정이 비슷했나 보다. 그래서였을까?

동경에 도착한 정환은 한 달 정도는 하숙집을 얻지 못한 채 여관 신세를 진다. 앞에서 인용한 「달밤에 고국을 그리우며」에 '객관'이라는 단어가 등장하는 것은 그 때문이다. 유행가 가락대로 표현한다면 낯설고 물선 타향 일본 땅이다. 그것도 하루하루 뜨내기손님들이 묵고 가는 여관이다. 그런 데서 이국 생활을 시작했으니 누구라도 감상(感傷)에 빠지지 않겠는가. 쓸쓸하고 외로운, 차가운 다다미방, 고적한 달밤, 청나라 국수 장수가 부는 피리 소리, 그리고 와세다 송림을 지나가는 바람 소리와 바람 소리에 섞여 간간이 들리는 만돌린의 흐느끼는 음률….

방정환의 마음속에 비치는 풍경을 앞에서 인용한 「달밤에 고국을 그리우며」에서 몇 대목 더 옮겨 본다. 여관방에서 잠을 이루지 못하고 달빛 쏟아지는 밖으로 나와 낯선 동경 거리를 헤매는 대목이다.

한없는 적막은 내 몸을 에워싸서 지탱치 못할 고적(孤寂)과 제어치 못할 모향(慕鄕)의 정에 견디지 못하여 이도(異都) 만객(萬客)인 이 몸은 멀리 사라진 몽환(夢幻)의 곡(曲)을 뒤쫓듯 주인까지 잠든 여관의 대문을 표연히 나선다.

만뢰(萬籟)는 구적(俱寂)하여 세상이 죽은 듯 하고 일륜(一輪)의 고월(孤月)은 천공(天空)에 높아 죽은 듯한 거리가 낮같이 밝은데 홀로 여관의 문을 나선 어린 내 몸은 달빛이 던져 준 땅 위의 영자(影子)를 이끌고 처처(處處) 방향도 없이 꿈속 거리를 헤매는도다.

* * *

2학기 개학 날짜도 벌써 며칠이 지났다. 학교도 학교지만 하숙집을 아직도 구하지 못했다. 서울에서 개학 날짜를 모르고 출발했을 리는 없다. 아마 차일피일 동경행을 미루다가 그리되었을 것이다. 하숙집을 얻기 전까지는 할 수 없이 여관 신세를 졌다. 그러고는 서둘러 하숙집을 얻는다. '전찻길가 2층집'이라고 했다.

이 하숙집의 정확한 위치는 확인할 수 없다. 하지만 학교(도요대학)에서 별로 멀지 않은 거리에 있었던 것 같다. 「달밤에 고국을 그리우며」에 나오는 여관의 위치도 학교 주변일 것이다. 글 속에 나오는 지명을 예로 들어 '와세다 송림'이라든지 도야마바라라든지 도츠카쵸라는 지명 등을 보면 그렇다.

동경에서 유학하는 동안 정환은 네 차례 정도 숙소를 옮긴 것으로 보인다. 하숙집을 구하기 전 잠시 머물렀던 여관은 빼고도 그렇다. 그것은 정환이 직접 쓴 글과 색동회 친구들이 쓴 글로 확인한 것이다.

① 지나간 해, 하기 방학이 끝난 후 남보다 늦게야 동경에 와서 셋방을

구하다 못하여 학교는 개학은 되고, 하는 수 없이 급한 대로 전찻길가
집을 얻어 임시로 있던 곳이 전차 소리에 집이 흔들려서 하도 곤란하
다가

② 이번 정월 초엿새에야 좋은 집을 얻어 옮겼습니다. 동경시 고이시
가와구(小石川區) 미나후사카쵸(仲富坂町) 19번지 일본인 구미가와(久米
川)의 집입니다.

③ 하숙 생활이 너무도 냉랭하고 불편이 많아서 동경 시가에서 조금
따로 떨어진 이케부쿠로(池袋)라는 한적한 동리에 정결한 집 한 채를
차득(借得)하여 넷이 방 하나씩을 차지하여 살기로 하고 이름을 계림사
(鷄林舍)라 하였다.

④ 천도교 청년회관

①번과 ②번은《천도교회월보》에 실린 「몽환의 탑에서」라는 글에서 확
인한 것이다. '소년회 여러분께'라는 부제가 딸려 있는데, 필명은 소파(小波)
이다. 방정환은 ①번 전찻길가 집은 불편해서 곧 ②번 집으로 옮기는데, 이
집에 대해서는 아주 좋은 평을 했다.

직접 그가 쓴 글을 보자.

내가 다니는 도요대학(東洋大學)에서 퍽 가까운 곳이고 우리 청년회와
는 (거리가) 서울 우리 교당에서 대한문 앞까지만 합니다. 지형이 퍽 높
은 조그만 산밑엣집 2층이어서 시원하고 볕이 잘 들고 깨끗하고 몹시
조용합니다.

도요대학 정문

　이 글에서처럼 도요대학 주변은 90년이 지난 지금도 별로 달라지지 않았다. 이렇게 말할 수 있는 것은 직접 취재를 하고 왔기 때문이다. 정환이 다닌 도요대학이 어떤 학교인지, 방정환의 동경 유학 시절이 어떠했는지, 하숙집이 있던 곳은 어디인지, 천도교 청년회관은 어디 있는지, 색동회 발회(發會)를 기념해서 사진을 찍은 사진관은 지금도 있는지…. 이를 확인하기 위해 직접 돌아보고 왔다. 큰 빌딩이 들어서고 길이 바뀌고 새로 전철 노선이 늘어나긴 했지만, 방정환이 하숙을 했던 곳으로 추정되는 곳은 다른 지역보다 훨씬 조용한 주택가였다. 그 주택가 한가운데 도요대학이 있었다.

　도요대학을 찾아가려면 제이알(JR) 야마노테 선(山手線)을 타고 이케부쿠로(池袋) → 오쓰카(大塚) 역을 지나 스가모(巢鴨) 역에서 미타(三田) 행 전철로 갈아탄 다음 두 정거장째인 하쿠산(白山) 역에서 내리면 바로 도요대학이다. 도요대학이 자리 잡은 야트막한 산 이름이 하쿠산이다. 산이라고 하기에는 그렇고, 그저 조금 큰 언덕 같다고 해도 되겠다.

이 하쿠산 산자락에 도요대학의 아담한 캠퍼스가 있다. 정환이 칭찬을 하고 있는 ②번 하숙집은 바로 이곳에 있었을 것이다. 주소 체계가 확 바뀌어 정확한 위치를 찾아낼 수는 없었다. 완만한 산자락에는 고만고만한 주택들이 들어서 있는, 아주 조용한 주택가였다. 정환이 쓴 것처럼, 그 당시에는 이곳에서 동경 시가지가 다 내려다보였을 것이다.

도요대학에 방문했을 때는 마침 '하쿠산제(白山祭)'라는 학교 축제 기간이어서 학생들은 별로 보이지 않았다. 운동장에서 바자회가 열리고 있었는데, 노점 같은 좌판을 학생들이 하나씩 차지하고 앉아서 게임기, 완구, 학용품, 책, CD 같은 것들을 팔고 있었다. 한 학생에게 물었더니 축제 때는 축제와 관련 없는 학생은 학교에 나오지 않는다고 했다. 캠퍼스 한가운데, 흰색의 본관 앞 작은 정원 안에는 설립자 동상이 있었다. 그를 설명하는 명패에는 이 대학교가 처음에는 '철학관대학'으로 출발했다고 기재되어 있었다.

③번은 ①번, ②번 시절보다는 훨씬 뒤 이야기다. 이때쯤은 동경 생활도 꽤 익숙해진 때일 것이다. 하숙집이 불편해서 유학생 친구들 네 명이 '돈을 모아서' 통째로 셋집을 얻은 모양이다. 집을 얻어서 각자 방 하나씩을 차지하고 음식도 조선식으로 해 먹는다. 그러니까 하숙이 아니라 자취에 가깝다고 말해도 되겠다.

④번의 경우는 진장섭의 글에서 확인했다. 이곳에서는 그리 오래 생활한 것 같지는 않다. 적당한 하숙집을 구할 때까지 잠시 머물렀을 것이다.

도요대학 부근은 지금도 대학가 분위기가 물씬 풍기는 곳이다. 이곳에서 걸어가도 되는 가까운 거리에 책방 거리로 유명한 간다(神田) 진보초(神保町)도 있다. 도요대학 말고도 조금만 내려오면 언덕배기에 메이지대학(明治大

미타 선 하쿠산 역.
방정환의 하숙집은 여기서 500미터 거리로 추정된다.

學)의 웅장한 교사(校舍)가 우뚝 앞을 가로막는다. 이 부근에서 가장 확실한 랜드마크이다. 20층도 넘어 보이는 건물은 개교 100주년 기념관으로 '리버 티타워'라는 이름이 붙여져 있다. 그 언덕을 넘으면 오차노미즈 여자대학, 일본여자의과대학 등이 있고, 와세다대학(早稻田大學)도 멀지 않다. 와세다 대학은 오쓰카 역에서 전철을 타야 하는데, 도요대학과의 거리는 2킬로미터도 안될 것이다. 지금도 도쿄의 다른 지역에 비해서는 좀 조용한 곳이지만 방정환 시대에는 아주 조용한, 시골 분위기가 남아 있는 마을이었을 것이다.

하쿠산에서는 조선인들이 많이 사는 우에노(上野)도 가깝다. 현재 도쿄의 부도심(副都心)으로 발전한 이케부쿠로를 가리켜 '시골'이라고 표현한 글도 있었으니 하쿠산 정도야 물을 필요도 없다. 당시 이 일대 행정구역 명칭은 고이시가와구(小石川區)였다.

방정환 시대 조선인 유학생들이 많이 다닌 학교는 도요대학 말고도 와세다, 메이지, 게이오(慶應義塾) 등이었는데, 모두 이곳에서 멀지 않았다. 동리가 변두리이니 하숙비도 다른 지역보다는 쌌으리라는 상상도 된다.

특별청강생

거처를 마련한 방정환은 도요대학에 입학한다. 새 학기는 이미 시작되었다. 방정환도 그것을 잘 알고 있었다. 동경에 도착하니 '학교는 개학은 되고' 그래서 정식 입학은 불가능했다. 정식 입학이 안 된다? 다른 길은 없을까? 꼭 졸업장을 받고 학위를 받으려고 유학 온 건 아니다. 그러니 길이 있을 것이다. 그래서 알아본 끝에 도요대학 청강생으로 입학하기로 한다.

방정환의 전기물에는 방정환이 다닌 대학이 도요대학인 것까지는 맞는데, 학부와 학과 이름은 제각각이다. '아동문학과에 입학해서 아동문학을 전공했다' '철학과에 입학해서 아동심리학을 전공했다' 심지어는 '아동심리학과를 전공했다' '아동예술학을 공부했다' 등등 정설이 없다. 방정환 부인 손용화가 한 잡지 인터뷰에서 말한 내용은 더 헷갈리게 만든다. "일본 동경 동양대학 철학과에 학적을 두고 아동문학과 아동심리학을 연수했습니다."

그럼 도대체 어느 것이 맞을까? 도요(東洋)대학 입학은 맞다. 청강생이 된 것도 맞다. 그렇다면 학적부가 있지 않겠는가. 학적부가 가장 정확한 기록

도요대학 하쿠산 캠퍼스의 최근 모습

이 될 터이다.

이런 궁금증은 일본의 나카무라 오사무가 「방정환 연구 서설」에서 꼼꼼하게 확인해 놓았다. 그 부분을 인용한다.

글쓴이가 1997년 11월 4일에 도요대학의 이노우에 엔료 기념학술센터 닛다 코지 소장에게 받은 정식 답서는 다음과 같다.

질문 1. 방정환의 청강생 기록

회답 1. 당시 도요대학(대학 및 전문학부)의 입학에는 제1종생(終生), 제2종생, 청강생별로 있었습니다만, 방정환은 다이쇼 10년(1921년) 4월 9일에 전문학부 문화학과에 '청강생'으로 입학했습니다. 그러나 이 이전 재적(在籍)에 대한 기록은 찾을 수 없었습니다.

질문 2. 방정환, 청강생 혹은 전문학부 때 받은 강의명(학년별)

회답 2. 학적부상에는 기록되어 있지 않습니다.

질문 3. 방정환, 청강생 혹은 전문학부 때 취득한 단위(학년별)

회답 3. 학적부상에는 기록되어 있지 않습니다.

질문 2·질문 3에 대해서는 학생부 이외에 수강한 강의명이나 단위 수 등을 기재한 자료가 있는지 없는지 조사했으나 발견하지 못했다.

질문 4. 학생부에 기재되어 있는 주소(하숙)의 본적

회답 4. 주소는 스가모쵸(巢鴨町) 이케부쿠로(池袋) 177. 본적은 조선 경성 견지동 118, 호주 방한용 장손.

질문 5. 중퇴 또는 퇴학한 사실이 있는지. 있다면 날짜와 이유

회답 5. 퇴학, 다이쇼 11년(1922년) 3월 20일. 퇴학 이유는 기재되어 있지 않습니다.

나카무라 오사무가 도요대학 측에 학적 관계를 확인한 후 논문에 그 결과를 밝힌 전문(全文)이다. 이것으로 방정환이 무슨 학과 어떤 전공을 했는지는 확연히 밝혀진 셈이다. 다시 한 번 설명하자면 방정환은 입학 시기를 놓쳤고, 청강생으로 도요대학 전문학부 문화학과에 들어갔다. 그것도 정식 학생이 아닌 청강생 자격이다.

왜 청강생으로 들어가야 했을까? 방정환은 일본에 건너오기 전 이미 전문부 과정인 보성전문에 다니고 있었잖은가. 그런데 그 학력이 인정되지 않은 것인가. 아니라면 입학시험 같은 소정의 절차를 밟지 않아서일까. 이런 의문에 대해서 다음에 인용하는 나카무라 오사무의 논문은 상당 부분 궁금증을 풀어 준다.

청강생은 보통청강생, 특별청강생의 두 종류로 구분한다. 보통청강생이란 학급을 정하고 청강하는 자를 말하고 특별청강생이란 어떤 학급에 구애됨이 없이 임의로 학과를 청강하는 자를 말한다.
2학기는 9월 11일부터 이미 시작되었고 9월 15일 전후로 늦게 일본에 온 그는 특별청강생이 되었을 가능성이 높다. 그런데, 다음 해인 1921년 4월 9일 그는 도요대학 문화학과에 청강생으로 입학했다. 이때는 보통청강생이었던 것 같다.

나카무라 오사무의 이 확인은 맞다. 도요대학 사무처에서 이를 확인했다. 명함을 제시하며 단도직입적으로 "서울에서 왔다. 방정환의 학적부를 열람하고 싶다"고 했더니 담당자는 정중히 거절했다. 다시 담당 직원에게 나카무라 오사무의 논문을 이야기했더니 방정환의 학적 관계를 확인해 준 적이 있다고 답변했고 내용도 맞다고 했다.

그렇다면 방정환의 동경 유학 학적은 이렇게 정리하면 되겠다. 일본에 도착한 첫 한 학기, 즉 1920년 9월부터 1921년 3월까지는 특별청강생으로 입학해서 그야말로 자유롭게 여러 과목을 수강한다. 그리고 그 다음 학기인 1921년 4월 9일부터는 보통청강생으로 입학해서 문화학과 학생이 들을 수 있는 학과를 골라서 수강한다.

도요대학은 1887년 철학자 이노우에 엔료(井上圓了)가 세운 철학관이 그 전신이다. 개교 다음 해『철학관 강의록』을 발간해서 일본 최초의 통신교육을 실시하였고, 1904년 철학관대학, 1906년 도요대학으로 교명을 바꾸었다. 1916년에는 일본에서 최초로 남녀공학을 실시하였으며 1948년 교육제도 개편에 따라 새 체제의 대학이 되었다. 2001년 현재 문학부, 경제학부, 경영학부, 법학부, 사회학부, 공학부, 국제지역학부, 생명과학부 등 8개 학부와 문학, 경제학, 경영학, 사회학, 법학, 공학 등 6개 연구과가 있는 대학원으로 구성되어 있다.

그렇다면 왜 하고많은 대학을 두고 방정환은 도요대학을 선택했을까? 이점이 궁금해진다. 방정환 외에도 상당히 많은 조선 청년들이 도요대학으로 몰려들었다는 기록도 있다.

왜일까? 왜 도요대학일까?

도요대학 설립자 이노우에 엔료 동상

방정환이 보통청강생으로 정식 입학한 1921년 4월에 도요대학은 학제를 개편해서 문화학과와 사회사업학과를 신설한다. 4년제 학부에는 인도철학윤리학과, 중국철학동양문학과 2개 학과를 두고, 흔히 전문학부로 부르는 3년제 전문학부에는 윤리학교육학과, 윤리학동양문학과, 문화학과, 사회사업과 등 4개 학과가 있었다.

이와 같은 학제 개편은 도요대학이 이제까지 한학(漢學)과 철학을 중심으로 한 고리타분하고 고색창연한 대학 이미지를 단번에 바꾸는 효과가 있었다. 이것은 대학 교육의 새바람이었다. 특히 문화학과의 등장은 획기적인 것이었다. 학생들의 주목을 받았고 문화학과의 인기는 치솟았다. 당시 문화학과의 인기가 어느 정도였는지 그때 입학했던 일본인 학생은 다음과 같이 회고하고 있다.

아무튼 지금도 말하자면, 수도(동경) 안의 일반 학생에게는 거의 알려지지 않았던 도요대학이 우리나라(일본) 서양철학계의 대가 도쿠노 박사, 세상에는 많이 알려지지 않았지만 숨어 있던 …(중략)… 와쓰지 데쓰로(일본문학사·유럽문학사·윤리학·역사철학·예술론), 다베시 게지(문예사상·영문학), 오니시 가쓰레(미학), 이데 다카시(윤리학·서양철학사) …(중략)… 야나기 무네요시(종교철학) …(중략)… 등등 모든 교수들이 말머리를 나란히 한 진용은 당시에는 교육계의 경이였고 희귀한 현상이었으며 수도 안의 모든 문예 학생들이 매력을 느꼈으리라는 것은 상상하고도 남는다. 나를 막론하고(나는 당시 와세다대학 문과에 있었다) 18명 가까운 신입생 중 적어도 반 이상이 2, 3년을 희생하면서도 이 진영에 참여했던 것이다.

이 글은 1920년대 도요대학 문화학과 학생이었던, 일본 〈아사히신문〉이시카와 교세 기자가 〈도요대학신문〉 1931년 12월 7일자에 기고한 글이다. 이 글만 보더라도 문화학과의 인기가 얼마나 대단했는지 짐작이 간다. 이시카와 기자는 와세다대학이라면 당시 최고 명문으로 손꼽히는 대학인데, 그 대학을 집어치우고 도요대학 문화학과로 옮겼다는 것이다. 또 2, 3년을 희생하고서라도 문화학과로 옮기는 학생들도 있다고 했다. 거기에다 '남녀공학의 자유가 있었고 쓸데없이 입학 자격 운운하는 시대착오나 관료적 속박이 없었다'고 했다.

그러나 방정환을 포함한 조선 청년들이 이 도요대학으로 몰려간 것은 그런 이유만이 아니었을 것이다. 그보다는 다른 이유, 즉 교수진 명단에 들어 있는 야나기 무네요시 때문일 것이다.

그렇게 단정적으로 말할 수 있다. 어떤 학교에 갈까? 하고 입학할 대학을 정할 때 요즈음이야 취직이 잘 되는가, 아니면 명문인가가 가장 중요한 포인트이다. 그때는 그렇지 않았다. 좋은 직장 잡고 먹고 사는 것 해결하기 위해서 동경까지 공부하러 가지는 않았다. 당시엔 그래도 그보다 한 차원 높은 목표가 있었다. 야망이 있었다. 민족을 위해, 시대를 위해…라는.

그런 점에서 어떤 교수가 있느냐, 입학해서 누구에게 배우게 되느냐가 아주 중요한 선택 포인트이다. 야나기 무네요시 교수라면? 그분이 가르치는 학과라면? 그분 강의를 들을 수만 있다면? 망설일 것 없다. 도요대학이다. 도요대학 문화학과이다.

1921년 문화학과 학적부에는 제1종생으로 36명 가운데 3명이 조선인, 청강생 80명 가운데 무려 40명이 조선인이라는 통계가 있다. 이 숫자만 보더라도 얼마나 많은 조선 유학생이 문화학과에 입학했는가를 알 수 있겠다.

이 무렵은 바로 3.1 독립운동 직후이다. 신지식 신문명을 익히는 것이 시급하다. 그것이 진정한 독립운동이다. 배우자, 공부하자, 힘을 기르자. 민족을 구하는 길이 거기에 있다. 수많은 인재들이 애국적 각오를 다지며 바다를 건너 일본으로, 일본으로 왔다. 경성 거리에는 고학생이 넘치고 동경 뒷골목에는 조선 유학생들로 북적거렸다.

* * *

야나기 무네요시(柳宗悅)는 어떤 사람인가? 그가 어떤 사람이기에 이처럼 조선 청년들을 도요대학 문화학과로 몰려들게 만들었는가?

야나기 무네요시를 설명하려면 1920년 4월 12일자 〈동아일보〉에 실린 그의 글을 소개하는 것으로 시작하는 편이 좋을 듯하다.

도요대학 교수 야나기 무네요시.
방정환이 도요대학을 선택한 이유였을까.

동아일보는 앞에서도 언급한 대로 3.1운동 이듬해, 즉 1920년 4월 1일자로 창간했다. 4월 12일이면 창간호의 인쇄 잉크가 채 마르기도 전이다. 이 날부터 동아일보는 6회에 걸쳐 야나기 무네요시의 글 '조선인을 생각함'을 박스 기사로 싣는다. 이 글은 원래 일본 동경에서 발행되는 〈독매신문(讀賣新聞)〉에 실린 것을 옮겨 실은 것이다. 독매신문에 실렸던 글이므로 원래는 일본인 독자들을 대상으로 쓴 것이다. 처음부터 조선인 독자를 염두에 두고 쓰지 않았으므로 그만큼 더 객관적인 글이라고 할 수 있겠다.

상당한 양이므로 일부만을 옮겨 본다. 생경한 한문 단어는 이해를 하기 쉽게 현대어로 조금 고쳤다.

　나는 이번 사건(지난봄의 독립운동)에 대하여 적지 않은 주의를 환기(喚起)한 동시에 일본의 식자(識者)들이 어떠한 태도로 어떻게 논평하는가를 유의하여 보았다. 그러나 그 결과, 조선에 대하여 경험 있고 지식 있는 인사들의 사상이 거의 아무런 현명함과 심절(深切)함이 없을 뿐만 아니라, 온정조차 없음을 볼 때 나는 인방인(隣邦人)을 위하여 동정의 눈물을 흘린 때가 많다.

야나기 무네요시의 글은 이렇게 시작한다. 3.1운동 직후, 일본 본토에서든 조선에서든 조선인들의 민족 감정을 부추기는 글에 대해서는 서슬 퍼런 통제를 가하던 시기였다. 그런 시기에 이 글은 3.1운동을 일으킨 조선인을 두둔하고 이해하고 격려하는 것으로 글머리를 잡은 것이다.

야나기 무네요시는 이 글을 쓰기 '4년 전에' 그러니까 1916년에 '조선 각지를 순례(巡禮)한 것'과 그 순례 여행에 '출발하기 전 2, 3권의 조선 역사서를 통독한 것' 외에는 조선에 관해서 아는 것이 없다고 전제하고 글을 시작했다. 그는 '이웃 사람과 사귐에는 지식도 아니며 칼날도 아니다. 오직 사랑만이 결합시키는 것'이며, '일본은 많은 금전과 군대와 정치가를 조선에 보냈지만 언제 진심의 사랑을 준 적이 있었는가' 묻고는 이렇게 글을 이어간다.

> 나는 여행 중 조선인의 가옥에서 노기(乃木) 대장[52]의 초상을 본 일이 있다. 이에 대하여 어떤 사람이 말하기를 만일 노기 대장을 모범(模範)할 지경이면 (그 조선인은) 반드시 노기 대장과 같은 의신(義臣)이기 때문에 조선인을 위하여 일본에 반항할 것이므로 이것을 빼 버려야 한다고 하였다. 일부 어떤 사람들이 (노기 대장과 같은) 의신을 숭배하면서 한편으로 조선인의 반항을 매도하는 것은, 마치 누구든지 의신이 되어서는 안 된다고 하는 것과 같은 것이다. …(중략)… 우리들 일본인이 지금 조선인의 경우에 처하였다고 가정하여 볼진대 아마 의분을 좋아하는 일본인이야말로 가장 폭동을 기도하는 사람일 것이다. 다만 자기의 일이 아니기 때문에, 지난봄의 독립운동을 폭동이라고 매도하는 것이니 나는 그러한 자를 현명한 방법이거나 칭찬할 만한 태도라고는 생각하지 않는다. 그러나 그들(독립운동가)을 오직 매도할 뿐만 아니라 오히려 그들을 구속하는 태도는 모순에 치우친 추하고 우열하고 편협한 심사에 불과하다고 생각한다.

짧지 않은 이 글을 통해 야나기는 그가 조선 여행 중에 발견한 조선 도자

---

52 러일전쟁을 승리로 이끈 일본 육군 총사령관. 절대 열세인 병력을 이끌고 여순 공략에 성공한다.

기, 민속 공예품 등의 격조 있고 뛰어난 예술미를 찬탄하며 글을 마무리한다. 그리고 조선은, 중국과 일본(왜구) 등의 침공과 공포가 끊이지 않은 역사 속에서도 독창적인 예술을 지켜 온 민족이라고 극찬했다.

이 글을 읽으며 수많은 조선 청년들은 틀림없이 야나기 무네요시의 이름과 필자 이름 옆에 병기(倂記)되어 있는 '도요대학 철학과 교수'라는 직책도 마음속에 새겨 놓았을 것이다. 물론 일본 유학을 준비하던 방정환도 예외는 아니었을 것이다.

이 글 외에도 야나기 무네요시가 조선인들에게 큰 감동을 준 글이 한 편 더 있다. 이보다 2년 후인 1922년 8월 24일자 〈동아일보〉에 기고한 '장차 잃게 된 조선의 한 건축물을 위하여'가 그것이다.

조선총독부는 3.1 독립운동을 겪은 후 총독부 청사를 짓기 위해서 총력을 기울이고 있었다. 총독부 청사는 조선을 손아귀에 틀어쥐고 통치하는 상징적인 건물이다. 조선인들 코를 납작하게 눌러 놓으려면 총독부 청사는 크고 건축술이 뛰어나야 한다. 또한 조선인들이 넘보지 못하게 하려면 아주 튼튼하게 지어야 한다.

문제는 총독부 건물을 지을 장소다. 일제는 그 최고의 명당으로 북악산 남쪽 양지바른 산자락, 그때까지 조선왕조의 대표적인 궁궐인 경복궁이 있는 바로 앞으로 정했다. 경성 어디에서도 보인다. 경성의 중앙이다. 궁궐 앞을 떠억 가로막는 자리다.

그곳에 거대한 석조 건물을 올린다. 그곳은 몇백 년 내려오던 조선왕조의 숨통을 영구히 끊을 수 있는 장소이기도 하다. 건축할 장소를 정하고 나서 보니 광화문이 눈엣가시였다. 그래서 조선총독부 공사는 곧바로 광화문을 허무는 일부터 시작한다.

광화문이 헐린다!

조선왕조를 지키는 문이 헐린다. 마치 충직한 파수꾼처럼 궁궐 앞에 서 있던 문이다. 나라는 비록 망했어도, 경성 거리를 오가며 광화문을 쳐다보는 것만으로도 위안이 되곤 했다. 그런데 그 광화문이 헐리게 되는 것이다.

'왜 광화문을 허무느냐'고 자칭 민족지라고 하는 조선일보, 동아일보조차 감히 대들지 못했다. 그런 걸 썼다가는 한 방에 구속은 물론이요 얼마나 큰 경을 칠는지도 알 수 없었다. 그냥 그렇게, 용기 있는 소리 하나 제대로 들리지 않는 때였다. 그런 때 칼을 빼든 것이다. 비록 작지만 비수 같은 힘을 지닌….

야나기 무네요시가 '광화문을 헐지 말라'는 소리 높여 외치는 듯한 글을 실은 것이다.

> 장차 행하려는 동양 고건축(古建築)의 무익(無益)한 파괴에 대하여 나는 가슴을 짜내는 듯한 아픈 생각을 느낀다. 조선의 수부(首部)인 경성(京城)에 경복궁을 찾아보지 못한 여러 사람들은 왕궁의 정문인 저 장대한 광화문이 장차 파괴될 일에 대하여 알지 못하겠기로 신경에 아무 느낌과 생각이 없을 것이다. 그러나 나는 모든 독자가 동양을 사랑하고 예술을 사랑하는 마음의 소유자인 것을 믿고 싶다. 가령 조선(朝鮮)이라는 것이 직접의 주의를 여러 많은 사람에게 주지 못한다 할지라도 점차 인멸(湮滅)해 가는 동양의 고예술을 위하여 이 일편(一篇)을 정성껏 읽어 주기를 바란다. 이 일편은 잃어버리게 되는 생명에 대한 애석(哀惜)의 문자이다. …(중략)…

광화문이여!

광화문이여!

네 생명이 조석(朝夕)에 절박하였다. 네가 이 세상에 있다는 기억이 냉랭한 망각 가운데 장사(葬事)되어 버리려고 한다. 어찌하면 좋을까?

나의 생각은 혼란하여 어찌할 줄 알지 못하겠다. 혹독한 끌과 무정한 철퇴가 네 몸을 조금씩 파괴하기 시작할 날이 머지않았다. …(중략)…

아직 이 세상은 모순의 시대이나 문 앞에 서서 너를 쳐다볼 때 뉘가 그 위력의 미를 부인할 자 있으랴! 그러나 이제부터 너를 죽음으로부터 구원하려는 자는 반역의 죄를 받을 것이다. 너를 상세히 아는 사람은 발언의 자유를 가지지 못하였으며 또 너를 산출(産出)한 민족 사이에서도 불행히 발언의 권리를 가지지 못하였다.

그리하여 그곳에 있는 여러 사람은 어둡고 쓰린 무정한 세월을 보내고 있다. 그러나 너를 사랑하는 것은 사실이며 이후 세월이 지나갈수록 너를 애모하는 마음이 점점 깊어 갈 것도 나는 확신하는 바이다.

하지만 그러한 추모의 애(愛)도 마음대로 표현할 수 없는 세상이다. 아니 이러한 애를 죽이라고 강제하는 세상이다. 아! 생각할수록 괴로운 아픔이 가슴을 누른다. 그러나 어찌할 수 없는 것은 사실이니 이야말로 답답하고 아프지 않은가?

누구나 말하기를 주저하리라. 그러나 침묵 가운데 너를 파묻어 버리는 것은 나로서는 차마 견디기 어려운 비참한 일이다. 이 까닭에 나는 말할 수 없는 여러 사람을 대신하여 네가 죽는 이때에 한 번 네 존재를 이 세상에 의식(意識)하게 하려고 이 일편을 쓰는 것이다. …(후략)…

조선인보다도 더 분노하고 한탄하고 슬퍼하는 글이었다. 문장은 지금 읽어도 힘차고 맥박이 요동치는 듯한 명문(名文)이다. 진심으로 외치는 절박한 문장이다. 다섯 차례에 걸쳐 연재된 이 글 끝에는 '1921년 7월 4일 동경에서'라는 날짜와 글 쓴 장소가 적혀 있다. 1921년 7월이라면 방정환도 동경에 있었다.

야나기 무네요시는 일본 당시 최고 명문 동경제대(東京帝大) 철학과에서 심리학을 전공했지만 전공보다는 미술과 미술사에 관심이 더 많았다. 1916년 한 친구의 권유로 조선을 방문하면서부터 조선 도자기의 빼어난 아름다움에 혼을 앗길 정도로 매료되기 시작했다. 그 친구의 동생도 조선 도자기 마니아였다.

야나기가 조선백자를 그토록 좋아하자 이를 알게 된 친구의 동생 아사카와 다쿠미(棧川巧)[53]는 사라져 가는 조선의 공예품을 보존하고 되살리는 운동을 펴자고 뜻을 모은다. 이들은 함께 조선공예회(朝鮮工藝會)를 조직한다. 1924년에는 아예 경복궁 안에다 전국을 돌아다니며 모은 민예품 등을 모아서 조선미술관을 설립하기도 했다.

야나기는 특히 우리나라 민간에 유포되어 있는 이름 없는 환쟁이들이 그린, 그때까지는 그저 허접한 대접밖에 받지 못하던 그림에 '민화(民畵)'라는 이름을 붙여서 자리매김도 해 주었다.

1922년에는 『조선과 그 예술』이라는 저서를 통해 '동요(動搖)와 불안과 비애가, 반도에서 태어나 외침(外侵)에 시달린 조선인들이 사는 세계다. 조선에 나타난 미(美)는 애상(哀傷)의 미이며 비애(悲哀)의 미'라는 '비애의 미

---

53 화가이자 서울대 미대 교수인 김병종의 글을 인용한다. "아사카와는 조선 미술을 평가하고 예찬하는 저술을 남겼을 뿐 소유나 수집에 대한 집착의 흔적 같은 것은 별로 보이지 않았습니다. 더구나 그는 병약하여 갓 마흔의 나이로 경성에서 숨을 거두고 말았던 것입니다."

예술론'을 폈다. 한편 이 '비애의 미 예술론'은 최근 우리나라 학자들에 의해 '식민 사관이 빚어 놓은 편견'이라는 비판을 받기도 했다.

이렇듯 조선을 사랑한다고 알려진 야나기 무네요시가 문화학과 교수진에 포함되었다고 하니, 너도나도 조선 유학생들은 도요대학으로 몰려든 것이다. '몰려들었다'는 말이 결코 과장된 표현은 아니다.

도요대학에 입학한 후 방정환은 야나기 교수 강의를 들었을 것이다. 다만 문화학과가 어떤 커리큘럼을 진행했는지를 알 수는 없다. 1948년경에 이르러 문화학과는 새로운 학제 개편으로 없어졌다.

한편 야나기 무네요시에게 조선 도자기의 빼어난 예술적 가치를 알려 준 아사카와 다쿠미는 아예 조선에서 살다가 조선에서 죽은 일본인이다. 그는 1914년 형(야나기 무네요시의 친구)이 권하여 조선총독부 산림과와 임업시험장에서 근무했었다. 형은 도자기 연구가였다. 그는 형이 하는 도자기 연구를 돕다가 형보다 더 조선 도자기의 아름다움에 빠진다. 조선을 얼마나 좋아했던지 아사카와는 평생 한복을 입고 살았으며 조선인들보다 더 격렬하게 조선의 혼과 역사를 말살하려는 일본의 식민지 정책을 비난했다. 죽을 때, "조선식으로, 조선인들 손으로, 조선에 묻어 달라"고 유언할 정도였다. 망우리 공동묘지 소파 묘소에서 5분 거리에 아사카와의 묘가 있는데, 묘비명에는 이렇게 새겨져 있다.

'한국의 산과 민예를 사랑하고 한국인의 마음속에 살다간 일본인, 여기 한국의 흙이 되다.'

＊ ＊ ＊

방정환의 도요대학 학창 시절은 어땠을까? 당연히 어떤 과목을 어떻게 배웠으며 급우는 누구였는지 단서를 찾아보려고 했지만 성공하지 못했다. 도요대학 이야기를 쓴 글이 한 편도 없기 때문이다. 더욱이 정환은 보통청 강생으로 입학한 지 1년 만에 학교를 그만두고 경성으로 돌아간다. 어렵사리 입학한 학교를 1년 만에 그만둔 이유는 무엇일까. 장인 손병희의 죽음, 천도교 소년회 일 등등 여러 가지 이유가 있었을 것이다.

그런 점만 봐도 정환은 동경 유학의 목표가 다른 데 있었다고 보여진다. 다시 말하자면 꼭 도요대학에서 무엇을 전공하든 대학 공부만을 위해서 동경에 온 것은 아니라는 말이다. 대학 공부보다 큰일을 준비하고, 그 큰일을 함께하기 위한 동지를 모으는 일이 더 중요했을 터였다.

그런 행적은 여러 곳에서 감지된다. 동경은 말하자면 '삼국지'의 주인공들이 도원결의를 한 복숭아 과수원 같은 곳이라고나 할까. 만약 방정환이 유비라면 그가 동경에서 찾아낸 제갈공명은 누구이며 관운장은 누구이고 장비 역할을 하는 사람은 누구였을까?

사회주의의 유혹

어느 시대에나 젊은이는 진보적이다. 그들은 진보적인 사상으로 기성세대를 비판한다. 진보적인 사상은 다분히 공격적이다. 진보적인 문학, 진보적인 철학, 진보적인 정치, 진보적인 사회….

진보는 공격적인 논리로 젊은이를 사로잡는다. 공격적인 진보라야 힘이 세다. 낡은 허상을 깨고 파괴하기 위해서 공격은 가장 좋은 전술이다. 그래서 진보는 항상 과격해 보이고 위험해 보이기도 한다.

진보는 또한 흐르는 강물과 같다. 강물이 한곳에 머물면 썩듯이 진보 또한 강물처럼 흐르고 변한다. 흐르지 않고 변하지 않으면 진보는 이미 진보가 아니다.

1919년 3.1 독립운동을 거친 후 우리나라에는 사회주의사상이 물밀 듯이 몰려왔다. 그것은 마치 거대한 댐이 무너지게 되자 그 엄청난 물줄기 때문에 강물이 범람하는 것과 같은 형국이었다. 한동안 민족의 내부 문제는 '독립운동'이라는 버팀목으로 버텨 왔었다. 여러 가지 이념과 사상이 젊은이들을 유혹했지만 '민족의 독립을 위해' 잠시 신경 쓰지 않았던 것이다. 그러다가 3.1 만세 운동이 터졌고, 결국 이 운동은 총독부 경찰의 총검으로 진압되고 말았다.

3.1운동이 실패로 끝나게 되자 참가했던 많은 사람들은 뿔뿔이 제 갈 길을 찾아 떠났다. 어떤 그룹은 임시정부를 세우려고 중국으로 건너가기도 하고, 어떤 인사들은 일제의 막강한 힘에 놀라서 그들과 협력해서 잘 먹고 잘 살려고 변신했다. 또 낙망하고 허탈한 나머지 허무주의에 빠진 지식인들도 있었고, 세상이 어떻게 달라질까 관망하는 기회주의자들도 있었다. 반면에 '일본과 싸우려면 힘을 길러야 한다'며 유학을 떠나는 이들도 있었다. 이들 중에는 '이제 민족의 나아갈 길은 사회주의밖에 없다'고 굳게 믿고 후일을 기약하자고 하며 세력을 조직화하려는 젊은이들도 상당수 있었다.

나는 이 젊은이들 사이에 급속히 세력을 넓혀 가는 사회주의에 대해서, 특히 1920년대의 사회주의에 대해서 깊이 있는 공부를 하지는 못했다. 그래서 사회주의가 우리나라에 유입되고 발전해 가는 과정을 학문적으로 체계적으로 설명할 자신은 없다. 단지 3.1운동 후 1920년대 초기에 진보적 청년들을 중심으로 사회주의사상이 수용되었다는 사실, 러시아혁명의 성공으로 사회주의는 이제 바야흐로 전 세계 젊은이들의 새로운 패러다임이 되었다는 점, 당시의 진보적 지식인들도 이 영향을 받아 농민운동과 노동운동 등의 청년운동을 이끌게 된다는 점 등을 화두로 삼아, 소파 방정환이 사회주의를 어떻게 받아들이고 수용하는지 살펴려고 한다. 그가 쓴 글과 서간문, 교우 관계, 행적들을 통해서 말이다.

1925년 9월 27일자 〈동아일보〉에 실린 사설의 한 대목을 인용하면서 방정환의 시대 속으로 들어간다.

현하 우리 사회에는 두 가지 조류가 있다. 하나는 민족운동의 조류요,
또 하나는 사회운동의 조류인가 한다. 이 두 가지 조류가 물론 해방의
근본적 정신에 있어서는 조금도 다를 것이 없다.

그렇다면 방정환은 언제쯤부터 사회주의에 관심을 갖게 되었을까?

이렇게 시작하고 보니 마치 방정환을 사회주의자로 예단한다는 오해를
받을 수도 있겠다. 그런 것은 절대 아니다. 그러기는커녕 나는 방정환이 사
회주의자라고 단정하는 데도 동의하지 않는다. 그렇다고 민족주의자로 묶
어 두는 것에도 동의하지 않는다. 방정환을 사회주의자 또는 민족주의자라
는 제한된 틀 속에 가두고 싶지 않다. 그는 '큰 생각'을 가진 '큰 사람'이기
때문이다.

그런 뜻에서 원종찬의 논문 「방정환과 방정환」[54]은 좋은 지적을 하고 있
다.

방정환은 3.1운동 직후부터 소설을 발표하였고 《백조(白潮)》 후기 동인으
로 참여하는 등 초창기 문학 운동의 한 구성원이었다. 백조파의 주요 문인
들이 신경향파 문학 운동을 주도하다가 염군사(焰群社)[55]와 함께 프로문학

---

54 인하대 교수 원종찬은 이 글 외에도 1999년 《창작과 비평》 봄호에 「한국 아동문학이 창조한 주인공」
이라는 중요한 논문을 발표하고 있다.

55 최초의 사회주의 예술 단체로 사회주의 경향의 진보적 작가들이 해방 문화의 연구 및 운동을 목적으
로 결성하였다.

《개벽》표지

단체 카프(KAPF)[56]로 합류해 간 사실은 잘 알려져 있다. 또한 방정환이 소속한 개벽사에서 발행한 잡지《개벽》은 1920년대 신경향파 문학 운동의 주요 기반이었다. 이런 사실들을 종합할 때 방정환의 사상과 활동을 사회주의와 대립하는 좁은 범위의 민족주의에만 가두는 것은 매우 부당한 일이다.

그러나 청년 방정환한테서 사회주의자 냄새가 폴폴 나는 것을 어쩌랴. 언제쯤부터일까? 언제쯤부터 방정환이 사회주의에 기울기 시작했을까? 이 궁금증을 푸는 첫 단추는 겨레아동문학연구회 염희경이 쓴 한 편의 논문[57]이 훌륭한 텍스트가 되겠다.

---

56 조선프롤레타리아예술가동맹.

57 아동문학 전문지《아침햇살》에 「소파 방정환과 사회주의」라는 제목으로 25쪽 분량의 논문을 발표했다. 필자는 1995년 5월 한국어린이문학협의회 주최로 열린 '방정환 탄생 100주년 기념 세미나'에서 발표한 내용을 보완한 글이라고 밝혔다.

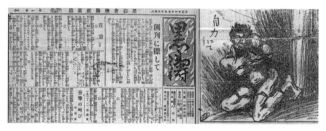

무정부주의자 박열이 조직한 흑도회의 간행물

「소파 방정환과 사회주의」라는 제목이다.

방정환은 일본 유학 시기에 사회주의사상의 세례를 받는다. 이는 당시 유학생들이 일본 사회에 확산되어 가던 사회주의사상으로부터 적잖게 영향을 받던 시대 상황을 반영하는 것이기도 하다. 하지만 이 시기 방정환의 사상적인 면모를 단지 일본 사회주의의 영향만으로 간주할 수는 없다. 무엇보다도 방정환이 지녔던 천도교사상이 사회주의사상과 자연스럽게 만날 수 있었다는 점을 눈여겨봐야 할 것이다.

염희경은 방정환이 사회주의사상을 직접 체험하는, 즉 세례를 받는 시기를 일본 유학 시절로 보는 것이 맞다고 판단한다. 맞는 말이다. 하지만 그냥 지나치면 안 될 요소가 있다. 그것은 방정환의 가족사이다. 방정환의 부친 방경수가 동학혁명에 참가한 철저한 동학교도였고, 대부분의 동학교도들은 중인 이하의 수탈당하며 살던 피압박 민중이라는 점이다. 또 방정환이 천도교도가 되는 것도 이런 가족사적 인연 때문이다. 이런 가족사적 요소는 방정환이 사회주의에 기울게 되는 중요한 단서가 된다.

방정환은 1920년 9월 15일 무렵 동경에 도착했고 관동대지진이 일어난 해인 1923년 9월경 유학을 중단하고 일본을 떠났다. 그러니까 방정환이 일본에 유학한 기간은 3년간이다. 연령으로는 스물두 살 때부터 스물다섯 살 때이다. 이 기간 동안 그는 학교(도요대학)를 다니고 동지를 모아서 단체(색동회)를 만들고 어린이를 위한 책(사랑의 선물)을 쓰고 어린이날을 제정하는 데 앞장선다. 참으로 정력적인 활동이다. 그야말로 1인 3역, 아니 그 이상의 다역(多役) 아닌가!

그러나 이런 굵직굵직한 활동을 한 이면은 잘 알려져 있지 않다. 특히 동경 유학 시절의 교우 관계 부분이다. 동경 유학 시절 방정환은 친구들을 많이 사귄다. 정인섭, 진장섭, 정순철, 윤극영, 조재호, 마해송, 이헌구 등 색동회에 참여하는 아동문학 지망생들 외에도 훗날 사회주의 활동을 하게 되는 젊은이들과도 폭넓게 사귄다.

이 청년들은 누구보다도 사회주의에 관심이 깊은 친구들이다. 거의 모두들 진보적인 이들로서 사회 개혁의 야망을 품고 있었다. 이들은 역사를 계층과 계층, 이를테면 가진 자와 안 가진 자의 충돌과 대립으로 보는 축들이었다. 모든 것은 두 계층 사이의 전쟁이다. 유산계급(有産階級)은 악이고 무산계급(無産階級)은 선이라고 믿는….

방정환은 이들과 함께 관심 있는 강의를 청강하고 하숙집으로 초대해서 식사하고 뒹굴고 자주 대화를 나누었다. 이런 시간을 공유하는 동안 방정환의 마음은 어느새 사회주의와 가까워지고 있었다. 찢어지게 가난했던 소년 시절 맛보았던 처절한 체험이 자연스럽게 사회주의로 이끌었는지도 모른다.

《천도교회월보》

　방정환이 사회주의 청년들과 교류하는 이야기로 들어가기 전에 우선 동경 유학 시절 그가 발표한 글들을 인용하고 살펴보는 것이 좋겠다.

　방정환은 이 무렵 주로 《개벽》《천도교회월보》 등 천도교에서 발행하는 잡지에 글을 발표하는 한편 〈동아일보〉 같은 신문에도 이따금 기고하곤 했다. 소설 「그날 밤」, 풍자소설 「은파리」, 수필 「달밤에 고국을 그리우며」, 논문 「깨어 가는 길」 등은 《개벽》지에 발표했고, 논문 「동화를 쓰기 전에 어린애 기르는 부형과 교사에게」, 수필 「낭견(狼犬)으로부터 가견(家犬)에게」, 서간문 「몽환의 탑에서」 등은 《천도교회월보》에, 논문 「작가로서의 포부」 「이혼 문제의 가부」는 〈동아일보〉에 발표한 글이다.

　이 중에서 가장 사회주의적 경향이 짙게 풍기고 필자(방정환)의 메시지가 분명하게 담긴 글은 아무래도 《개벽》에 연재한 풍자소설 '은파리' 시리즈이다. 입담 좋은 '은파리'의 입을 통해서 방정환은 사회의 구석구석 세태를 날카롭게 풍자한 것이다.

「은파리」가운데서 동경 유학 시절에 쓴 초기 작품에는 자본주의가 태생적으로 품고 있는 모순과 불평등 구조를 비판하는 대목이 많다. 표현은 직설적이고 칼끝처럼 날카롭다. 그래서 「은파리」를 연재하는 동안 방정환은 일본 경찰에게 철저한 감시를 받는다. 일거수일투족을 항상 검사 당한다. 방정환은 아직 동경에서 공부하는 유학생 신분에 지나지 않는데도 말이다.

그럼 방정환은 언제부터 이렇게 감시와 미행 속에서 살게 되었을까? 동경에 건너오기 전, 그러니까 3.1운동 당시 〈독립신문〉을 몰래 배포하다가 체포당했던 전과 때문일까? 남아 있는 기록이 없어 확실하지가 않다.

그런데 뜻밖에 '은파리' 속에 단서가 될 만한 기록이 있다. 《개벽》 1921년 4월호에 실린 「은파리」에 있는 전문(前文)이 그것이다. 연재 중인 「은파리」를 빼먹은 데 대해 필자가 변명하는 대목으로 '뜻밖의 일로 수십 일이나 철창 속에 지내다가 나왔다'고 고백한 것이다. 그렇다면 방정환은 1921년 3월 전후해서 체포되었던 사실이 있다는 말이 된다. 그럼에도 이 사실은 방정환 연표에는 모두 누락되어 있다.

1921년 3월 날짜가 밝혀지지 않은 어느 날 방정환은 체포된다. 이른바 '친일파 민원식 살해 사건'에 연루되었다는 혐의 때문이다. 이 사실은 박달성이 1921년 4월호 《개벽》지에 기고한 「철창에서 느낀 그대로」라는 글로도 확인이 된다. 이 글에는 '1921년 2월 16일 동경에서 일어난 M의 사건'으로 감옥에 갇혔었다고 증언한다.

'동경에서 일어난 M의 사건'이란 양근환 의사가 결행한 '민원식 살해 사건'을 가리킨다. 박달성은 사건 당시 천도교청년회 동경지회에서 방정환과 함께 활동하고 있었다. 박달성의 글은 방정환이 1921년 2월 하순경부터 3

월 중순까지 거의 한 달 동안 구금되었다는 사실을 뒷받침해 준다.

방정환의 장남 운용이 외솔회가 펴내는 계간지 《나라사랑》 1983년 겨울
호에 쓴 글에도 나와 있다. 운용은 1921년 방정환이 천도교청년회 일로 경
성과 동경을 자주 오가던 때를 이렇게 기록하고 있다.

그 당시 아버님은 반(反)독립운동가인 민원식(閔元植) 살해 사건 혐의
로 천도교 청년회원들이 전부 구속되는 큰 사건이 일어나서 고생을 했
고….

민원식은 '신일본주의'를 표방하는 이른바 국민협회(國民協會)의 대표이
다. 그는 또한 일제의 식민지 정책을 찬양하는 친일 논조의 〈시사신문〉 발
행인이기도 했다. 그는 1921년 2월에 이른바 '참정권 운동'[58]의 하나로 중의
원 선거법 시행 청원 운동을 전개하기 위해 동경에 머물고 있다가 열혈 조
선 청년 양근환(梁槿煥)에 의해 살해되었다. 따라서 동경에서 양근환과 함께
회합을 가졌던 천도교청년회 회원들은 배후 조종 혐의로 전원 체포되었던
것이다.

방정환이 구속되었던 이야기는 여기서 마친다. 다시 '은파리'로 돌아가
자. '은파리'라는 작품에 방정환은 어떤 메시지를 담으려고 했을까?

「은파리」 몇 대목을 제시한다.

---

58 3.1운동 직후 총독부는 조선 민족을 달래기 위해 참정권을 미끼로 내밀었다. 즉 일본 국회에 조선인
지역대표를 보내자는 것이다. 총독부와 야합한 민원식은 세 차례에 걸쳐 일본 중의원에 참정권 청원
서를 제출한다. 물론 그 목적은 조선 독립에 있는 것이 아니라 '합병'을 기정사실화하고 독립과 자치
를 부정하고, 참정권에 대한 환상을 갖게 함으로써 조선 민중을 일제의 식민지 지배 정책에 충실하게
적응시키려는 것이었다.

친일파 명사 민원식을 처단한 양근환 의사

① 낮에도 불을 켜고 광원(鑛原)을 파들어 가는 그 광부가 얼마나 불쌍한 빈민입니까. 그네가 노부모와 약처자(弱妻子)를 먹여 살리기 위해 광산 속에서 일을 하다가 그 구혈(口穴)이 무너져서 시체도 찾지 못하고 그 굴속에서 몇십 명의 광부가 묻혀 죽는 일이 드물기나 합니까. 그렇게 생명을 걸고 노동하는 그네에게 대감은 상당한 고금(雇金)을 줍니까? 더구나 그 광부가 죽음으로써 그의 불쌍한 늙은 부모, 어린 자식들이 굶어 죽는 지경에 이르지 않아요? 그네가 그렇게 위험한 일을 불고(不顧)하고 생명을 바쳐서 노력하되 오직 보수는 학대뿐이요, 그 노력으로 해서 얻은 이익은 뉘 손으로 갑니까?

② 대감 부인이나 새로운 학생마마의 화장품 그것에 무산계급의, 가련한 노동자의 설움 많은 눈물이 묻어 있는 줄을 모르고, 칠 줄도 모르면서 허영으로 사다 놓고 둥둥거리는 피아노의 울림에 무도(無道)한 유산계급에게 박해를 당하고 가난에 우는 빈자의 원성이 섞여 있는 줄을 모르시지요?

③ 놈들이 극이나 활동사진, 소설 주인공의 비경(悲境)에 흘리는 눈물이 과연 진정한 눈물이라고 한다면…. 자기 이웃집의 구차한 살림을 보고 왜 동정을 못하느냐. 다 같은 사람으로 태어나서 아무 이유 없이, 아무 조건 없이 다만 가난한 부모를 가졌다는 탓으로 박해와 모욕 속에서만 생장해서 애 적부터 우마(牛馬)같이 부림을 받아 살과 기름을 나날이 빼앗기고, 그 소득까지 약탈을 당하고 추위와 주림에 떠는 참극을 보고도 왜 동정을 안 하느냐. 살아 있는 참극을 보고도 왜 울지를 않느냐. 활동사진에서 고아를 보고 우는 자가 길거리에서 헤매는 동포의 고아를 보고 왜 울지 않느냐.

1920년 《개벽》지 창간 초창기부터 연재를 시작한 「은파리」는 풍자문학 형식의 글이다. 은파리는 통쾌하고 거침없이 비판한다. 그러다가 얼마 못 가서 총독부 검열 당국의 주목을 받게 된다. 그래서 방정환의 표현에 따르면 '불령(不逞) 파리'가 된다.

은파리가 집중적으로 비판하는 계층은 '가진 자'와 '배운 자'이다. 앞에서 예를 든 인용문에서 보는 것처럼 대감, 대감의 아들과 같은 자본가들, 그리고 이른바 허위의 가면을 쓴 지식인들이다. '가진 자'는 자본가이다. 자본가

만큼이나 은파리가 비판의 칼을 들이대는 것은 지식인의 허위의식이다. 은파리는 그런 지식인을 가리켜 사기꾼이라고 매도한다. 「은파리」에는 자본가, 무산계급, 착취, 약탈, 박해 등등 사회주의자들이 즐겨 쓰는 단어들이 총출동하고 있다.

이 글을 쓸 무렵 방정환이 발표한 시와 번안 동화, 소설 등에 비해 훨씬 강력한 목소리이다. 그래서 「은파리」는 실릴 때마다 수난을 겪는다. 삭제, 압수 등은 물론이요, 명예훼손과 치안유지법 등으로 필자 방정환은 수시로 종로경찰서를 들락거려야 했다. 총독부는 독립운동을 하는 민족주의자도 싫어했지만 파업과 동맹휴학을 선동하는 사회주의자, 다시 말하면 공산주의자들도 아주 싫어했다. 이러니 사회주의적 색채가 짙은《개벽》지 같은 언론은 눈엣가시였다. 이《개벽》에서 은파리가 시도 때도 없이 날아다니며 시시콜콜 따지고 비틀고 비판을 해 대니 미워하지 않을 수가 있었겠는가.

「은파리」 연재를 시작할 무렵 방정환은 외국 동화 작품 번역에도 손을 댄다. 맨 처음 번안한 작품이 오스카 와일드의 동화 『왕자와 제비』였다. 방정환이 이 작품을 『행복한 왕자』라는 제목으로 번역해서 발표한 것이다. 안데르센, 이솝, 그림 동화 등 방정환이 좋아하는 하고많은 작품 가운데 왜 오스카 와일드를 맨 처음 번역했을까?

이런 궁금증은 『왕자와 제비』의 내용을 파악하면 쉽게 이해된다. 『왕자와 제비』가 사회주의사상을 담은 작품이기 때문이다.

『왕자와 제비』는 한평생을 행복하게 살다가 죽은 어느 왕자의 이야기이다. 죽은 후 동상으로 세워진 왕자에게 제비가 날아와 앉는다. 제비는 세상에는 가난하고 불쌍한 사람이 많다는 것을 왕자에게 말해 준다. 이 말을 듣

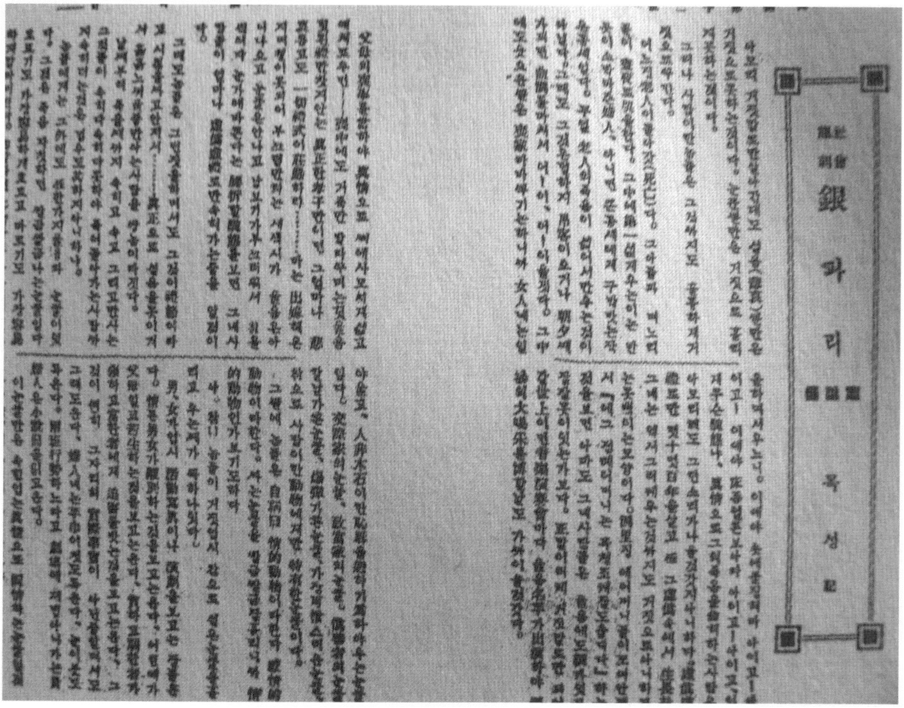

방정환이 '목성'이란 필명으로 연재한 「은파리」

고 왕자는 비로소 깨닫는다. 이 말을 듣기 전에는 세상 사람들이 모두 행복한 줄 알았던 것이다. 그래서 왕자는 자신이 가진 모든 것을 불쌍한 사람들에게 아낌없이 나누어 준다.

이상은 오스카 와일드의 『왕자와 제비』 원작 줄거리이다. 가진 것이 많은 왕자가 없는 사람들에게 재물을 나누어 준다. 이런 결말이, 말하자면 작가가 전달하고 싶은 메시지이다. 그럼 오스카 와일드는 어떤 작가였을까? 염희경의 논문 「소파 방정환과 사회주의」가 정확한 설명을 하고 있다.

동화의 원작자인 오스카 와일드는 흔히 유미주의자와 예술지상주의자로 알려져 있다. 하지만 그는 영국의 사회주의사상에 영향을 끼친 예술가이기도 하다. 표면적으로 상충하는 듯한 이 두 사실은 서구 예술사에서 '예술을 위한 예술'이 지닌 역사성을 이해할 때 어느 정도 이해가 된다. 낭만주의에서 유래된 '예술을 위한 예술'은 원래 고전적 예술 규범에 대한 하나의 반항으로 출발했지만 더 나아가 모든 외적 제약에 대한 저항, 즉 자유를 위한 투쟁의 수단을 대변했다. 특히 당시 부르주아지들이 자신들의 정치적 목적을 위해 예술을 선전의 도구로 삼으려는 것을 철저히 거부하는 예술적 진지성이 그 이면에 깔려 있었다. 철저한 예술지상주의는 철저한 반부르주아 의식과도 통할 수 있었던 것이다. 그런 점에서 빅토리아 왕조에서 일어나기 시작한 물질주의에 반대하는 정신 운동으로서, 오스카 와일드가 존 러스킨과 함께 기독교 사회주의사상을 일으켰다는 것, 『왕자와 제비』는 그러한 사상에 바탕을 두고 창작된 대표적인 동화라는 사실은 기성 제도와 부르주아 속물주의에 대한 예술지상주의자들의 철저한 비타협성을 보여주는 것이라 할 수 있다.

기독교 사회주의사상에 뿌리를 둔『왕자와 제비』는 방정환에 의해 천도교사상과 사회주의사상이 어우러진『행복한 왕자』로 새롭게 태어났다. 이러한 특징은 동화의 결말 부분에서 뚜렷하게 나타난다. 원작에서 왕자와 제비는 '하느님의 낙원'에서 축복을 받는 것으로 마무리된다. 하지만 방정환은 세상 사람들이 왕자와 제비의 사랑과 희생정신을 오래도록 전하는 것으로 고친다. 원작의 기독교적 색채가 사라진 것이다. 그렇다면 이 부분의 변화가 의미하는 것은 무엇일까?

방정환의『행복한 왕자』가 실려 있는 1921년 3월호《천도교회월보》바로 앞면에는「동화를 쓰기 전에 어린애 기르는 부형과 교사에게」라는 글이 함께 실려 있다. 이 글은『행복한 왕자』를 번안하는 방정환의 의도를 설명해 주는 글인 셈이다.

그는 이 글에서 '어린이들이 새 세상의 새 일꾼으로 지상천국을 건설하는 데 이바지할 수 있기를 바라는 마음에서 새 일에 임하려 한다'고 밝힌다. 여기서 '새 일'은 동화 작업을 가리킨다. "지상천국을 건설하겠다"는 이 한마디 말은 소파가 왜『행복한 왕자』의 결말 부분을 원작과 다르게 고쳐 썼는지를 추정하는 근거가 되기에 충분하다. 즉 천도교가 꾀하는 '지상천국 건설'이라는 이념으로 결말지은 것이다.

이것은 절대평등 사상이라고 할 수 있는 천도교의 인내천(人乃川) 사상과도 바로 연결이 된다. 방정환의 이런 천도교적 인식은 그 무렵 일본에서 급속도로 세를 불리고 힘을 더해 가던 사회주의의 평등사상을 만나서 쉽게 친해지는 요인이 된 듯하다. 물론 이것은 천도교의 기반인 동학(東學)이 민족

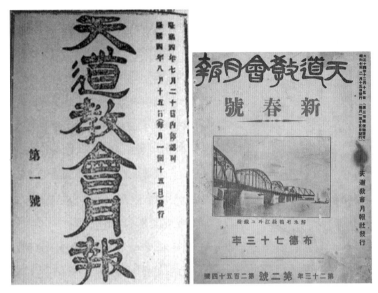

《천도교회월보》

민중 운동의 성격을 지닌 종교였다는 점과도 깊은 관련이 있겠다.

이외에도 방정환은 《개벽》지에 사회주의적 성격의 글을 자주 발표한다. 『행복한 왕자』를 발표한 뒤 1921년 4월호 《개벽》지에 실린 「깨어 가는 길」도 그런 글이다. 방정환은 이 글 앞부분에서 '이것은 현금 일본 사상계에 유명한 계리언(堺利彦) 씨의 작'이라고 밝히고 있다. 계리언, 즉 사카이 도시히코는 그 무렵 일본의 대표적인 사회주의자로서 1921년 사회주의에 대한 강연을 하기 위해 조선에 오기도 했다.

「깨어 가는 길」 가운데서 핵심 부분이라고 할 수 있는 대목은 다음과 같다.

어쨌든 돈이란 이상한 것이니라. 임금은 돈을 곳간 속에다가 잔뜩 쌓아 놓고 파수를 보게 하는데, 그 돈이 많으면 많아질수록 우리는 그만큼 더 많이 일을 해야 하고도 먹을 것은 점점 없어질 뿐이고, 그러다가도 산촌과 싸운다는 소문이 나서 수수와 말린 생선을 산같이 모으고…. 그러면 우리 먹을 것이 더 없어지고, 그리도 태평세계로 불평의 소리가 조금 일어날 듯하면 오초란 놈이 또 노래를 부르며, 산촌 놈을 죽이라고 부르짖는다. 그러면 털보는 우리를 끌고 산 넘어 가서 죽이고, 죽고 하며 먹을 양식이 없어지면 싸움을 그치고 와서 또 먹을 것을 산같이 모아들이고…. 참말 미친놈의 짓이지. 그러나 우리는 영문도 모르고 그 짓을 하였지…. 그런데 여기 빨갱이란 사람이 생겼는데, 그 사람이 꽤 그럴 듯한 이야기를 하였다. 즉, 예전에 우리가 힘을 합하여 몹시 강하였었다. 그리고 촌을 위하여 좋지 못한 짓을 하는 놈이 있으면 촌에서는 여럿의 힘으로 그놈을 죽이지 않았느냐. 그런데 지금은 촌의 힘이 점점 약해졌다. 그것은 촌에 좋지 못한 놈이 있는 까닭이다. 그러나 그놈이 강하다 하여도 그 힘이 강한 게 아니라, 삼발이 같은 토지의 힘을 가진 놈이 있고, 원억이같이 돼지의 힘을 가진 놈이 있으니까, 그놈들에게서 그 나쁜 힘만 뺏어 버리고, 여럿이 다 같이 일을 하기로 하고, 일 아니하는 놈에게는 먹이지 않는 것이 제일 상책이라고 빨갱이의 말은 이러하였다.

「깨어 가는 길」을 발표할 무렵 방정환은 〈동아일보〉에 '작가로서의 포부'라는 제목으로 글을 기고한다. 이 글은 방정환이 사회주의를 어떻게 이해하고 있으며 어떤 포부를 품고 문학 활동을 하려고 하는지 밝히고 있다.

많은 민중은 모두 모든 모순, 불합리, 혼돈한 속에서 생존경쟁이란 진흙 속에서 털벅거리고 있습니다. 그리고 그 생존경쟁은 아무 향상도 아니고, 새로운 창조도 아닌 걸아(乞兒)와 같은 욕망을 채우려고 남의 눈에 들려고만 노력할 뿐입니다. 그러느라고 빈약자는 부강자에게 자꾸 그 고기를 먹히고 있습니다. 비참히 학대받는 민중의 속에서 소수 사람에게나마 피어 일어나는 절실한 필연의 요구의 발로, 그것에 의하여 창조되는 새 생은, 이윽고 오랜 지상의 속박에서 해방될 날개를 민중에게 주고, 민중은 그 날개를 펴서 참된 생활을 향하여 날게 되는 것이니, 거기에 비로소 인간 생활의 신국면이 열리는 것입니다.

이 글에서 방정환은 모순과 불합리, 혼돈과 생존경쟁이 지배하는 시대를 비판하면서 빈자(貧者)와 부자(富者)의 먹고 먹히는 관계를 '계급 갈등'으로 상정하고 있다. 그리고 '민중에게 해방의 날개를 주고' '그 날개를 펴서 참된 생활을 향하여 날 수 있도록' 하겠다는 포부를 밝히고 있다.

모든 사람은 절대 평등하다는 천도교의 인내천 사상과 함께 민중문학적 사상이 느껴지는 글이다. 이것만 봐도 이 무렵부터 방정환은 사회주의사상을 자연스럽게 받아들이고 있다는 것을 알 수 있다.

동아일보에 기고한 '작가로서의 포부'는 공약(空約)으로 끝나지 않았다. 방정환은 포부를 밝힌 대로 사회주의사상을 띠는 작품을 잇달아 발표한다. 이 작품들은 아마 우리나라 문학사에서 사회주의 경향을 띠는 최초의 작품들일 것이다. 비밀결사 운동에 가담한 청년들이 주인공으로 등장하는 소설 「유범(流帆)」(1920년 6월호 《개벽》 창간호), 종살이를 하는 한심한 신세인 줄 모르고 좋은 세상 만난 줄 알고 감지덕지하는 길들여진 삽사리를 비판하는 논문 「낭견(狼犬)으로부터 가견(家犬)에게」(1920년 7월호 《개벽》), 앞에서 몇 대목을 인용해서 소개하기도 한 풍자문학 「은파리」(1920년 7월호 《개벽》에 연재) 같은 작품들은 이 시기에 방정환이 어떤 사상적 바탕으로 글을 썼는지 알 수 있는 좋은 샘플들이다. 또한 일본의 유명한 사회주의자가 유물사관에 입각해서 쓴 글을 「깨어 가는 길」이라는 제목으로 번역해서 소개하기도 했는데, 이 모든 작품들은 사회주의 작가로 손꼽히는 김기진(金基鎭)이 계급문학 작품을 발표하는 때보다 훨씬 앞의 일이다.

＊　＊　＊

지금까지 인용한 글들을 통해서 방정환이 동경 유학 시절 초기, 즉 1921년경부터 사회주의사상을 수용해 가는 과정을 살펴볼 수 있다. 그렇다면 이런 작품을 쓰는 시기에 어떤 사람들과 교유하는지를 살펴볼 필요가 있겠다. 왜냐하면 어떤 친구들과 어울렸는지, 그것을 알 수 있다면 그들에게서 받은 정신적 영향을 파악할 수 있다고 보기 때문이다.

이 무렵 소파 방정환이 일본에서 교유한 사람들 가운데는 사회주의사상을 지닌 사람이 많았다. 그런데도 이 사람들과의 교유 사실은 아직 잘 알려지지 않았다. 이제까지 근대사를 기술할 때면 으레 민족주의 대 사회주의, 또는 민족주의 대 공산주의라는 도식적인 대결 구도로만 파악해 왔기 때문이다. 이런 형편이었으므로 민족주의 아동문학의 선봉에 서 있는 방정환이 사회주의자들과 교류했다는 사실을 인정하기 싫었을 터였다.

이런 현상은 남북이 마찬가지였다. 북한의 아동문학계는 최근까지도 방정환 같은, 그네들이 비판하는 이른바 '천사동심주의' 아동작가들은 모두 폄하의 대상이었다.

그런데 북한 문학계도 변하고 있었다. 변화의 징표라고 할 수 있는 출판물이 하나 있다. 1993년 평양 문학예술종합출판사에서 펴낸 『1920년대 아동문학집』이라는 아동문학선집이다. 놀랍게도 방정환, 고한승, 한정동, 윤극영, 윤석중 등 색동회 회원들, 이쪽에서 민족주의 아동문학가들이라고 평가하는 작가들의 작품이 대거 수록되어 있다. 수록하기만 한 것이 아니라 높은 평가를 한 해설도 덧붙이고 있다.

방정환에 대한 평가를 보자.

> 아동작가 방정환은 일찍이 세상을 떠날 때까지 민족적 양심을 지니고 정력적인 창작 활동으로 무산 소년들을 계몽하고 정신적으로 수양하기 위한 사업에 한 몸을 바치었다. 그는 색동회를 조직하고 운영하면서 잡지《어린이》편집 사업을 맡아 했으며 동화 창작 및 보급 사업을 활발히 벌이면서 전국적 범위에서 무산 소년들을 보호하는 어린이 운동의 선두에 섰다.[59]

북한에서 방정환을 높이 평가하는 포인트가 이쪽과는 사뭇 다르다. '무산 소년들을 보호한다'든지 '무산 소년들을 계몽하는' 따위의 표현이 그렇다. 하지만 사용하는 표현이 다르다는 것은 문제가 아니다. 문제는 내용이요 알맹이이다. 북한의 평가대로 방정환은 '무산 소년들을 위해' 많은 작품들을 쓴 것이 사실이기 때문이다.

---

[59] 「1920년대 아동문학집」제18권, 『현대조선문학선집』, 필자 리동수, 문학예술종합출판사(평양), 1993년 7월 30일.

김찬의 화요회에서 활동한 사회주의 청년들.
왼쪽부터 김재봉, 홍명희, 김단야, 박헌영

아무튼 시대는 변한다. 아동문학계에도 통일의 시대가 오고 있는 것이 느껴진다. 얼음장처럼 차갑던 북한에서 방정환을 비롯한 아동문학가들을 재평가하고 있으니 기쁜 일이다. 오히려 이쪽에서 방정환을 폄하하려는 시도가 자주 눈에 띄는 것이 안타깝다.

방정환이 동경 유학 시절 교유한 인물들 가운데 가장 중요한 인물은 김찬(金燦)이다. 김찬의 본명은 김낙준(金洛俊)이다. 김찬은 동경에서 태동한 '동경조선고학생동우회(東京朝鮮苦學生同友會)'의 창립 멤버이며, 공산주의 전위조직인 '화요회(火曜會)'의 중심인물이다. 그는 조선공산당 창건에 중요한 역할을 했던 철저한 사회주의자이다. 그는 또 1, 2차 조선공산당 검거 사건을 피해 국외로 망명했다가 국내로 잠입하지만 1931년 5월에 구속되고 만다.

그럼 방정환에게 커다란 영향을 준 것으로 알려진 김찬은 도대체 어떤 인물인가? 《혜성》 1931년 7월호에는 '김찬은 어떤 인물인가'란 특집이 들어 있다. 이 특집 기사 속에는 방정환이 쓴 「호방한 김찬」이란 글이 있다. 이 글을 통해서 방정환은 동경 유학 시절에 김찬과 만났으며 아주 친했었다는 사실을 털어놓았다. 방정환은 김찬과 교유하며 있었던 세 편의 에피소드를 공개하는 한편 다른 사람들에게서 들은 일화도 하나 소개하고 있다.

이 특집 기사에는 박달성의 「동경에서 본 김찬」도 실려 있다. 박달성은 1921년 봄 방정환과 함께 천도교청년회 동경지회를 창설하고 매일 여러 동지들과 교유하던 때 김찬을 만났었다고 밝히고 있다. 박달성은 김찬에 대해서 "양근환 군과 호일대(好一對)였지요. 성격과 행동이 어지간히 근사(近似)하였지요"라고 언급한다. 양근환이라면 민원식 살해 사건을 결행한 분이다.

양근환이 1921년 2월 16일 민원식을 암살한 민족 독립운동가라는 것과, 이 사건에 연루되어 방정환을 비롯한 동경의 천도교청년회 회원이 모두 체포되었다는 사실은 이미 앞에서 설명했다. 그런데 흥미로운 것은 박달성이 민족 투사 양근환과 사회주의자 김찬을 비교해서 말한 점이다. 이것을 보면 김찬과 그들이 매우 친숙한 사이라는 것을 알 수 있겠다. 양근환과 김찬, 그리고 방정환과 박달성 등이 밀접한 교우 관계였다는 사실도 인정된다.

방정환과 김찬이 밀접한 관계라는 것을 보여 주는 예를 하나 더 들겠다. 1923년 3월 경성에서 천도교청년회 주최로 열린 '현하의 동양 대세에 관한 시국 강연회'에서 김찬은 '현하의 극동'이라는 주제로 강연한다. 그리고 한 달 뒤 5월 1일 어린이날에 열린 소년 문제 강연회에도 김찬은 '러시아의 소년'이라는 연제로 강연을 한다. 어지간히 친하고 신뢰하지 않았다면 강사로 세우지 않았을 것이다.

방정환은 천도교청년회의 동경지회장으로 있는 동안 동경에서 조직된 '천도교 청년극회'에도 관여한다. 1921년 9월경이다. 방정환은 일찍부터 연극과 영화에 깊은 관심을 갖고 있어서, 마해송 등과 함께 우리나라 최초의 영화잡지《녹성》을 창간하기도 했었다.

　방정환이 '천도교 청년극회'에 관여했다는 사실은 그의 생애를 연구하는데 중요한 의미가 있다. 천도교 청년극회에는 1920년 동경 유학생들이 결성한 극예술협회 동인들이 여러 사람 관여한다. 이들은 대부분 훗날 조선 예술계의 사회주의 정예로 활약하게 되는 인물들이다. 청년극회를 통해 방정환은 김우진(金祐鎭)[60], 조명희(趙明熙)[61], 조준기(趙俊基), 고한승(高漢承)[62], 최승일(崔承一)[63], 김영팔(金永八) 등과 교류한다. 이들 가운데 조명희는 도요대학 동양철학과 선배이고 1921년에 극본《김영일(金英一)의 사(死)》를 썼다. 고한승과 조준기는 1923년 방정환과 함께 '색동회'를 조직했다. 조준기는 니혼대학 문학부 극문학과에 적을 두고 있었고 색동회가 창립될 무렵 그가 각색한《사인남매(四人男妹)》가 동경에서 상연되기도 했다. 이《사인남매》는 혁명가, 인도주의자, 사회주의자, 연애지상주의자 등 여러 가지 새로운 사상에 물든 젊은이들이 등장해서 갈등하고 충돌하는 내용이다. 이 연극 속에는 사회주의, 무정부주의, 인도주의 등 근대적 여러 사상이 혼재(婚材)한다.

60　와세다대 영문과 출신의 극작가. 가수 윤심덕(尹心悳)과 현해탄에서 투신 정사했다.

61　소설가. 일본 도요대학 졸업 1925년부터 조선프롤레타리아예술가동맹 가담, 1927년 대표작『낙동강』을 발표하다. 1928년 소련으로 망명, 장편소설『만주의 빨치산』을 썼다. 1938년 하바롭스크 감옥에서 총살된 것으로 전해진다.

62　색동회 회원으로 소년운동에 참여하는 한편, 동화를 발표하였다. 극예술협회 등에 가입, 신극 운동에도 참여하다. 1927년 동화집『무지개』를 출간하고 색동회를 중심으로 동화의 창작과 구연(口演) 등을 통하여 어린이의 정서 함양에 힘썼다. 8.15 해방 후《어린이》를 복간, 주재했다.

63　1920년대 프로문학가로 활동한 극작가. 방정환이 창간했던《신청년》2기 편집 동인이기도 하다. 무용가 최승희(崔承喜)의 오빠.

조준기와 고한승이 다니던 니혼대학에는 극예술협회 동인인 최승일과 김영팔이 있었다. 이들은 카프의 전신인 염군사 동인이며 또한 사회주의 단체 북풍회(北風會)에도 가담하는 인물들이다. 김영팔은 1925년 카프에 가입하고 1927년에 경성방송국에서 활동하다가 해방 후 월북했다. 그는 방정환이 별세하자 곧이어 발행된《어린이》지에 '방송과 방 선생'이라는 추모 글을 쓰기도 했다. 방송국의 연예 부문 캐스터였기 때문에 그 당시 어린이 프로그램을 진행하던 방정환을 잘 알았을 터였다. 이 김영팔과도 방정환은 천도교 청년극회부터 교유했을 것으로 보인다.

동경 유학 시절 방정환은 소설 창작에도 관심을 갖고 있었다. 동화 창작이나 동시 같은 작품을 쓰는 아동문학가보다도 작가가 되려고 했는지도 모른다. 1921년에《백조》의 후기 동인으로 가입한 것을 보더라도 그렇다.

방정환은 1922년 겨울에 작가 김기진과 함께 박영희(朴英熙)[64]의 추천을 받아《백조》후기 동인으로 가입한다. 김기진은 이 무렵 사회주의사상에 깊이 빠져 있었다. 그러나《백조》는 곧 폐간하고 만다.《백조》가 폐간된 후 1923년 10월에 '파스큘라'가 결성된다. 방정환이 동경 유학 생활을 중단하고 귀국한 지 한 달도 채 안 되는 때였다.

파스큘라는 '인생을 위한 예술, 현실과 투쟁하는 예술'을 하자는 슬로건을 내걸고 신경향파 문학을 추구할 목적으로 박영희, 안석주(安碩株), 김형원

---

64 황석우(黃錫禹)와 함께 시 동인지《장미촌》을 발간하고(1921), 이듬해《백조》동인이 되다. 1925년《개벽》지에 단편소설 「사냥개」를 발표하면서 신경향파에 속하게 되어 김기진과 함께 카프(KAPF)를 조직, 프로문학 운동에 가담하여 지도적인 위치에서 좌익적 평론을 쓰다. 1929년 이후 카프에 대해 회의를 느끼기 시작, 1933년에 카프를 탈퇴하고 "얻은 것은 이데올로기요 잃은 것은 예술"이라는 유명한 말을 남기고 다시 예술주의로 복귀하다.

(金炯元)[65], 이익상(李益相)[66], 김복진(金復鎭)[67], 김기진[68], 연학년(延鶴年), 이상화(李相和)[69] 등 당시 문단에서 활발한 활동을 하던 문인들이 조직한 문학 단체였다.

파스큘라(PASKYULA)라는 단체 이름도 동인들의 이름 머리글자 중 박영희의 PA, 이익상의 S, 김복진과 김기진의 K, 연학년의 YU, 이상화의 L, 안석주의 A 등을 따서 지었다. 이들은 대부분 《백조》 동인들이었고 사회주의사상에 깊은 관심을 가진 문인들이었다. 이들은 한 해 전인 1922년 9월 이호(李浩), 이적효(李赤曉), 김두수(金斗洙), 최승일, 심훈(沈熏), 박용대, 김영팔, 송영(宋影), 김홍파(金紅波) 등이 '해방문학의 연구 및 운동'을 목적으로 조직한 최초의 프로문학(프롤레타리아문학) 단체이자 행동적인 좌익운동 단체였던 염군사와 결합해서 1925년에 조선프롤레타리아예술동맹(KAPF)을 결성하게 된다.

이 무렵의 개벽사는 파스큘라의 베이스캠프 같았다. 프로문학가들의 아

65 1921년 《개벽》에서 미국의 민중 시인 휘트먼을 소개하다. 중외일보사, 동아일보사 기자를 거쳐 중앙일보사, 조선일보사, 매일신보사 편집국장을 역임하다. 6.25전쟁 중 납북되다.

66 언론인 겸 작가. 《조선문단》 《개벽》 등 잡지를 통해 작품 활동을 했으며, 동아일보사 학예부장, 매일신보사 편집국장 등을 역임하다. 1923년 김기진, 박영희 등과 파스큘라 동인이 되어 신경향파 문학운동에 참가, 카프의 발기인이 되다.

67 김기진의 친형. 조각가. 1922년 박승희, 이서구, 김기진 등과 연극 단체인 토월회(土月會)를 창립, 방학을 이용하여 고국 공연을 하다. 1924년 제국미술전람회에서 작품 〈나상(裸像)〉이 입선한다. 1928년 카프에 가담한 죄로 투옥되다.

68 1920년대에 대표적인 프로문학가로 활약하다, 1960년 경향신문 주필을 거쳐 1972년 펜클럽과 문협(文協)의 고문이 되다. 1920년 동아일보에 시 〈가련아〉를 발표한 뒤 주로 《개벽》에 글을 발표했으며, 이때부터 문학과 연극에 관여하여 토월회를 조직하다. 《백조》 동인. 1925년 파스큘라와 염군사를 합쳐 '카프'를 만들었으며, 기타 영화사 등에서 활약하다.

69 시인. 1922년 문예지 《백조》 동인으로 〈말세(末世)의 희탄(噫嘆)〉 〈나의 침실로〉 등을 발표하다. 《개벽》지를 중심으로 작품을 발표하다. 〈빼앗긴 들에도 봄은 오는가〉를 발표하면서 신경향파에 가담하다.

지트라고 해도 좋을 만큼 중요 멤버들이 개벽사에 근무하거나《개벽》에 글을 발표하고 있었다.

김기진은《개벽》지에 글을 발표하면서 알게 된 방정환의 소개로 김형원, 이익상을 만나게 된다. 김형원은 방정환과 같은 천도교도였으며 이익상은 동경 유학 시절《개벽》동경 특파원이던 방정환과 친분이 있었다. 박영희와 김기진은 이듬해인 1924년 4월 방정환의 주선으로 개벽사에 입사한다.

1920년대는 서구의 세기말적 경향과 퇴폐주의, 상징주의, 낭만주의 등 각종 예술 문예사조가 단시간에 유입되어 유행한 시대이다. 또한 사상적으로도 아나키즘, 사회주의, 공산주의, 볼셰비즘 등의 좌익 사상이 급격히 확산되고 전파되는 혼란기였다. 또한 일본 유학생들의 영향으로 사회주의와 계급주의 이념이 번지고 있었다. 3.1 독립운동 이후 민족해방운동의 새로운 방향을 모색하고 있던 많은 젊은이들은 이런 사상과 이념을 쉽게 수용함으로써 사회주의를 이념적 기반으로 한 각종 청년단체, 정치단체, 노동단체 등이 수도 없이 결성된다.

파스큘라를 결성하는 데는 김형원과 이익상 두 사람이 주도적 역할을 했다. 김형원은 미국의 시인 휘트먼의 민주주의 시론을 수용하면서 신경향파 시론을 소개한 시인으로, 천도교도라는 인연으로 방정환과는 이전부터 친구 사이였다. 이익상은 니혼대학 사회과에 재학하던 1921년에 최초의 재일본 조선인 사회주의 단체인 '흑도회(黑濤會)'에 가입한 인물이다.

그는《개벽》을 통해 문필 활동을 시작한다.《개벽》에 글을 쓰고 있었으므로 동경 특파원 방정환과는 자연스럽게 교류했을 터였다. 더구나 이익상의 문단 데뷔가 방정환의 소설 『그날 밤』을 평하는 글이었으니 서로 잘 알고 지냈을 것이다. 이익상은 그 이후《어린이》지를 통해 여러 편의 아동문

《개벽》표지

학 작품을 발표한다. 이는 동경 유학 시절 방정환과 맺은 인연이 계기였을 것이다.

앞에서 설명한 것처럼 종합 잡지《개벽》은 신경향파 문학의 주무대가 된다. 신경향파 문학이 이처럼《개벽》에서 활개를 칠 수 있었던 것은 방정환과 김기진 덕분이었다.

사회주의 문인들이 파스큘라를 결성하는 데 방정환도 한몫을 했다는 기록도 있다. 1969년 6월 12일자 〈대한일보〉에 김기진이 증언한 다음 내용을 보면 확실해진다. 방정환은《개벽》지에 발표 지면을 제공하는 이상의 역할을 하는 것이다.

몇 차례 그와 만났을 때 그는 성해와 함께《백조》동인들 중에서 뜻이 통하는 사람들과 더불어 문학 연구를 하는 새로운 단체를 하나 만들자고 주장했다. 개벽사의 김기전 주간도 소파와 함께 그런 뜻에 찬성하였다.

여기서 그는 김형원이고 성해(星海)는 이익상의 호이다.

방정환은 1923년 봄에 동경에서 귀국한 김기진에게《개벽》에 실을 글을 써 달라고 청탁한다. 김기진은 이 청탁을 받고는「프로므나드 상티망탈」이라는 제목의 글을《개벽》1923년 7월호에 발표한다. 이를 시작으로 해서 김기진은《개벽》에 자주 글을 싣는다.

이런 사실로 미루어 보면 방정환과 김기진이 함께《백조》의 후기 동인으로 가입했던 것은 단순한 친분을 넘어서 두 사람이 서로 문학적 사상적으로 공유하는 공감대가 컸기 때문이다.

방정환과 김기진을《백조》의 후기 동인으로 추천한 박영희와의 친분 관계도 방정환의 사회주의 성향을 짐작할 수 있는 대목이다. 실제로 박영희는 1924년 4월,《개벽》의 편집자 방정환의 주선으로 개벽사에 입사한다. 개벽사에 입사할 무렵 이미 박영희는《백조》폐간 이후 결성된 파스큘라의 주동자로 사회주의사상에 급속하게 기울고 있던 때였다.

그는《개벽》에 입사하자마자 학예부장을 맡아 문예난을 책임진다. 그래서 신경향파 작가들은 물을 만난 물고기처럼《개벽》을 무대로 전성시대를 구가한다. 박영희는 계급문학에 대한 여론을 환기시키기 위해《개벽》지에서 '계급문학 시비론'을 기획하기도 했다.

방정환과 김기진, 방정환과 박영희…. 방정환은 신경향파 문학의 두 기수인 김기진과 박영희를《개벽》에 끌어들이는 데 가장 중요한 역할을 했던 것이다. 이 같은 일들은 아무리 개인적으로 친하다고 해도 문학적 사상적 공감이 없다면 행동으로 옮길 수 없는 일이다.

《개벽》지는 그렇다 치자. 《어린이》지도 사회주의를 수용하는 상황은 비슷하다. 《어린이》지에도 방정환의 결정으로 이른바 '신경향파 문학'이라고 부르는 사회주의적 작품들이 자연스럽게 실리고 있었다. 박영희, 김기진뿐만 아니라 이익상, 송영, 박세영, 신고송 등 쟁쟁한 무산계급 아동문학가들도 《어린이》지에 많은 작품을 발표한다. 이들 가운데 송영, 박세영, 신고송 등은 훗날 무산계급 소년문학의 깃발을 내건 소년잡지 《별나라》에서 대대적으로 방정환을 비판하는 인물들이다.

방정환은 《어린이》지에 송영의 「쫓겨 가신 선생님」을 실었다가 구속되기도 했다. 이후에도 방정환은 송영의 「가난의 싸움」을 다시 게재하려다가 아예 전문을 삭제당한다. 또한 방정환은 직접 '길동무'라는 필명으로 사회주의 국가인 러시아의 소년단 이야기를 《어린이》에 연재하다가 삭제당하기도 한다. 《어린이》지는 방정환의 고집으로 총독부의 까다로운 검열에도 불구하고 계속 계급주의 성향의 작품들을 끊임없이 수록한다. 이 정도면 방정환은 사회주의자라고 해도 무방하겠다.

그런데 왜 사회주의자들과 계속 같은 길을 가지 못했을까? 이런 소박한 의문이 남는다.

1925년에 접어들면서 정홍교(丁洪敎)가 대표로 있는 무산계급 소년운동 단체 '오월회(五月會)'는 방정환을 중심으로 움직이는 '소년운동협회'에서 떨어져 나간다. 이들은 곧 전국 규모의 소년운동 단체를 새로 조직한다. 이로 인해 소년운동 단체는 양분되고 마침내 1926년, 1927년 어린이날 행사는 각각 따로 치르는 지경에 이른다. 대체로 이런 사실 때문에 아동문학계는 민족주의 소년운동 단체와 계급주의 소년운동 단체가 갈등과 분열에 빠졌다고 말한다.

그러나 지금까지 살펴본 대로라면 방정환은 편협한 민족주의자가 아니다. 오히려 무슨 무슨 주의자라고 줄서기를 해야 한다면 사회주의자 쪽에 서는 편이 낫겠다. 그는 대표적인 계급주의 아동문학가들의 많은 작품을 《어린이》에 실었다. 그 작품들 때문에 잡지가 압수당하고 삭제당하는 큰 피해를 입었다.

방정환은 민족주의자이다! 아동문학계는 이런 통념처럼 사회주의와 대립한 속 좁은 민족주의자였다면 결코 이런 사람들과 교유하지도, 이런 작품을 끊임없이 싣지도 않았을 것이다. 방정환의 사상과 이념에 대한 계속적인 평가 작업이 필요한 대목이다.

그렇다면 왜 사회주의를 지향하는 아동문학가들과 다른 길을 걷게 된 것일까? 이것 역시 새로운 평가 작업이 이루어져야 할 부분이다.

3부 **시대의 고통**

출발! 천도교소년회

방정환의 동경 생활이 바빠지기 시작했다. 하숙도 마음에 드는 집으로
옮겼다. 도요대학 가까운 하쿠산(白山)[70] 산자락 조용한 주택가 전망 좋은 2
층집이었다.

서둘러 도요대학 특별청강생 수속을 마쳤다. 무엇을 공부해야 할까? 하
는 문제는 어느 정도 가닥이 잡혔다. 철학책을 읽고, 야나기 무네요시 교수
의 강의도 듣고….

그러나 다른 유학생들과는 처지가 다르다. 그냥 편하게 학교 공부에만
전념할 수 없다. 오로지 수강 과목과 관련한 책을 읽고, 괘종시계의 시계추
처럼 학교와 하숙집을 오갈 수만은 없다. 일본 유학을 주선하고 학비를 보
내 주는 분들이 거는 기대가 크다. 경성 역까지 따라 나와 전송해 준 천도교
청년회 교우들의 뜨거운 체온도 느껴진다. 비록 학생 신분으로 동경에 있지

---

70 방정환의 어떤 글에서는 '시라야마'라고 쓰기도 했다.

일본 유학 시절의 청년 방정환(오른쪽)

만 경성에서와 마찬가지로 할 일이 적지 않다. 경성에서 하던 일들을 계속 해야 한다. 일본에서 건너온 목적이 대학 공부가 전부는 아니기 때문이다.

대학 공부를 제대로 마치려면 4년은 필요하다. 아니 보성전문학교를 다니다가 왔으니 1년 정도 감한다고 하더라도 적어도 3년은 소요된다. 할 일 많은 청년 방정환에게 이 3년이라는 시간은 너무나 큰 시간의 소요였다. 3년을 대학에서 공부하는 데 쓰기에는 경성의 사정이 너무 절박하다.

무엇보다도 시급한 일은 천도교청년회 일이었다. 그것을 소홀히 할 수는 없다. 소홀히 하기는커녕 아침에 일어날 때부터 하루 일과를 그 일을 생각하는 것으로 시작해야 한다. 몸은 비록 동경에 있지만 마음은 항상 서울 경운동 천도교당에 있는 것과 마찬가지였다.

천도교청년회는 정환에게는 자신의 이상을 펴는 믿음직한 언덕과 같은 조직이었다. 1919년 9월에 결성한 천도교 교리강연부(敎理講硏部)가 모태였다. 일본 유학 떠나기 꼭 1년 전 일이었다. 이 교리강연부는 천도교 교리를 연구하고 선전하는 일을 하는 동시에, 문화의 향상과 발전에 이바지하는 데 목표를 두었다.

그런데 예상하지 못했던, 놀랍고도 반가운 일이 일어나기 시작했다. 이 교리강연부가 결성되자마자, 마치 마른 산에 불이 붙듯이 무서운 속도로 번져 가는 것이었다. 결성 여섯 달밖에 지나지 않았는데도 천도교회가 있는 곳은 거의 모든 지역에 지회가 결성되었다. 이렇게 되니 전국적인 청년 조직이 된 셈이다.

전국적인 조직을 갖추게 되자 교리강연부가 해야 할 일도 그 규모만큼 크게 늘어났다. 그래서 '교리강연부'라는, 교단 내부 조직을 연상시키는 명칭을 다른 이름으로 바꿀 필요가 생겼다. 그래서 교리강연부는 1920년 3월

'천도교청년회'로 명찰을 바꾼다.

이 무렵 방정환은 청년회 결성에 주도적인 역할을 하는 한편으로 김원주, 박인덕, 신줄리아 등과 함께 여성잡지 《신여자》 창간 작업에도 참여하고 있었다.

천도교청년회는 포덕부(布德部), 편집부(編輯部), 지육부(智育部), 음악부(音樂部), 실업부(實業部) 등 5개 지부를 두고, 부문별로 사업을 왕성하게 펼치기 시작한다. 교회의 지원도 적극적이었다.

그 가운데에서 가장 눈길을 끄는 것은 역시 편집부가 착수한 출판 사업이다. 청년회 편집부에서는 첫 사업으로 잡지 《개벽》을 창간했다. 《개벽》은 발행인으로 이두성, 편집인으로 이돈화를 걸고 1920년 6월에 창간호를 냈다. 나오는 호마다 폭발적인 인기를 끌어 발행 부수는 계속 늘고 그 영향력은 조선일보나 동아일보 같은 신문을 능가한다는 평을 들었다.

그 다음, 체육부 사업으로는 체육 운동 활동의 하나로 야구팀을 만들고, 야구 보급에 진력했다. 지육부에서는 교양·시사·교육·문화 등 여러 분야의 강습과 순회강연을 펼치고, 음악부 사업으로는 성악과·풍금과·바이올린과 등을 만들어 연주회를 여는 한편 예술교육에 나섰다. 실업부에서는 실업교육에 힘쓰는 동시에 여러 가지 테마로 계몽교육 활동도 벌였다.

이렇게 천도교청년회는 나날이 성장했다. 사업도 조직도 눈부시게 발전했다. 이렇게 청년회가 부문별 사업을 왕성하게 펼치며 발전하는 사이에 소년회도 보이지 않게 잉태되어 출산의 날만을 기다리는 형국이 된다. 이때부터 방정환은 김기전, 박래홍 등과 함께 소년운동에 대한 의논을 활발하게 벌이고 있었다. 그래서 그 이듬해인 1921년 4월에는 청년회 안에 '소년부'가 특설된다. 방정환이 오래 공들인 덕이었다.

천도교소년회 회의 장면

이 소년부가 한 달 후에 청년회라는 알껍질을 깨고 태어날 것이다. '천도
교소년회'가 청년회에서 독립해 새로 태어난다는 것…. 정환은 마치 부화를
기다리는 어미 새 같은 심정으로 기다렸다. 아무리 큰 산도 처음엔 작은 봉
우리부터 오르기 시작하는 법이다. 이를 위해 맨 처음 작은 봉우리 오르는
데도 땀을 아끼지 말고 흘려야 한다.

천도교소년회는 사실상 소파가 소년운동을 하게 되는 첫 열매인 셈이었
다. 소년운동을 지향하는 소춘(小春) 김기전(金起田)과 방정환의 합작품이었
다. 소춘이 머리(이론)로써 소년운동의 방향을 제시했다면 이를 맞받아 소파

는 그 즉시 구체적인 형태로 조직을 탄생시킨 것이다.

당시 천도교 내의 중심은 소년운동이 아니었다. 나중에는 천도교가 소년운동의 대명사처럼 불리게 되지만, 그때까지만 해도 농민운동과 청년운동에 주력하자는 것이 천도교의 중심 이론이었다. 3.1운동 실패의 후유증으로 교주 의암 선생을 비롯한 열다섯 명의 고위 간부들이 감옥에 투옥당한 터여서 교회에는 무거운 침묵 같은 분위기가 감돌고 있었다. 그래서 독립운동의 새로운 길을 모색하자는 논의가 잦았고, 그 대세는 민족의 재기(再起)를 위해서는 당장 시급한 운동부터 벌여야겠다는 것이었다. 그 대안으로 농민운동과 청년운동이 선택되었다.

이런 분위기 속에서 소파와 소춘 두 사람은, 밀리는 듯하던 소년운동을 되살리기 위해 힘을 합친다. '소년부'라는 텃밭을 만드는 데 손발을 맞추었고, 그 텃밭으로 '천도교소년회'라는 거대한 경작지를 일구는 데 성공했으며, 그 경작지에다 씨앗을 뿌리고 이를 가꾸는 데 앞장선다.

두 사람은 환상의 투톱처럼 손발이 척척 잘 맞았다. 천도교에서 가장 탁월한 이론가로 손꼽히는 소춘이 방정환의 편에 있다는 것은 상당한 행운이었다. 그가 당당한 소년운동 이론으로 엄호해 주면 소파는 그 이론을 실천에 옮겨 소년운동을 구체화할 준비가 되어 있었다.

'천도교소년회'가 정식으로 발족된 것은 1921년 5월 1일이다. 천도교청년회 안에 '소년부'가 설치된 지 불과 한 달만이었다. 소년회 탄생의 주역인 정환은 동경에서 기쁜 마음으로 이 소식을 듣는다. 학교 강의실에 앉아 있어도 마음은 경성에 있었다. 소년회 동무들 생각뿐이었다.

이 무렵 소파의 심정을 헤아려 볼 수 있는 글을 한 편 인용한다.

천도교 중앙대교당, 서울 종로구 경운동

내가 여러분과 작별하고 서울을 떠나온 지는 이제야 겨우 달 반(半)밖에 되지 않지만 아침저녁으로 쌓여 가는 그리운 정(情)으로는 못 보게 된 지가 벌써 몇 해 전 세월이나 된 것 같습니다.

벌써 전등이 켜졌습니다. 내 방 천정(天井)에는 50촉 전등이 빨갛고 노란빛을 발하기 시작하였습니다. 아직도 그리 어둡지는 않아서 그다지 불빛이 밝지는 않습니다만 창밖에 쏟아지는 눈과 방 안에 켜진 전등 불빛과 무엇인지 정 깊은 이야기와 밤나라가 깊이 들어가는 것 같습니다. 창밖에 보이는 시가(市街)에도 전등이 켜져서 일찍 뜬 별같이 설중(雪中)에 깜빡깜빡하고 있습니다. 어느 거리에선지 두부 장사의 나팔 부는 소리가 황혼의 곡(曲)같이 들리고 우에노 공원으로 넘어가는 진사정(眞砂町) 언덕길로 좌우 점두(店頭)에 나란히 켜진 전등이 오시는 눈 속에 꿈벅거리고 있는 것이 마치 저 먼 북국(北國)의 어느 시골 촌락 같습니다.

참으로 서정적인 글이다. 마치 수채화가가 물감을 엷게 풀어 풍경화를 그리고 있는 듯하다.

소파가 남겨 놓은 수필들 중에도 이렇게 묘사가 빼어난 글은 많지 않다. 묘사와 표현이 얼마나 생생한지 글을 읽어 나가다 보면 불현듯 나팔 소리가 들리는 것 같은 착각이 들 정도이다. '소년회 여러분께'라는 부제가 붙어 있는 「몽환(夢幻)의 탑(塔)에서」라는 글이다. 쓴 날은 1922년 1월 19일이다.

이 글을 조금만 더 인용하겠다. 정환이 소년회를 만들기까지의 개인사(個人史)가 공개된다.

풍속 다른 일인(日人)의 집 2층 윗방에 쓸쓸히 있어서 비 오는 저녁마다 바람 부는 밤마다 내가 그리워하는 서울! 거기에는 여러분의, 지금과 같이 꽃같이 난만(爛漫)하던 어린 때의 생활이 어느 때까지든지 묻혀 있습니다. 따뜻한 봄이면 버들피리를 어린 입으로 불기도 거기였고, 바람 찬 겨울이면 동무의 손을 잡고 얼음을 지치기도 거기였습니다. 그리고 10세 되던 해에 소년입지회(少年立志會)를 세우고 어린 팔로 연탁(演卓)을 짚고 떠들던 것도 거기였고, 12세 되던 해에 160여 명 유년군(幼年軍)의 총대장(總大將)으로 작전의 계획을 벌이던 것도 거기였습니다.

훈련원의 대운동과 대한문 앞의 경축 행렬, 장충단의 개나리와 성북동의 밤 줍기…. 아아, 꽃과 같이 새와 같이 아름답고 쾌활하던 어린 세상의 나를 키워 준 서울의 볕은 얼마나 따뜻하였겠습니까. …(후략)…

이 글을 쓴 때는 1922년 1월 19일이다. '한 달 반 전'에 경성에 다녀왔다는 구절이 있으니까 서울 다녀온 시기는 1921년 10월~11월 말경이다. 이때는, 이해 봄 5월에 결성된 천도교소년회가 제자리를 잡은 후여서 회원도 10월경에는 370명이나 되었다.

이 글 가운데 놓칠 수 없는 중요한 사실이 두 가지 눈에 띈다. 그 하나는 '어린이'라는 단어가 여러 번, 그것도 아주 자연스럽게 사용된 점이다.

소파가 '어린이'라는 단어를 사용한 것은 이것이 처음은 아니다. 동경 유학을 떠나기 직전 《개벽》 제3호에 발표한 〈불 켜는 이〉라는 제목의 시에 '어린이 노래'라는 '문자'가 있다. 그것이 소파가 맨 처음 '어린이'라는 말을 쓴 것이다. 그러나 '불 켜는 이'에 사용된 '어린이'는 글자 그대로 '문자'이다.

'어린이'라는 글자가 문장 속에서, 마치 대화하듯 자연스레 쓰인 것은 이 글이 처음일 것이다.

참고로 '어린이'라는 말을 맨 처음 사용한 〈불 켜는 이〉라는 번역 시 전문을 소개한다. 이 무렵 소파의 정신세계를 엿볼 수 있는 아주 좋은 상징 같은 작품이다.

> 기나긴 낮 동안에 사무(社務)를 보던
> 사람들이 벤또[71] 끼고 집에 돌아와
> 저녁 먹고 대문 닫힐 때가 되며는
> 사다리 짊어지고 성냥을 들고
> 집집의 장명등(長明燈)에 불을 켜놓고
> 달음박질해 가는 사람이 있소
>
> 은행가로 이름난 우리 아버지는
> 재주껏 마음대로 돈을 모으겠지
> 언니는 바라는 대신(大臣)이 되고
> 누나는 문학가(文學家)로 성공하겠지
>
> 아아! 나는 이 담에 크게 자라서
> 이 몸이 무엇을 해야 좋을지
> 나 홀로 선택할 수 있게 되거든

---

71 도시락.

그렇다 이 몸은 저이와 같이
거리에서 거리로 돌아다니며
집집의 장명등에 불을 켜리라

그리고 아무리 구차한 집도
밝도록 환하게 불 켜 주리라
그리하면 거리가 더 밝아져서
모두가 다 같이 행복되리라

거리에서 거리로 끝을 이어서
점점 산 속으로 들어가면서
적막한 빈촌(貧村)에도 불 켜 주리라
그리하면 세상이 더욱 밝겠지…

여보시오 재게 가는 불 켜는 이여
고달픈 그 길을 외로워 마시오
외로이 가시는 불 켜는 이여
이 몸이 당신의 동무입니다.

이 시는 《개벽》 제3호에 실려 있다. 맨 끝에 '번역'이라는 꼬리가 붙어
있다. 쓴 날짜는 1920년 8월 15일, 필자명은 잔물. 정환이 일본 유학을 떠
나기 한 달 전이다. '잿골집에서'라는 부서(符書)도 보인다. 잿골이면 재동
처가이다.

開闢第三號

어린이 노래

※ 불 켜 는 이 ※

기一자지 낮동안에
사람들이 펀도쓰고
저녁먹고 大門다칠
사-리 컴커지고
정처의 장명둥에
다름업시 혀가는 사람이잇소

傑行家도 이름난 우리아버지는
재조씩 마음대로 돈을모겟지……
언니는 바라는 大臣이되고
누一나는 文學家로 成功하겟지……

아一나는 이담에 크게자라서
이몸이 무엇을 혀야조흘지
나올도 磨擭할수 잇게되거던

몽

방정환이 잔물이라는 필명으로 번역한 <불 켜는 이>라는 시이다.
우측에 '어린이 노래'라고 쓰인 것이 보이는데 '어린이'라는 단어가 문자로 처음 쓰인 것이다.
《개벽》제3호, 1920년

이 시의 원작자가 누구인지 확인할 수는 없다. 다만 분위기로 봐서는 유럽, 그중에서도 프랑스나 영국 시인의 작품인 것 같다. '장명등'이라든지 '은행가'라든지 '대신'이라든지 하는 시어들을 보면 그렇다. 이 시인의 나라는 아마 군주제 국가이며 금융업이 발달된 나라일 것이다.

시의 맨 앞에 '어린이 노래'라고 되어 있다. '어린이 노래'라면 '동요'란 뜻인지…. 시의 내용으로 봐서는 꼭 동시나 동요라고 할 수도 없다. 어찌됐든 소파가 '어린이'라는 단어를 쓴 것은 이것이 처음이다.

천도교소년회 동무들에게 보내는 공개 서신 형태의 이 글을 통해 '어린이'는 요즈음 우리가 항상 쓰는 일상 대화로 등장하는 셈이다.

두 번째로 눈에 띄는 새로운 사실은 12세 때 유년군 총대장을 했었다는 고백이다. 10세 때 소년입지회를 만들어 토론회를 했었다는 것은 널리 알려졌으나 12세 유년군 이야기는 이 글이 처음이자 마지막이다. 어느 글에서도 이를 입증할 만한 것이 없다. 그래서 유년군의 성격이며 활동 내용은 아쉽게도 더 이상 알 길이 없다.

하지만 12세 때, 정환이 160명이나 되는 대규모 병력(?)의 유년군 총대장을 했다는 사실은 소중한 기록이다. 이는 연보에도 반드시 추가해야 한다고 생각한다. 왜냐하면 10세 때 소년입지회를 만든 것이 다만 개구쟁이 소년의 일회성 해프닝이 아니라는 점이 인정되기 때문이다. 연거푸, 12세 어린 나이에 조직의 우두머리가 되었다는 자체가 조직의 리더가 될 자질을 일찍부터 보여 온 것에 다름 아니다.

다시 천도교소년회 이야기로 돌아간다. 방정환은 소년회가 발족하기 한달 전인 4월 9일에 도요대학 청강생으로 다시 등록했다. 천도교소년회 발족

소식은《개벽》잡지에도 자세히 소개되었다.

천도교소년회는 올해 5월 1일에 천도교회 소년을 중심으로 도시 소년들의 발기에 의한 것이고 회원이 되는 자격은 만 7세에서 16세의 남녀 소년으로 하는데, 현재 회원 수는 370여 명이고, 발기 당시 회원 수에 비해 약 세 배로 증가했다 하고, 현재도 날마다 신입 회원이 있다고 한다.

이 회의 규약 2조를 보면 '본 회는 회원의 덕성을 닦고 견문을 넓히고 신체의 발전을 꾀하고 쾌활 건강한 소년을 만들 것을 목적으로 한다'고 되어 있고, 규약 9조를 보면 '이 회의 목적을 달성하기 위해서는 유락부(遊樂部)와 담론부(談論部)와 학습부(學習部)와 위열부(慰悅部)의 네 부를 두되, 유락부에서는 유희와 운동을 행하며, 담론부에서는 담화와 강론을 행하며, 학습부에서는 사회 각 방면에 실제를 학습하며, 위열부에서는 회원과 회원 아닌 사람 사이임을 묻지 않고 때와 경우 상응한 위문과 경하를 행한다'고 되어 있어, 이것으로 이 회의 목적과 사업을 알 수 있다. 여기에 이 회의 사업 내용을 자세히 다 말할 순 없지만 소년들의 활동 중에서 의미 있는 몇 가지를 살펴보자.

(1) 회원 상호 간에 서로 경어를 사용하며 애경(愛敬)을 주(主)하는 일
(2) 회원 상호 간의 우의를 심히 존중하여 질병이거든 반드시 상문하고 경사이거든 상하(相賀)하되 그중에 혹 불행한 동무가 있거든 추도회 같은 일까지를 실행하여 소년의 인격에 자중심(自重心)을 기르는 일
(3) 일요일이나 기타 휴일에는 반드시 단체로 명승고적을 심방하여 그

심지(心志)를 고상 순결케 하는 일

(4) 매 주간에 2차의 집합을 행하여 사회적 시련을 게을리 아니하는 것

이 천도교소년회 조직을 가리켜 1935년에 발간된『천도교청년당 소사(天道敎靑年黨小史)』에는 이렇게 평하고 있다.

어린이의 정서 함양, 윤리적 대우와 사회적 지위를 인내천주의(人乃天主義)에 맞도록 향상시키기 위하여 김기전, 방정환 등의 노력으로 '천도교소년회'를 조직한 것이 맨 처음이요.

천도교소년회가 발족한 기치가 무엇인가?『천도교청년당 소사』에 수록된 천도교소년회 행동 강령을 보면 '첫째, 소년 대중의 사회적 새 인격의 향상을 기함, 둘째, 소년 대중의 수운주의적(水雲主義的)[72] 교양과 사회생활의 훈령을 기함, 셋째, 소년 대중의 공고한 단결로써 전적(全的) 운동을 지지함'이라고 되어 있다. 또한 행동 지침처럼 내건 슬로건은 '씩씩한 소년이 됩시다. 그리고 늘 서로 사랑하며 도와 갑시다'이다.

이 행동 강령의 슬로건은 말하자면 소년운동에 대한 소파의 생각이 잘 정리된 것이라고 생각된다. 문안(文案)은 소춘 김기전에게서 나왔겠지만 자구(字句)마다 소파의 숨결이 느껴진다. 이것은 곧 '색동회'를 탄생시키고 '어린이날'을 제정하고《어린이》잡지를 내고 '동화'를 쓰는 데 흔들리지 않는 본바탕이 된다.

---

72 수운(水雲) 최제우(崔濟愚)가 동학을 창시하여 설파한 사상을 뜻한다.

* * *

소파 방정환에게는 동경 유학과 동시에《개벽》잡지 동경 특파원 임무가 맡겨진다. 도요대학 학생 신분이면서 동시에 당시 경성에서 가장 인기 있는 잡지《개벽》의 특파원 노릇도 하게 된 것이다. 학습과 취재, 말하자면 '1인 2역'이다. 하지만 그의 역할은 1인 2역 정도로 그치지 않는다. 천도교소년회 결성, 세계 명작 동화집『사랑의 선물』집필, 어린이운동의 기획, 색동회 탄생,《어린이》잡지 창간으로 이어지는…. 그러니까 정환의 짧은 동경 시대는 이렇게 1인 다역(多役)의 고단한 생활의 연속이다. 도저히 빠져나올 수 없는 웅덩이 같은….

그 웅덩이는 본인이 원하든 원하지 않든 빠져나올 수 없다. 방정환의 숙명이고 그가 동경에 있는 존재 증명이다. 하지만 정환은 그 깊이를 알 수 없는 웅덩이에 스스로, 행복한 마음으로 풍덩 뛰어든다.

'대학생'과 '특파원' 1인 2역으로 동경 생활을 시작한 방정환이, 소년운동의 깃발을 내거는 때는 언제부터일까?

이런 소박한 궁금증은, 천도교소년회가 결성되는 과정을 설명하는 데서 얼마간은 풀렸을 것이다. 다시 한 번 설명하자면 3.1운동 직후부터 논의가 시작되어 1921년 5월 천도교소년회가 결성되는 것으로 '겉모양'은 형체를 드러냈다고 볼 수 있다. 하지만 그것은 겉모양일 뿐, 즉 하드웨어일 뿐이다. 실제 소년운동을 꿈꾸고 실행하는 그의 생각의 알맹이, 즉 소프트웨어라고 할 수 있는 글들은 아직 선보이지 않은 상태이다.

이에 대한 명확한 결론을 끌어내리려면 여러 기록과 자료들을 가지고 긴 설명이 필요할 것이다. 방정환의 글, 아들 운용의 글, 친구 유광렬의 글, 색동회 동인의 회고, 연구 논문들…. 그러나 그런 글과 증언을 뒤져 본다고 해도 방정환 자신이 '나는 이제부터 아동문학가가 되겠다'라든지 '나는 이제부터 소년운동에 매진하겠다' 같은 것을 공개적으로 선언한 글은 없으니 추정만 가능할 뿐이다.

방정환 역시 그 시대 다른 지식인들처럼 한동안 사회주의 문학청년 경향의 글을 발표한다. 그러다가 어느 순간부터 '소년운동을 하는 아동문학가'로 변신하는 것이다. 10대 소년 시절의 독자 투고 글들은 검토 대상에서 일단 제외하더라도, 동경 유학을 전후해서 《개벽》과 《천도교회월보》 《신여자》 등에 발표한 글들이 대부분 그 연장선상에 있다.

어둡고, 황량하고, 두렵고…. 이런 세기말적 분위기를 물씬 풍기다가 차츰 무산자(無産者)의 고통을 그리는 소설 쪽으로 기운다. 소설 「그날 밤」, 수필 「깨어 가는 길」이 그 좋은 예이다.

그렇다면 '소년운동'을 염두에 두고 글을 쓰기 시작한 것은 언제부터일까?

소파가 소년운동을 하려고 행동으로 보여 주는 보습은, 그가 천도교청년회 속에 소년부를 설치하고, 이를 천도교소년회로 발족시키는 일을 주도하는 데서 찾을 수 있다.

그러나 아직 작품은 나오지 않았다. 행동은 시작했으나 생각을 글로써 형상화하기에는 시간이 좀 더 필요하다. 소년운동에 대한 포부는 동경 유학 가기 전부터 품고 있었지만, 그 생각과 결심을 뒷받침하는 글을 발표하는 것은 조금 더 시간이 지난 후이다. 글로써 발표하기에는 숙성 기간이 더 필요했던 것이다.

평전을 쓰기 위해, 언제부터 방정환이 소년운동을 하려고 결심하고 구체적인 행동을 보였을까 하는 것을 밝히기 위해, 그동안 발표된 많은 선행 연구 실적들 - 예컨대, 방정환 관련 석·박사 학위논문들과 연구 논문, 전기물 - 을 세세히 검토했다. 그랬는데도 '몇 년 몇 월' 하는 식의 명쾌한 결론은 얻지 못했다. 다만 앞에서 설명한 대로 천도교 교리강연부 → 천도교청년회 → 천도교청년회 소년부 → 천도교소년회로 발전하는 과정을 예로 들고, 천도교소년회 탄생일인 1921년 5월이라는 시점만을 밝혔다.

최근에는 '방정환이 사회주의자인가' 하는 논란도 있다. 초기에 발표한 그의 글들 중에 사회주의자 경향의 시나 소설 등이 상당수 있기 때문이다.

방정환은 그런 글들을 포기(?)하고 아동문학가와 소년운동가다운, 방정환의 진면목을 보여 주기 시작한다.

어느 때부터일까?

우선 실마리를 찾는 단서는 소파의 장남 운용의 글로 시작하겠다.

3.1운동으로 교주(敎主)와 많은 지도층 간부들을 잃고 교회의 총의(總意)가 청년운동과 농민운동으로 꼬여 갈 때, 아버님과 몇몇 동지들은 먼 앞날을 전망하고 소년운동을 극구 주장했으나, 일방적으로 무시당한 채 도쿄로 가서 동양대학 철학과에 학적을 두고 공부를 하면서 교회 청년운동의 해외운동의 일부인 동경 유학생들로 조직된 청년회 동경지부의 회장직을 수임(受任), 활동하면서 한편으로 소년운동에 뜻이 맞는 모국의 동지들과 연락을 취해 교회 지도층의 설득을 시작했던 것입니다.

운용의 이 글에서도, 다소 추상적이긴 하지만 방정환이 '언제쯤' 소년운동을 하려고 했는지는 알 수 있다. 3.1운동 직후 천도교 총의가 청년운동과 농민운동으로 치닫는 시점이니까 1920년 초라는 추정이 가능하다. 아직은 천도교청년회에 소년부가 설치되기도 전이다. 또한 '농민운동과 청년운동' 대세에 왕따 당하듯 떠밀려서 동경 유학을 떠나게 되는 정환의 '답답한 입장'이 비교적 구체적으로 제시되어 있다.

그러나 운용이 이 글을 쓴 때는 1974년이다. 정확한 증언이라고 보기에는 너무 많은 세월이 흐르고 말았다.

그렇다고 해도 운용의 글은 동경 유학을 떠나는 정환에게 제3의 임무가 부여된 사실을 알려 준다. 《개벽》 특파원, 도요대학 청강생 외에, 청년회 동경지회 회장도 맡았다. 역할이 하나 추가되었으니 1인 3역이다. 다시 말해 정환은 도요대학 공부와 《개벽》 동경 특파원 신분에다가 새롭게 천도교청년회 동경지회 회장을 떠맡은 셈이다.

그런 '답답한 유학생' 정환에게 경성에 남아 있는 김기전은 정말 고마운 존재였다. 김기전 같은, 교회의 신망이 두터운 선배가 강력하게 소년운동을 지원하므로 동경행 배에 오르는 정환의 마음이 좀 가벼웠는지 모른다. 김기전 같은 선배가 적극 돕고 있으니 소년운동 동지를 늘이는 데 적지 않은 힘이 될 것이다.

그 후, 정환은 방학 때마다 경성으로 돌아온다. 와서는 천도교의 전국적 조직을 통해서 소년운동을 시작하기 위한 준비를 했다. 소년운동의 절차와 방법, 소년운동을 함께 펴 나갈 동지를 모으는 일 등이었다.

경성에 있는 동지들과 함께 소년운동을 준비하면서 정환은 《천도교회월보》 《개벽》 잡지 등에 기고하는 일도 게을리하지 않는다. 곧 소년운동과 아동문학에 전 생애를 걸게 되지만 아직은 '독립운동을 꿈꾸는 웅변가'이면서 동시에 '문학을 사랑하는 청년' 방정환의 치기(稚氣)가 남아 있는 때였다. 머릿속엔 소년운동으로 가득 차 있는데도 붓끝은 아직 그 당시 유행풍조나 다름없는 사회주의에 머물러 있었던 것이다.

정환은 동경 유학을 떠나기 전부터 '민족의 장래는 어린 소년에게 있다'는 소신을 갖고 있었다. 그래서 '민족의 장래를 위해서 소년운동을 해야겠다'는 생각을 굳혀 가고 있었다. 하지만 그런 생각을 글로 발표하는 데까지는 생각이 미치지 못했다. 그런 그가 아동문학가로 태어나는 힌트를 얻게 된 것은 책이었다.

정환은 소년운동을 기획하고 천도교소년회를 성사시킴으로써 작은 성공을 거두기는 했다. 하지만 소년운동을 이끌어 나가는 솔루션은 구축하지 못했다. 소년운동에는 '이론'도 필요하지만 '지혜'도 필요하다.

그것을 정환은 책에서 찾게 된다. 외로운 하숙집에서, 아직은 변변한 친구도 없는 새내기 유학생이다. 그런 그가 쉽게 접할 수 있는 '친구'로는 책이 좋았다. 일본에 도착해서 정환은 읽고 싶은 책을 마음껏 읽기 시작한다. 《개벽》 특파원 밥값을 하기 위해서라도 독서는 필수이다. 아마도 닥치는 대로 책을 읽어 치웠다고 말해도 될 만큼 다독했을 것이다. 경성과 비교할 수 없을 만큼 많은 종류의 잡지와 단행본들이 도서관과 책방에 널려 있었다. 글자 그대로 동경은 책의 천국이었다.

동경에 와서 비로소 그 당시 일본이 수용하고 있는 세계 명작 동화, 세계 민화, 세계문학 작품이 엄청나다는 것을 알게 된다. 경성에서는 최남선의 신문관(新文館)이나 광문회(光文會) 같은 출판사에서 나오는 세계 명작 따위를 접하는 게 고작이었는데, 일본에는 미국, 영국, 프랑스, 독일을 비롯해서

러시아, 인도, 중국 등 어느 나라 작품이든 구할 수 있었다. 우물 안 개구리 같은 심정이 들었다. 하루바삐 이 책들을 다 읽어 버리자! 대학에서 배울 수 없는 것이 이 책들 속에는 들어 있으니까!

정환은 동경 유학 초기에 아주 많은 책을 읽는다. 책들을 읽으면서 정환은, 앞으로 어떤 글을 써야 하는지 감이 잡히는 듯했다. 특히 『이솝우화』『그림 동화집』『안데르센 동화집』 같은 책이나 『톨스토이 민화집』 등은 몇 번이고 읽고 또 읽었다. 이런 책들을 읽으면서 온몸으로 전해 오는 감동 때문에 전신이 떨리기도 했다. 그냥 '감동했다'는 단어로 표현하기에는 부족했다. 그것은 눈부신 신세계였다.

밤 새워 책을 읽고 새벽이면 산책을 한다. 하숙집에서 멀지 않은 와세다 대 송림 속을 걷기도 하고, 스루가다이(駿河台) 뒷골목을 걷기도 한다. 그런 날이면 뿌옇게 밝아 오는 새벽의 여명처럼 마음속으로 환히 난 길이 보이는 듯했다. 그것은 신세계로 들어가는 길이었다. 그곳에는 귀여운 동물들이 살고 있고, 아름다운 마을에는 마음을 따뜻하게 해 주는 사람들이 있었다. 정말 난생 처음 만나는 동화의 세계였다.

정환은 하쿠산의 하숙집에서 시간 나는 대로 책을 읽었다. 하쿠산의 하숙집은 지대가 높은 곳에 있는 2층집이어서 '시원하고 볕이 잘 들고 깨끗하고 조용해서' 책을 읽기에는 아주 안성맞춤이었다. '이렇게 조용하고 깨끗한 방에 들어앉아 책이나 보다가' '학생 시대의 하루를 보낸다'고 소년회 동무들에게 근황을 전하기도 했다.

책 속에는 학교에서는 배울 수 없는 많은 것들이 숨어 있었다. 책은 정말 보물 창고 같았다. 그가 그토록 생각만 하면서 머릿속에서 뱅뱅 도는 것들이 모두 책 속에는 있었다. 그것들은 모두 문자와 문자로 이어지면서 신기하게도 재미있는 이야기가 되어 다가온다. 어떤 것은 슬프고, 어떤 것은 무섭고 또 어떤 것은 아름답게….

정환은 이 무렵에 천도교소년회 친구들에게 보낸 글에 '외국에까지 와서 학교는 다녀도 문학 책을 보거나 철학을 연구하거나' 하는 구절을 남기는데, 이것만 봐도 그가 얼마나 독서에 열중했는지 그 모습이 감지된다.

그 독서 체험을 통해 정환은 차츰 변해 간다. 자기가 무엇을 써야 하고, 어떤 사람이 되어야 하는지 선명하게 깨달아 간 것이다.

색동회 탄생

　동경으로 건너올 때부터 소파는 대학 공부에 매달리는 공붓벌레가 될 생각은 없었던 것 같다. 아니, 학교 공부는 애초부터 관심 밖이었는지도 모른다.

　처음에 '학적도 불분명한' 도요대학 특별청강생으로 서둘러 등록한 것을 봐도 그런 느낌이다. 특별청강생이란 출석에 대한 의무가 없는 학생이다. 그것은 나카무라 오사무가 「방정환 연구 서설」이라는 논문에서 지적한 그대로다. 출석에 대한 의무가 없다면 학점을 따야 하는 의무도 없을 것이다. 그러니까 강의를 듣고 싶으면 듣고, 물론 빠지고 싶으면 안 들어도 된다. 학기가 시작된 후에 동경에 도착했으므로 할 수 없이, 한 학기를 그냥 허송세월할 수 없어서 '특별청강생'으로라도 등록을 한 것인지 모른다. 그 다음 해 봄, 소파가 보통청강생으로 정식 입학한 것은 앞에서 설명한 바 있다.

　그렇다면, 소파가 일본 유학 중에 가장 공을 들이려고 한 것은 무엇일까? 쉽게 접근하자. 그해 6월에 창간한 잡지 《개벽》 동경 특파원을 맡기 위해서였을까? 그것은 아닐 것이다. 그럼 새로 동경 유학생들을 중심으로 조직된 천도교청년회 동경지회 회장을 맡는 것이었을까? 그것도 물론 아닐 것이다.

적지 않은 돈을 들여 소파를 일본에 보낸 분(의암 선생)은 소파가 대학에서 열심히 공부하기를 바랐을 수도 있다. 소파 방정환은 사위이기 이전에 장래 천도교의 미래를 짊어질 일꾼이다. 그 일을 하려면 좀 더 큰물에서 넓은 세상을 보며 선진 학문을 배워 두는 것이 좋겠다. 지도자는 무릇 실력이 있어야 한다.

의암 선생은 그렇게 기대했을 것이다. 소파 본인은 어땠을까? 가난 때문에 못다 한 공부도 중요했고 천도교청년회 일을 하는 것도 소홀히 할 수는 없었다. 하지만 무엇보다도 소파는 '동지'가 필요했다. '소년운동'을 혼자서는 할 수 없다. 누군가와 뜻이 맞고, 깨어 있는 친구(동지)가 있어야 한다. '깨어 있는 사람'이란 선각자(先覺者)이다. 그 당시로선 동경이 그 수원지(水源池)나 다름없는 곳이다. 동지를 모으기 위해서는 동경만 한 데가 없다. 소파가 동경 유학을 결심한 것은 그 때문이다. 동지를 찾아서 동경에 온 것이다.

그런 사실을 입증할 만한 별다른 기록이 있는 것은 아니다. 그래서 일일이 사례를 들어가며 물증을 제시할 수는 없다. 그러나 단서는 몇 가지 있다. 동경에서 소파가 발표한 몇 편의 글들이 그것이다. 동경 유학 중인 1922년 1월에 《천도교회월보》에 기고한 다음과 같은 글[73]도 단서 중의 하나이다.

하숙 생활이 냉랭하고 불편이 많아서 동경 시가에서 조금 따로 떨어진 이케부쿠로라는 한적한 동리에 정결한 집 한 채를 차득하여 집 이름을

---

73 《천도교회월보》137호, 1922년 1월 15일, 71쪽.

계림사(鷄林舍)라 하였다.

사토(佐藤)라고 하는 일본 사람 내외를 두어 조석 짓고 소제하고 집을 보게 하고, 식찬(食饌)은 우리 손으로 조선 음식을 만들어 먹는데, 토요일 오후와 일요일에는 시내 하숙에서 있는 동지들이 조선 음식을 먹고 싶어 모여 와서 놀고 가는 게 의례(依例)이었다.

「이역(異域)의 신년(新年)」이라는 이 글은 1922년 1월 1일부터 1월 5일까지의 일기이다. 닷새 동안의 일기에 지나지 않지만 소파가 동지를 모으는 데 얼마나 적극적이었는지를 잘 알 수 있다.

우선 눈길을 끄는 것은 많은 친구(동지)들을 자주, 자연스럽게 접촉하는 장소로는 '하숙집이 불편해서' 아예 독채 집을 얻었다는 점이다.

이때 이미 소파는 일제 당국이 늘 감시하는 요시찰(要視察)의 대상이었다. 그러니 그들은 항상 그를 감시한다. 외출할 때 특히 그렇다. 그들의 눈을 속이기 위해서라도 일본인이 주인인 하숙집은 '불편'했다. 많은 친구들을 만나야 하고, 그들과 의견을 나누고 토론을 하기 위해서는 자주 모여야 한다. 그래서 독채를 얻기에 이른다.

소파는 이 집을 '계림사'라고 불렀다. '계림'이라면 '우리나라'라는 뜻도 있는 의미심장한 단어이다. 이 집에서 소파는 자주 친구들을 초청해서 모임을 갖는다. 장차 동지가 될 동경 유학생들이다. '조선 음식을 먹고 싶어' 하는 그들은 소파의 초대에 흔쾌히 응한다. 모여서는 조선 떡국이며 동치미며, 나박김치, 간(肝)으로 전유어 등을 부쳐 먹으며 즐거운 시간을 갖는다.

말하자면 계림사는 동지를 모으고 접촉하는 아지트인 셈이다. 「이역의 신년」이란 글 속에는 이런 모임을 불과 닷새 동안 4회나 갖는 것으로 나와 있다.

열 시가 지나 집에 돌아오니까 와세다(早稻田)의 김(金)이 이(李)와 함께
기다리고 있었다. (1월 1일)

내일 중 점심을 먹겠다고 30명의 친구를 오라고 해 놓아서 그 음식 준
비하느라고 우중(雨中)을 헤매었다. 피차없이 일본에 와 있어서 귀국
도 못하고 있어서 고국을 그리워하는 정(情)을 위로하기 위하여. (1월 2
일)

수의(獸醫)의 아오야마(青山) 김(金)이 와서. (1월 2일)

정각까지 30명이 모여와서 팔조방(八疊房)에 빽빽하게 들어앉아 조선
이야기 일본 이야기에 한창 꽃을 피웠다. 떡국을 끓여서 떡만둣국, 전
유어, 묵회, 군고기, 동치미, 나박김치에 식혜까지 맛있게 되어서 30여
명 장정이 금세 그릇을 비워 놓아 기뻤다. (1월 3일)

저녁을 치르고 이번에는 차례차례 노래를 부르는 중에 김영길(金永吉)
군의 낭화절(浪花節)과 연학년(延學年) 군의 가극 노래와 문세영(文世榮)
군의 조선 고가(古歌)는 좌중(座中) 대호평이어서 몇 번을 거듭하였다.
최후에 일동이 기립하여 무궁화 삼천리 화려 강산 하고 그윽이 엄숙하
게 삼창(三唱)하고 헤어지니. (1월 3일)

오후에 같은 이케부쿠로에서 내외(內外) 살림을 하고 있는 임공(任公)의 집에 놀러 갔더니 권(權)도 있었고 유(柳)도 와 있었고 하여 우리 일행과 합해 여섯이 윷을 놀기 시작하여. (1월 5일)

이렇게 계림사에서 소파는 동지들을 만나고 규합해 나간다. 그래서 색동회를 조직하고, 이 색동회 회원들을 중심으로 《어린이》 잡지를 창간하고 소년운동의 기수로 나설 수 있게 된다.

이런 일련의 행적을 보면 소파가 동경 유학을 이용해서 대학 공부보다는 '동지 만들기'에 주력했다는 것을 쉽게 알 수 있다. 소파에게, 소년운동은 민족운동이요 독립운동에 다름 아니었다. 그래서 그 동지를 모으는 일이야말로 3.1운동과 같은 독립운동 또는 민족운동이었다.

소파가 동경에 머문 기간은 햇수로는 4년이지만 달수로는 꼭 37개월이다. 37개월 중 도요대학에 다닌 기간은 19개월에 지나지 않는다. 그것도 학교 공부에 얽매이지 않고 시간을 자유롭게 쓸 수 있는 특별청강생 기간을 빼면 10개월간이다. 도요대학 퇴학이 1922년 4월이니까 무적(無籍) 학생 기간이 무려 18개월, 무려 1년 6개월간을 학교 공부가 아닌 '다른 일'로 일본에 머문다. '다른 일'이란 두말할 것도 없이 소년운동을 함께할 동지들을 규합하는 일이 될 것이다.

소파의 동경 유학 시절을 전반기 중반기 후반기 등 세 시기로 구분해 보겠다. 물론 이 시기의 구분이 큰 의미가 있는 것은 아니다. 단지 동경 유학 시절 소파의 행적을 이해하려는 한 방법에 지나지 않는다.

초반기(준비기) = 많은 책을 탐독하는 시기. 『사랑의 선물』[74] 집필.

1920년 9월~1921년 3월

이 시기에 소파는 헤아릴 수 없이 많은 책을 찾아 읽는다. 안데르센에서 톨스토이까지…. 이 엄청난 독서 체험을 통해서 아동문학가가 되는 기초 체력을 단련한 셈이다. 이 독서 체험의 성과는 세계 명작 동화집 『사랑의 선물』 번역, 번안 작업으로 나타난다. 이 시기에 특기할 사건 중에는 친일파 '민원식 살해 사건'에 연루되어 고초를 겪은 것이다. 양근환 지사와 천도교청년회 동경지회 유학생들이 접촉한 혐의를 받고 방정환도 박달성 등과 함께 체포되어 종로경찰서에 구금되었다.

중반기(활동기) = 도요대학 보통청강생. 천도교소년회 활동.

1921년 4월~1922년 3월

도요대학에 보통청강생으로 입학해서 비교적 대학 공부에 열중한다. 천도교청년회 일에도 발 벗고 나섰으며, 하숙집을 여러 번 옮기다가 1922년 1월경부터 이케부쿠로에 셋집을 얻어 둥지를 튼다. 이때부터 본격적으로 동지를 규합하는 일로 동분서주한다.

---

74 동경에 도착한 직후, 소파는 도요대학 바로 근처 하쿠산 산자락 하숙집 2층에서 수많은 세계 명작 동화를 탐독하며 그중에서 좋은 작품을 골라 번역에 착수한다. '학대받고 짓밟히고, 차고 어두운 속에서 우리처럼 또 자라는 불쌍한 어린 영혼들을 위하여 그윽히 동정하고 아끼는 사랑의 첫 선물로 이 책을 짰습니다'라는 서문은 이 동화집을 엮은 의도를 잘 말해 준다. 46판 200쪽, 삽화와 함께 수록된 작품 10편, 개벽사 발행, 정가는 50전이다. 수록된 작품으로는 「마음의 꽃」「왕자와 제비」「산드룡의 유리구두」「잠자는 왕녀」「한네레의 죽음」「꽃 속의 작은이」「황금 거위」「요술왕 아아」「천당 가는 길」「어린 음악가」 등 10편이다. 대부분 안데르센, 아나톨 프랑스, 오스카 와일드 등 외국 명작 동화를 번안한 것이지만 우리 실정에 맞게 내용을 고쳤을 뿐만 아니라 직접 동화를 이야기해 주는 듯한 소파 특유의 구어체 문장은 '번안 동화'라기보다 우리나라 동화 같은 재창작 수준이다. 하지만 이 책의 실물을 구하지 못해서 수록 작품 내용, 제목 등을 직접 확인하지 못하는 것이 아쉽다.

방정환이 청강생으로 다녔던 도요대학

후반기(결실기) = 색동회 발회 및 《어린이》 창간.

1922년 4월~1923년 9월

경성과 동경을 오가는 횟수가 많아진다. 소년회 일과 《어린이》 잡지 일 등으로 도저히 학교 공부에 전념할 수 없게 되어 도요대학을 자퇴한다. 어린이날을 준비해서 성사시키고 색동회를 창립한다. 소년지도자대회 개최, 각종 강연회 연사 등 본격적인 소년운동 시대로 접어든다. 정신적 물질적 강력한 지원자인 장인 의암 선생이 별세[75]하는 것도 이 시기이다.

---

75 1919년 3.1 독립운동을 주도한 혐의로 민족 대표 등 48명의 독립지사들과 함께 투옥된 의암 선생은 갖은 고문과 긴 심문을 받고 형식적인 재판 절차를 거친 끝에 1920년 10월에 가서야 징역 3년형을 언도받고 서대문 형무소에 수감되었다. 그러나 오랜 수감 생활로 이미 노쇠한 몸은 허약해질 대로 허약해졌다. 마침내 '뇌연화증(뇌경색)'이라는 병이 재발해서 의식불명으로 쓰러졌으나 일제 당국은 보석을 허가하지 않았다. 감옥에 갇힌 지 1년 8개월 만에 중태에 빠지자 겨우 병보석이 허가되어 동대

1923년 3월 16일 일본 토오쿄오에 유학하던 한국 학생 몇 분들이 첫 모임을 갖고, 우리나라에서 처음으로 어린이운동 단체를 만들자고 했는데, 이것이 색동회 창립을 위한 최초의 모임이었다. 방정환 씨가 중심이 되어, 그 당시 자기의 하숙집인 토오쿄오의 시외(市外) 센다가야(千馱谷) 온덴(穩田) 101번지 오이누마(老沼)라는 일본 사람의 집에서 진주(晉州)의 소년운동가 강영호, 와세다대학의 역사과 손진태, 니혼대학 예술과 고한승, 토오요오대학 음악과 정순철, 조준기, 토오쿄오 고등사범학교 영문과 진장섭, 유학생 정병기 등 여덟 명이 모여 여러 가지 의논을 한 후에 다음과 같은 결의를 하였다.

이 글은 정인섭이 1975년에 펴낸 『색동회 어린이운동사』[76]의 앞부분이다. '색동회 준비회'라는 소제목이 붙은 장(章)이다. 색동회 창립에 대한 기록은 이 책이 가장 정통적인 텍스트가 될 터이다. 그래서 이 책의 주요한 대목을 인용하는 동시에, 색동회의 창립 당시 모임 내용을 정확하게 기록한 정병기의 회의록을 가능한 한 원문 그대로 전재(全載)한다. 정병기는 색동회의 창립 동인으로, 다섯 차례 열린 회합 내용을 '회록(會錄)'이라는 제목으로 꼼꼼하게 기록하고 보존했다. 아마도 필체가 좋은 정병기가 서기를 맡은 것 같다. 정인섭은 창립 동인은 아니었으나 초창기부터 색동회 동인으로 참여

문 밖 숭인동 자택(상춘원)으로 나와 치료를 받았다. 상춘원에서 치료를 받는 동안 병세가 조금 호전되었을 때 천주교 교주를 박인호에게 승계한 다음 얼마 안 있어 1922년 5월 19일 새벽 3시 환원(還元; 임종)했다. 향년 62세였다. 선생이 별세하자 동아일보는 다음과 같은 사설로 그를 기렸다.

'종교적 성격은 그 기상에 마호멧과 비슷하고 정치적 시작은 진승(陳勝)·유방(劉邦)과 방불하나, 그렇다고 말할 수도 없고, 교육 면에서도 공헌이 크나 교육가라고만 단정할 수도 없다. 강한 자를 무르고 약한 자를 돕는 성질을 지닌 큰 인물이며 굉장한 정열을 가진 비범한 인물이다.'

76 학원사, 1975년 5월 5일 발행. 1981년 1월 30일 휘문출판사에서 증보판이 나왔다.

3부 시대의 고통

색동회 창립 멤버 정인섭

하게 된다.

　다시 앞에서 말머리를 연 색동회 창립 이야기로 돌아간다. 아래는 첫 모임에 대한 정병기 서기의 회록이다.

제1회록

서력 1923년 3월 16일 하오 2시 부하(府下) 센다가야(千駄谷) 온덴(穩田) 101번지 오이누마방(老沼房) 소파(小波) 방정환(方定煥) 씨 댁에서 제1회 회합을 개(開)하니 좌기(左記) 제씨(諸氏)가 출석하다.

방정환(方定煥) 강영호(姜英鎬) 손진태(孫晉泰)

고한승(高漢承) 정순철(鄭順哲) 조준기(趙俊基)

진장섭(秦長燮) 정병기(鄭炳基)

결의사항

1. 취지

동화 및 동요를 중심으로 하고 있던 일반 아동문제까지로 할 사(事).

2. 명칭

추상적(抽象的) 혹(惑) 상징적(象徵的)으로 하여서 일반 회원이 각각 생각하여 가지고 제2회 집회 시에 결의하기로 함.

3. 회(會)의 입회(入會) 형식

회원의 3인 이상의 추천이면 회원으로 인증(人證)함.

4. 해외 회원의 추천

해외에서도 우리 회원의 취지에 찬성하며 연구하는 동지는 회원의 추천에 의하여 회원으로 인증함.

우기(右記) 사항을 결의한 후에 방정환 씨의 다과 향응(茶菓響應)이 있은 후 폐회하니 오후 5시 반(半)이러라.

서력 1923년 3월 16일 위원 정병기

제1회 모임에 대해 『색동회 어린이운동사』는 항목별로 조목조목 해설을 붙이고 있다.

1. 그 모임의 취지로는 동화와 동요를 중심으로 한다고 했는데, 그것은 곧 아동문학을 통해서 일반 아동운동을 전개하자는 것이었다. 물

론 그 시절은 한국 민족이 일본 정치의 지배를 받고 있었기 때문에, 그들의 마음속에는 민족의 계몽운동을 목적하고 있었지만, 그 뜻을 밖으로 표시할 수 없었던 것이다.

2. 이 첫 회합에서는 명칭에 대해서 아직 정하지 못하고 다만 추상적 상징적으로 하자는 의견이 있었는데, 이것 역시 그 시대의 사정으로 보아 '회'의 이름을 짓는다 해도 그들의 생각을 암시적으로 하자는 것이었다. 그래서 여러 회원들이 각각 생각을 해서 그 다음 모임에서 결정하기로 했다.

3. 위에서 말한 8인 이외에도 자격 있는 회원을 보탤 수 있다고 생각하여, 이미 모여진 회원 중에 3인 이상이 추천하면 새로 회원이 될 수 있다고 결의했다.

4. 그뿐만 아니라 국내와 해외에서도 그 모임의 취지를 찬성하고 그들이 목적하는 아동문학과 아동 문제를 연구하는 동지가 있으면, 같은 회원으로 추천하자는 것이었다.

색동회 첫 모임에 참석한 사람 중에 강영호는 이미 경남 진주에서 진주 소년회를 결성시킨 사람인데, 발회식에는 빠진다. 조준기는 희곡을 공부하는 연극학도였는데, 《사인남매(四人男妹)》라는 작품을 무용가 최승희의 오빠 최승일의 연출로 동경 시내 보지신문(報知新聞) 홀에서 상연하기도 했는데, 조준기 역시 발회식에는 나오지 않는다. 연극 《사인남매》는 조선 유학생이 동경에서 상연한 최초의 작품이다. 이 작품에는 훗날 〈사의 찬미〉를 불러 유명해진 윤심덕이 나와 독창을 하기도 했다.

고한승은 《어린이》지에 많은 글을 기고했고, 일제의 압력으로 폐간되었던《어린이》를 해방 후 복간하는 일을 맡기도 했다. 손진태[77]는 역사학 전공을 살려서《어린이》에 「고주몽 이야기」「명장 강감찬」 같은, 민족혼을 일깨우는 역사 관련 글들을 많이 기고한다.

진장섭은 방정환과 평생 돈독한 우정을 나누는 친구이다. 일본 유학하기 전 보성고보 다닐 때부터 알고 지냈고, 소파가 발행한《신청년》지에다 「평양 여행기」를 기고하기도 하다가, 동경 유학 때는 동지적 관계로 발전한 친구이다. 그는 소파와 거의 같은 시기에 동경으로 와서 아오야마학원(靑山學院)을 거쳐 동경고등사범 영문과에서 셰익스피어를 전공한다.

진장섭이 쓴 색동회 첫 모임에 대한 다음과 같은 회고기[78]를 보면 소파와 그의 우정이 잘 드러나 있다.

소파와 나는 가끔 편지 왕래가 있을 뿐 오랫동안 만나지 못했다. 그러던 차에 1922년 10월 중순이었다. 어느 일요일 오전에 동경 오오츠카(太塚)에 있는 내 하숙에 소파가 돌연히 나타났다. 무척 반가웠다. 둘이는 한동안 지내던 일을 서로 털어놓고 조국의 현실과 장래에 대하여 여러 가지 의견을 토로했다. 첫날은 "우리가 이대로 두 손 맞붙들고 있을 수는 없지 않느냐"는 것에만 합의했다.

그 후 두 사람은 '내가 찾아가기도 하고 소파가 오기도 하며' 자주 만난

---

77 역사학자. 1920년 와세다대학에서 역사학과 사회학을 전공한다. 귀국한 후 송석하, 정인섭 등과 함께 조선민속학회를 조직하고 최초의 민속학회지《조선민속(朝鮮民俗)》을 간행하다. 1934년 진단학회(震檀學會) 창설에 참여하고, 8.15해방 직후부터 서울대학교 사학과 교수로 봉직하다 1950년 문리대 학장을 거쳐 문교부차관 겸 편수국장을 맡았다. 1950년 6.25전쟁 때 납북되다.

78 정인섭이 지은 『색동회 어린이운동사』 34쪽~35쪽.

색동회 창립 멤버 8인. 방정환 오른쪽이 진장섭이다.

다. 그러고는 색동회 같은 단체도 만들고 소년운동도 함께 하자고 의기투합한다. 아마 진장섭이 소파와 뜻을 같이하는 첫 동지일 것이다. "우리들이 생각한 일에 대해 결론을 얻은 것은 그 이듬해 2월경이었다"고 진장섭은 회고한다.

진장섭의 글을 다시 보자.

> 최종의 결정을 짓던 날 밤의 일이 아직도 내 기억엔 생생하다. 그때 소파는 내 하숙집에서 먼 곳인 온덴(穩田)인가 하는 곳으로 이사한 뒤였는데, 그날 밤 한 잔 해 가면서 최종의 합의를 보기 위하여 이야기가 늦어졌기 때문에 자기 집에 가기가 귀찮아서 드디어 그날 밤은 내 방에서 나와 합숙을 했던 것이다. …(중략)… 각설하고 그 뒤 우리는 동지규합에 착수하였고, 드디어 그해 3월 16일 소파 집에서 제1회의 준비회합을 가진 바는 우리 회보에 기록된 바이다.

진장섭이 여기서 말하는 '최종의 결정'은 '어린이날' 제정에 관한 것이다. 이 대목에 대한 설명은 뒤쪽에 다시 나온다. 첫 모임에 이어 두 번째 모임은 보름 뒤인 3월 30일 갖는다. 먼저 정병기의 '제2회 회록'을 보자.

제2회 회록

서력 1923년 3월 30일 오후 1시 부하(府下) 노가타무라(野方村) 아라이(新井) 628번지 추로회(秋露會) 내(內) 정병기 우거(寓居)에서 제2회 회합을 개(開)하니 좌기(左記) 제씨(諸氏)가 출석하다.

손진태 윤극영 방정환 조준기
고한승 정병기 (강영호 진장섭 양씨(兩氏) 귀국)

결의사항

명칭에 대하여서는 다수의 제출이 있은 중 윤극영 씨의 '색동회'라는 제의에 합의하였으나 의혹(疑惑)되는 점이 있어 차회(次回)로 보류한다. 연구 발표 회합할 시에는 창작, 열람한 것, 들은 것을 발표할 것.
우기 사항을 결의한 후 폐회하니 오후 6시 반(半)이러라.
서력 1923년 3월 30일 위원 정병기

두 번째 모임에 대해서 『색동회 어린이운동사』는 이렇게 설명하고 있다.

이 둘째 번 모임에서 처음으로 윤극영 씨가 가담했으며, 그들은 모임의 이름을 정하는 데 있어 윤극영 씨가 제의한 '색동회'란 명칭에 대체로 합의를 했다. 여기서 비로소 색동회라는 이름이 거론됐는데, 한문 글자 색(色)

으로 생각하면 곤란하다는 의견도 있어서 최후 결정은 다음 모임에서 하자고 일단 보류됐지만, 이와 같은 색동회의 이름이 두 번째 모임에서 처음으로 제시됐다. 이 모임부터 그들은 사업을 추진하기로 하고, 그 다음부터는 연구를 발표하되 각각 창작을 해서 서로 나누어 보기로 하였다.

두 번째 모임에 참가한 윤극영은 동요 〈반달〉 작곡자로 너무 유명한 분이다. 윤극영도 소파와 마찬가지로 동경 유학을 올 때는 동요 작곡가가 되려는 생각은 없었다. 기악을 전공하고 있었다. 그러던 그가 동요 작곡가로 생각을 바꾸게 되는 데는 소파가 절대적인 영향을 미친다.

다시 세 번째 모임 이야기로 돌아가자. 역시 이번에도, 지난번 모임과 마찬가지로 보름 후인 4월 14일 모임을 가진다.

정병기의 '제3회 회록'부터 보자.

제3회 회록

서력 1923년 4월 15일 상오 11시에 제3회 회합을 부하(府下) 스기나미무라 고오엔지하라(高圓寺原) 1026번지 윤극영 씨 댁에서 개(開)하니 좌기 제씨가 출석하다.

손진태 윤극영 정순철 방정환 고한승 정병기

윤극영 씨의 성대한 오찬이 있은 후에 좌기 사항을 결의한 후 폐회하니 오후 5시 반.

결의사항

1. 명칭 색동회

2. 발회식(發會式)의 건(件)

래(來) 5월 1일에 거행하고 일동이 사진 촬영하기로 함. 단 회비 3원야 (三圓也). 이상.

서력 1923년 4월 14일 위원 정병기

서력 1923년 4월 29일 조재호(曹在浩) 씨가 우리 회의 취지를 찬성하시고 고한승, 진장섭, 윤극영 삼씨(三氏)의 추천에 의하여 입회하시다.

세 번째 모임에서는 지난 번 두 번째 모임에서 윤극영이 제안했던 '색동회'란 명칭이 이 모임의 정식 이름으로 결정되었다. 일부 회원이 색(色)이란 글자가 들어 있어서 좋지 않은 상상을 할 염려가 있다는 이의도 있었다. 그이의에 대해서는 '색동'이란 '색동저고리'에서 따온 것이라는 해석이 뒤따랐다. 또 색동저고리는 명절 때 아이들이 많이 입는다는 점도 색동회가 채택되는 데 도움이 되었다. 색동회 하면 기쁜 날 = 명절 = 잔치와 같은 것들이 연상되지 않는가.

명칭을 결정한 것 외에도 세 번째 모임에서는 색동회 발회식 날짜를 5월 1일로 하자는 것도 결정한다. 또 발회식을 하고 나서 기념사진을 찍자는 것이며 회비를 3원씩 걷자는, 어떻게 보면 시시콜콜한 것까지 결정하고 있어 흥미롭다. 또한 색동회 회원으로 훗날 여러 가지 많은 일들을 하게 되는 조재호가 4월 29일에 새로 회원이 되었다는 사실도 적어 놓았다.

드디어, 색동회가 탄생하게 된다. 소파가 공들인 모임에서 태어나는 것이다. 2월부터 소파는 진장섭 등과 만나 논의와 논의를 거듭했고, 세 번에 걸친 준비 모임을 갖고 또 새로운 회원을 가입시킨 끝에 석 달 만인 5월 1일에 발회식을 갖게 되었다. 천도교소년회가 소파의 작은 꿈이 이루어지는 순간이었다면, '색동회'는 그 꿈이 꽃봉오리를 맺는 순간일 것이다. 그럼 발회식의 모습을 정병기의 '회록'으로 들여다보자.

발회식

서력 1923년 5월 1일 오후 3시에 만세이바시역(萬世橋驛)에서 집합하여 가지고 스루가다이(駿河台) 미와사진관(三輪寫眞館)에서 기념사진을 촬영하니 출석하신 회원이 여좌(如左)하다.

손진태 윤극영 정순철 방정환
고한승 진장섭 조재호 정병기

오후 4시 니시키마치(錦町) 나가세겐(長世軒)에서 축연(祝宴)을 개(開)하고 우리 일동은 장래를 견고하게 맹세하고 폐회하니 6시 반.
일동이 진장섭 씨 댁으로 가서 씨의 성대한 주찬(酒饌)으로 9시까지 자미(滋味)가 율율(律律)하게 놀다가 각각 귀거(歸去)하다.
서력 1923년 5월 1일 위원 정병기

이 '회록'에 따르면 색동회 창립 동인은 손진태, 윤극영, 정순철, 방정환, 고한승, 진장섭, 조재호, 정병기 등 8명이다. 이들은 약속한 대로 5월 1일 오후에 만세이바시 역에서 모여 미와 사진관에 가서 창립 기념사진을 찍었고, 각자 회비 3원씩을 내어 자축연을 하면서 몸 바쳐 소년운동을 할 것을 맹세했다.

이날 경성에서도 천도교소년회를 비롯해서 불교소년회, 반도소년회가 주최하고 조선일보, 동아일보가 후원하는 첫 '어린이날' 행사가 성대하게 열렸다. 그러니까 같은 날 동경에서는 색동회가 발회식을 가졌고, 경성에서는 첫 어린이날 축제가 열렸으니 이날은 글자 그대로 '조선 어린이가 다시 태어나는 날'이었다. 이보다 석 달 전인 3월 20일에는 이미, 소파와 뜻을 함께하는 색동회 회원들이 오래 준비해 오던《어린이》 창간호도 나왔다.

색동회의 성격에 대해서 안경식은 '천도교소년회와 같은 소년 단체는 아니고 그러한 소년 문제를 연구하기 위한 연구 단체'라고 규정하면서 이렇게 의미를 부여한다.[79]

이 색동회는 소파의 아동문화운동의 또 하나의 바탕으로서《어린이》지의 상당 부분이 이 색동회 회원들에 의해 꾸며졌다. 즉 색동회 회원들이《어린이》지의 고정 기고자가 됨으로 해서《어린이》의 성격을 형성했다고 볼 수 있다.

그러나 색동회의 성격에 대해서 안경식이 규정한 '소년 문제를 연구하는 연구 단체'라는 좁은 의미보다는 '독립운동을 하기 위한 단체'로 보는 것이 타당하다고 생각된다. 넓은 의미로 말이다. 단순히 소년운동을 위한 연구

---

79 안경식 교수가 지은 『소파 방정환의 아동교육 운동과 사상』은 방정환을 연구하는 이들에게 아주 좋은 텍스트가 되고 있다. 많은 이들이 소파를 아동문학가로서 연구하는 데 비해 교육적 측면에서 연구한 것이 독특하다. 현재 부산대 교수로 봉직하고 계시다.

단체였다면 소파가 그토록 전력을 기울여 회원을 모을 필요까지는 없었을 터이다.

소파는 색동회를 소년운동보다는 독립운동에 활용하려고 했기 때문에 준비 단계에서부터 구성 멤버를 찾는데 이르기까지 오랜 시간과 정력을 허비했을 것이다.

소파의 오랜 친구 진장섭의 다음과 같은 글[80]이 이를 말해 준다. 앞에 신장섭이 소파를 만나는 회고 글 가운데 '최종의 합의'가 무엇이었는지 이 글을 보면 더 분명해진다. 색동회의 성격은 물론 어린이날에 관계된, 중요한 대목이 있어서 조금 길게 인용한다.

> 1919년 3월 1일에 우리 민족이 일본의 굴레를 벗어나 독립국가를 세우려고, 저 유명한 독립운동을 일으켰던 사실은 누구나 알 것입니다. 그러나 불행하게도 우리의 뜻은 이루지도 못하면서, 악독한 일본인의 총칼에 숱한 사람이 목숨을 잃었고 부상을 했으며, 또 어마어마한 수의 우리 민족이 철창 속에서 신음하였습니다. 그 후로도 일본인들은 더욱 심한 압박과 경계를 가했습니다. 단 몇십 명이 모여서 강연회만 한다 해도 많은 수의 경찰을 파견해서 경계를 엄중히 할 뿐만 아니라, 연사의 입에서 조금이라도 자기네의 귀에 거슬리는 말이 나오면 집회는 해산당하고 심지어 연사가 구속되는 경우가 많았습니다.
>
> 국내의 형편이 이러하였을 때, 해외에서도 뜻있는 분들의 움직임이 일어났었는데, 1923년에 일본 토오쿄오에 유학 중이던 소파 방정환 형

---

80 진장섭, '어린이날과 색동회', 〈소년한국일보〉, 1972년 5월 5일.

과 나는 자주 만나는 사이였습니다. 우리는 몇몇 동지들과 함께 모여 고국의 참담한 현실과 장래의 대책에 관하여 의논하였습니다. 이것이 색동회를 만들게 된 최초의 공식적 회합이었습니다.

그 당시 조국의 현실은 어른 상대로는 어떠한 운동도 거의 불가능한 형편이었습니다. 그래서 우리는 저들 일본인들의 날카로운 경계의 눈을 피하여 겉으로는 소년의 문제를 연구하는 평범한 단체인 양 보이게 해 놓고, 실제로는 여러 가지 방법으로 우리 어린이들에게 민족의 자주독립 정신을 은밀히 배양해 주자는 것을 목표로 삼았습니다.

이렇게 우리가 만들려는 색동회의 목표가 작성되자, 곧이어 구체적인 방법의 하나로 '어린이날'을 제정하자는 의논이 우선 소파와 나 사이에 시작되어 두 사람은 이에 합의를 보았으며, 제1회 행사의 시행 일자도 우리가 발회식을 갖기로 예정한 5월 1일에 함께하기로 하였던 것입니다. …(후략)…

색동회는 이런 준비 모임을 통해 탄생한 것이다. 소파가 도요대학을 자퇴한 뒤였다. 3월에 창간호를 낸 《어린이》지에 들어갈 원고를 쓰기에도 시간이 빡빡했고, 거기에다 색동회 준비 모임이며 어린이날 행사를 하는 데도 너무 많은 품이 필요했다. 천도교청년회 일에서 손을 뗀 것도 아니고, 천도교소년회 일도 만만치 않았다. 그렇다고 소년운동에만 매달리지도 않았다. 소년운동을 하려고 동지를 규합하는 일을 하는 틈틈이 소설도 발표하고 시도 쓰는, 그야말로 1인 다역으로 분주했다. 색동회와 《어린이》 잡지로 소년운동의 깃발을 높이 들었지만 문학의 칼을 버리지는 않았다. 아직은 사회를 변혁하는 데 소설이 좋지 않을까? 하는 대작가(大作家)의 야망도 간직하고 있

잡지《어린이》표지들

었다.

　5월 1일 발회한 이후에도 색동회 모임은 두 번 더 갖는다. 아니, 정병기의 '회록'에 따르면 그렇다는 말이다. 기록 없이 몇 번을 더 가졌는지는 알 수 없다.

　정병기가 작성한 '제4회 회록'에 따르면 제4회 모임은 5월 18일, 제5회 모임은 6월 9일이었다. 제4회, 제5회 '회록'을 소개한다.

제4회 회록

서력 1923년 5월 18일 오후 1시 부하(府下) 센다가야(千駄谷) 378번지 내 노가타무라(野方) 고한승 씨 댁에서 제4회 회합을 개(開)하기로 하였으나 사정에 의하여 임시로 장소를 부하(府下) 우에시부야(上渋谷) 299번지 마루야마(丸山) 방 방정환 씨 댁으로 정하였으며, 출석 회원은 여좌(如左).

조재호 윤극영 정순철 진장섭

손진태 방정환 고한승 정병기

결의사항

1. 논문으로 신문 잡지를 통하여 우리 회의 존재 및 취지를 일반 사회에 주지(周知)케 할 일. 단 논문은 회원 각자가 집필한 것을 차회(次回) 회합 시 심사 의결한 후 신문 잡지사에 의탁할 일.

2. 하기 사업으로 전선(全鮮) 소년지도자대회(少年指導者大會)를 개최할 일. (단 시일 보류)

대회 순서 및 담임은 대략(大略) 여좌(如左).

사회 정병기

동요 이론 진장섭

실제 윤극영 정순철

동화 방정환

동화극 조준기 고한승

소년 문제에 대하여 방정환

아동 교육과 소년회 조재호

식장 참가 자격자

지방 소년회 대표자 및 유치원 및 소학교 선생

우리 회원의 추천자

좌기(左記) 사항을 결의하고 고한승 씨의 성대한 주과(酒果)의 향응과 방정환 씨의 석반(夕飯) 대(對) 국수의 공여(供與)가 있은 후 폐회하니 오후 10시 정(正).

서력 1923년 5월 28일 위원 정병기

제5회 회록

서력 1923년 6월 9일 하오 3시 부하(府下) 노가타무라(野方村) 산(山) 1500번지 포운방(抱雲方) 정병기 우거에서 제5회 회합을 개(開)하니 좌기(左記) 제씨(諸氏)가 출석하다.

방정환 고한승 손진태 진장섭

정순철 조재호 조준기 정병기 (윤극영 씨 귀국)

결의사항

1. 논문은 6월 말일로 연기할 사.
2. 대회 일정은 7월 23일로 완정(完定)할 것.

우기 사항을 의결한 후 폐회하니 오후 8시 정(正)이러라.

서력 1923년 6월 9일 위원 정병기

어린이날과 소년운동

어린이날은 밝았다. 5월 첫 날, 아직 동이 트기 전 새벽이다. 경운동, 낙원동, 익선동, 운니동, 계동 등 일대의 집집마다 소년 회원들이 신문 배달원처럼 종소리를 요란스럽게 울리면서 "어린이날 삐라요"를 외치고 돌아다니며 전단(傳單)을 배포한다. 요란한 종소리에 놀라 새벽잠에서 깨어난 노인들이 문밖에 나와서 신기한 양 전단지를 받아 본다. 기운이 세고 발걸음이 빠른 억척스런 회원들은 신바람이 나서 남이 맡은 구역까지 앞질러 들어가 삐라(전단)를 뿌려서 시비를 일으키기도 한다.

이윽고 신록의 훈풍 속에 플래카드가 펄럭이고, 5월의 태양 아래 천도교당 앞마당에는 꽉 들어찬 어린이들을 앞에 두고 어린이들의 장래를 축복하며 어른들에게 민족의 장래를 호소하는 엄숙하면서도 신나는 기념식이 진행된다.

기념식이 끝나자 시가행진이 시작되는데, 맨 앞에는 카이저수염이 난 소년군(보이스카우트) 대장이 위풍당당하게 섰고, 그 뒤를 '경축 어린이날'이라

어린이날 호외, 동아일보, 1925.5.1.

고 쓴 수기(手旗)를 높이 쳐든 어린이들의 행렬이 뒤따른다. 그들이 교회 정문을 나서자 우렁찬 소년군의 브라스밴드는 소리 높여 행진곡을 불어 댄다.

그 행진곡에 맞춰 어린이들은 가슴을 활짝 펴고 씩씩하게 어린이날 노래를 부른다.

기쁘구나 오늘 날 어린이날은
우리들 어린이의 명절날일세
복된 목숨 길이 품고 뛰어노는 날
오늘은 어린이의 날

앞으로 앞으로 나아가세
아름다운 목소리와 기쁜 맘으로
노래를 부르며 나아가세

수기와 플래카드가 물결치고, 신나는 행진곡에 발맞추어 행진하는 어린이들은 가슴을 쑥 내밀며 떳떳하고 자랑스럽게 행진을 계속한다. 파고다공원 앞에서부터 광화문 네거리에 이르기까지 연도에는 이를 지켜보는 일본 순사, 기마 순사들이 잔뜩 굳은 표정으로 지켜보고 있었고, 이들과는 달리 어른들은 그런 어린이들이 몹시 대견한 듯 구경하고 있었다.

시가행진이 끝난 다음에는 창경원에서 흥겨운 축하 놀이도 벌어졌다. 어린이들과 부형들은 천도교 교회에서 정성껏 마련한 음식을 먹고, 여흥에서는 푸짐한 상품을 나누어 주기도 한다. 깊은 밤에는 관객들이 콩나물시루처럼 꽉 들어찬 천도교당 특설 무대 위에서 가금 음악 무용 등 소년 연예 공연도 있었다. 정말 황홀한 볼거리가 계속되었다. 그것은 어린이들에게는 신나는 구경거리였지만 어른들에게는 아동 예술의 필요성을 깨닫게 한 뜻있는 공연이었다.

위 글[81]은 그 당시 어린이날의 모습을 그린 스케치이다. 지금으로부터 90년 전 일이므로 까마득한 옛날이다. 도대체 어린이날 행사가 어떤 모습으로 진행되었는지 상상하는 데 적절한 글이라고 생각되어 인용하였다. 당시 소학생이었던 소파의 장남이 쓴 글을 토대로 맞춤법과 내용 일부를 손질해서 재구성한 것이다.

비슷한 글[82] 한 편을 더 소개한다. 그때 소학교 2학년생이었던 작가 조풍연이 체험한 어린이날 이야기이다. '풍선 날리기'와 '가장행렬' 같은 재미있

---

81 부동귀(不同貴), 「세월이 몰고 간 어린 시절」, 《신인간》 286호, 1971년 6월, 96쪽.

82 조풍연, 「소파 방정환의 추억」, 《신인간》 389호, 25쪽~26쪽.

3부 시대의 고통

는 이벤트가 추가되어 있고, 시가행진 내용도 조금 다른 것으로 봐서 제1회 행사는 아니고, 이듬해 치러진 제2회 어린이날 이야기인 듯하다.

어린이날의 개회식 같은 것이 끝나자, 여흥이라 하고 '풍선 날리기'라는 것이 있었다. 참가한 어린이들에게 골고루 고무풍선이 나누어졌다. 나도 하나 얻었다. 그 실 끝에 있는 작은 종이쪽지에 주소 또는 학교 이름을 적고 자기의 이름을 적으라는 것이다.

그것을 띄워서 가장 멀리 간 풍선 임자에게 상을 준다는 것이다. 멀리 간 것을 어떻게 아느냐 하면, 풍선이 어디엔가 내려앉는다. 그것을 줍는 사람이 풍선과 함께 《어린이》 잡지 발행처인 개벽사로 보내면 개벽사에서 가장 먼 거리가 드러날 것이다. 그러면 종이쪽지에 이름을 쓴 사람과 주워서 보낸 사람에게 똑같이 상이 차례 온다. 어린 마음에도 '밑져야 본전'이란 생각에 '제발 내 풍선아, 멀리멀리 날아가라'고 기원하였다. 호각 소리와 함께 수천의 오색이 영롱한 풍선이 천도교회 앞마당에서 공중으로 올라갔다.

이 '풍선 날리기'가 끝나자 주최 측에서는 참가자 전부에게 종이 깃대를 하나씩 주었다. 가운데는 어린이의 얼굴을 그리고 가에는 캐치프레이즈를 쓴 것이었다. 이것을 들고 우리는 가두 행렬에 들어갔다. 선두에는 소년군의 브라스밴드가 서고, 규율 정연한 행렬이다. …(중략)…

재동 네거리에서 안국동으로, 안국동에서 종로로, 그리고 종로 3가에서 꺾어져 오는 것이었으므로 거리는 짧았지만, 길가의 어른들이 모두 별난 구경거리라고 나와서 구경하였다. 구경거리의 주인공이 되었으

어린이날 포스터

니 우리는 유쾌하였다. 중간에 선도자가 있어서 "어린이 만세!" 하고
외치면 우리는 덩달아 외쳤다. 어른들이 처음 보는 광경이라 어리둥
절해하는 것이 재미있었다.

어린이날 가장행렬은 대개 천도교 중앙총부 마당에서 출발한다. 가장행
렬이 선두에 선다. 아이 밴 배불뚝이 부인, 이상한 걸음걸이로 단장을 휘두
르며 걷는 채플린, 오뚝이, 죽마(竹馬) 등 가지가지이다. 선두에는 소파 선생
을 비롯한 어른들이 선도한다. 허리에는 소 방울 같은 신문 배달 방울을 단
소년들이 예쁜 색으로 인쇄된 삐라 뭉치들을 들고 "(짤랑짤랑) 어린이날 호외
요!" 하면서 뛰어다닌다.

어린이날 행렬 소리가 들리면 길가에는 구경꾼으로 인산인해이다. 만세를 부르면 잡아간다는 일제시대에 "만세!"를 아무리 불러도 잡아가지 않는 유일한 날이 어린이날이다. 저녁에는 교당 또는 기념관에서 여흥, 환등 구경도 있었다.

＊ ＊ ＊

천도교소년회에서는 이미 한 해 앞서 '어린이날'이라는 이름의 행사를 한 차례 가진 적이 있었다. 그러니까 어린이날은 사실상 1922년에 시작되었다고 봐야 한다. 천도교소년회가 주최했던 어린이날 행사도 이날의 어린이날 행사와 거의 비슷했다. 평생 '새싹회'를 이끌어 온 윤석중의 회고[83]를 보자.

> 조선총독부 당국의 허가를 얻어 그날 낮에 소년 회원들이 종각, 파고다공원, 전동(지금의 안국동), 교동, 광화문을 두루 돌며 어린이를 위하자는 '삐라'를 뿌리면서 노래를 부르며 다녔고, '어린이의 날' '소년 보호'라고 크게 써 붙인 자동차 세 대를 천도교 소년 회원과 청년 회원들이 빌려 타고 다니며 색색이 종이에 박은 삐라를 뿌렸다.

1922년 5월 1일자 〈동아일보〉에는 '10년 후 조선을 여(廬)하라'는 제목으로 천도교소년회가 주최한 '어린이날'을 다음과 같이 보도하고 있다.

---

83   윤석중, 『어린이와 한평생』, 29쪽~31쪽.

한 나라 한 사회나 한 집안의 장래를 맡은 사람은 누구인가. 곧 그 집 안이나 그 사회나 그 나라의 아들과 손자니라. 장래에 희망을 두고 어린이에게 장래를 맡기는 가정이나 사회에서 어찌 어린이의 일을 등한히 할 수가 있으며 새 살림을 부르짖는 우리 사회에서는 과연 아들과 손자를 위하여 어떠한 일을 하였는가. 옛날 일은 지나간 일이라 말할 필요가 없거니와 수년 이래로 우리의 부형은 그 자손을 위하여 과연 전에 없던 애를 써 왔다. 다시 말하면 그 자제를 가르치기에 열심하며 여러 가지로 자손의 인도에 노력한 것은 근래의 교육열과 향학열이 증명하는 바이라. 실로 경하할 현상이라 하려니와 아직도 우리의 부형 중에는 배우고자 하는 자식을 막아서 한강에 빠져 죽게 하는 완고한 일이 없지 아니한지라. 이러한 일을 볼 때에 뜻 있는 자로서 누군가 한숨을 쉬지 아니하며 눈물을 흘리지 아니하리오.

이에 느낌이 있는 천도교소년회에서는 어린이를 위하여 부모의 도움이 더욱 두텁기를 바라는 마음으로 금일 일을 기획하여 '어린이날'이라는 이름으로 '항상 10년 후의 조선을 생각하십시오'라고 쓴 네 가지의 인쇄물을 시내에 배포하며 그 소년 회원이 거리거리에 늘어서서 취지를 선전할 터이라는데, 이러한 일은 조선 소년운동의 처음이라 하겠으며 다른 사회에서도 다수히 응원하여 조선 사람의 10년 후의 일을 위하여 노력하기를 바란다더라.

기사 제목으로 사용한 '10년 후의 조선'이란 '3.1운동을 치른 뒤 탄압에 못 이겨 어깨가 축 처져 있던 우리 민족'을 가리키는 것이라고 윤석중은 앞에서 인용한 글 말미에다 적어 넣고, 그럴수록 '희망을 잃지 말자' '어린이를

동아일보의 어린이날 보도 기사, 1922.5.1.

잘 키우자'는 뜻이라고 회고했다.

5월 1일자에서 천도교소년회의 어린이날 행사를 자세히 보도했던 동아
일보는 그 다음 날 신문에도 어린이날 행사 전모를 다시 리포트하고 있다.
〈동아일보〉 1922년 5월 2일자 기사이다.

천도교소년회 주최의 소년보호운동은 예전과 같이 작일(昨日)에 성대
히 거행하였는데, 처음에는 당국의 양해를 얻지 못하여 매우 승강이하
였으나 오후 1시에 이르러 다행히 선전서의 배포와 시가 선전의 허가
를 얻게 되었으므로, 그 회원 일동은 여러 대에 나누어 종로를 위시하
여 탑골공원, 전동, 교동, 광화문 등 기타 각처에서 창가를 하며 취지

를 선전하는 동시에 한편으로 그 소년회와 형제의 관계가 있는 천도교 청년회원 중의 유지와 소년회원으로 연합하여 조직된 자동차 선전대는 3대의 자동차에 '어린이날' '소년 보호' 등의 문구를 대서특서하여 붙이고 종로 큰길을 위시하여 시내 각처를 달려 다니며 선전서를 뿌렸다는데, 동시에 인천에서도 이와 같이 하였으며 밤에는 경운동 천도교당에서 그 소년회의 창립 1주년 기념식을 성대히 거행하였으며, 작일 배포한 선전서는 크고 작은 것을 합하여 네 가지인데 그중에 '어린이의 날'이라고 제목한 것을 원문대로 소개하며 다음과 같다더라.

1. 어린 사람을 헛말로 속이지 말아 주십시오.
2. 어린 사람을 가까이 하시고 자주 이야기하여 주십시오.
3. 어린 사람에게 경어를 쓰시되 늘 부드럽게 하여 주십시오.
4. 어린 사람에게 수면과 운동을 충분히 하게 하여 주십시오.
5. 이발이나 목욕 같은 것을 때맞춰 하도록 하여 주십시오.
6. 나쁜 구경을 시키지 마시고 동물원에 자주 보내 주십시오.
7. 장가와 시집보낼 생각 마시고 사람답게만 하여 주십시오.

이 기사를 보면 어린이날 성격의 '소년보호운동'이라고 한 것이 특이하다. 어떻게 보면 어린이날 주요 프로그램이 어린이들이 이날 하루만이라도 즐겁게 놀 수 있도록 짜여졌는데도 이것이 결과적으로 '어린이를 보호하는 운동의 하나'라고 본 것이다. 또한 이날 뿌린 전단에는 그 이듬해 어린이날에 배포한 '어린이날 선전문' 속에 있는 '어른에게 드리는 글'과 거의 같은 내용이 들어 있어서 눈길을 끈다. 이것 하나만 보아도 어린이날은 물론이고 소년운동의 모체가 천도교소년회라는 것을 누구도 부정할 수 없겠다.

1922년 어린이날의 주최는 천도교소년회 단일 단체가 주도한 '천도교'만의 행사였지만 1923년은 천도교소년회를 비롯해서 불교소년회, 반도소년회 등 전국 각지 40여 개 소년회가 총연합한 조선소년운동협회가 주최했고, 조선일보·동아일보 양대 신문사가 후원했다는 것이 다르다.

그래서 제1회 어린이날을 어느 때부터 기산(起算)해야 하는가 하는 문제가 남는다. 전문가의 입장에 따라 다를 것이다. 천도교 측은 당연히 1922년을 제1회로 해야 한다는 주장이고, 아동문학가들 중에도 1922년부터 기산해야 한다는 의견이 적지 않다. 윤석중 같은 분도 자서전에서 분명히 '우리나라 첫 어린이날은 1922년 5월 1일'이라고 주장한다.

일반적으로는 1923년부터 제1회로 보는 데 별다른 이론이 없는 듯하다. 어린이날이 처음 열린 해를 어느 해로 할 것인가에 대한 논의는 숙제로 남겨 두겠다.

이번에는 어린이날의 제정 과정을 살펴보기로 하자. 정인섭이 지은 『색동회 어린이운동사』의 한 대목[84]이다.

1923년 4월 17일 하오 4시 서울 천도교당에서 김기전 씨의 주동으로 조선소년운동협회가 조직되고, 그곳을 사무실로 하여 한 달에 한 번씩 월례회를 하기로 했으며 기타 결의 사항은 다음과 같았다.
1. 5월 1일을 '어린이날'로 제정하고 제1회 기념 선전을 하기로 하고
2. 소년 문제 선전지 20만 장을 인쇄하여 5월 1일 3시를 기해 전국에

---

84 51쪽~52쪽.

배부하고, 그날 7시 30분부터 어린이를 위한 기념소년연예회(祈念少年演藝會)와 어른을 위한 기념문제강연회를 개최하기로 결정했다.

이 글의 내용을 뒷받침하는 자료가 더 있다. 색동회 동인 진장섭의 수기[85]이다. 소파 방정환의 요청으로 부랴부랴 동경에서 경성으로 건너오는 사정이 밝혀진다.

우리 색동회원들은 동경에서 창립총회를 갖게 되므로 어린이날 행사에는 참석할 수 없었습니다. 그래서 부득이 소파가 관계하고 있는 서울 천도교소년회와 개벽사 간부에게 기별하여 제1회만은 우리는 참석을 못하게 되지만 여러 단체와 잘 의논하여 성대하게 시행하여 주기를 3월 20일자로 소파가 직접 편지를 냈습니다. 23일에는 방학 기간이 얼마 남지 않았는데도, 나는 귀국을 결심하고 25일 밤에 서울에 도착, 다음 날 아침 10시경에 개벽사로 소춘 김기전 씨와 춘파 박달성 씨를 찾았습니다.

다행히 소파 형의 편지는 이미 와 있었으며, 두 분은 나를 반겨 맞아 주었던 것입니다. 두 분은 나에게 염려 말라는 약속을 하였습니다.

진장섭의 글을 보면 한눈에 소파가 어린이날을 주도면밀하게 준비하고 있음을 알 수 있다. 공교롭게도 색동회 창립과 어린이날이 겹치게 된다. 그래서 서울의 어린이날 행사가 만에 하나 차질되지 않을까 하고 걱정이 된

---

85 진장섭, '어린이날과 색동회', 〈소년한국일보〉, 1972년 5월 5일.

3부 시대의 고통

다. 그래서 사전에 최측근(진장섭)을 보낸다. 서울의 준비 상황을 점검하기 위해서다. 개벽사의 김기전이나 박달성이 서울의 책임자이다. 그들에게 진장섭을 보냄으로써 두 사람을 격려하는 효과도 얻는다.

그럼 어린이날은 누가 가장 먼저 제안했을까?

이 점에 대해서는 이정호의 증언이 있다. 미소(微笑) 이정호(李定鎬)는 소파와 함께《어린이》지를 편집하는 아동문학가이다.

아래는 소파가 별세한 다음 달에 나온 추도호에 실은 글[86]이다. 그는 이 글에서 어린이날을 제안한 사람은 방정환이라고 적었다.

> 방학 중에 방 선생이 귀국하시어 천도교회에서 뜻 맞는 이 몇 분과 상의하신 후 비로소 조선 소년운동의 첫 봉화인 천도교소년회를 조직하시고 …(중략)… 그러시는 한편으로 또한 그곳 유학생 중에 마음과 뜻이 맞는 몇 분을 추리어 순전히 어린이 문제 연구단체인 색동회를 조직하여 …(중략)… 비로소 역사적으로 기념한 어린이날 운동을 제창하여, 천도교소년회의 명의로 이를 공포하자, 전선 소년단체는 물론이요 사회적으로 일반 어른들까지 이에 호응하여, 자못 성황으로 제1회 기념을 마치었습니다.

이러한 과정을 거쳐 어린이날은 제정되었다. 정인섭은『색동회 어린이 운동사』에서 '어린 시절부터 아동 인권옹호 사상에 눈뜨고 3.1운동 이후 제2세 국민에게 국권 회복의 기대를 걸어 보려는 뜻에서 천도교의 인내천(人乃

---

86 이정호, '파란 많던 방정환 선생의 일생',《어린이》8월호, 1931년, 26쪽~29쪽.

天) 사상을 바탕으로 민족운동을 전개한' 소파라는 하나의 축(軸)과 '민주적 인권옹호 사상과 일제 저항운동의 방편으로 소년운동을 자각한 색동회 관계 인사들'의 사상이 다른 한 축을 이루었다고 평가했다. 적절한 평가이다. 어린이날이 왜 단순한 어린이들의 잔칫날이 아니라 독립운동과 맥이 닿아 있는지 잘 지적하는 말이기도 하다.

마침내 소파가 소망하던 첫 어린이날 행사는 5월 1일 오후 3시에 계획대로 거행되었다. 천 명도 넘는 어린이와 어른들이 기념식에 참석했다. 행사 주최는 지난 4월 조직된 조선소년운동협회이다. 후원은 천도교와 동아일보, 조선일보 세 단체이다. 장소는 천도교당이었다. 지지난해(1921년) 새로 지은 천도교당의 널찍한 앞마당은 천 명이 넘는 군중이 모였는데도 오히려 자리가 남을 지경이었다. 기념식에 이어서 오후 4시부터 어린이 50명씩을 한 팀으로 하여 네 팀으로 나누어 선전지 12만 장을 배부했다. 밤 6시에는 천도교당에서 기념 연예회를, 8시에는 수송동에 있는 각황사(覺皇寺)[87]에서 기념 소년 문제 강연회가 열렸다. 첫 번째 치러지는 어린이날이 얼마나 감격적이었는지, '어린이날 - 5월 1일이 돌아왔다'는 찬탄하는 문장으로 시작하는 그날의 동아일보 기사를 보자.

어린이날 5월 1일이 왔다. 조선에서 처음으로 어린이에게도 사람의 권리를 주는 동시에 사람대우를 하자고 외치는 날이 돌아왔다. 몇몇 대 조상 적부터 아이나 어른이나 사람의 허울을 쓰고 사람으로 살아보지 못한 것은 우리의 골수에 박힌 원한이다. 지금에 우리 조선 사람

---

87 옛 중동중학교 자리에 있었던 절이다. 조계종 총본산이 조계사의 근원인 각황사라고 할 수 있다.

어린이날을 보도한 동아일보 기사, 1923.5.1.

은 어른이나 아이가 누가 사람의 권리가 있으며 누가 사람대우를 받는 가. 생각하면 실로 기가 막히는 일이다.

첫째 먹을 것이 없고 편안히 쉴 집이 없는 터라 사람 노릇을 하려 할지라도 할 수가 없는 것은 자연 형세다. 이에 뜻있는 몇 사람의 발기로 일어나게 된 소년운동협회라는 곳에서 '젊은이나 늙은이는 이미 희망이 없다. 우리는 오직 나머지 힘을 다하여 가련한 우리 후생 되는 어린이에게 희망을 주고 생명의 길을 열어 주자'는 취지로, 오늘 5월 1일을 어린이의 날로 작정하여 가지고 어린이를 위하여 일을 하자고 선전하는 동시에, 다만 하루의 짧은 시간이라도 그들에게 기쁨이 있게 하고 복이 있게 하자는 오늘이라 한다. 조선의 어린이여! 그들에게 복이 있으라. 조선의 부형이여! 그들에게 정성 있으라.

참으로 격문(檄文)에 가까운 기사이다. 피가 끓고 가슴이 뛰는 글이다. 신

현 서울 종로구 견지동 조계사 자리에 각황사가 있었다.

문 기사라기보다는 한 편의 '어린이 해방 선언문' 같다는 느낌이 든다.

이날 어린이들이 배부한 '선전 삐라'는 12만 장이나 되는 대단한 양이었다. 양뿐만 아니라 선전 문구 또한 중요한 내용을 담고 있다. 앞으로 전개해 나갈 소년운동의 방향이며 어린이날 제정에 앞장 선 방정환 등의 생각이 잘 정리되어 있다. 중요한 내용은 한 해 전 천도교소년회가 주최한 어린이날 행사 때 사용했던 선전 삐라와 같다.

삐라는 총 5가지 항목으로 나누어진다.

첫째, 어린이날이 제정된 취지
둘째, 소년운동의 기초 조건
셋째, 어른에게 드리는 글
넷째, 어린 동무들에게
다섯째, 어린이날의 약속

이상의 5가지로서 어린이들에게 보내는 메시지와 함께 어른들에게 보내는 메시지, 어린이날을 제정한 방정환 등의 대국민 약속 성격의 메시지 등이다.

이 선전 삐라의 내용은 소년운동의 맥을 짚어 나가는 아주 중요한 자료이므로 전문을 소개한다.

조선소년운동협회 주최 제1회 어린이날 선전문

1. 취지

젊은이나 늙은이는 일의 희망이 없다. 우리는 오직 나머지 힘을 다하여 가련한 우리 후생(後生) 되는 어린이에게 희망을 주고 생명의 길을 열어 주자.

2. 소년운동의 기초 조건

본 소년운동회는 '어린이날'의 첫 기념이 되는 5월 1일인 오늘에 있어 고요히 생각하고, 굳이 결심한 끝에 감히 아래와 같은 세 조건의 표방을 소리쳐 전하며 이에 대한 형제 천하(兄弟天下)의 심심한 주의와 공명과 또는 협동 실행이 있기를 바라는 바이다.

- 어린이를 재래의 윤리적 압박으로부터 그들에게 완전한 인격적 예우(禮遇)를 허(許)하게 하라.
- 어린이에 대한 경제적 압박으로부터 해방하여 만 14세 이하의 그들에게 무상(無償) 또는 유상(有償)의 노동을 폐하게 하라.
- 어린이 그들이 고요히 배우고 즐거이 놀기에 족한 각양의 가정 또한

사회적 시설을 행하게 하라.

계해(癸亥) 5월 1일 소년운동협회

3. 어른에게 드리는 글

- 어린이를 내려다보지 마시고 치어다 보아주시오.
- 어린이를 가까이 하시어 자주 이야기하여 주시오.
- 어린이에게 경어(敬語)를 쓰시되 늘 보드랍게 하여 주시오.
- 이발이나 목욕, 의복 같은 것을 때맞춰 하도록 하여 주시오.
- 잠자는 것과 운동하는 것을 충분히 하여 주시오.
- 산보와 원족(遠足) 같은 것을 가끔가끔 시켜 주시오.
- 어린이를 책망하실 때에는 쉽게 성만 내지 마시고 자세 자세히 타일 러 주시오.
- 대우주의 뇌신경 말초(末梢)는 늙은이에게 있지 아니하고 젊은이에 게도 있지 아니하고 오직 어린이들에게만 있는 것을 늘 생각하여 주 시오.

4. 어린 동무들에게

- 돋는 해와 지는 해를 반드시 보기로 합시다.
- 어른에게는 물론이고 당신들끼리도 서로 존대하기로 합시다.
- 뒷간이나 담벽에 글씨를 쓰거나 그림 같은 것을 그리지 말기로 합시 다.
- 길가에서 떼를 지어 놀거나 유리 같은 것을 버리지 말기로 합시다.
- 꽃이나 풀을 꺾지 말고 동물을 사랑하기로 합시다.

- 전차나 기차에서는 어른에게 자리를 사양하기로 합시다.
- 입은 꼭 다물고 몸은 바르게 가지기로 합시다.

5. 어린이날의 약속

오늘이 어린이날, 희망의 새 명절 어린이날입니다.

우리들의 희망은 오직 한 가지 어린이를 잘 키우는 데 있을 뿐입니다.

다 같이 내일을 살리기 위하여 이 몇 가지를 실행합시다.

어린이는 어른보다 더 새로운 사람입니다. 내 아들놈, 내 딸년 하고 자기의 물건같이 여기지도 말고, 저기보다 한결 더 새로운 시대의 새 인물인 것을 알아야 합니다.

어린이를 어른보다 더 높게 대접하십시오. 어른은 뿌리라면 어린이는 싹입니다. 뿌리가 근본이라고 위에 올라앉아서 싹을 누르면 그 나무는 죽어 버립니다. 뿌리가 원칙상 그 싹을 위해야 그 나무(그 집 운수)는 뻗쳐 나갈 것입니다.

어린이를 결코 욱박지르지 마십시오. 조선의 부모는 대개가 가정교육은 엄해야 한다는 잘못된 생각으로 그 자녀의 일생을 망쳐 놓습니다. 욱박지를 때마다 뻗어 가는 어린이의 기운은 바짝바짝 줄어듭니다. 그렇게 길러 온 사람은 공부를 아무리 많이 해도 크게 자라서 뛰어난 인물이 못되고 남에게 끌리고 뒤지는 샌님이 되고 맙니다.

어린이의 생활을 항상 즐겁게 해 주십시오. 심심하게 기쁨 없이 자라는 것

어린이날 포스터의 일부

처럼 자라 가는 어린 사람에게 해로운 일이 또 없습니다. 항상 즐겁게
기쁘게 해 주어야 그 마음과 몸이 활짝 커 가는 것입니다.

어린이는 항상 칭찬해 가며 기르십시오. 칭찬을 하면 주제넘어진다고 생각
하는 것은 큰 잘못입니다. 잘한 일에는 반드시 칭찬과 독려를 꼭 해 주
어야 그 어린이의 용기와 자신하는 힘이 늘어 가는 것입니다.

어린이의 몸을 자주 주의해 보십시오. 집안의 어린이가 무엇을 즐기나, 몸
과 마음이 어떻게 변해 가나, 이런 것을 항상 주의해 보아 주십시오.
평상시에 그냥 내버려 두었다가 잘못된 뒤에 야단을 치거나 후회하는
것은 부모들의 큰 잘못입니다.

어린이에게는 잡지를 자주 읽히십시오. 어린이에게는 되도록 다달이 나오는 소년잡지를 읽히십시오. 그래야 생각이 넓고 커짐은 물론이요, 또한 부드럽고도 고상한 인격을 가지게 됩니다. 돈이나 과자를 사 주지 말고 반드시 잡지를 사 주도록 하십시오.

희망을 위하여 내일을 위하여 다 각각 어린이를 잘 키웁시다.

이 선전문 내용 가운데 두 번째 '소년운동의 기초 조건' 세 가지는 이날보다 앞서 김기전이 《개벽》지에 발표한 글 「개벽운동과 합치되는 어린이운동」에 나오는 소제목 '윤리적 압박 속에 있는 어린이' '경제적 압박 속에 있는 어린이' '이렇게 해방할 것이다'와 같다. 김기전의 글은 상당히 많은 분량이다. 그 글에서 소파는 소제목을 따오고 자기 생각을 헤드라인 같은 문장으로 정리한 것으로 보인다.

이것만 봐도 소파가 어린이날을 제정하는 데뿐만 아니라 소년운동을 전개해 나가는 데 있어 김기전이 얼마나 중요한 이론을 맡아 왔는지를 알 수 있겠다. 나머지 항목 중 '어린이날의 약속'은 문장을 풀어 나가는 솜씨가 소파의 것이 분명하며 '어린이들에게' '어른들에게' 등은 글의 성격상 여러 사람의 의견을 듣고 소파가 최종 정리한 듯하다.

이 선전문구 둘째 항 '소년운동의 기초 조건'은 아주 중요하다. 그리고 이미 한 해 전 천도교소년회가 주최한 '어린이날'에도 밝힌 적이 있다. 이것은 세계 최초의 '아동 인권선언'으로 평가된다. 왜냐하면 국제연맹이 통칭 '국제아동권리선언'을 발표한 것은 이보다 꼭 1년 뒤이기 때문이다.

제1차 대전이 끝난 이후, 수없이 많은 전쟁고아들을 보호하기 위해서 '아동구제기금단체'가 발족된다. 이 단체는 '아동을 죽음에서 구하고 생명을 보호하여 건전한 성장 발달을 바라는 정신'을 담아 '세계아동헌장'의 제정을 발의하고, 국제연맹은 스위스 제네바에서 이를 '국제아동권리선언'으로 발표한 것이다.

* * *

어린이날은 제2회 제3회… 회를 거듭할수록 참가 인원도 늘어나고 프로그램도 다양해진다. 하지만 동전은 양면이 있는 법인가? 갈등의 골짜기도 차츰 깊어 갔다. 민족주의를 지향하는 그룹과 무산계급의 해방을 주장하는 사회주의 진영이 해가 지날수록 분열되고 첨예하게 대립하기 시작한 것이다.

어린이날을 둘러싸고 소년운동 단체끼리 빚는 갈등과 충돌 양상은 어떻게 진행되었을까?

이런 궁금증을 풀어 주는 글을 찾을 수 있었다. 평전 자료를 수색하다가 찾아낸 귀중한 자료이다. 소파 방정환이 1929년 5월 어린이날을 전후해서 〈조선일보〉에 연재한 '조선 소년운동의 역사적 고찰'[88]이라는 글이다. 이 글을 쓸 시기에 소파는 소년운동 일선에서 물러나 있었다. 소년 단체를 움직이는 주도권은 월등한 조직력을 앞세운 정홍교 등의 사회주의 세력이 장악하고 있었다. 이런 시기에 소파가 용기 있게, 사회주의적 색채가 진한 조선일보에다 이 글을 실은 것이다.

첫 어린이날에 대해 소파는 이렇게 쓰고 있다.

---

88 방정환, '조선소년운동의 역사적 고찰', 〈조선일보〉, 1929년 5월 3일부터 5월 13일까지 6회 연재.

임술년(1922년) 봄에 이르러 460명의 소년 군중을 가진 천도교소년회와 각 신문사 및 사회 유지와 동경 유학생 유지들이 중심이 되어 소년운동에 대한 일반의 이해를 철저히 시키기 위해서 어린이달인 5월을 택하고, 5월에도 제1일을 삼아 '어린이날'로 정하여 운동의 기세를 크게 울리니, 계획이 어그러지지 아니하여 소년운동의 필요는 전 민족적으로 깨닫게 되고 운동은 전 조선적으로 퍼져서 각지에 일제히 일어나니 반도소년회, 명진소년회 등 그 수가 일거에 백여 개를 헤아리게 되었습니다.

소파는 위의 글에서 첫 어린이날에 일으킨 파급 효과 몇 가지를 적어 놓았다. 그것은, 그해 9월에 중앙고보 교사 조철호가 만든 보이스카우트 운동, 잇따라 탄생하는 기독교 교회의 소년척후대(少年斥候隊), 불교계, 기독교계 등 종교계를 중심으로 결성된 수많은 소년회 등이다.

그 다음 해 1924년 제2회 어린이날 기념식은 역시 천도교당에서 열렸다. 이해 어린이날에는 앞에서 인용한 조풍연의 회고 글 속에 나오는 '풍선 날리기'가 인기를 끌었다. 또 어린이날을 축하하는 뜻에서 동아부인상회 등 조선인이 운영하는 회사들이 상품을 협찬했고 천도교 종리원, 조선체육회, 조선일보, 동아일보, 조선교육회, 김성수, 허헌 등 많은 유지들과 회사들에서 찬조금이 들어왔다.

특기할 만한 일로 제2회 때부터는 어린이날을 5월 1일 하루에 끝내지 않았다. 대신 이튿날에 '어머니 대회' 또 그 이튿날에는 '아버지 대회' 하는 식으로 어린이와 관련한 행사가 일주일 동안 이어졌다.

소파는 첫 어린이날 행사 때는 동경에서 색동회 발회식을 하느라고 참석하지 못했었지만 제2회 때에는 참석했다. 일본 유학 생활을 완전히 정리하고 귀국했기 때문이다. 기념식은 5월 1일 오후 3시 천도교당에서 열렸다. 소파는 며칠 밤을 새워 가며 행사를 준비했고 이 기념식에서 "어린이를 해방하라"고 힘찬 어조로 연설했다.

소파가 《어린이》 잡지에 털어놓은 글이 하나 있다.

4월경부터 5월 열흘경까지 한 달 동안을 '어린이날' 준비와 또 선전으로 하여 하고한 날 이른 아침부터 밤중이 지나고 다시 새벽 세 시 네 시가 되기까지 일하기를 꼭 보름 동안이나 하였습니다. 그동안에 강진동(姜鎭東) 씨와 정병기(鄭炳基) 씨 같은 이는 병이 나기를 두 번이나 했습니다. 5월 엿새 날까지 다 치르고 나니, 누구에게 흠씬 두들겨 맞은 사람같이 온 전신이 아프고 늘어지면서 코피가 자꾸 쏟아졌습니다.[89] 참말이지 처음 당해 본 일이었습니다. 그러나 치러 놓고 보니 그렇게 마음에 기쁘고 유쾌한 일은 없었습니다. 34만 장의 선전지를 시골마다 보내 놓고 여기저기 시골 소년회에서 전보가 자꾸 오고 …(후략)…

제2회 어린이날 행사는 첫해보다 더 성대하게 치렀다. 소파는 "전년보다 일층 기세를 올렸다"고 하면서 "사회적 반향도 적지 않았다"고 말했다. 그 덕분에 전해(1923년)부터 《신소년》 《새벗》 《햇발》 같은 소년잡지들이 꼬리에 꼬리를 문듯이 창간되고, 신문들은 모두 '어린이난'을 꾸미고 출판계에

---

89 코피를 쏟았다는 최초의 기록이다.

어린이날 행사가 열렸던 천도교 광장.
당시 천도교당 앞마당에서 시작하여 창덕궁 → 종로 3가 단성사 → 광화문을 둘러 한 바퀴 행
진을 하였다. 참가 인원이 많아 이 시가행진에만 반나절 이상이 걸렸다.

서도 어린이용 단행본들이 쏟아져 나오기 시작했다. 마치 세상은 거의 어린이가 차지하는 느낌마저 들 정도였다. 어린이날 행사 또한 국내는 물론 멀리 하와이, 오사카 등으로까지 퍼져 나갔다.

이때까지 어린이날 행사는 '소년운동협회'라는 이름으로 여러 소년 단체가 연합해서 잘 치렀다. 그러나 3년째 되는 해인 1925년에 접어들자 양상이 조금씩 바뀐다. 그간 속으로 잠재되어 있던 갈등이 불거지기 시작한 것이다. 어쩌면 예측이 가능했던 일이기도 했다.

아무튼 불행은 시작되었다.

1925년 어린이날 행사는 이 같은 갈등과 반목 때문에 두 곳에서 각각 따로 열리게 된다. 정홍교를 대표로 하는 오월회가 소년운동협회에서 떨어져 나감으로써 소년 단체는 두 쪽이 나고 만다. 소파가 이끄는 소년운동협회가 민족주의적 색채가 강한 반면 오월회는 무산(無産) 소년 단체를 지향하고 있었다.

〈조선일보〉에 발표한 소파의 글을 다시 인용한다. 두 단체로 분리되고 따로따로 어린이날 행사를 치르게 된 자초지종이다.

> 을축년(1924년) 어린이날이 지나고 그해 첫여름에 반도소년회, 불교소년회 등의 소년회 발기로 경성 시내 소년 지도자 회합이 경성 천도교당에서 열려 경성의 지도자회를 조직하여 명칭을 오월회라 하였고, 나중에 그것을 소년연맹으로 고치려다가 경찰 간섭으로 못하고 중지된 상태에 있다가 이듬해 병인년(1925년) 3월에 다시 오월회로 재조직되었습니다.
> 이해 5월, 어린이날을 앞두고 경성 각 소년 단체(각 교회파 소년회, 소녀

회, 소년척후대도 참석) 대표자가 종로 청년회관에 모여 어린이날 준비를 협의할 때, 금년에도 '조선소년운동협회'란 명의로 해내 해외가 총연합해서 하자는 의논에 오월회 대표자로부터 "소년운동은 상설 기관이 아니고 매년 어린이날을 위한 일시적 연합에 불과하므로 올해는 오월회 명의로 하자"는 주장이 있었고 "어린이날 운동은 모든 교파적 관계를 초월해서 지방 소년회까지, 해외 소년회까지 일치협력해야 하므로, 네 이름도 아니요 내 이름도 아닌 소년운동협회로 할 것이지 경성 내에서도 각 회가 다 참여하지 않은 오월회 명의로 함이 부당하다"는 반대론이 있어 2, 3일의 타협 노력이 주효치 못해서 병인년 어린이날은 소년운동협회로 예년과 같이 하는 외에 오월회는 탈퇴하여 따로이 어린이날을 기념하게 되었습니다.

그 후 1926년에는 순종 황제의 국상(國喪)이 있어서 공식적인 어린이날 행사를 하지 않았다. 그 다음 해(1927년)에는 그동안 두 파로 갈려 있던 소년 단체들이 의논 끝에 '조선소년연합회'로 다시 뭉친다. 그러나 이것도 오래 가지 못하고 1928년에는 '조선소년총동맹'으로 명칭이 바뀌면서 정홍교가 위원장 자리를 차지한다.

소년운동 단체의 성격과 노선이 뜻하지 않은 방향으로 치우지게 되면서 소파는 결국 소년운동 일선에서 물러나게 된다. 1928년의 일이다.

또 이해에는 5월 1일 어린이날과 노동절, 즉 '메이데이'와 중복된다고 해서 어린이날을 5월 첫째 일요일로 변경한다. 이마저도 조선총독부는 1937년부터 집회를 금지해 버려서 열지 못하게 된다. 이러한 모든 과정을 소파의 글로 다시 마무리한다.

천도교 광장에 있는 어린이 헌장비

다음 해 정묘년(1927년)에도 예년과 같이 각파가 소년운동협회로 하고 오월회는 오월회대로 어린이날 기념을 거행했습니다.

이렇게 따로 기념을 지낸 후 양쪽이 같이 심한 유감을 느껴 5월 14일에 오월회 측에서 먼저 '소년연합회'를 지을 일을 발기하고 소년운동협회 측에서도 무조건하고 이에 응해서 이해 10월 16일에 '조선연합회'를 창립하니 이로써 2년간의 분립은 완전히 통일이 되었습니다. 그리고 이 창립총회에서 어린이날이 노동절과 상충하는 것과, 일요일이 아니므로 명절이 될 수 없다는 이유로 5월 첫 공일로 변경하기로 되었습니다. …(중략)…

이듬해 무진년(1928년) 3월 25일, 조선연합회 제1회 정기 대회에서 소년연합회를 '조선소년총동맹'으로 해서 단일 조직으로 변경하고 소년 연령을 18세까지로 제한하고 지도자의 연령을 25세까지로 제한했습니다. …(후략)…

잡지 《어린이》

잡지 《어린이》는 1923년 3월 20일 소파의 나이 스물다섯 살 때 창간했다. 이로써 소파는 어린이운동 최전선에 나선다.

동경에서 색동회 발회를 논의하기 위해 첫 회합을 가진 것이 3월 16일이니까 그로부터 나흘 뒤였다. 창간호는 46배판 12면에 푸른색 잉크로 박았다. 판형은 크고 부피는 얇았다. 매달 1일과 15일 두 번 발행하는 격주간(隔週刊)이며, 정가는 5전이었다.

그런데 창간호에는 판권(版權) 사항이 보이지 않는다. 인쇄소, 발행소, 인쇄인, 발행인 등이 판권난에 있어야 하는데, 실수를 한 것인지 일부러 뺀 것인지 이것이 없었다.

창간호에 보이지 않던 판권은 제2호에는 다음과 같이 적혀 있다.

발행소 : 경성부 경운동 88번지 개벽사
편집 겸 발행인 : 김옥빈(金玉斌)

《어린이》창간호 표지

발행소가 개벽사라고 되어 있지만 '현상 글 뽑기'나 '상 타기' 난에는 응모할 때 '천도교소년회 편집실'로 보내라고 되어 있다. 이것으로《어린이》지는 천도교소년회가 실제 사업 주체라는 것을 알 수 있다. 물론 이것을 주도한 사람은 소파였고 천도교소년회가 그 기반이었다.

애초에 창간 일자는 3월 1일로 정했었다. 그러나 3월 20일이 되어서야 나왔다. '소위 원고 검열하는 절차가 어떻게 까다로운지 여기저기 왔다 갔다 하는 동안에 어느덧 십여 일이 휙 지나가서' 늦어졌다는 사고(社告)가 창간호 맨 뒷면에 실려 있고, 그렇게 나온 창간호마저도 '내용 기사 중에 짭짤한 구절은 원고 검열할 적에 꼭꼭 삭제를 당하여 마치 꼬리 뺀 족제비 모양이 되었다'는 것이었다.

그러니까《어린이》는 태어나자마자 '검열'과 '삭제'라는 호된 신고식을 치른 것이다.《어린이》지의 앞날이 순탄치 않을 것임을 보여주는 대목이다.

창간호 첫 장에는 동화 작가 이정호의 《어린이》를 발행하는 오늘까지, 우리는 이렇게 자랐습니다'는 글이 실려 있다. 말하자면 경과보고 같은 성격의 글이다. 이 글을 통해 이정호는《어린이》지가 창간되기까지 천도교소년회가 중심이 되었다는 점, 취운정(翠雲亭)에서 있었던 봄 소풍이며 삼청동 탁족회(濯足會), 북악산 등산회와 추석 달맞이 모임 등을 갖고 소년회 활동을 계속해 왔다고 소개했다.

창간호는 총 12면 가운데 '처음에(창간사)' 1면, '남은 잉크' '현상 글 뽑기' '예고' 같은, 편집실에서 독자에게 알려 드리는 내용들로 채워진 1면을 제외하고 10면이 남는다. 이 중에서는 동화, 동화극 같은 순 아동문학 지면이 3 꼭지 6면으로 가장 비중이 크다. 이 동화 작품들은 소파가 동경 유학에서 닥치는 대로 읽었던 독서 체험의 열매이다. 창간호에 실린 안데르센의 『성냥팔이 소녀』 번안 동화 『장난군의 귀신』도 그런 작품들이고, 이후에 나오는 《어린이》 잡지에도 안데르센, 이솝, 오스카 와일드, 아나톨 프랑스 등의 수많은 동화들이 번역 또는 번안되어 실린다. 동화 작품들 외에는 '히아신스 이야기' 같은 교양 상식 기사와 세계의 소년들을 소개하는 기사가 각각 1면 씩 실렸다. 여기에다 각 지방 소년회 소식이 1면이다.

《어린이》지 제2호는 4월 1일에 12면, 제3호는 4월 23일에 12면이 발행된다. 매월 1일, 15일 두 번 발행하는 격주간 잡지로 창간했지만 검열 등 여러 가지 사정으로 발행 일자를 제대로 지킬 수가 없었다.

6개월 후인 9월 15일에 나온 제8호는 '전 조선 소년지도자대회 기념호' 타이틀이다. 페이지도 표지 포함 44면이고 발행 간격도 월간으로 바뀐다. 매호 검열을 받느라고 날짜가 자꾸 지체되므로 격주간으로 제날짜에 발행하는 것이 현실적으로 불가능했던 것 같다.

소파는 《어린이》 잡지에 온 생애를 걸었다. 동경 유학 시절부터 어린이 운동을 제대로 펴기 위해서는 무엇보다 '잡지'가 중요하다는 것을 알았다. 잡지는 어린이운동을 펴 나가는 데 가장 강력한 무기가 될 것이라고 진작부터 생각했다.

동경 유학을 하면서도 대학 공부보다는 소년운동을 함께할 동지(同志)를 모으는 일에 주력한 것이나, 세끼 식사 시간을 제외하면 장차 동지가 될 사람들과 만나는 일 외에 거의 모든 시간을 책 읽는 데 그토록 욕심을 부렸던 것도 《어린이》지를 내기 위한 준비라고 할 수 있었다. 말하자면 '색동회'로 소년운동의 깃발을 올렸다면 《어린이》지는 소년운동의 진군(進軍)을 독려하는 나팔인 셈이었다.

(왼쪽)《어린이》창간 7주년 기념호 표지 (오른쪽) 전선(全鮮)소년지도자대회 기념호

그런 의미에서 동경에서 탄생한 색동회 멤버들은《어린이》지의 가장 훌륭한 필자 역할을 한다. 그들은 역사, 영문학, 불문학, 예술, 자연과학 등 다양한 분야의 전공을 살려서《어린이》지가 그때그때 필요로 하는 동화 작품은 물론이고 과학 상식, 경제 상식, 역사 상식, 지리 상식 등 어린이들에게 유용한 교양 기사를 기고한다. 원고뿐만 아니라 유학을 마치고 돌아온 이후에도 소년회 조직, 소년지도자대회, 각종 강연회, 신문 기고 등을 통해 소파가 펼치는 소년운동을 음으로 양으로 지원한다.

《어린이》지가 창간할 무렵을 전후하여 전국 여러 지방에서는 무서운 기세로 소년회가 조직되고 있었다. 이제 바야흐로 조선 팔도는 소년회의 바람이 불 터였다. 이 바람을 태풍으로 만들고 뜨거운 활화산 같은 운동으로 번지게 하는 데《어린이》는 결정적인 마당을 제공하게 된다.

《어린이》 창간호에 실린 다음과 같은 짤막한 소파의 글이 심지에 불을 붙인 것이다. '여러분'이라는 제목으로 소파가 쓴 호소문이다.

> 우리의 놀이터를 넓혀 가고 우리의 운동을 짜여 가게 하십시다. 서울 사시는 이는 교동 보통학교 앞 천도교소년회로 오십시오. 시골 사시는 이는 그 시골 읍내에 있는 소년회로 가십시오. 거기서 우리는 손목을 맞잡을 수 있고 무슨 좋은 일이든지 쉽게 할 수 있고 남에게 지지 아니하는 지식을 엿볼 수 있고 기운껏 마음껏 씩씩하게 커 갈 수가 있는 것입니다. 반드시 소년회에 입회하십시오.

이 짧은 글은 순식간에 전국 방방곡곡에 메아리처럼 울려 퍼져서 연이어 각 지방마다 소년회를 결성하는 계기가 된다.《어린이》지는 마치 소년회 활동과 야학당의 교과서처럼 사용되기에 이른다.

＊　＊　＊

소파가 33세로 요절하기까지 8년 동안 혼신의 힘을 다 기울여 발행한 《어린이》지에 대해 어떤 평가를 내려야 할까?

소파 방정환이 아동문학계에 끼친 영향에 대해 거의 전 생애를 바쳐 연구한 이재철 교수의 평가를 보자. 이재철은 《어린이》를 가리켜 "《어린이》지는 루소의 '민약론(民約論)'[90]에 비견되는 인내천(人乃天)과 보국안민(輔國安民)과 제폭구민(除暴救民)[91] 사상에서 연유된 아동 인권옹호 운동 실천의 현장이었다"고 전제하면서 "조국의 어제를 잊고 우리의 말과 글을 잃어버릴 뻔한 내일의 주인공인 어린이들에게 우리말과 글로 된 노래와 이야기를 들려주어 우리의 민족혼을 일깨워 주자는 것이 《어린이》지의 주 편집 방침이었다"고 지적하고는 "그것은 짓눌리고 가난하고 웃음을 잃은 슬픔 많은 어린이가 처한 현실에 대한 뼈저린 자각에서 출발하였으며, 그것은 구체적으로 슬픔을 달래 주고 슬픔을 함께하며 역경을 극복하는 슬기로 나타났으나, 곧 매호마다 보여 주는 조국의 어제와 오늘을 일깨워 주는 훈화·위인전기·역사·지리 등, 그리고 보다 실감나게는 소파의 연재 '어린이독본' '조선자랑호' '소년운동호' 등 집중적 기획 특집물에서 얼마든지 쉬이 엿볼 수 있는 독

---

90 현대 민주주의의 선구적 이론이다. 사회나 국가의 성립은 국민의 자유로운 계약에서 이루어진 것이며 그 주권은 국민에게 있다고 주장하여, 19세기 이후 절대왕권에 반대하는 민주주의혁명에 커다란 영향을 끼쳤다.

91 인내천은 '사람이 곧 하늘'이라는 천도교의 기본 사상이며, 보국안민은 나라를 어려움에서 구하고 백성을 편안하게 하다는 뜻이며, 제폭구민은 포악한 것을 물리치고 백성을 구원하다는 뜻이다.

립운동의 한 방편이기도 했다"고 평가했다.

이재철 교수의 평가[92]대로 《어린이》지는 독립운동을 수행한 잡지이다. 90여 년이 지난 지금의 잣대로 살펴봐도 이 평가는 정당하다.

《어린이》지는 손바닥만 한 판형의 작은 잡지[93]이다. 하지만 크기가 작다고 내용까지 작으랴. 이 작고 얇박한 잡지 속에 별의별 '심상치 않은 내용들'이 들어 있었으니, 총독부 당국이 그대로 놔두었을 리가 없다.

발행인인 소파(명의는 다른 사람 이름이었지만)가 이미 그들이 말하는 이른바 불령선인(不逞鮮人)[94] 리스트에 올라 있었으니, 그가 '하는 짓거리'마다 눈에 불을 켜고 주목하고 있었을 터였다. 그래서 손바닥만 한 이 작은 잡지에도 요시찰 딱지를 붙여 놓다시피 하고 매달 검열 때마다 까다롭게 굴었을 터였다. 압수, 삭제, 게재 불허 조치가 뒤를 이었다.

1976년에 천도교도 이광순이 복원한 《어린이》 영인본의 전권(全卷)을 한 페이지씩 확인해 보니 삭제가 34회, 게재 중지 또는 연재 중지가 9회, 그리고 잡지 생명에 치명적인 압수 조치도 2회나 되었다. 삭제한 것 가운데는 원고 몇 줄 삭제한 것도 있었지만 원고 한 편을 통째로 삭제당한 것도 있었고, 한 발 나아가 앞으로 쓸 원고 내용에 대해서까지 미리 게재 중지를 당하는 경우도 있었다.

총독부가 원고를 삭제하거나 게재 중지하는 정도도 점점 심해져 갔다. 처음에는 몇 행 삭제 정도였다. 그러다가 총독부가 검열 기준을 강화했는

---

92 이재철, '어린이 잡지와 소파의 구국 운동', 《신인간》 389호, 1981년 7월, 12쪽~16쪽.

93 창간호는 46배판 격주간 발행의 큰 사이즈였으나 월간지로 전환하면서 46판 크기로 작아진다. 본문은 대개 60쪽 안팎, 46판은 '문고판' 사이즈다. 그러다가 소파가 타계한 후 다시 국판으로 판형이 커지기도 한다.

94 불온하고 불량한 조선 사람이라는 뜻으로 일본 제국주의자들이 한국인에 대해 쓴 말.

지 아니면《어린이》지가 이른바 '불령한' 글을 점점 많이 싣기 시작했는지
는 명확하지 않지만, 날이 갈수록 원고를 통째로 삭제당하는 경우가 많아졌
다. 예를 들면 이정호의 동화「귀여운 희생」, 최규선의 동화「소용사(少勇士)
의 특명」, 홍은희의 동화「병아리의 죽음」, 이정호의 번역「내 나라 예찬」,
연성흠의 번역「한다리 고수(鼓手)」, 송영의 소년소설「가난과 싸움」, 김한
의 동화「행복의 꽃」, 신영철의「백두산 자랑」, 이정호의 장편 미담「정의의
화살」, 최청곡의「어린이날 일기」, 몽견초(방정환)의 사진 소설「이엽초」, 방
정환의「어린이날을 맞으며」와「어린이 독본」, 차상찬의「남이 장군 이야
기」 등등 같은 작품들은 전편이 삭제되는 수난을 겪었다. 또 인기리에 연재
중이던 북극성(방정환)의 장편소설「소년 삼태성」은 연재 도중 게재 중지 조
치를 당해 마무리하지 못하는 바람에 절름발이 작품이 되고 말았다. 또한
이정호의 장편 소년 미담「남아 한번 맹세한 다음에야」는 연재 첫 회에 삭
제를 당하면서 총독부는 아예 연재 중지 조치를 내렸다.

밥 먹듯이 계속되는 이런 강제 조치가 떨어질 때마다 편집 책임자인 소
파는 '사상이 불온하다'는 이유로 종로서 유치장과 서대문형무소 미결수 감
방을 제집처럼 들락거려야 했고 총독부 경무국에 수시로 불려가 경위 설명
을 하느라고 진땀을 흘려야 했다.

《어린이》지에 실린 사고(社告)를 한번 읽어 보자.

어린이 신년호가 굉장히 소문이 좋아서 팔리고 팔리고 어떻게 몹시 팔
리던지 금방 모자라겠어서 다시 또 더 박기를 시작하는 때, 뜻밖에 총
독부 경무국으로부터 압수 명령이 내려 본사와 경성 50여 책사(冊肆)
는 물론이요 온 조선 300여 처에서 책을 모두 몰수당하였습니다. 《어

《어린이》지에 참여한 필자들

린이》에 내지 못할 말을 냈다는 이유입니다. 책을 압수당한 것뿐만 아니라 그 후에 자꾸 말썽스러운 문제가 거듭하여 《어린이》로서는 참말 위험한 경우를 지내었습니다.

- 1928년 3월 20일

이 책은 실상은 5월 1일에 발행할 것인 고로 4월 보름께 편집하되 '어린이날 기념호'로 특별 편집하여 전에 못 보던 새로운 기사를 많이 실었고, '어린이날 선물'로 장난감 그림도 준비하였었는데, 그것이 불행히 (모두 온건치 못하다는 이유로) 압수를 당하여서 인쇄를 못하게 된 고로 곧 새로 편집을 고쳐 하여서 다시 허가를 받느라고 날짜만 많이 걸려서 5월에는 발행이 되지 못하고 이제야 간신히 발행되게 되어서 오늘까지 궁금히 기다려 주신 여러분에게 미안하기 그지없습니다.

- 1928년 5월 20일

이번 호는 여러 가지 사정으로 원고의 대부분이 불허가가 되어서 생각한 대로 뜻한 대로 되지 못하고 이 모양이 되었습니다. 그리고 이번 호는 되도록 어린이날 전에 내놓으려고 별별 고심을 다하였던 것이 부득이한 사정으로 인하여 이렇게 늦어졌을 뿐만 아니라 이 책을 받아 드시는 여러분이 몹시 섭섭해하실 줄을 번연히 알면서도 어쩔 수 없이 빈약한 내용 그대로 편집을 하게 된 우리의 괴로운 사정을 짐작하시고 너그러이 용서하시기 바랍니다.

- 1929년 5월 20일

《어린이》는 이렇게 지독한 검열과 통제를 받으면서 나왔다. 얼마나 검열이 까다로웠는지 어느 때는 제출한 원고마다 모두 붉은색 '삭제' 도장이 찍히기도 했다. 한두 줄씩 삭제당한 것은 헤아릴 수도 없었다.

하지만 탄압이 심하면 심할수록 《어린이》를 기다리고 《어린이》를 사랑하는 독자들은 폭발적으로 늘어 갔다. 따라서 발행 부수도 다달이 늘었다.

처음에 소파가 《어린이》 잡지를 창간한다고 했을 때 많은 사람들이 말렸다. "어른들이 보는 잡지도 팔리지가 않아 운영이 어려운데 어린애들이 무슨 돈이 있어 잡지를 사겠느냐'고 말린 것이다. 그런 반대를 물리치고 오로지 소파는 고집을 부렸다. 소년운동을 하는 데는 기관지가 절대 필요하다. 기관지가 있어야 소년운동의 내용을 널리 알릴 수 있다. 소파는 그렇게 생각한 것이다. 그래서 색동회 발회를 위해서 준비 모임을 갖는 틈틈이 《어린이》 창간을 동시에 진행했다. 서울에서는 김기전, 박달성, 이정호 등의 천도교소년회 간부들이 손발 벗고 나서고 있었다.

《어린이》지가 잘 팔릴지 어떨지, 아무도 모르는 일이었다. 소파 역시 걱정이 되었는지 《어린이》 창간호 광고를 5단 통 규격으로 냈다. 잡지 창간을 하면서 5단 통 광고를 하는 경우는 없었다.

1923년 3월 20일자 동아일보에 실려 있는 《어린이》 창간호 광고를 살펴보자.

광고는 검정 바탕에 흰색 큰 글씨로 '새 잡지 어린이 창간호'라는 헤드라인으로 시작한다. '세상의 신사 제현(紳士諸賢)과 자제를 두신 부형께 고함'이라는 중간 제목이 있고 '더할 수 없는 곤경에 처하여 갖은 박해와 같은 신고를 이겼으면서도 그래도 우리가 안타깝게 무엇을 구하기에 노력하는 것은 오직 "내일은 잘될 수가 있겠지, 내일은 잘 살 수가 있겠지" 하는 한 가지 희망이 남아 있는 까닭입니다'는 카피로 이어지며, 그 희망이란 '내일의 호주, 내일의 조선 일꾼 소년 소녀들을 잘 키우는 것밖에 없습니다'고 창간 의도를 밝혔다.

광고는 다시 '어떻게 하면 남보다 낫게 키울까? 그것을 위하는 한 가지 일로 우선 시작한 것이 《어린이》입니다'고 전제한 뒤에 '당신이 먼저 《어린이》를 읽으시고 그 책을 자녀에게 읽히십시오'라고 권하는 문안으로 마무리 지었다.

이렇게 광고를 했는데도 창간호 판매는 몹시 부진했다. 창간호 발행 부수가 얼마인지 기록은 남아 있지 않다. 그러나 앞서 소파가 발행했던 잡지들, 예를 들면 《신청년》 《신여자》 같은 잡지들의 발행 부수가 2,000부 내지 4,000부 정도였으니, 5,000부 정도였으리라는 추정을 해 본다. 그런데 얼마나 판매가 부진했던지 이름과 주소만 보내 주면 그냥 무료로 주겠다는 광고를 거듭했는데도 공짜로 받고 싶어 주문한 사람이 고작 18명이었다고 한다.

그러다가 고집스러운 소파의 열성과 뛰어난 내용으로 다달이 《어린이》 독자가 늘기 시작했다. 창간한 지 1년이 채 안 되는 1923년 11월 15일 발행된 《어린이》에는 '호마다 호마다 점점 더 멀리 퍼져서 더 박히고 더 박혀도 그래도 모자라는 우리 《어린이》는 이번 이 책도 또 더 많이 박을 요량인데'라는 편집 후기가 눈에 띄고, 1924년 4월호에는 '참말로 인제는 웬만한 신문만 한 세력을 가지게 되었으니'라는 편집후기도 있다. '신문만 한 세력'이라는, 어떻게 보면 건방져 보이는 표현을 쓴 것을 보니 발행 부수가 신문 발행 부수와 엇비슷했던 모양이다. 참고로 이 무렵 유명한 일간신문 발행 부수는 5만 부 수준이었다.

《어린이》 창간 광고

1924년 12월호《어린이》에는 이런 편집후기가 있다.

요사이는 어린이 독자가 늘어서 책이 모자라게 되니까 영업국에서 편
집실까지 뛰어 올라와서 이번에도 책이 모자랐다고 기쁜 보고를 합니
다. 그러면 모두들 철필을 놓고 일어서면서 야! 잡지계의 제일은 고사
하고 신문보다도 장하이! 하고들 야단입니다.

총독부 압제가 심해지고 삭제 횟수가 늘어가는 데 반비례해서《어린이》
지 인기가 폭발한 것이다. 부수가 늘어나는 것을 도표로 그리면 수직 상승
곡선을 그려야 할 판이었다.

1925년 2월호《어린이》에는 이런 편집후기도 있다.

1월 7일에 발행한 것이 단 7일간에 팔려 없어졌고, 곧 뒤이어 17일에
재판을 발행한 것이 또 7일 만에 없어지고, 다시 23일에 3판을 발행한
것이 또 7일 만에 없어졌습니다. 그래도 뒤를 주문하시는데 4판까지
는 인쇄할 시일이 없어 보내드리지 못하였습니다.

3판까지 발행했는데도 모자랐다는 것이다. 잡지가 너무 많이 팔려서 '절
판'한다는 것은 정말 보기 드문 현상이다. 근대식 잡지들이 나오기 시작한
이후 처음 발생한 일일 것이다. 그야말로《어린이》의 천하라고 해도 좋을
만큼 놀라운 기세로 발전에 발전을 거듭했다.

어떤 때《어린이》지에는 편집실 풍경을 이렇게 그리고 있다.

신년호는 자꾸 자꾸 박아도 자꾸 자꾸 없어져서 모자라는 고로 재판하랴 인쇄소에 가랴 광고 쓰랴 2월호 편집하랴, 그야말로 야단법석 시끌 소란하였지요. 그 바쁜 중에도 방정환 선생님은 전차 광고 꾸미랴, 2월호 원고 쓰시랴, 전화 앞으로 2층 위로 왔다 갔다 갈팡질팡…. 그러는 판에 또 재판이 없어져서 야단났다고 3판 인쇄한다고 야단야단. 3판 인쇄한다는 소리를 듣고 깜짝깜짝 놀래서 여기저기서 우르르 모여들면서 "참말 굉장하이" "참말 조선서 개벽 이후에 처음일세" 하고 들썩들썩 누구누구 없이 벙글벙글하면서 각처로 전화하느라고 야단, 민영순 선생님은 인쇄소 대급행!

이렇게 발전을 거듭하자 《어린이》지에는 어느 틈엔가 '10만 독자'라는 표현이 등장하기 시작하더니 '10수만 독자'라는 말도 심심치 않게 등장한다. 또 창간 7주년 무렵부터는 '20만 독자' '20만 소년의 힘'이라는 대목도 보인다.

그렇다면 도대체 《어린이》 발행 부수가 얼마나 될까? 독자가 10만 명이라면 10만 부 발행한다는 말일까? 하지만 독자 수를 곧 발행 부수로 환산할 수는 없다. 당시 서울 인구가 30여 만 명인데, 10만 부는 좀 과장된 표현이라는 생각이다.

이재철 교수가 작성한 '소파 선생 해적이(연보)'에는 창간 7주년경부터 3만 부 발행했다고 되어 있다. 3만 부 발행의 근거는 무엇일까? 이재철의 연보 외에도 '3만 부 발행했다'고 쓴 기록들은 여러 곳에서 발견된다.

3만 부? 이것 역시 대단하다. 당시 서울 인구 30여 만 명에 신문 발행 부수가 5만 수준이던 때 이야기이다. 요즈음 인구, 출판 시장 감각으로 치자면

100만 부 이상이다.

✻　✻　✻

공짜로 준다고 해도 고작 20명이 채 안되던 창간호 독자 수가 창간 6년 만에 10여 만 독자로 늘어나다니, 도저히 상상이 안 되는 이 같은 힘은 어디에서 나왔을까? 도대체《어린이》의 어떤 점이 이토록 독자에게 열광적인 환영을 받고 독자를 빠져들게 했을까?

이런 점들을 하나하나 살펴 나가는 동안 소파의 탁월한 기획력과 편집 감각, 추진력, 아이디어, 홍행사 뺨치는 안목을 확인할 수 있었다. 언젠가 지식인들 사이에서 회자했던 단어 중에 '문화 게릴라'라는 말이 있었는데, 소파가 바로 천부적인 문화 게릴라였다는 찬탄을 하게 된다.

소파는 아이디어도 훌륭했지만 그 아이디어를 추진하는 행동력도 상당했다. 독자들에게《어린이》지가 어필할 만한 것, 이를테면 무엇을 팔아야 하는지를 잘 알았던 것이다. 다시 요즈음 표현대로 한다면 '스타 마케팅'을 능숙하게 했다는 말이 된다. 스타는 어느 시기에도 대중이 좋아하는 최고의 상품이다.《어린이》에서 스타는 두말할 것도 없이 '방정환 자신'이었다. 마치 원맨쇼를 하는 듯한 그의 재능이《어린이》지를 이끌고 독자들을 불러 모은 원동력이 된 셈이다.

그럼《어린이》지가 10만 명 독자를 불러 모은 아이템들은 무엇인지 한 가지 한 가지 살펴보기로 한다.

① 방정환을 스타로 만들었다

《어린이》지는 여기저기에 소파 방정환이 등장한다. 방정환의 이름이 '담화실' 같은 독자 의견 난에 수없이 등장하고, 갖가지 필명으로 글을 쓰고, 그 필명으로 퀴즈를 내서 소파 방정환이라는 정답을 내게 한다. '몽견초가 누구입니까?' '북극성은 어느 선생님이십니까?' '몽중인은 누군 줄 아십니까?' 와 같은 퀴즈가 연속으로 실리고, 이런 퀴즈에 독자들이 응모해서 독자는 소파와 친숙하게 되고, 어느새 소파는 어린이의 스타가 된다.

1925년 11월호 《어린이》에 실린 '방정환 씨 미행기'라는 독자 글을 보자. 독자들이 소파에 대해 얼마나 무엇을 궁금해 하는지, 소파의 일거수일투족 행동거지를 얼마나 좋아하는지 알 수 있다. 이 글 말고도 편집후기나 담화실 같은 데에서도 소파의 인기를 짐작하는 대목이 많다. 이처럼 독자들은 요즈음 어린이들이 '연예인'을 무작정 좋아하듯이 소파를 좋아하고 있구나 하는 느낌이 들기도 한다.

새까만 양복에 빛 낡은 중절모자에 뿌옇고 푸른빛 약간 섞인 외투를 입으시고 한 손에는 언제든지 무슨 책을 들고 반드시 대물부리에 담배를 피우면서 뚱뚱한 몸으로 천천히 가시는 것을 보면 경성의 어린 학생들은 방 선생님인 줄 모르는 사람이 거의 없는데, 지금은 전에 없던 지팡이 하나를 무슨 나무인지 모르겠으나 똥그랗고 빤짝빤짝하는 새빨간 지팡이를 짚고 가신다.

아무 말 없이 담배만 퍽퍽 피우시면서 속으로 무슨 생각을 하면서 지금 어디로 가시는 모양인고? 하고 생각하면서 묵묵한 걸음을 따라가노라니 선생님께 관한 여러 가지 일이 생각난다.

○夢中人아르켜내기는 참말자미잇
난일이엿슴니다。써보내신것三百餘
枚中에는 朝鮮少年들이 아즉껏을몯
써엿스닛가 夢中人은 朝朝少年이라

○夢中人은「白雪
公主」라고쓴이
가다섯분의고요
는白雪公主中에
닐곱작은이가夢
中人이라고쓴이
도의섯슴니다。
○人名을쓴中
에는「石溪」「李
文俊」「林成緣」
「孫晋泰」「廉元
模」「金玉娥」「李定鎬」「金容著」「洪歡
波」이여러분을쓴사람이各各一人式
의섯고 그다음李蓉柱氏라쓴이二人
高漢承氏더한이가十二人의섯고
정작方定煥氏라쓴이는壹百
六十九人이엿난대 약속대로제비쏩

夢中人은
小波 方定煥 氏
엿슴니다

슴니다。

安州郡安州面 張永命
晋州郡晋州面
桃山郡水安堡 朴奉柱
殷栗郡南部面 金昌根
鎭城郡講習院 金朋淳
咸興郡咸興面 李南培
　　　　　　朴鍾周

順川郡濟賢面 徐在贊
開城京町 金連成
信川郡芦月面 申贊玉
龍川郡府羅面 李炳寬
開城京町 金鎭浩
全南靈光學院 曹喜善
開城北本町 朴日瓚

河東公立普檢 慎補
江華郡瓦道面 金振
開城北本町 金容
安岳郡西河面 張大
利川郡竹南公普 金圭
昌原郡北面 金
鎭城郡邑內 鄭
鎭山郡天道敎 鄭
端川郡波道面 李
載寧邑菊花里 鄭
全北扶安邑內 李
晋州郡梧村洞 姜
京城第二公普 薛
京城仁寺洞 鄭
鐵原邑宮田里 方

京城三角町 殿柱兢
京城嘉會洞 趙炳顯
龜城龜城學院 金貞律
元山進誠女校 河弘羲
宣川信聖學校 高漢楠
開城高麗町 方興範
黃州九聖面 朴根河
海州郡海州面 邊眞賢
安岳東倉公普 李賢燮
開城南本町 方奉德
殷栗郡南部面 孫基
水浦府楊安通 鄭
魏城郡梧村洞 張
安岳郡鸞城面 朴
開城郡大聖面 朴柱
安岳郡大聖面 金
嵌州郡嵌州面 朴金

京城三角町 殿柱兢
元山第二公普 河大鳳
嵌州郡北一面 春水
嵌山郡北一面

전호에 '몽중인'이 누구인지 맞히는 퀴즈를 낸 데 대해
'몽중인은 소파 방정환 씨였습니다'라고 밝히고 있다.

천도교 기념관에 추운 날에도 동화회가 있을 때마다 수천 명 어린 사람이 귀가 아프게 들끓어도 정성스런 이야기로 그 많은 사람을 울리고 웃기고 하시는 재주와 힘, 시골 어린 사람들을 위하여 동화하시다가도 바로 정거장으로 뛰어나가시고, 시골 가셨다가도 동화회 시간을 대여 바로 정거장에서 달려오시는 열성과 노력, 어린이날에는 하도 피곤하여 연단에서 코피를 흘리면서 우리들께 연설해 주시던 일, 어린이 잡지를 정성으로 꾸며 십만 명이나 되는 사람에게 읽히시는 성력과 활동! …(후략)…

《어린이》지 한 권에는 적어도 20여 군데 이상 소파 방정환의 이름이 등장한다. 이렇게 많은 노출 빈도를 통해서 독자들은《어린이》는 곧 방정환이라고 생각하게 되었다. 그래서 독자들은 '독자가 쓴 소파 미행기' 같은 글을 재미나게 읽고 다음 호를 애타게 기다리는 것이다.

② 어린이들의 관심 높은 이벤트를 활용했다

사람들은 그때나 지금이나 이벤트를 좋아한다. 이벤트는 자칫 지루할 수도 있는 일상을 기대와 호기심으로 바꾼다. 특히 호기심이 많은 어린이들이 마술이나 깜짝쇼 같은 이벤트 행사를 좋아하는 것도 이 때문이다. 이 점에서《어린이》는 어린이들이 좋아할 만한 이벤트를 자주 가진 잡지이다. 비행사 안창남을 소개하는 기사에서부터 세계아동전람회 개최 같은 대형 이벤트도 있었고, 종로 일대에서 '교통량 조사'를 해서 발표한다든지, '지상 독자 토론회' 같은 것을 자주 연다든지 하는 것들이 이런 예에 속한다.《어린이》는 이런 이벤트를 통해 독자가 참가하게 해서는 참가 독자들을 고정 독자로

안창남 고국 방문 비행 행사를 보도한 동아일보, 1922.12.20.

만든 것이다.

③ 대대적인 독자 현상 퀴즈를 했다

어린이는 상품에 약하다. 아니 잡지에 소개하는 상품을 갖고 싶어 한다. 그러나 살 돈은 없다. 그런데 엽서 한 장만 보내면 당첨이 된다. 그러면 엽서를 보내자. 어린이들은 이처럼 단순하고 순진하다. 《어린이》지에는 한 호도 빠짐없이 퀴즈, 현상 문제가 연속으로 실려 있다. 문제도 모두 쉬운 것들이고 교육적인 것들이다. 《어린이》를 본 독자라면 누구나 알 수 있게 해 많은 독자들이 여기에 응모하게 만든다. 또한 상품도 '쌀 한 섬 거저 준다'거나 '1년 열두 달 월사금을 주는 장학금 받기'라든지, 만년필, 학용품 등 어린이들이 갖고 싶은 상품을 그때그때 바꿔 가며 내걸었다.

이렇게 상품을 내걸고 퀴즈를 낼 뿐만 아니라 매호 상품을 타는 독자들 이름을 깨알 같은 잔글씨로 한두 페이지씩은 꼭 실었다. 이러니 퀴즈 응모 독자는 자꾸 늘고, 한번이라도 상품을 탄 독자는 매달 《어린이》를 사 보지 않고는 못 배겼을 것이다.

④ 구매자인 부모님 마음에 들게 만들었다

《어린이》의 정가는 창간 첫해에는 5전, 그 다음 해부터는 10전을 받았다. 정확하지는 않지만 당시 100원이면 황소 한 마리를 샀다고 하니 100원을 200만 원이라고 치자. 그러면 1원은 2만 원, 10전이면 2천원, 5전이면 1천원 정도이다.

그렇다고 5전(1천 원)을 어린이들이 쉽게 쓸 만큼 여유가 있던 시절이 아니었다. 그래서 《어린이》지의 구매를 결정하는 것은 어린이보다는 학부형이라고 봐야 한다. 우선 어른의 마음에 들지 않으면《어린이》는 팔리지 않는다는 가설이 성립된다.

예나 지금이나 어린이는 보다 흥미 있는 것을 선호하지만 어른들은 유익한 것을 좋아한다. 무언가 배울 것이 있는 잡지라야 "이거 네 녀석 보라고 사 왔다"고 하며 자식들에게 내놓을 것이다.

이런 경우를 상정했는지《어린이》에는 학습에 '유익한' 글들이 꽤 많다. 대표적인 칼럼이 '재미있는 산술 교실' '과학 이야기' 같은 교양 기사들이다. 창간호 광고에서도 "당신(학부형)이 먼저 읽으시고 어린이들에게 주십시오"라고 했다.

⑤ 특별 부록으로 독자를 사로잡았다

'최신 유희 호랑이 잡기' '세계 일주 말판 놀이' '세계 일주 사진집' '어린이 출세 대부록' '동물 경쟁 말판' '삼색 사진 시간표' '장난감 그림 만들기' '조선 13도 고적 순례 말판' '금강산 게임 말판' 등등….

이것은 소파가 편집을 주도하던 때의《어린이》지 특별 부록 아이템들이다.《어린이》지는 수시로 이런 특별 부록을 붙여 독자를 늘여 나간 것이다. 제목만 봐도 갖고 싶고 호기심이 일어난다. 이런 부록 아이템은 적어도 1980년대까지 발행되던 여타의 소년잡지들이 대대적으로 활용한 듯하다. 다시 말하면 부록의 아이템으로 보나 잡지 구성 면으로 보나《어린이》는 1980년대 소년잡지에 이르기까지 하나의 편집 모델이 되었다고 보인다.

이런 부록으로 인해《어린이》와 서점에서 경쟁을 벌이던 다른 소년잡지들은 번번이 맥을 못 추었다. 그들이 미처 예상하지 못한 이 아이디어는 모두 소파의 머리에서 나왔다. 소파는 부록 아이템을 찾기 위해 프랑스 파리,

미국, 중국 상해는 물론 일본 동경에서 발행되던 잡지들을 수시로 구해서 참고했다. 때로는 직접 출장을 다녀오기도 했다.

이 부록들은 거의 모두 종이에 인쇄한 단순한 것들이지만 독자들의 흥미를 유발하고 잡지를 사게 하는 데는 일등 공신이 되었다. 그렇다고 흥미성만 치중한 건 아니었다. 흥미를 살리되 교육적 효과도 노렸다. 그 속에는 조선을 사랑하고 동물을 사랑하고 세계를 바라보고 이해하도록 하는 내용이 담겨 있었다.

흥미와 교육 효과를 절묘하게 배합한 이런 부록들이 곁들여질 때마다 《어린이》지는 매진을 거듭하게 된다. 그러나 부록을 붙이더라도 정가는 항상 10전이다. 10전이면 제작비도 안 나오는 저정가(低定價)여서 수익성 면에서는 부정적인 측면도 많았다. 부록을 붙였다고 해서 정가를 올려 받을 수는 없었다. 부록이 있다고 해서 본문 페이지를 줄이지도 않았다. 때문에 발행 부수가 엄청나게 늘었지만 적자는 줄어들지 않았다.

그렇다면 결론은 이렇게 이끌어 낼 수 있다. 《어린이》지가 발행 부수를 10만 20만으로 늘려 나가려고 한 것은 수익 때문이 아니다. 보다 많은 어린이 독자들을 확보함으로써 《어린이》지를 통한 어떤 목적이 있기 때문이다. 그 목적이 무엇일까? 그것은 소파가 소년운동을 위한 투자라고 생각했기 때문이다.

소파는 소년운동을 시작하면서 '어린이는 민족의 미래'로 생각해 왔다. 그래서 '어린이의 10년 후를 준비하는 것'으로 《어린이》지를 만들었다. 그러니까 매달 적자를 감수하면서도 '10수만 어린 동무들'을 위해 고통스런 작업을 계속한 것이다. 이것이 바로 소파가 생각하는 독립운동이기 때문이다.

소파의 원대한 꿈은 '어린이 세상'이라는 부록으로도 추정이 가능하다.

이것은 신문 형태로 편집한, 말하자면 '잡지 속의 신문' 같은 부록이다. 이 속에는 소년회 소식, 소년운동과 관련한 세계 정보, 세계의 소년들에 관한 최신 뉴스들을 담았다. 이 부록은《어린이》지가 무시할 수 없는 엄청난 발행 부수를 확보한 1927년부터 매호 빠지지 않고 껴서 발행되었다.

10수만 독자로 늘어난 시점에서 '어린이 세상'을 부록으로 붙인 이유는 무엇일까? 본문으로도 소년회 소식 같은 것은 충분히 소화할 수 있었는데도 굳이 매호 별도의 부록으로, 그것도 신문 형태로 붙인 이유는 무엇일까?

그것은 소파가 '어린이 세상'이라는 이름의 신문을 발행하려고 했다는 예상을 하게 된다.《어린이》지를 통해서 확보한 독자들을 기반으로 '어린이 세상'이라는 신문을 내는 것이다. 이 신문과 잡지를 통해서 소파는 독립운동을 펴려고 했을 것이다. 천천히, 그러나 확실한 걸음으로….

⑥ 민족적인 자긍심을 북돋웠다

《어린이》지는 어린이잡지이다. 어린이들이 주 독자층이라는 말이다. 그런데 어린이들이 보기엔 좀 어려운 글들도 자주 실렸다. 지금 감각으로 보면 이건 어른들이 읽는 종합지 기사라고 할 수 있는 시사, 역사 문제들이 자주 보인다. 또 한문이 꽤 많이 섞인 글들도 적지 않게 눈에 띈다. 이런 점이 바로 소파가《어린이》지를 독립운동의 한 수단으로 활용했다는 사실을 말해 준다.

이것으로 왜 어린이들이 보는《어린이》지가 수없이 많은 삭제와 압수와 원고 중지 명령을 받으며 탄압을 당했는지 이해가 된다.《어린이》는 단순한 어린이들의 잡지가 아니라 그들의 아버지, 어머니, 형, 누나들이 읽는 잡지였던 것이다. 그래서 '강감찬 이야기' '조선 특산품 자랑'이니 '이순신' '백두산 자랑' '조선에서 세계에 자랑할 것' 같은 글들은 물론이고, '천재 소년 음악가 안병소' '처녀 비행사 이정희' 같은 글들을 자주 실은 것도 의도가 엿보인다.

《어린이》에 실려 있는 글들을 한 편 한 편 유심히 살피면 잠자는 민족혼을 깨우는 글이 많다. 또한 '조선인이라는 자긍심'을 일깨우는 글도 적지 않다. 그런 글들에 대해서 총독부는 가차 없이 삭제의 칼을 들이밀었지만 그래도 간혹 그 칼날을 피한 글들이 《어린이》에 남아 있어서 그것을 보는 어린이들의 민족적인 자각을 다지는 데 도움을 주었을 것이다.

⑦ 독자 초청 행사를 자주 열었다

《어린이》지를 창간한 이후에 소파는 더 많은 시간을 편집실보다는 바깥으로 나돌아다닌다. 원고를 쓰거나 편집 마감을 할 때 인쇄소에 가서 밤을 새우는 일 외에는 항상 밖으로 나다녔다.

1923년 3월 23일에는 천도교 교당에서 대대적으로 《어린이》 창간 기념 동화극 대회를 열었고, 그 무렵부터 매주 일요일마다 천도교기념관에서 동화극 공연을 곁들인 동화회를 개최했다. 또 개벽사 바로 이웃에 있는 경성도서관에서도 정기적으로 동화회를 계속했다. 동화회에서는 《어린이》지에 수록된 〈노래 주머니〉 〈어머니께 가요〉 〈딸기와 금장사〉 같은 동화극들을 함께 무대에 올려 어린이 독자들을 즐겁게 해 주었다.

이와 같은 동화회나 동화극 공연에는 소파를 보기 위해 적게는 2, 3백 명에서 많게는 2, 3천 명의 어린이 청중들이 '구름같이' 모여들곤 했다. 이들은 모두 소중한 《어린이》지 독자이다. 이들의 마음을 움직여야 계속 《어린이》를 읽을 것이다.

《어린이》지를 보면 소파가《어린이》지 발전을 위해 동화회를 활용한 흔적이 자주 눈에 띈다. 1923년 11월호에는 '새해부터는 한 지방에 독자가 많이 계신 곳에는 동화회나 독자대회를 열어 드리기로 하겠고, 본사에 계신 이가 가끔가끔 지방에 가겠으니' 하는 사고가 실렸고, 1924년 2월호에는 '동화 순회 강연부'라는 부서를 만들겠다는 사고도 실렸다.

소파는 이 약속을 그대로 실천한다. 1924년 4월호《어린이》지 '나그네 잡기장'을 보면 단 일주일 동안에 서울 → 대구 → 마산 → 부산 → 김천 → 인천 등지를 순회하는 강행군의 기록을 남기고 있고, 1924년 6월호《어린이》지 '나그네 잡기장'을 보면 1년에 순회강연을 하기 위해 방문한 지역이 70여 곳이나 되었다고도 적었다.

소파는《어린이》지 편집과 원고 쓰기에도 시간이 부족한 사람이다. 그런 그가 시간을 쪼개고 쪼개서 '독자를 직접 찾아다니는' 이와 같은 동화회나 강연회에 전력한 것은《어린이》독자를 위해서이다. 즉 발로 뛰고 몸으로 부딪혀서 독자와 만남으로써 독자와의 스킨십을 실천한 것이다. 워낙 유명한 소파 선생님이 아닌가. 한번쯤 선생님을 만나는 게 소원인 전국 방방곡곡의 어린이들을 만나려 소파가 찾아온다는 것은 평생의 잊을 수 없는 추억이 되곤 했다.

* * *

《어린이》지를 통해 소파가 뿌려 놓은 아름다운 싹은 한두 가지가 아니다. 그 싹은 이제 큰 나무로 자라서 우리 사회 곳곳에 우뚝우뚝 자리 잡고 있다고 해도 지나친 표현은 아니다.

《어린이》지는 소년운동을 들불처럼 불타오르게 했고, 나라 잃은 사람들에게 조선의 정체성(正體性)을 가르쳐 주었다. 돈 없고 배우지 못하는 불우한 환경을 비관하며 절망에 울던 소년들에게 희망을 되찾도록 해 주었고, 어른들에게는 어린이를 왜 존중해야 하는지 가르쳐 주었다. 그런 공적은 아무리 세월이 흐르고 시대가 달라졌다 해서 폄하될 수 없다.

그러나 《어린이》지의 공적이라고 하면 뭐니 뭐니 해도 주옥같은 작품으로 한 시대를 풍미한 수많은 아동문학가를 길러 냈다는 점이다.

윤석중, 마해송, 이원수, 최순애, 윤극영, 박목월, 정순철, 서덕출….

열 손가락으로도 모자라는 아동문학가들 이름을 헤아릴 수 있다. 그들은 모두 《어린이》지 독자 투고난을 통해 데뷔하기도 했고, 《어린이》지 지면을 통해서 활발한 활동을 펴기도 한 분들이다. 이 분들의 이름을 빼면 초창기 우리나라 아동문학사를 쓸 수 없을 정도로서 '어린이잡지파'라는 이름을 붙일 만한 인맥(人脈)이다.

소파는 독자를 늘여 나가는 일만큼 좋은 신인(新人)을 발굴하는 데 총력을 기울인다. 그는 한 호도 빠짐없이 '작문 교실', '현상 글 뽑기' 난을 통해서 '될성부른 떡잎'을 찾아냈다. 투고한 이가 소학생이든 중학생이든 글만 좋으면 개의치 않았고, 지방 순회강연에 다닐 때는 투고한 이를 직접 만나 보기도 했다. 또 투고한 작품이 조금 미흡한 것은 첨삭을 해서라도 지면에 실리도록 애를 썼고, 싹수가 보이는 젊은이는 아예 《어린이》지 편집부원으로 특채를 하기도 했다. 그렇게 해서 수원 화성에서 사는 최영주가 《어린이》지 편집자로 발탁되었고, 수원의 최순애, 마산의 이원수, 경주의 서덕출 등 주옥같은 동시 작가를 발굴해 냈다.

'은파리' 납신다

방정환은 33년 짧은 생애 동안 자주 경찰에 연행된다. 정식재판을 받기 위해서 서대문감옥에 갇히는 지경까지 간 적도 있었고 종로경찰서에 불려가서 조사를 받는다든지, 단기간 구금된 일도 적지 않았다.

맨 처음 일제 경찰에 체포당한 것은 스물한 살 때였다. 3.1 독립운동 당시, 독립운동 활동을 알리는 지하신문 〈독립신문〉을 직접 제작해서 이를 몰래 배포하다가 체포당한 것이다. 두 번째는 동경 유학 시절, 친일파 실업인 민원식을 살해한 양근환 의사 사건에 가담한 혐의로 종로경찰서에 구속되었었다. 이 양근환 의사 사건 관련 혐의로 조사를 받은 이후 방정환에게는 이른바 불령선인(不逞鮮人)이라는 꼬리표가 붙어 일제 경찰의 요시찰인이 된다.

이때쯤부터였을까? 하숙집에 있을 때는 수시로 경찰이 그의 하숙집을 들락거리며 하루하루 동태를 보고하고, 동경 시내를 외출하거나 회합이라도 있게 되면 어김없이 찾아와 그 내용을 조사하곤 했다. 뿐만 아니라 볼일이

3부 시대의 고통

있어 서울행 기차라도 타면 아예 방정환 전담 사복(私服)이 따라붙었다. 그만큼 방정환은 중요 인물이 된 셈이었다. 적어도 일제 경찰은 한시도 소파의 동태를 놓칠 수 없었다.

방정환이 그렇게까지 된 데는 이 사건들 외에도 여러 가지 꼬투리가 있었다. 이곳저곳에서 열리는 강연회마다 나타나 '아동 문제'를 강연하고 다니지를 않나, 동화 구연을 한답시고 은근히 독립사상을 부채질하지를 않나. 잡지《어린이》《개벽》《어린이》,〈독립신문〉 등 손대는 매체마다 이상한 글들을 싣지를 않나…. 아동문학가라는 것은 말뿐이지 숫제 독립운동가였던 까닭이다. 일본 경찰 당국의 눈에는 그렇게 비치고 있었다.

그런 방정환의 진면목을 가장 잘 보여 주는 작품이 바로 「은파리」이다. 앞에서도 잠깐 설명을 한 바 있다.

이 「은파리」 시리즈는 방정환이 목성(牧星) 또는 북극성(北極星)이라는 필명으로 오랫동안《개벽》《신여성》《별건곤》 등 지면을 바꾸어 가며 집필했다.

조금 더 자세히 설명하자면 「은파리」는 1921년 1월에 발간한《개벽》 제7호부터 쓰기 시작해서 1927년 5월에 나온《신여성》에 이르기까지 무려 7년 가까운 세월 동안 발표된다. 다음은 「은파리」를 찾아낸 잡지 리스트이다.

이처럼 여러 잡지를 전전하며 연재할 수밖에 없었던 이유는 분명하다. 맨 처음 「은파리」를 실었던《개벽》이 불온한 내용이라는 이유 때문에 압수와 판매 금지를 반복하다가 결국 폐간되는 바람에, 개벽사가 발행하던 여성 잡지《신여성》에 기고를 계속한다. 그러다《신여성》도 문을 닫게 되자 「은파리」는《개벽》의 뒤를 이어 창간한《별건곤》에다 둥지를 틀고 독한 목소리

수록 잡지	때	필명	주제	비고
개벽 7호	1921.1	牧星	광산으로 졸부가 된 '대감' 풍자	유학 시절
개벽 8호	1921.2	牧星	그 대감의 첩의 아들 '서방님'	〃
개벽 9호	1921.3	牧星	그 대감의 딸 '마님'	〃
개벽 10호	1921.4	牧星	'교육자'와 '자선가'들	〃
개벽 12호	1921.6	牧星	거짓말쟁이들	〃
개벽 17호	1921.11	牧星	술 먹는 목사님 고 선생 미행기	〃
개벽 18호	1921.12	牧星	여학교 학생 명자	〃
신여성 5호	1923.6	牧星	단발 미인 비판	〃
신여성 6호	1923.7	牧星	독신주의자 여선생님 S	귀국 이후
신여성 7호	1923.10	牧星	여선생님 S 후일담	〃
신여성 8호	1923.12	牧星	늦둥이 도둑	〃
신여성	미상	牧星	일본 면장님의 셈 치르기	〃
신여성	1925.1	·	삭제	·
신여성	1926.7	·	삭제	·
신여성	1926.10	牧星	색마 배상규 씨 이야기	귀국 이후
별건곤 2호	1927.2	牧星	새로 나온 은파리의 각오	〃
별건곤 5호	1927.5	牧星	훼당 대감의 어린 첩	〃

를 그치지 않는다.

잡지를 바꿔 가면서 같은 제목으로, 같은 콘셉트로 글을 싣는다는 것은 좀처럼 드문 일이다. 그것은 「은파리」의 인기가 얼마나 높았는지를 말해 주는 점이기도 하고, 이 글에 대한 방정환의 집념이 얼마나 강했는지를 간접적으로 말해 주는 것이기도 하다.

방정환 작품을 발굴하는 작업을 하면서 찾아낸 「은파리」는 총 15편이다. 그러나 게재 금지되거나 삭제되어 없어진 「은파리」가 얼마나 더 있을는지는 알 수 없다. 앞의 「은파리」 리스트를 살펴보면 첫해에는 1월호부터 4월호까지 연재되다가 5월, 7월, 8월, 9월, 10월호에는 빠져 있다. 왜 빠져 있을까? 독자들이 읽고 싶어 하는 헤드라인 같은 성격의 따끈따끈한 글을 일부러 빼 버릴 바보 편집장은 없다. 틀림없이 삭제당했거나 원고 검열 과정에서 제외되었을 터였다.

그렇다면 잡지에 수록되어 남아 있는 15편은 그중에서는 그래도 '약한 내용'이라고 봐도 좋겠다. 세상에 태어나 보지도 못하고 죽은 '은파리'가 꽤 많을 것이라는 추측을 하는 이유이다.

원고를 쓰고서도 싣지 못한 경우가 많았다. 그 사실을 인정할 만한 흔적이 여러 곳에 있다. 예를 들면 이런 흔적 말이다. 「은파리」를 읽다 보면, 필자(방정환)가 다음 몇 월 호에는 무슨 이야기를 하겠다고 약속하고 글을 끝내는데, 그 다음 달에 그 글이 없는 경우가 허다하다. 그런 경우는 대부분 원고는 썼으나 삭제당했거나 게재하지 못한 경우라고 보면 된다.

그럴 때마다 독자들의 성화는 대단했다. 비난 전화는 물론 항의 편지가 쇄도했고, 심지어는 편집실까지 찾아와 따지는 독자들도 많았다. 원고가 검열에 걸려 이것을 싣지 못하게 된 달에는 편집자 글 등을 통해 '독자에게 미안하다'는 사고를 꼭꼭 싣곤 한 것만 봐도 독자들의 뜨거운 관심을 알 수 있는 대목이다. 그래서 「은파리」는 완전한 작품이기보다는 여기저기 검열과 압수 등으로 사산(死産)하거나 유산(流産)된 만신창이 같은 작품이 되고 만 것이다.

「은파리」는 어린이를 위해 쓴 아름답고 슬픈 동화가 아니다. 오히려 그와는 반대로 전투적이고 공격적인 글이다. 이처럼 풍자적이고 통렬한 사회 비평적인 글은 일제 치하 어떤 작가, 어떤 언론인의 글에서도 찾아보기 힘들다.

일제 경찰이 왜 소년운동가이자 아동문학가인 방정환을, 그들이 말하는 이른바 불령선인(不逞鮮人)으로 지목해 끊임없이 미행하고 감시하고 투옥하고 구금했는지, 이 작품을 보면 이해가 간다. 그래서 「은파리」는 아동문학가 방정환보다는 저널리스트 방정환, 사회주의자 방정환, 개혁운동가 방정환의 진면목이 더욱 분명해지는 작품이라고 할 수 있겠다.

이런 작품들이 아직 공개되지 않고 묻혀 있다는 것은 안타깝다. 방정환을 비판하는 이들은 흔히 방정환을 가리켜 "그는 당시 사회 현실에는 눈을 감고, 천사 같은 어린이를 예찬하는 동심주의 작품만 쓰고 있다"고 비난한다. 그런 점에서도 「은파리」는 방정환을 재평가하는 데 소중한 근거를 제시하는 작품이 되리라고 본다.

'은파리'는 매달 사회적인 이슈가 있는 일 또는 사람을 찾아간다. 그리고 그것을 독한 목소리로 까발리고 비판하고 풍자한다. 따라서 단순한 미행기나 사회 풍자라고 하기보다는 '사회풍자소설'이라고 부르는 게 옳겠다.

「은파리」를 찾아서 이를 정리하는 작업을 하는 동안, 나는 김지하가 쓴 저 유명한 작품 〈오적(五賊)〉을 연상하기도 했다. 유신으로 치닫고 있던 박정희 군사정권 시절의 부패하고 뒤틀린 사회를 판소리풍으로 통렬하게 고발한 작품이 〈오적〉이다. 「은파리」는 이 작품에 비견될 만한 작품이다.

* * *

우선 은파리의 캐릭터부터 살펴보자. '눈은 샛별 같고 몸은 총알보다 빠르고 옷은 고운 은빛'으로 생겼다. 이렇게 멋진 묘사를 했지만 사실 은파리는 파리일 뿐이다. 이동이 자유롭고, 그래서 미행하기 쉽다. 몸집이 작으니 들킬 염려가 없고 날아다니니 어디든지 갈 수 있다. 이런 은파리가 무슨 일을 하는가?

"낮말은 새가 듣고 밤말은 쥐가 듣는다고 사람들은 영악한 체하고 그런 말을 하것다. 그렇지만 나는 낮이고 밤이고 온통 모두 듣는 것을 어쩌나.

그뿐인가. 낮말 밤말을 듣기만 할 뿐만 아니다. 천장에 붙어서, 바람에 붙어서 일정일동을 모조리 보고 있는 것을 어떻게 하려느냐.

어떤 곳에서라도 옳지 못한 짓을 해 보아라. 다른 사람이 못 보는 곳이라고 나쁜 짓을 해 보아라! 은파리 눈에야 들키지 않을 법이 있을 줄 아느냐.

아무리 구석진 곳을 찾아가 보려무나. 바람벽에 휘딱 날아서 모자 위에 올라앉거나 어깨 위에 몸 편히 앉아서 어디까지고 따라가고야 말 것이니…. 경찰서 형사의 미행보다도, 신문기자의 뒤쫓기보다도 은파리의 미행이 무서운 줄 잘 알고 있어야 할 것이다."

이런 은파리의 주공격 대상은 누구일까? 권세가, 위선자들이다.
은파리가 말한다.

"돈 많고 권세 좋은 놈이 자동차를 몰아서 노름판이나 계집의 집에 행차를 할 때에도 그 차 안에 은파리가 동승하고 있는 것을 알아라. 교회당 단상에서 성경 설교를 하고는, 돌아가는 길에는 모자를 우그려 쓰고 여학생 첩의 집으로 기어들어 갈 때에도 그의 등덜미에 은파리가 올라앉아 있을 것을 알아라. 학교에 간답시고 책보를 끼고 나선 트레머리가 학교에는 안 가고 삼청동 솔밭으로 기어들어 갈 때에도 그의 어깨 위에는 은파리가 올라앉아 있을 것을 알고 있어라."

그러니까 은파리가 주로 취재하고 폭로할 대상은 분명해진다.

"거짓말로만 살아가는 사람 놈들의 세상, 거짓말하고만 잘살게 되는 이놈들의 세상에는 어떤 일이고 그 속이 있고, 그 속에 또 속이 있다는 것을 나는 알고 있다. 아무 놈이나 붙잡고 그 뒤를 밝히면 죄는 쏟아져 나온다. 딴 밑천이 들춰져 나온다. 그것을 나는 일일이 들춰내야 한다. 거기에 은파리가 살아 있는 값이 있단다."

은파리가 미행을 시작했다. 탄생하자마자 신년 새해 꼭두새벽에 제일 먼저 찾아간 곳은 대감 집이다. 대감은 광산으로 떼돈을 벌어 떵떵거리고 산다. 자작(子爵) 작위를 받은 귀족이다. 은행, 진고개 상점, 무슨 무슨 국민협회, 무당조합 같은 데서 수백 장이나 연하장을 받는 유명 인사이다. 그런 대감을 찾아가 은파리는 대뜸 이렇게 퍼붓는다.

"거짓말 잘하고, 싫은 사람을 만나서도 좋은 체하고 돌아서서 욕설을
퍼부으면서도 만나서는 함부로 거짓말로 추켜올리고 하는 사람이 교
제에 성공하는 사람 아닙니까. 어쨌든 거짓말 잘하고 제 속을 잘 감추
어 여기저기 아첨을 잘하는 사람일수록 그를 교제가라고 하지요. 남
을 이리저리 속여 넘기기 잘하고 흠집만 안 나도록 교묘하게 거짓말을
잘하는 사람이 그중 승리자가 되는 것이 당신네 사람의 세상이 아닌가
요?"

은파리의 공격은 거침이 없다. 인간 세상의 허위의식을 통렬하게 비판
한다.

"대정치가니 대외교가니, 대부호니 하고 떠받들고 호강하는 사람은
반드시 거짓말 제일 잘하고 남을 제일 많이 속인 공로가 많은 인물 아
닙니까?"

"거짓말도 할 줄 모르고 남의 것 속여 빼앗을 줄도 모르고 그저 제 갈
길 제 힘으로 제가 벌어먹을 줄만 아는 사람은 거의 세상에서 살 자격
이 없는 것같이 점점 밀리고 눌리고 빼앗기고 하여 돈 없고 추위에 벌
벌 떨게 되고, 오히려 거짓말하고 남을 잘 많이 속이는 놈이 성공가니
자본가니 하고 호화롭게 지내게 되니, 그 점이 아마 사람의 세상의 특
점(特點)인가 봅니다."

자본가만 유리하게 되어 있는 사회의 구조적 모순도 거론한다. 단번에 사용자와 노동자의 불평등한 '관계'를 비난한다.

"지금의 사회, 말하자면 자본계급만 옹호하는 정치, 그런 세상에서 무슨 그리 법률의 절대 엄정을 말하며 그 권세의 신성 공평(神聖公平)을 말할 수 있습니까."

"빈자(貧者)의 생명을 바치고 그 전력을 기름 짜듯 짜서 대감이 그 이익을 홀로 삼킨다. 약탈, 취재(取財), 형령이 이보다 더한 게 어디 있습니까."

이번에는 가진 자들의 자선 행위에 대해서 일침을 놓는다.

"어느 학교에 기부를 한 번이나 하신 일이 있습니까. 어느 청년회에 기부를 하신 일이 있습니까. 대감 일개인의 유흥비 그것이 얼마나 한 빈민의 희생으로써 된 것인가를 생각해 보십시오."

"백 원이 아니라 만 원을 냈더라도 아무개 자작 일금 백 원이라 - 하고 신문에 나지 않는 것이었다면 그것은 안 냈겠지요. 진심으로써 주는 동정이 아니고 신문지를 이용하는 자가(自家)의 광고, 자선가라는 거짓 명예를 위해 내어놓은 백 원이지요."

"백 원 기부를 아끼지 않는 대감 댁 문전에서 아까도 불쌍한 맹인이 어

3부 시대의 고통

미 잃은 어린 딸을 등에 업고 밥 한 술 달라고 하다가 밥도 못 얻어먹고 떨면서 쫓겨 갔으니 웬일입니까. 아마 그런 무명 걸인에게는 옷 한 벌쯤 해 입혀도 대감의 아무개 자작이라는 다섯 자가 신문에 오르지를 않겠습니까. 효용 없는 자선이므로 그냥 쫓았지요?"

대감을 일방적으로 몰아붙인 은파리는 안방으로 들어가 이 댁 마님을 만난다. 오늘이 새해 첫날이건만 대감은 어젯밤 마마님(첩실)한테 가서 자고 들어왔다. 그래서인지 이 댁 마님의 심사는 여간 불편한 게 아니다. 그런 마님의 속을 북북 긁는다. 마님이 "대감은 조상 차례도 모르고 나가서 과세를 하고 오셨다"고 불평하며 "내가 죽든지 해야지 못살겠다. 내가 다 늙어서 고 여학생인지 무언지 손자 딸만 한 것을 첩이라고 얻어 놓고 미쳐 다니는 꼴을 보고 산단 말이냐? 첩도 분수가 있지, 벌써 몇 째이고 몇십 년째냐"고 하소연하는 데 대한 은파리의 대답이다.

"왜요. 부자겠다. 세력가겠다. 양반 중에서도 귀족이겠다. 문하에 하복(下僕)이 수십 명이야! 중문만 나서면 자동차가 대령하겠다. 그런 좋은 팔자가 어디 있습니까. 그리고 오늘 매일신문 신년호에도 사철 춘풍 부는 자작의 화락한 가정!이라고 이 댁 사진까지 떡 냈던데요."

"세상의 돈을 모두 긁어다가 그렇게 허비하고, 속에 든 건 없이 그래도 점잖은 체는 해야겠으니 괴로운 일이고, 아내가 아내다운 맛이 있을까, 남편이 남편다운 맛이 있을까. 아내가 어떻게 쓸쓸해하거나 말거나 남편은 첩에게 묻혀 있고 남편이 어디 가서 늦게 오거나 말거나 아내는 저녁부터 코를 골고, 내외가 조석을 같이 맛보는 재미가 있을까. 생활의 염려를 서로 나누는 정이 있을까."

그러면서 은파리는 공박만 하지 않고 슬쩍 새로운 생활 방법도 제시한다. 단 하루를 살아도 이렇게 살아 보라는 뜻이겠다.

"아, 요 넘어 배추밭 모퉁이에 있는 초가집을 봐요. 어떻게 재미있게 사나. 사내는 애처가지요. 해외에까지 다녀와서 상당한 인격자구요. 아내는 서울의 어느 학교 대학부까지 졸업하고 교육에 종사를 하는데요. 시어머니 한 분만 모시고 사는데 어떻게 재미있는지 몰라요. 아내는 진심으로 남편을 섬기지요. 남편은 지극히 아내를 사랑하지요. 그리고 내외가 다 뜻이 맞아서 기와집보다는 초가집이 시취(詩趣)가 있다나요? 그래서 시내는 복잡하고 공기도 더럽고 하니까 그 초가집을 일부러 골라 왔대요."

"어떤 때는 젊은 내외가 둘이 다 부엌에서 일을 하겠지요. 좀 재미있겠어요! 그러구 밤이면 사내가 지어 놓은 소설을 아내가 시어머니에게 읽어 드리지요. 그럼 또 노인은 웃으면서 '이건 우리 집 살림하는 꼴을 이야기책으로 만들었구나. 이걸 책에다 내면 우리 아는 사람들이 웃겠다' 하면서들 웃지요."

"재산 없는 사람이니까 한 달 수입으로 한 달을 먹지요. 돈이 많으니 남에게 싫은 소리를 듣나요, 돈 때문에 겁이 나나요. 정말 그 집엔 가면 참말 사람 사는 것 같고, 우리도 부럽습니다. 정말 돈 많고 살림다운 살림을 못하는 이 댁보다도 돈 없어도 정답게 사는 살림이 나는 부러워요."

마지막으로 은파리는 이 댁 마님에게 비수 같은 한마디를 내리꽂는다. 은파리가 자기를 역성 들어 주는 줄 알고 대화를 나누던 마님은 크게 놀라 실색(失色)한다.

"이제 좀 더 돈 때문에 고생고생 해야지요. 돈맛을 좀 더 알아야지요. 이 집 그 돈이 어떻게 모은 돈입니까. 도둑질을 하다시피 해서 남에게 못할 짓을 그렇게 많이 하고 그 돈으로 잘 마음 편하게 살 듯 싶어요? 그럼 천리(天理)라는 게 없게요. 당신도 이 집으로 시집올 때는 돈 욕심에 왔지요? 이제 돈맛을 착실히 좀 알아야지요. 돈에 팔려 시집을 온 것! 돈에 팔려 다니는 몸뚱이, 에그! 더러워. 그 더러운 속에서 그래도 남편이 첩만 안다고 알짱거리지. 당신은 무엇이 정조가 그렇게, 에에 더러워, 매신(賣身)! 매음(賣淫)! 그래도 귀부인!"

앞에서 「은파리」를 몇 행씩 거듭 인용한 것은 은파리가 얼마나 입담이 좋고 후련한 풍자를 해 대는지 살펴보려는 의도에서다.

이 글에서처럼 은파리는 언로(言路)가 거의 막혀 있는 시대를 살고 있는 사람들을 대신해서 하고 싶은 이야기를 대신 퍼붓기 시작했다.

누구에게? 그것은 일제 당국일 수도 있고 사회 지도층일 수도 있고 학교 당국일 수도 있고…. 하여튼 강자(强者)와 지식인들에게다. 신문조차도 하지 못하던 말들이었다.

그러나 이렇게 서슬이 시퍼렇게 출발한 「은파리」도 《개벽》이 문을 닫고 《신여성》《별건곤》으로 옮겨서 실리게 되면서부터는 다소 목소리가 부드러워지고 낮아진 느낌이다. 비판과 공격의 수위(水位)가 당국의 입맛에 맞지 않으면 그만큼 차례에서 빠지는 횟수가 잦아졌기 때문일까.

찾아서 정리한 「은파리」는 총 15편이다. 글을 발표한 시점이 1921년부터 1927년까지니까 6년 이상의 시간적 공백이다. 또 발표 지면도 종합잡지(개벽)에서 여성잡지(신여성), 대중잡지(별건곤)로 바뀐다. 그러다 보니 글의 형식이나 소재, 길이와 내용도 일정하지 않다.

《개벽》에 실린 작품들은 그 글을 쓸 때만 해도 방정환이 동경 유학하던 시절이기도 했지만, 잡지 성격대로 정치적이고 사회적인 내용을 성깔 있는 목소리로 담았다. 반대로 《신여성》에 실리면서부터는 여성 문제, 교육 문제, 학교 소재가 많았다.

그러나 비판 정신은 여전했다. 공격적으로 접근했다. 사회를 비판하든 학교나 교회, 실업가, 이른바 신여성을 비판하든 공격적이고 직설적 표현을 사용했다.

15편이나 되는 「은파리」 중에서 《신여성》 편집자의 요청 때문인지 2편은 비판과 공격보다는 유머 콩트 같은 내용이었다. '늦둥이 도둑'의, 요즈음 말로 하자면 어리보기한 도둑의 행태를 우습게 묘사한 것이 그 하나이고, 멍청한 시골뜨기 일본 면장님의 실수 행각을 다룬 '셈 치르기' 이야기가 그 둘이다. 그 두 편의 글을 추측하건대, 하도 자주 그리고 심하게 「은파리」가 걸리게 되니까 검열 당국의 눈속임을 하기 위해, 아니면 안심시키기 위해 편법으로 실은 것으로 보인다.

그 두 편을 제외하면 13편의 「은파리」는 '사회 풍자'라는 꼬리표에 걸맞게 비판적이고 공격적인 내용이다. 무엇을 공격하고 비판하는지 한 대목씩 인용해 본다.

① 어떤 회, 어떤 단체, 그 전체가 서기도 전에 우선 놈들은 모이면 올라서기 싸움을 시작한다. 간신히 한 놈이 올라서면 딴 놈이 또 덤비고, 그 놈이 올라서면 떨어진 놈이 하다못해 따로 나선다. 이래서 두 패가 맞선다. 거기서 또 올라서기 싸움을 한다. 또 난리를 치른다. 둘이 넷이 되고 넷이 여덟이 되고, 여덟이 열여섯이 된다. 어느 틈에 최초의 입회(立會)의 본의는 저 밖으로 달아나고 지금쯤은 다만 올라서기 위해서만 노력한다. 남북도 이래서 갈리고 회파(會派)도 이래서 난리를 치른다. 가련하고 가장 어리석은 자요. 무엇 때문에 올라만 서려는가. 한 번 가 본 길을 또 밟아 가려는 불쌍한 자여!

② 신식 양복쟁이 신사가 친구나 아는 이 집 대문 앞에 가서는 점잖은 체 무뚝뚝한 소리로 "이리 오너라" 소리를 친다. 그나마 크나큰 집 하인 비복(下人婢僕)이 많아 보이는 집 문 앞 같으면 덜하거니와 빈한한 집 - 방 둘밖에 없는 초가집 건넌방 사글세 든 부부 단 두 식구 밖에 안 사는 집에 가서 거만하게 "이리 오너라" 하고, 부를 하인도 없고 그런 어린아이도 없는 줄 뻔히 알면서도 의연히 오만한 소리로 "이리 오너라" 소리를 친다. 그 짓이 대단한 허위가 아니고 무엇이냐.
이러한 허위 짓에 한해서는 무식한 노동자 축에는 절대 없는 일이다. 소위 유식한, 소위 점잖은 축에서 맡아 놓고 하는 허위 짓이다.

③ 착한 사람들이 부지런히 노동해서 모은 돈을 거짓말로 속여서 빼앗은 것이 재산이다. 유산자(有産者)가 무산자(無産者)의 힘을 빌고 그에 상당한 보수를 주게 되기까지는 그 말이 옳은 말이다. 그렇지만 그 옳은 말을 하는 놈은 곧 잡아다 가둔다. 이게 사람의 세상이다.

④ 지금 아무개 자작(子爵)이라고 어디 가서 내세워 봐요. 어떤 대접을 받나. 당신네 작위가 무슨 그렇게 영예스런 작위요. 그 명패가 그렇게 부럽소? 또는 그것이 진정한 값있는 위(位)라고 합시다. 사회를 위해 민중을 위해 유공(有功)한 사업을 이룬 그런 영예로 하여 지은 위라고 합시다. 그렇기로 그 영위(榮位)가 그 당자(當者)에게나 귀하고 중한 것이지…. 이건 아비의 영위를 잘났건 못났건 자식이 뒤를 잇는다. 자식은 그만한 공로가 있건 없건 아비의 자리를 차지한다. 그런 썩은, 시대에 뒤진 그런 조직이 어디 있소. 그런 못난 어리석고 불합리한 조직으로도 잘도 사람들은 살아가오. 그것이 저 하등 사회, 저급 간에 있는 일도 아니고 도리어 최고 계급, 한 민중의 중심 조직이 그러하면서도 싫다는 말 없이 불평도 없이 살아가니 딱하지요.

⑤ 사람이란 거짓말 잘하는 짐승이다. 늘 속이기도 잘하거니와 또 속기도 잘한다. 인간세계에서 권세 있는 놈, 영악한 놈이라고 하거든 가장 거짓말 잘하는 놈이라고 생각해 두면 그리 과(過)한, 틀림은 없다. 거짓말 안 하고는 돈도 못 모으고 세력도 안 잡히니까.
놈들은 서로 만나기만 하면 속이기를 시작한다. 그리고 헤어져서는 제각기 서로 속은 줄도 모르고 제각기 속였다고 기뻐한다. 놈들이 말

하는 소위 교제가(交際家), 그놈은 인간 중에서도 제일 거짓말 잘하는 놈이다. 아무리 해도 관계치 않다. 그저 닥치는 대로 속여라. 그러면 싫어도 그놈은 교제가가 된다. 재산가가 된다. 아무리 생각해도 뱃속을 알 수는 없는 놈들이다.

＊　＊　＊

은파리의 미행은 계속된다. 그는 미행 대상자의 중산모에 올라앉거나 그가 탄 자동차 뒷좌석에 몰래 숨어 들어가거나 자유자재하다. 그렇게 해서 은파리는 위선의 가면을 뒤집어쓴 '신사'들의 감춰지고 구린내 나는 모습을 하나하나 벗겨 낸다. 은파리가 미행했던 명사들이 어떤 부류인지, 그들의 행적을 간단히 정리해 보면 이렇다.

① **대감 일가 :** 광산업을 하며 임금 착취로 졸부가 된 대감으로 어찌어찌하다 자작 작위까지 받은 명사로서 신년 새해 첫날부터 외박하고 들어온 남편. 딸보다 어린 첩 때문에 독수공방하는 대감의 마님. 제 아버지를 닮아 열다섯 살에 기생 오입 즐기는 둘째 첩의 아들인 서방님, 아버지로부터 받을 유산 때문에 하루하루가 즐겁다.

② **신여자(新女子) 김 양(金孃) :** 사회상 사무가 어찌 그리 바쁜지 밤출입이 자심한 여자로서 계몽 강연 연설하러 갑네 부모님 잘도 속이고 외출해서는 황금정 사진관이나 들락거리며 옷장 속에는 일본 피임법 책을 숨겨 놓고 사는 자칭 고결한 독신주의자.

③ **교육자 :** 학생들 앞에서 거짓말을 밥 먹듯이 하는 자인데, 중산모에 각

테 안경에 키드 구두에 위엄을 떨면서 처신을 막 하는 자.

④ **고(高) 선생** : 유명한 청년운동가, 청년 사상가, 독실한 목사로 알려진 자로서 구변이 비범하고 사상이 고상하고 신앙이 독실한 것 같지만 실상은 주색잡기에 부랑배 뺨치는 사기꾼.

⑤ **자선가** : 고아를 구제합네 하며, 고아를 모아 직공으로 쓰면 경비가 절약되리라고 주판질하는 도둑놈만도 못한 놈.

⑥ **문필가** : 실제 사실과는 한참 떨어져서 그저 꾸며 대는 미문(美文)으로 독자를 속이려 드는 자.

⑦ **김곡자** : 80 먹은 해골이 가까운 대감의 첩이 되어 장난감 노릇을 하는 일본인 목욕탕집 양딸 출신으로 세상 남자 이용해서 편하게 사는 여자.

⑧ **S 선생** : 명문여학교 트레머리 여선생이다. 일본말 잘하고 교제 잘하기로 유명하다. '소위 결혼은 여자들이 약자의 위치에 있을 때 만든 어리석기 짝이 없는 제도'라고 굳게 믿는 36세 노처녀.

⑨ **명자** : 원조 교제의 진수를 보여 주는 여학생. 학교는 그냥저냥 다니지만 하학 후가 무척 바빠서 부모님도 모르는 딴 세상에서 노는 재미에 푹 빠져 있다.

⑩ **배상규** : 여학교 교사입네 종교가입네 대학교수입네 미국 철학사입네 하고 점잖은 탈을 쓰고 이 집 저 가정 평화를 깨뜨리는 잡놈.

⑪ **뻐꾸기** : 늦도록 짝을 못 찾아 애가 말라 노래를 부르다가 전에 알던 수컷 한 마리를 동무해서 바다에 풍덩 빠져 버리고 '바다에 들어가는 찬미'를 부른 여자.

은파리가 미행한 11가지 부류의 '인간'들이다. 그럼 소파가, 은파리를 미행시켜서 진정으로 폭로하고 싶은 사람, 비판하고 공격하고 싶은 사람은 누구였을까?

은파리를 통해서 독자들에게 전하려고 했던 진실은 무엇이었을까?

그것을 단정적으로 말하기는 어렵다. 그만큼 「은파리」는 소파의 많은 글 중에서도 돌연변이 같은 존재이기 때문이다. 소파가 썼으되 가장 소파적이지 못한 글이 또한 「은파리」이기도 하다. 소파는 마침내 「은파리」의 마지막 글에서 분노하고 만다.

다음은 「은파리」의 마지막 편에 있는 절명사(絶命辭) 같은 구절이다.

아아 불쌍한 자들아! 너무도 심하지 아니하냐!

황막한 폐허에서 서서 거룩한 새 조선을 건설할 자가 누구냐.

깨기 시작한 민중의 틈에서 너희는 너희의 입으로 부르짖지 않느냐.

우리의 새 문화는 우리의 손으로라야 건설한다고!

과연 그렇다. 귀한 젊은 피로써 갚지 않고는 얻지 못할 것이다.

조금 더 진실하라. 조금 더 의의 있으라.

이 대목을 끝으로 「은파리」는 영원히 사라진다. "황막한 폐허에 서서 거룩한 새 조선을 건설할 자가 누구냐!"고 외친 구절이 은파리의 유언이 되고 만 것이다.

「은파리」는 원고 검열과 삭제, 압수 등 강력한 제제 조치를 내려도 죽지 않고 살아 돌아오곤 했었다. 하지만 하도 신경 거슬리는 내용으로 계속 지면에 등장하니까 총독부 경무국은 아예 영구 게제 중지 처분을 내리게 된다.

1927년 7월호 《별건곤》 제7호 편집후기가 그것을 밝히고 있다. 아랫글에서 '저기서'라고 표현한 대목은 물론 총독부 당국을 가리키는 말이다.

개벽(開闢), 신여성(新女性)을 거쳐 별건곤(別乾坤)에까지 계속해 쓰던 천하의 주목거리 '은파리'는 당분간 못 싣게 됩니다. 저기서 그리하라는 것이니 자의(自意)가 아닌 것만 알아주십시오.

세계아동예술전람회

8월 중순이면 더위도 한풀 꺾인다. 9월 중순이면 완연한 가을 분위기다. 낮에는 아직 볕이 따갑지만 아침저녁으로는 선선한 냉기가 옷 속을 파고든다. 푸른 들판이 차츰 누런색으로 변하고 앞산 뒷산 능선의 마루금이 선명해진다. 하늘은 훌쩍 멀리 도망치듯 멀어진 느낌이다. 세상이 아무리 어수선하고 분주해도 세월은 무심하게 흐르고 있었다.

그렇게 가을이 깊어 가는 때인, 1928년 9월 11일자 〈동아일보〉 3면에는 다음과 같은 기사가 톱으로 실렸다. 이날 같은 신문 3면에는 한 달 넘게 육당 최남선의 「단군과 삼황오제(三皇五帝)」가 연재 중이고, 3면 중앙에는 춘원 이광수가 기고한 「젊은 조선인의 소원」이라는 제목의 논문과 윤백남(尹白南)이 번역한 연재소설 『수호지(水滸誌)』도 함께 실려 있었다.

아동교육에도 그들의 안목을 넓혀 주는 것이 교육상 큰 효과가 있을 뿐만 아니라 이를 교육하는 교육자에게도 현금(現今) 세계의 아동의 지

'세계아동예술전람회'를 알리는 동아일보 사고(社告)

능 정도가 어디까지 미치었는지 알아 두는 것이 가장 긴급한 일이다. 그러나 조선에서는 아직 대규모로 이것을 일반에게 소개할 기회가 없더니 개벽사(開闢社) 어린이부 주최와 본사 학예부 후원으로 세계아동예술대전람회를 10월 2일부터 6일간을 경성 경운동 천도교 기념관에서 개최하게 되었는데, 이 전람에 출품한 나라는 독일, 영국, 불란서, 일본, 중국, 로서아, 서전(瑞典) 정말(丁抹), 서반아(西班牙), 백이의(白耳義), 필란, 자바[95], 기타 합 15, 6개국이며 …(후략)…

---

95 로서아는 러시아, 서전은 스웨덴, 정말은 덴마크, 서반아는 에스파냐, 백이의는 벨기에, 필란은 핀란드, 자바는 인도네시아를 말하는 음역어이다.

이 기사를 요약하자면 개벽사 어린이부가 주최하고 동아일보 학예부가 후원하는 '세계아동예술대전람회'가 10월 2일부터 6일 동안 열린다는 것이겠다. 10월 2일이라면 이 기사가 실린 날부터 20일 후의 행사 아닌가? 20일이나 남아 있는 행사를, 그것도 직접 주최하는 행사가 아닌데도 '문화면' 톱으로 올릴 정도면 이 전람회가 얼마나 중요한 행사인지를 가늠할 수 있겠다.

더구나 동아일보는 이 기사 이후에도 몇 차례 더 '세계아동예술대전람회' 전시회 준비 상황을 소개한 기사를 싣는다.

〈동아일보〉 9월 14일자에는 '세계 아동예전 충실한 내용'이라는 제목으로 다음과 같은 기사가 실렸는데, 전람회가 열리게 된 준비 과정을 친절하게 설명한다.

개벽사 어린이부에서 3년 전부터 있어서 그동안 세계 각국에 향하여 교섭을 시작하고 준비에 착수하여 독일과 토이기(土耳其)[96] 같은 나라에서 그 정부에서 직접으로 출품을 하게 되고 다른 각국에서 좋은 작품이 뒤를 이어 올여름까지 15개국의 출품을 모으게 되어 드디어 10월 2일에는 전람회를 개최하게 되었는데, 이때에 마침 동경 유학생 연구 단체인 해외문학연구사(海外文學研究社) 동인들과 색동회의 정인섭 씨들의 특별한 성의로 세계 각국 아동의 좋은 작품이 천여 점이나 수집한 것을 전람회에 제공하게 되어 …(후략)…

우리나라 국력이 커지고 통신수단이 발달한 요즈음 같은 때에도 전 세계

---

96 터키의 음역어.

20개국 가까운 나라가 참가하는 국제적인 미전(美展)을 연다는 것은 쉬운 일이 아니다. 신문사나 방송국이 주최한다면 모를까. 하물며 1920년대라니, 그 시절에 천 점이 넘는 대규모 예술전람회를 열었다니 놀랍기만 하다. 그것이 어떻게 가능했을까? 신문 기사를 확인하면서도 잘 믿어지지가 않는다.

그 시절에는 국제전화도 없었겠다. 물건을 부치면 천 리 만 리 먼 미국 땅에 하루 만에 도착하는 택배(宅配) 같은 편리하고 스피디한 시스템도 없었겠다. 있다고 해 봐야 고작 국제우편제도로는 편지 정도가, 그것도 국교가 수립되어 있는 일부 국가들 사이에서만 통할 수 있었을 것이다. 아직 항공 산업이 발달하지 못했으니 배편 아니면 열차편뿐이다. 시간도 많이 걸릴 뿐더러 그 불편함 또한 가히 상상할 만하다. 조선에서 유럽으로 편지를 보내면 배편을 이용했을 텐데, 도대체 얼마나 걸렸을까?

'개벽사가 3년 전부터 준비를 했다'는 동아일보 기사를 확인하기 위해 《어린이》지를 뒤졌더니 소파가 쓴 글이 하나 나온다. 예술전람회를 열기 직전에 나온 1928년 9월 29일 발행의 《어린이》지이다. 여기에다 소파는 '세계 아동예술대전람회를 열면서'라는 제목으로 '인사 말씀'을 썼다. 이 글을 보니 '세계아동예술대전람회'를 어떻게 준비했는지, 편지를 보내고 받는 데 얼마나 걸렸는지 친절하게 설명하고 있다.

우선 인사 말씀 앞머리는 '사람이 밥을 먹어야 한다 하여 반찬도 간장도 없이 그냥 맨밥만 꾸역꾸역 먹고 살 수 없듯이' 그와 마찬가지로 '우리에게 유익한 지식이라 하여 수신(修身)과 산술(算術)만 꾸역꾸역 먹고 좋은 사람이 될 수 없다'고 말머리를 연다. 그래서 수신과 산술 같은 맨밥 대신 '예술(藝術)이라고 하는 좋은 반찬을 먹어야 비로소 완전한 좋은 사람'이 된다고 논의를 풀어 간다. 소파는 '그래서는 안 되겠다고, 조선의 교육에도 새로운 과정이 자꾸 늘어서 도화(圖畵)도 가르치고 창가(唱歌)도 가르치게 되었다'고 소개하며 '이마 적에는(현재에는) 동화다 동요다 무어다 하고 예술 방면의 교육에 힘을 쓰게 되었다'고 예술교육의 필요성을 밝힌 다음 세계아동예술전 람회를 준비했다는 결론으로 이야기를 끌어간다.

그래서 이 전람회는 '조선의 아동 예술 생활에 크게 참고가 되게 하고, 우리도 그렇게 하고 싶다는 충동이 생기게 하도록' 열었으며, '벌써 남의 나라에서' 하고 있는 것을 '실제로 보여 드리기 위해서'라는 결론 앞에 이른다. 그러고는 마지막으로, 전람회를 준비하는 데 얼마나 오랫동안 정성을 쏟고 힘들게 준비했는지 설명하는 것으로 끝맺는다.

> 3년 전부터 시작한 일이 1년이 걸리고 2년이 걸려도 다 들어서지를 않아서 중간에 그만두자는 의논까지 났었으나 그래도, 그래도 하고 억지의 힘을 들여서 햇수로 4년이 걸려서 이번에 간신히 20여 나라의 출품을 모아 가지고 전람회를 열게 된 것입니다.

소파가 이 글을 쓴 것이 1928년이니까, 이때부터 3년 전이라면 1925년이다. 1925년부터 준비했다는 소파의 말을 입증하는 흔적이 《어린이》지에 여러 차례 나와 있다.

전람회에 관련한 기록이 맨 처음 등장하는 것은 1925년《어린이》2월호이다. 이 잡지 맨 마지막 페이지에 '세계소년작품전람회를 크게 엽니다'는 제목으로 전면(全面) 사고가 실렸다.

이 사고에는 전람회를 여는 취지와 성격이며 참가국 이름과 개회를 5월에 한다는 것 등이 밝혀져 있다. 이 사고가 실린 후, 그 다음 3월호에는 뒤표지에 '세계 각국 아동작품전람회' 개회를 알리는 사고가 실렸다. 그러나 4월호 목차 페이지에는 '세계아동작품전람회 연기'라는 제목으로 작품 모집 기한을 4월 30일로 연기한다고 했다. 연기하는 이유로는 '외국에서 오는 작품 중에 다소 늦어지게 되는 것'을 들었을 뿐 전람회를 언제 열 것인지 개회 날짜에 대한 설명은 없었다.

그러다가 6월호에 이르러서 전람회를 '10월에 열기로 확정했다'는 사고가 실렸다. 이 사고에는 '먼 나라에서 오는 것이 일자(日字)가 오래 걸리는 관계와 또 큰 회장(會場)을 두 채나 써야 할 관계상'이라는 게 이유였다. 이 사고를 보면 애초에 예상했던 것보다 외국 작품을 수집하는 일이 얼마나 어려웠는지 짐작이 간다.

그해 10월에도 전람회는 열리지 못했다.

소파가 3, 4년씩 시간을 들여 가며 그토록 힘들게 이 전람회를 준비한 이유는 무엇일까? 이것은 앞에서 인용한 대로 '세계아동예술전람회를 열면서'에 나와 있기는 하다. 사람이 맨밥만 먹고 살 수는 없다. 반찬도 곁들여 먹어야 한다. 그래서 예술이다. 예술 하면 뭐니 뭐니 해도 미술 아닌가.

전람회는 동화와 동요와는 관련이 별로 없다. 소파와 그림은 사촌 팔촌보다도 더 '먼 사이'처럼 보인다. 《어린이》지를 널리 알리는 데는 어느 정도 관련이 있을 수도 있겠지만 그렇다면 전람회를 열려고 집착하는 직접적인 이유는 무엇일까? 이것저것 자료를 찾아보는데, 소파가 유년 시절에 그림 그리기를 좋아했고 퍽 잘 그렸었다는 자료를 읽은 기억이 났다.

그랬다. 소년 정환은 그림을 잘 그렸다. 그래서 그의 화재(畵材)를 발견하고 탐내던 어떤 화가가 부모님에게 양자로 줄 수 없느냐고 부탁한 적도 있

세계아동예술전람회 특집호,《어린이》

을 정도였다. 물론 부모님은 허락하지 않았다. 아마 환쟁이에게 아들을 맡긴다는 것이 용납되지 않았을 것이다. 그 시절에 화가는 환쟁이라고 얕보던 때였다. 장승업 같은 당대 최고의 화가도 양반들에게 온갖 수모를 당하며 예술 수업을 받았다고 들었다. 그래서 화업(畵業)을 갖는 사람 중에는 양반은 없고 중인 신분의 사람들이 많다는 것이다.

소파를 양자로 얻는 데 실패한 그 화가는 몹시 아쉬워한다. 그러고는 정환에게 환등기를 한 대 사 준다. 환등기라면 값도 꽤 나가는 물건이다. 그만큼 어려서 그림을 좋아했던 소년, 그림에 남다른 재질이 있었던 소년, 가난하기 때문에 그림은커녕 학교 다니는 것조차 포기해야 했던 소년. 그 소년이 바로 소파이다.

어릴 적의 꿈이란 생애를 걸 만큼 크고 소박하다. 그 꿈을 가난과 몰이해 때문에 포기할 수밖에 없었다. 그래서 소파는 미술에 관한 한 한이 맺혀 있다고 봐도 좋겠다. 그런 그가 성인이 된 후 예술전람회를 열고 싶어 한다. 그것은 마치 꿈을 이루지 못한 자기의 꿈을 다른 어린이들의 그림을 통해서라도 보상받으려는 보상 원망(報償願望) 같은 것이다. 그래, 비록 나는 못했지만 다른 어린이들에게는 할 수 있도록 해야 한다. 그리고 이왕 할 거면 '세계의 아동들'이 그린 작품이다.

그림에 대한 애착이 얼마나 깊은지 구체적으로 증명하기는 어렵다. 하지만 미술에 대한 식견이 높다는 사실은 몇 가지 예를 들 수 있다. 그가 주재(主宰)하는 잡지들, 예를 들면《어린이》나《신여성》《별건곤》《학생》같은 잡지를 보면 편집 디자인이 같은 시대의 다른 잡지에 비해 뛰어나다.

편집 디자인이 뛰어나다는 것은 편집장의 미술 감각과 일맥상통한다. 요즈음은 잡지 편집할 때 디자인은 디자인 전문가들이 전담하는 시스템이지만 그 당시에는 편집장이 모든 것을 다 지휘했다. 편집장이 제목도 달고, 글도 쓰고, 지면 구성(디자인)도 직접 하는 식이다. 그래서 잡지를 보면 편집장의 미적 수준을 알 수 있는 것이다. 그런 점에서 소파는 탁월했다. 그림에 대한 편집장의 소양(素養)이 느껴지는 대목이다.

이야기를 다시 아동예술전람회로 돌이키자.

3년 전 - 소파의 글에는 만 3년이라고 되어 있다 - 부터 전람회 준비를 했다. 처음엔 한 1년 하면 되리라고 생각했다. 그러던 것이 2년, 3년 자꾸 지체

되었다. 지체된 가장 큰 요인은 통신수단 때문이다. 전람회가 끝난 후 동아일보에 기고한 글 중에 '한 번 서신 왕래에도 2개월이 넘게 걸린 곳이 많아서 햇수로 4년 동안이나 걸려 점수(點數)로 2천 점을 모아 이번에 개회한 것'이라는 구절이 그것을 말해 준다.

그렇게 시간을 허비하고 있는 동안 다른 쪽에서도 전람회를 추진하고 있었다. 바로 앞에서 인용한 동아일보 기사에도 나와 있듯이 동경 유학생들이 만든 '해외문학연구사' 멤버들이었다.

이 해외문학연구사는 '해외문학연구회'라고도 불린다. 1920년대 일본 유학생 가운데서 외국 문학을 전공하는 학생들 중심으로 이루어진 외국 문학 연구 단체이다. 구성원은 이하윤[97], 김진섭[98], 손우성[99], 이선근[100], 정인섭, 김한, 함대훈 등이다. 최초에는 동인들의 친목과 자유로운 문학 토론이 중심이 된 활동을 했고, 후에는 기관지《해외문학》을 발간하기도 했다. 그 후에 이 연구회에는 이헌구, 김광섭[101] 등이 참가하는데, 이 해외문학연구회

---

97 시인. 일본 호세이대학교 문과를 졸업하고 경성여자미술학교 교사, 중외일보 학예부 기자, 경성방송국 편성계 등을 거쳐 오랫동안 서울대학교 사범대 교수를 지냈다. 시집에『물레방아』, 번역 시집으로『불란서 시선집』이 있다.

98 수필가, 독문학자. 일본 호세이대학 독문학과를 나오다.《해외문학》창간에 참여하고, 카프의 프롤레타리아문학과 대결하여 해외 문학 소개에 진력하다, 귀국 후에는 경성제대 도서관 촉탁으로 있으면서 서항석, 이헌구, 유치진 등과 극예술연구회를 조직하다. 해방 후 서울대학교 도서관장, 서울대와 성균관대 교수 등을 역임하다. 첫 수필집『인생예찬』이 유명하다.

99 불문학자. 오랫동안 성균관대 불문과 교수로 재직하며 루소의『수상록』등 프랑스의 고전 번역 작업을 많이 하다.

100 와세다대 사학과 졸업. 대학 재학 중 전진한, 이하윤 등과 함께 비밀결사 '한빛회'를 결성하고, 협동조합체, 신간회 동경지회에 참가하였고 귀국 후 조선일보 정치부장을 역임하다. 해방이 되자 조선청년동맹 위원장, 조선청년당 최고위원을 지냈으며, 반탁 학생총연맹 고문, 1947년 대동청년당을 조직하고 부단장이 되다. 서울대 정치학과 교수를 지내고 1954년 문교부 장관이 되어 국사편찬위원회를 설치하다.

101 시인. 대표적인 시집에『성북동 비둘기』가 있다.

구성원들은 '극예술연구회'를 조직하여 신극 운동에도 힘쓰고 있었다.

이 해외문학연구회 멤버이자 와세다대학생인 이헌구(李軒求)가 소파와는 별도로 전람회를 준비하고 있었다. 그는 와세다대학 불문학과에 다니고 있었는데, 와세다대 영문과에 다니는 정인섭과는 같은 하숙을 하며 같은 방을 쓰는 친구였다. 이헌구는 김진섭(金晉燮) 등과 친해서 자연히 해외문학연구회를 조직해 함께 활동하기도 한다. 처음에는 시를 쓰다가 평론으로 전환했으며, 대학을 졸업한 후에는 조선일보 학예부 기자로 활약한다. 해방이 되자 언론계를 떠나 1950년대부터 별세할 때까지 이화여대 교수로 재직했다.

이헌구가 어린이 그림을 모으기 시작한다는 사실을 알게 된 색동회 회원들은 그를 돕기로 했다. 이 무렵에도 동경에 남아서 대학을 다니고 있던 색동회 회원들이 몇 명 있었는데, 이들은 그해 여름방학 동안 고국에 돌아와 무슨 행사를 할 것인가 의논하고 있었다. 고국의 어린이들에게 무언가 양식이 되고 보람 있는 그런 행사가 없을까, 모이면 토론하고 의견을 나누곤 했다. 그랬는데 마침 그때 이헌구가 세계 각국 어린이들의 그림을 모으고 있다고 하니 여름방학 때 귀국해서 어린이 계몽운동의 일환으로 국내에서 어린이 그림 전시회를 개최하는 것도 나쁘지 않겠다고 생각한 것이다.

소파는 그런 사실도 모르고, 개벽사 동료들 그리고 《어린이》지 편집자들과 함께 전람회 준비를 하고 있었다. 벌써 준비하기 시작한 지 3년도 더 지났다. 같은 색동회 회원이, 그것도 같은 행사를 준비한다는 것은 우연치고는 정말 기적 같은 우연이었다.

그럼 다시 이헌구가 쓴 수필집 『미명을 가는 길손』을 인용한다. 그 속에는 동경 유학 시절 아동예술전람회를 준비하고 진행하던 일들이 고스란히 수록되어 있다. 전람회 준비 과정을 정말 자세하게 증언해 놓은 글이어서

노년의 이헌구.
방정환의 세계아동예술전람회를 크게 도왔다.

전문에 가깝도록 인용한다.

> 당시 나는 정인섭 형과 한 방에서 자취하고 있었다. 정 형도 내가 미술
> 작품을 수집하는 모습을 호기심으로 바라보고 있었다. 6월 말이 되었
> 다. 곧 방학이 되고 7월 초엔 귀국해야 하는 것이다. 하루는 정 형께 언
> 제 귀국하겠느냐고 물었더니, 졸업논문 관계로 망설이는 중이라고 한
> 다. 그러면서 그 아동전람회를 부산이나 동래 같은 데서부터 시작해
> 보는 것이 어떠냐는 의견을 내었다.
> 그러나 그곳은 나로서는 생소한 고장인데, 체류 중의 경비 등이 문제
> 되지 않을 수 없었다. 그랬더니 정 형이 그건 우리의 물건(자료)이 그만
> 큼 풍부한데 숙식비야 해결되지 않겠느냐면서, 어디 함께 같이 동고동
> 락(同苦同樂)하자는 제의다. 그래서 나의 첫 계획은 일대 비약 변전하여
> 함북에서 경남(이곳은 정 형의 고향)으로부터 -라는 작정이 내려지고, 일
> 행은 김광섭, 정인섭, 이헌구 3인이었다.
> 1928년 7월 14일, 우리 일행 3인은 커다란 짐짝 세 개를 소중히 다루
> 어 가지고, 동경역을 떠나 16일 부산항에 하륙했다. 당시 부산은 일본
> 인 도시나 마찬가지였다. 여기서 5일간 제1차 전시회를 갖고, 다음은
> 정 형의 매형이 되시는 추 씨가 동래 면장으로 있던 관계로 제2차 동
> 래, 제3차 양산, 제4차 마산, 제5차 통영, 제6차 진주… 이렇게 각지를
> 하루도 쉼 없이 기차와 버스와 기선에 얹혀서 끝내고 나니 8월 16일인
> 가 되었다. …(중략)…

부산을 시작으로 아동전람회가 경상도 지방을 순회 전시한 지도 한 달이

넘었다. 정말 초인적인 강행군이었다. 아무리 젊은 혈기지만 더 이상은 무리였다. 냉방도 되지 않던 시절이었다. 한여름이었다. 찌는 듯한 더위는 피로를 가중시키고 있었다. 전람회를 주최한 유학생 삼총사들은 누구랄 것도 없이 기진맥진했다.

부산에서부터 전람회를 열면서 북상하려던 계획은 이제 겨우 시작한 거나 마찬가지였다. 피곤하다고 해서 중단하고 그럴 성격의 전시회가 아니다. 그런데 체력이 바닥났으니 여간 고민이 되는 게 아니었다.

그때 와세다대학 영문과 정인섭이 제안을 했다. 제안하는 타이밍이 참 좋았다.

"우리 세 사람이 이런 식으로 하다가는 결국 전국 순회 전시회는 하지 못하게 될 거다. 개벽사의 방정환 씨도 이 일을 추진하고 있다니 그분과 함께 의논해 보는 게 어떠냐?"

세 사람은 정인섭의 제안을 따르기로 했다. 그래서 진주 전람회를 마친 다음 일단 지방에서 여는 전람회는 중단하기로 했다. 대구에서 열려던 계획도 취소했다. 세 사람은 곧장 서울로 올라온다.

서울에 올라온 후 정인섭은 서울에 살고 있던 색동회 회원들과 자리를 함께했다. 방정환, 조재호, 정순철, 진장섭, 정인섭이 모인 이 모임에서는 세 사람이 꾸려 가던 전시회를 이왕이면 서울에서 대규모로 개최하자는 쪽으로 의견을 모았다. 이 같은 제의에 소파 역시 무거운 짐을 던 듯 반가워했다.

그래서 우선 경남 지역에서 전시회를 주관해 온 이헌구를 색동회 회원으로 가입시키고, 전시회 이름은 소파가 추진하던 대로 '세계아동예술전람회'로 정했다. 소파는 전시회를 열기 위해 3년 전부터 중국 상해에 있는 교포 유지들과 독일 정부의 협력을 받아 작품을 수집하고 있었다. 이헌구가 모은 작품에다 소파가 수집한 작품을 더하고, 여기에다 국내 어린이 작품을 추가하면 되었다.

개벽사는 그때 이미 동아일보 후원으로 10월 2일부터 6일까지 천도교 기념관에서 '세계아동예술전람회'를 열 계획을 세워 놓고 있었다. 소파는 그 막바지 준비 때문에 눈코 뜰 새 없이 바빴다.

이렇게 해서 힘을 합친 두 팀은 부랴부랴 전람회의 규모와 구체적인 전시 계획을 다시 짜야 했다. 이헌구는 잠시 고향 명천에 다니러 간다. 무리한 스케줄로 건강을 심하게 해쳤던 것이다. 이헌구가 고향에 가서 요양하는 동안 소파는 동아일보와 후원 협의를 끝낸다. 그 결과 9월 11일자 동아일보에 '중추(中秋) 서늘한 시절의 세계아동전람회'라는 3단짜리 안내 기사가 실린다. 그 기사에는 '전 조선 아동 작품 모집'이라는 사고(社告) 성격의 안내 기사도 들어 있었다. 출품 자격은 16세 이하 어린이에 한하며, 출품 종류는 자유화와 수공품, 접수 마감 일자는 9월 25일까지로 되어 있었다.

이후에도 동아일보는 이 전람회에 뜨거운 관심을 보이며 자사(自社) 주최 행사 이상으로 열성적으로 돕는다. 나흘 후 9월 14일자 4면에는 '세계아동예술전회 충실한 내용'이라는 제목으로 《어린이》지가 3년 전부터 준비했다는 사실과 해외문학연구회가 참여했다'고 실었고, 9월 18일자 4면에는 '착착 준비되어 가는 세계아동예술전'이라는 제목으로 '독일 정부에서 발송한 아동교육 방침 서류도 도착했다'는 기사를 게재했다. 또 9월 21일자에는 역시 4면에 '세계아동예술전람회 소식'이라는 속보를 다루었는데, '파사(波斯), 소격란(蘇格蘭), 포도아(葡萄牙)[102], 루마니아(羅馬尼亞)의 아동 작품도 내도

---

102 파사는 페르시아, 소격란은 스코틀랜드, 포도아는 포르투갈을 가리키는 음역어이다.

(來到), 출품한 나라가 20개국'에 달한다고 흥분하는 모습을 보였다. 그럴 만도 했다. 한두 나라도 아니고 스무 나라가 참가한다니, 당시로서는 상상도 할 수 없는 일대 사건이었다.

동아일보 기사는 이것으로 끝나지 않았다. 9월 28일자에서도 '개회도 전에 대인기(大人氣)인 국제적 대전람회'라는 제목의 3면 톱으로 기사를 썼고 9월 30일자 '사고', 10월 1일자 3면에 '세계아동전람회 소식' 속보, 개회일인 10월 2일자에 '사고'와 '세계아동예술전 감상문 모집'이라는 관련 사고 등을 실었다.

드디어 10월 2일 오전 11시 5분 전람회가 개막했다. 원래 개막 시간은 10시였는데, 진열 작업이 한 시간 늦어서 11시 5분에 개막한 것이다.

입장료는 어른 10전, 아동 학생은 5전, 40명 이상 단체는 3전을 '장내 정리비'라는 명목으로 받기로 했다. 그때는 추석 명절 직후여서 지방에서 단체로 수학여행 오는 어린이들이 많아서 첫날부터 대단히 많은 관람객이 몰려들었다.

소파는 개막을 제시간에 맞추기 위해 며칠 밤을 꼬박 새워 가면서 작품 진열과 심사에 몰두했는데, 어찌나 작품이 많았던지 개막 시간 1시간이나 지나서야 겨우 끝낼 수 있었다.

이번에는 세계아동전람회를 실제처럼 구경해 보자. 얼마나 대단한 전람회인가? 타임머신을 타고 1928년으로 돌아가 직접 천도교당 기념관으로 들어가 전람회를 관람하는 것이다.

당시 동아일보는 전람회 기간에 일기자(一記者)가 쓴 관람기[103]를 학예면에 실었는데, 다음은 그 내용의 일부이다.

전람회가 열리는 경운동으로 들어서는 안국동 네거리에는 선전탑이 두 개나 세워져 있었다. 선전탑은 재동 네거리에도 있었다. 재동 네거리를 끼고 돌아 전람회장 입구에 들어서니 단체 관람하러 온 학생들이 길게 줄을 서서 있었다. 또 서울에 살고 있는 각국 어린이들이 한데 모여 있는데, 그들이 떠드는 소리로 떠들썩했다.

천도교당 정문에 세운 대형 아치는 어쩌나 크고 높은지 쳐다볼 새도 없이 학생들 사이를 헤집고 들어가니 2층 1호실로 들어가는 층계 위에 화분 하나가 놓여 있고, 그 옆에 '천천히 자세히 봅시다. 그러기 위해서는 앞사람을 밀치지 맙시다'라는 표시가 붙여져 있었다.

1호실에 들어서니까, 여기는 유치원 작품이라서인지 벽에 걸린 작품들이 색이 단조롭고 깨끗하기 짝이 없다. 전차 차장을 순사보다도 더 딱딱하게 그린 것은 아기들이 제일 전차를 좋아하는 까닭에 그런 차를 부리고 다니는 사람을 순사보다 높은 사람, 더 무서운 사람으로 아는 까닭이다. "아이고 어쩌면 이걸 이렇게 잘 그렸어. 몇 살 먹은 아이인데" 어느 유치원 보모들인지 일일이 그림을 만져 보면서 탄복하고 있다. 그것은 전라도 나주 유치원 작품인데, 어린애 머리에 새가 앉은 것, 동심이 아주 잘 표현된 작품이었다. 그렇지 않아도 전시실이 좁은데 단체로 온 학생들이 우르르 우레 같은 발소리로 쏟아져 들어오는

103 일기자(방정환의 필명), '세계아동예술전 초일(初日) 관람기', 〈동아일보〉, 1928년 10월 5일부터 10월 10일까지 4회 연재.

통에 쫓기는 마음이 되어 얼른 2호실로 쫓겨 갔다. …(중략)…

6호실은 서양 각국과 여러 나라의 작품들이다. 마침 이 방에서 방정환 씨가 학교 교원인 듯한 사람과 단체로 온 학생들 앞에서 열심히 설명을 하고 있었다.

이곳에서 제일 눈에 띄는 것은 40여 장이나 되는 독일 그림인바 독일 정부 문부성에서 직접 보내 준 것이라 하니 작품도 작품이려니와 개벽사를 통하여 조선 어린이들에게 호의를 베풀어 준 점에 정이 솟는다.

그 옆에 노서아의 작품은 북쪽 추운 나라여서 침울하고, 중국 것은 크레용을 썼는데 중국적인 깊은 빛을 많이 쓴 것이 유달랐다. 그 외에 핀란드, 스코치, 덴마크, 포도아, 스페인, 서서, 자바의 것과 미국 불란서 것이 차례대로 보이는데, 그중에서 서전(瑞典)[104] 것이 마치 동양화풍이어서 조선 재래의 화법과 근사한 것 같았다. …(후략)…

* * *

이 전람회는 예정보다 하루 연장해서 폐회했다. 전람회를 일주일만 연장해 달라, 일주일이 어려우면 이틀만이라도 연장해 달라는 요청이 쇄도했다. 정말 폭발적인 인기였다. 구경거리라고 해 봐야 어른들의 활동사진 아니면 연쇄극 같은 것 따위가 있을 시절이다. 더구나 호기심 많은 아이들이 구경할 거리가 턱없이 부족하던 시절이다. 서커스나 남사당패나 찾아오면 온 동리가 들썩거릴까? 그런 구경거리가 어디 장마다 오겠는가. 그런 시절에 전

---

104 스위스의 음역어.

세계 어린이들이 그린 그림을 한곳에 모아 놓고 구경하게 되었으니 장관이 따로 없었다.

전람회를 마친 후 동아일보는 총입장자 숫자가 39,021명이라고 집계했다. 당시 서울 인구가 36만 명에 지나지 않았으니 서울 총인구의 10분의 1도 넘는 엄청난 숫자였다. 인원 동원 면에서도 기록적인 문화 행사였다.

이 전람회를 통해서 소파는 요즈음 용어로 이야기하자면 다시 또 한 번 '이벤트' 기획력을 발휘한 것이 된다. 몇 년 전에도 동아일보와 힘을 합쳐 '안창남의 고국 비행쇼'라는 전무후무한 행사를 기획해서 한강 변을 인파로 뒤덮게 하는, 시쳇말로 대박을 터뜨린 적이 있었다.

이번 전람회도, 이헌구 등의 해외유학연구회와 손잡은 것이었지만, 동아일보의 후원을 얻어 낸 이후의 모든 행사 진행은 소파가 전담했다. 그것은 한 편의 거대한 오페라를 연출하는 연출자의 솜씨에 다름 아니었다.

소파는 관객을 전람회장으로 오게 하고, 전시실에 온 관객에게 즐거움을 선물하는 방법이 무엇인지 알았다. 매일같이 전람회에 입장한 어린이들을 위해서 동화 구연회를 열었고 유치원 아기들을 위해서는 율동 교실도 마련했다. 또한 서울에서도 유명한 배재학교 브라스밴드와 천도교소년회가 찬조 출연하는 음악회도 열었다. 이런 여흥들이 화제가 되면서 전람회 관객은 물밀 듯이 늘어났던 것이다.

소파의 흥행가적 솜씨는 잡지에서도 유감없이 발휘되었다. 《어린이》지가, 당시 유력한 신문 발행 부수가 5만 부를 갓 넘을 시절에 10만 부를 발행할 만큼 최다 부수 발행을 뽐낼 수 있었던 것도 그 이유는 이런 데 있었다. 잡지 편집뿐만 아니라 문화적 이벤트를 진행하는 데도 소파는 대중의 마음을 잘 헤아리는 눈이 열려 있었던 것이다.

소파는 세계아동예술전람회를 끝낸 다음 10월 21일자 동아일보에다 '보고와 감사 - 세계아동예전을 마치고'라는 글을 기고했다. 이 글을 통해 소파는 전람회를 4년 동안 준비한 일, 40여 명이 철야 작업으로 전시회장을 설치한 일, 독일을 비롯한 20개국의 그림과 그림 외에 동화극·가면극·인형극과 관련한 자료와 각국의 어린이잡지와 아동 예술가의 초상 사진 등등 작품을 수집한 어려움 등을 일일이 설명했다. '이 일은 욕심뿐이지 힘에 너무 벅찬 일'이었음을 솔직히 털어놓으면서 그럼에도 전람회를 성대하게 치를 수 있게 도와준 모든 사람들에게 감사를 표시했다. 그리고 전람회를 치르면서 느낀 우리나라 아동 예술의 현황과 희망에 대해서도 의견을 밝혔다.

이렇게 소파를 비롯한 색동회 회원들이 '세계아동전람회' 같은 초대형 행사를 치러 내고, 조선의 어린이운동이 국제적인 규모로 발전하게 되자 일본 경찰의 감시는 전보다 훨씬 더 날카로워졌다. 조선총독부와 경찰 당국은 그 주동 역할을 한 소파를 더욱 주목하게 된다.

이런 여러 가지 점들이 탄압의 구실이 되었다. 일본 경찰은 본격적으로 아동 단체들의 운동을 탄압하기 시작했다. 소파는 사면초가의 형국이었다. 소년 단체는 사회주의 노선을 지향하는 사람들이 큰 목소리를 내며 이상한 방향으로 흘러가고, 개벽사의 부채는 감당할 수 없을 만큼 쌓여 갔다. 그리하여 소파는 그토록 정성을 쏟던 소년운동의 일선에서 물러날 수밖에 없었다. 그가 다른 어떤 일보다 세계아동전람회에 몰두한 것도 이런 사정 때문이었을 것으로 추측된다.

소파는 이후, 개벽사 경영 최전선에 나선다. 개벽사에 대한 천도교의 재정 지원도 끊어졌다. 개벽사가 무너지면 《어린이》도 버티지 못한다. 그는 잡지 편집에 대부분의 시간을 할애했다. 그리고 그를 기다리는 어린이들이 있는 곳이라면 어디든지 찾아다니며 '동화 구연 대회'와 '아동 문제 강연회' 같은 일에 전심전력하게 된다. 그가 중앙보육학교와 경성보육학교에 출강해서 아동 유희를 강의하기 시작하는 때도 이 무렵이다.

그런데 몸이 이상하다. 자주 심한 피로감이 몰려왔다. 전에 없던 피로감이 느껴진다. 정신적인 면에서는 항상 피로한 생활이다. 개벽사를 맡고 있는 실질적인 발행인이 아니냐. 회사 일만 생각하면 항상 머리가 뻐근할 지경이었다. 그래도 몸만은 건강했는데…. 이제는 몸이 자주 피로해진다. 코피도 자주 쏟았고 잠을 자다가도 자주 깨곤 했다.

자세히는 알 수 없지만 몸의 어디인가가 나빠지고 있구나. 그런 생각이 들 때도 있었다. 그렇지만 어쩌랴. 단 하루도 쉴 수 없는 몸이다. 소파가 한 순간도 일하지 않으면 개벽사는 제대로 돌아가지 못하고 삐걱거리는 소리가 날 것이다. 사실은 소파 자신만 그렇게 느끼고 있는지도 몰랐다.

필명의 비밀

    글을 쓰는 작가들이나 예술인들은 본명 외에 다른 이름들을 쓰기도 한다. 예술 활동의 필요에 따라 예명(藝名)을 쓰기도 하고 필명(筆名) 또는 호(號)를 쓰기도 한다. 예술가들뿐만 아니라 본명 외에 호를 많이 쓰기는 정치가도 뒤지지 않는다.

    특히 근대화 초기에 신문 잡지 등의 편집에 참여했던 분들은 대개 호를 두서너 개씩 갖고 있으며 많은 필명을 사용하고 있다. 춘원 이광수나 육당 최남선이 그렇고 파인 김동환, 백능 채만식 같은 분들이 그러하다. 왜 그분들에게 많은 필명이 필요했을까?

    그 이유에 대해서 한마디로 대답하기는 힘들다. 그저 '여러 가지 이유 때문에' 필명을 사용했다고 보는 편이 적절한 답이다. 필명을 사용하는 경우와 사람마다 그 이유가 제각각 다르기 때문이다.

    물론 방정환이 많은 필명을 사용한 데도 여러 가지 이유가 있으며, 그 이유를 세 가지 정도로 제시할 수 있겠다. 이는 평전을 쓰기 위해 모은 많은 자

《개벽》폐간 이후에 나온《별건곤》표지

료를 통해서 확인한 것이다.

첫째는, 필자가 너무 부족하기 때문이다. 《어린이》지도 그랬지만 《신여성》이나 《별건곤》도 마찬가지다. 여러 가지 기획을 하지만 그 아이템에 맞는 글을 써 줄 필자가 없다. 신문 잡지에 글을 쓸 만한 필자들이라고 해 봐야 일본 유학 다녀온 몇몇, 신문사 기자 몇몇이 고작이니 별 수 없이 지면을 채우는 것은 그 아이템을 찾아낸 편집자 몫이다.

그 다음 이유는, 원고료 사정 때문이다. 그때나 지금이나 대부분의 잡지사는 영세하다. 그래서 원고료라고 정해서 줄 돈이 턱없이 부족하다. 《어린이》지만 해도 아예 색동회 회원들은 원고료를 받지 않기로 했다. 그래서 거의 모든 글을 방정환이 직접 써야 했다. 글은 죄다 방정환이 썼지만 필자 이름은 글마다 다르게 붙일 수밖에 없었을 것이다.

셋째는, 검열을 피하기 위해서 많은 필명을 사용했다. 《어린이》지 편집 후기에도 그 점을 짐작할 수 있는 대목이 있다. 만약에 어떤 글이 총독부 비위를 거슬러 잡혀간다고 치자. 그런데 그것을 쓴 이가 방정환이라고 치자. 그렇게 방정환이 잡혀가면 잡지는 나오지 못한다. 그러므로 가명(필명)으로 싣는다. 문제가 되면 다른 사람이 쓴 글 또는 독자 투고라면서 피해 간다. 이런 식이겠다.

마지막 이유로는, 방정환을 스타로 띄우는 계산된 작전이다. 이것은 순전히 추측이다. '몽중인' '몽견초' '북극성' 같은 필명으로 독자 궁금증을 한껏 높여 놓은 다음 필자 알아맞히기 퀴즈를 통해 짜자잔! 하고 방정환이 등장한다. 와아! 박수…. 그렇잖아도 좋아하고 존경하는 방정환 선생님이 아니냐. 방정환은 슈퍼스타가 되는 것이다. 물론 덩달아 《어린이》 잡지도 뜬다.

방정환은 아마 우리나라에서 필명을 가장 많이 사용한 분으로 기네스북

감이다. 평전의 자료를 찾기 위해서 1910년대부터 1930년대까지의 신문 잡지를 검색했는데, 방정환의 필명으로 확인이 가능한 것만 해도 39개이다.

'방정환' 하면 누구나 알고 있는 '소파'에서부터 '잠수부' '견초' 같은 낯선 필명에 이르기까지 방정환은 참으로 많은 필명을 사용했다.

최근에는 방정환의 대표적인 호인 '소파'가 그 당시 일본의 아동문학계를 대표하는 이와야 사자나미(岩谷小波)와 같다고 해서 이를 비난하는 듯한 주장도 있다. 소파가 이와야 사자나미의 작품을 읽고 영향을 받았다는 주장이 나올 만하다. 하지만 '소파'라는 호를 사용한 것 하나만 가지고 이와야 사자나미의 아류로 방정환을 폄하하는 이론은 지나친 확대해석이요 오류라고 생각한다.

또 방정환의 필명 '허삼봉'을 둘러싼 논란도 있었다. 이런 점 때문에라도 방정환이 사용한 필명에 대한 신분 조사는 해 둘 필요가 있다는 생각이다. 하나하나 간단히 확인해 둔다.

ㅈㅎ생

방정환이 제일 처음에 사용한 필명이다. 'ㅈㅎ생'이라는 필명은 '정환'에서 따온 것이다. 여기에다 '생'을 붙여서 '정환 소생(小生)'이라는 겸손한 의미를 담았다. 'ㅈㅎ생'은《청춘》《유심》에 투고할 때 사용했고, 훗날《개벽》《어린이》《신여성》같은 잡지에서도 눈에 띈다. 또한《어린이》지에 게재된 글 중에서는 연재물 『이솝 이야기』 필명으로 이 이름을 쓰고 있다.

방정환은 열여덟 살 되던 무렵 육당 최남선이 발행하는《청춘》과 만해 한용운이 발행하는《유심》에 자주 투고를 했고, 그때마다 글이 뽑혀 '독자난' '입선 작품'으로 여러 차례 실린다. 단편소설 「고학생」 「우유 배달부」 같은 작품들이 그 작품들이다.

ㅅㅎ생도 비슷한 시기에 사용한 필명이다.

소파(小波)와 잔물

방정환의 대표적인 필명이자, 호(號)이다. 대표적인 필명인 만큼 가장 많은 작품에 사용했고, 가장 오랫동안 애용한 이름이다. 이 필명을 처음 사용한 것은 잡지《개벽》《어린이》등 말고도〈동아일보〉〈조선일보〉같은 신문 등 여러 매체에서 골고루 사용하고 있다. 그래서 방정환이라는 본명보다도 더 많이 쓰이는 이름이다.

방정환은 동경 유학 시절《천도교회월보》등에 기고할 때부터 이 이름을 쓰기 시작하다가《어린이》지 창간 이후 이 잡지에 글을 쓸 때 이 이름을 본격적으로 사용한다. 특히 명작동화『성냥팔이 소녀』, 동화극〈노래 주머니〉〈토끼의 재판〉, 동화「눈 어두운 포수」「두더지의 혼인」같은 작품처럼 본격적인 아동문학작품들에는 거의 대부분 필명을 소파라고 적었다.

'소파'라는 한문 말은 가지를 쳐서 '소파생(小波生)'으로 생겨나기도 하고, 'SP생' '에스피생'도 낳는다. 또 '잔물'이라는 순우리말로 직역한 호가 나오기도 한다. 이 여러 가지 호들은 모두 '소파'에서 연유한 호들이다.

소파와 잔물은 글자 뜻이 같다. 필명으로 먼저 사용한 것은 잔물이다. 잔물이 맨 처음 발견되는 매체는《개벽》제3호로서 1920년 8월 20일 발행호이다. 이 날짜가 중요하다. 이때는 방정환이 일본 동경으로 유학을 떠나기 꼭 한 달 전이다.

방정환이 잔물이라는 호를 처음 사용한 날짜를 굳이 밝히는 이유는 다음과 같은 주장이 있기 때문이다. 일부 아동문학평론가는 '소파 방정환은 호마저 일본의 국수주의 아동문학가 암곡소파(이와야 사자나미)의 호를 표절했다'는 주장을 했는데, 이는 방정환이 동경 유학 전부터 잔물=소파를 사용하고 있었으므로 옳지 않은 주장이다.

그 아동문학평론가는 소파와 함께 훗날『청춘을 불사르고』란 자서전을 속세에 남기고 불가에 귀의한 여류 작가 일엽(一葉) 김원주(金元周)의 '일엽'이라는 호에 대해서도 같은 논리로 '친일 혐의'를 씌웠다. '일엽' 역시 사실과 다르다. 그녀는 방정환과 함께《신여자》를 창간했는데, 그때 이미 그 잡지에 '한잎'이라는 필명으로 단편소설을 싣고 있다.《신여자》는 1920년 3월에 창간된 잡지이다.

방정환은 동경 유학을 떠나기 전까지는《청춘》정도의 국내 잡지를 읽고 있었다. 평전을 쓰기 위해 구해서 모은 방정환의 여러 자료를 검토하고 내린 결론이다.

또한 유학을 떠나기 전 방정환은 암곡소파를 읽지 못했을 것이다. 한일 합병 불과 10년 미만인 때였고, 3.1운동 직후라서 아직은 일본 잡지들을 누구나 구해 읽을 수 있는 시대는 아니었다. 동경 유학 전의 방정환은 아동문학가가 되기보다는 (성인)문학가나 소년운동가가 되려는 열망이 더 컸다고 보인다. 아동문학은 방정환에게는 큰 관심의 대상은 아니었다.

방정환이 본격적으로 소년운동에 관심을 갖기 시작하고 세계 명작 동화 같은 아동문학작품에 빠져들기 시작한 것은 동경 도착 이후부터다. 동경에 도착해서 하숙집을 정한 후, 방정환은 마땅한 친구도 없는 외로운 나날에 닥치는 대로 책을 읽었다. 이때 안데르센, 그림, 이솝 등과 함께 일본 아동문학가들, 예를 들면 이와야 사자나미도 읽었을 것이다.

잔물

《개벽》 5호에 실린 번역 시 〈어린이 노래 - 불 켜는 이〉의 필자 이름으로 처음 사용한 것은 '잔물'이다. 잔물은 한자이 '소파(小波)'를 직역한 말인 듯하다. 그러니까 '소파'에서 가지를 친 필명인 셈이다. 《어린이》지에서는 〈여름비〉 〈산길〉 같은 동요 작품과 소년소설 「졸업의 날」, 실화 「눈물의 모자 값」 같은 일부 작품에 이 이름을 쓰고 있다.

방정환은 워낙 많은 호를 사용하다 보니 새로운 필명을 짓는 일이 쉽지 않았을 것이다. 그래서 이전의 호와는 영 딴판인, 전혀 새로운 이름을 짓기보다는 기왕에 있는 필명에서 파생한 이름을 짓는 경우가 많았다. '소파'에서 '소파생' 'SP생'이 나온 것도 그렇고 '잔물'도 마찬가지 경우이다.

그러나 '소파'에서 나온 '잔물'은 '소파'와는 어감과 분위기가 전혀 다르다. 소파가 작은 파도를 연상하며 좀 투박하고 툭툭 건드리는 듯한 이름이라면 '잔물'은 글자 그대로 잔물결이 일렁이는 듯한 기분 좋은 느낌을 자아내게 한다.

방정환도 이 필명을 몹시 아낀 듯하다. 언제인가 - 아마 병석에 누워 있는 때였을 것이다 - 아내 손용화 여사에게 '잔물'이란 필명에 대해 이렇게 설명했다는 기록이 남아 있다.

"내가 하는 일이 당장에는 큰 효과가 없겠지만 잔물결처럼 쉬임 없이 온 조선에 물결치게 될 날이 올 겁니다."

목성(牧星)

이 이름은 방정환이 작가가 되려고 꿈꾸던 시절에 주로 사용한 필명이다. 방정환은 동경 유학 시절 초창기에는 사회주의 경향이 농후한 소설을 몇 번 발표한다. 또 문예 동인지 《백조(白潮)》 동인으로 참여하기도 한다. 《조선문단(朝鮮文壇)》 같은 문예잡지에도 작품을 발표한다. 이 무렵 방정환은 아동문학작품이 아닌 본격적인 소설 작품들도 병행해서 발표하고 있는데, 그런 작품에는 어김없이 '목성'을 사용하고 있다.

'목성'은 아마 별자리 이름인 '목동자리(Bootes)'를 가리키는 말 같다. 목동자리는 '곰의 감시인'이라는 뜻의, 아주 밝은 별인 아르크투루스를 가지고 있는 별자리이다. 석기시대 말리디의 목동들은 새로 길들인 소, 염소, 양 떼를 몰고 초원을 가로지르며 유목 생활을 한다. 그들은 아름다운 별밤이 펼쳐지는 동안 하늘을 바라보고 별들 속에서 목동의 모습을 상상했을 것이다. 서양의 어떤 벽화에는 목동이 소를 몰고 가는 모습이 그려져 있는 것도 있다. 최근에는 목동자리를 귀여운 목동이 앉아서 풀피리를 부는 모습으로 표현하기도 한다. 풀피리를 부는 목동의 모습을 연상할 수 있는 별자리라면 소년 방정환의 감상적(感傷的)인 성격과도 잘 어울린다.

아무튼 목성은 목가적이고 순수문학적인 느낌이 강한 필명이다. 그런 때 문인지 초기 문학작품에 이 이름을 자주 사용한다. 《개벽》 《신여성》 《별건곤》으로 매체를 이어 가며 연재하던 사회 풍자 글 「은파리」의 필자 이름도 목성이다. '목성'이란 목가적인 이름인데, 서정적인 글이 아니라 사회 비평적 요소가 강한 「은파리」의 필명에 사용하고 있는 것이다.

CWP와 CW생

이것은 'ㅈㅎ생'과 마찬가지로 영문 이름 방정환에서 첫 글자를 따온 것이다. CWP나 CW생은 특히 여성잡지 《신여성》에 기고한 글들에서 자주 발견된다. 이 잡지에 쓴 글들이 아동문학가로서의 방정환보다는 여성잡지 취재기자 신분으로 쓴 글이 많다 보니 그에 맞는 이름을 고르다가 영문 이니셜로 필명을 정한 것 같다.

북극성(北極星)

방정환의 대표작으로 손꼽히는 탐정소설 『77단의 비밀』 필자명이 '북극성'이다. 『77단의 비밀』 말고도 탐정소설 『동생을 찾으러』와 소년소설 『소년 삼태성』 등 장편 연재물과 탐정소설은 모두 필명이 북극성으로 되어 있다. '목성'이라는 필명처럼 이 역시 별자리에서 따온 것인데, 북극성이라는 단어가 주는 분위기가 탐정소설물에 딱 맞아떨어진다. 이외에 《별건곤》지에 실린 번역 탐정소설 「누구의 죄」 필명도 역시 북극성이다.

몽중인(夢中人)

'몽중인'이란 말을 해석하면 꿈꾸는 사람, 또는 꿈속의 사람이다. 그런 때문일까? 이 필명은 주로 《어린이》지에 외국 동화 작품을 번안하거나 번역한 경우에 사용하고 있다. 《어린이》 창간호에 실린 프랑스 동화 「장난꾼의 귀신」에서 처음 몽중인이 눈에 띄더니 그림동화 「황금 거위」, 동화 「잃어버린 다리」 등등 매호마다 몽중인이 필자로 등장한다. 《어린이》 1923년 8월호에는 필자 몽중인이 누구인지 독자에게 묻는 퀴즈가 눈길을 끈다.

퀴즈는 '어린이 잡지 첫 호부터 지금까지 재미있고 유익한 이야기를 많이 쓰셔서 몇만 명 독자들에게 환영을 받는 몽중인! 대체 그이는 어떤 선생님이시겠습니까?' 라고 나와 있는데, 정답은 그 다음 9월호에 '몽중인은 소파 방정환 씨였습니다' 라고 발표하고 정답을 맞힌 독자 중 50명에게 상품을 나누어 주었다.

방정환의 동화책 중 하나인 『77단의 비밀』

3백여 명이 응모할 정도로 반응이 좋아서인지 이 '필자 알아맞히기' 퀴즈는 이후에도 몇 번 더 계속된다. '북극성'이 누구인지, '몽견초'가 어느 선생님인지…. 이런 퀴즈를 통해서 수록한 글을 더 흥미 있게 읽고, 동시에 그 필자에 대한 인기도 높아진다. 필자로 알려진 방정환의 인기가 올라가는 만큼 《어린이》의 인기도 치솟았다.

몽견초(夢見草)

'몽중인'에 비하면 '몽견초'는 다양한 작품에 사용된 필명이다. 「영길이의 슬픔」 같은 실화나 「낙엽 지는 날」 같은 소년소설, 그리고 「뿌움뿌움」 같은 프랑스 명작 동화를 옮긴 글에도 몽견초를 필명으로 썼다. 또 「1+1=?」 같은 학생 소설, 방정환의 대표작으로 정평이 난 「만년 샤쓰」 사진 소설 「금시계」도 필명은 몽견초였다.

몽견초 역시 몽중인처럼 조어(造語)이다. 몽중인이 '꿈속의 사람'이라는 뜻이라면 몽견초는 '꿈속에서 본 풀'이라는 뜻이거나, 아니라면 방정환의 상상 속에 존재하는 식물 이름일 것이다. '몽중인'이 초창기 《어린이》지 - 1923년부터 1924년 사이 - 에 많이 눈에 띄는 것에 비해서 '몽견초'는 그 이후인 1926년부터 1929년 사이의 《어린이》지에 사용 빈도가 잦아지는 것도 흥미로운 사실이다.

몽견초와 비슷한 필명으로는 견초(見草), 물망초(勿忘草), 월견초(月見草), 무명초(無名草) 등이 있는데, 그중에서 월견초는 1929년 이후 말년에 쓴 '기름 장사' '이달의 꽃 전설' 같은 비교적 적은 분량의 실용적인 기사들에 사용된 필명이다.

널허바린 다리

夢中人

어느째 여러사람의 나무ᄭᅡᆫ들이 나무를
한참듬어 노코 잔듸우에 쑥굴너안저서 다
리를쌧어벌치고 이런말 저런말 심심플이
로 롱당을하고잇섯습니다。
그러는중에 해가저서 어두어둑하여오는
고로 다각기 집으로도라갈생각으로
「자아 인제그만 나려가세」
하고 니러스려고하엿습니다。
그린대 하도 ᄯᅡᆫ혼사람의다리가 한렉 드
러석거서 엉켜잇스닛가 어느다리가 누구
의다린지 알수업섯습니다。
「이겄 큰일낫네 어느겄이 내다린줄알수
가잇서야지……」

「내 다리도 엇던겄인지모르겟네」
하고도 수선을피고법석을햇스나 수선을
필스록 졈々 더 어느다리가 누구다린지알
수업게되여서 나종에는 엇절줄을 모르고
쑥들너안준채로 。으엉— 으엉— 울고잇섯
습니다。

그러자 맛침 그엽흘지나가든사람이 그
쏠을보고 이상해서 물엇습니다。
「무슨일이 생겻기에 이러케여럿이 모여안
저서우오 어린사람도아니고 커다란어른
들이 울고안젓닷다니 붓그럽지도안으시오
?」
나무ᄭᅡᆫ들은 여전히 영 영 울면서
「에그 여보 우리의다리를 알수업거되엿

방정환이 '몽중인'이란 필명으로 쓴 글

쌍S생

이 필명은 '雙S生' '쌍S생' 'SS생' 등 몇 가지 변형으로도 사용된다. 《어린이》지에는 단 한 번도 사용하지 않고 《신여성》 《별건곤》 《학생》 등에서 많이 발견된다. 방정환은 이들 잡지의 실질적인 편집장이었다. 이들 잡지에는 '탐사기'가 많다. 탐사기는 요즈음 언론 용어로 말하면 르포 또는 취재 기사 같은 성격의 글이다.

방정환은 직책은 편집장이었지만 누구보다 많은 현장 취재(탐사) 기사를 썼다. 예를 들면 '여학생 본굴 탐사기' '대경성 백주 탐사기' '미두(米豆) 천국 인천 탐사기' 같은 기사들이다. 이런 성격의 탐사기를 게재할 때의 필자 이름은 대부분 쌍S생이다. 이 밖에도 '신부 후보감 경연 대회' '9개 여학교 바자 대회 탐사기' 같은, 사회 이면을 파고드는 르포물 기사를 쓸 때는 어김없이 이 이름을 사용했다. 쌍S생이라는 필명이 있는 글들 중에서 '경성에서 쓰리 안 당하는 법' '가난뱅이로 사는 법'과 같은 저절로 웃음이 나오는 글들도 있다.

삼산인(三山人)

이 이름은 주로 《어린이》지에서 교양 상식, 실용 기사의 필명으로 사용했다. 소년소설이나 동화, 소년 미담 같은 문학적인 글에는 사용한 사례가 없다. '생선알'이라는 새 지식을 소개하는 글, 가을 지식 '단풍과 낙엽 이야기', 과학 상식 '월세계 이야기' '이태리 소년'을 소개하는 글들은 모두 삼산인이라는 필명이다.

방정환은 동화와 소년소설 같은 문예 작품뿐만 아니라 과학, 조선 자랑, 우리의 갖가지 자랑, 가을 지식, 여름 과학, 위인의 어릴 때, 실익, 이과(理科),

취미, 상식, 소개 등등 온갖 교양 상식 기사를 집필했는데, 이 글들의 필명은 삼산인이었다. 《어린이》지 영인본에서 확인해 보니 삼산인 필명의 글은 42편이나 된다. 삼산인이라는 필명은 북한산의 또 다른 이름인 삼각산(三角山) + 인(人)에서 연유했을 것이다.

방정환이 태어난 당주동이나 본적지 견지동, 결혼 후 살던 재동, 소격동 등이 모두 삼각산 산자락이다. 그 당시 호 또는 필명은 자기가 거주하는 지명을 딴 예가 많다. 성북동인, 북한산인, 한강거사…. 삼산인 외에도 방정환은 성서인(城西人)이라는 필명도 가끔 사용했다. 이 이름도 삼산인처럼 방정환이 소년 시절에 새문 밖에서 살았다는 데서 연유한 필명이다.

운정(雲庭)

구름이 노는 뜰? 참으로 시적(詩的)이고 운치 있는 필명이다. 화가들이나 한시를 즐기는 풍류객들이 좋아할 이름이다. 이 '운정'이라는 필명은 《어린이》지에는 동화극 〈귀여운 피〉라는 작품에 딱 한 번 사용하고, 그 대신 〈동아일보〉 〈조선일보〉 〈중앙일보〉 같은 신문에 기고할 때 자주 쓴 이름이다.

운정은 때때로 김운정(金雲庭)으로 성(姓)을 붙여 사용하더니, 한 발짝 더 나아가 아예 운정거사(雲庭居士)라고 역술인의 이름처럼 사용하기도 했다.

길동무

이 필명은 그리 자주 사용한 이름은 아니다. 《어린이》지에는 1926년 2월 호부터 7월호까지 다섯 편 정도 '길동무'라는 이름이 나온다. 길동무는 삼산인 때처럼 문학작품보다는 지리, 특별 기사, 소개 같은 데 사용했다.

'동무'는 방정환이 가장 좋아하는 말 가운데 하나이다. 아마 강연회에 나가서 '어린이'라는 말 다음으로 '동무'라는 말을 많이 썼을 것이다. 그래서 동무이다. 동무 중에서도 먼 여행을 함께 떠나는 길동무이다. 정겨운 필명이라고 할 수 있겠다.

길동무와 비슷한 발상(發想)으로 태어난 필명 중에는 '잠수부'도 있다. 잠수부는 소년 시절부터 바다를 몹시 동경했던 방정환의 꿈이 담긴 필명이다.

파영(波影)

이 이름도 《어린이》지보다는 《개벽》 《신여성》 《별건곤》 《혜성》 같은 잡지에서 자주 사용했다. 쌍S생의 경우처럼 탐사기, 인물 스케치 같은 글을 쓸 때 사용했다. 몽중인이나 몽견초처럼 '파영' 역시 조어이다. 김파영(金波影), 파영생(波影生), 영주(影洲)라는 필명도 눈에 띄는데, 이 역시 파영에서 파생한 필명이다. 이 이름들은 주로 문학작품보다는 탐사기, 번역문 등에 이따금 사용했다.

방정환의 필명은 앞에서 설명한 31가지 외에도 10가지 정도가 더 있다. 방정환 작품을 발굴하고 이를 정리하는 작업을 하는 동안 정말 필명을 많이 사용한 분이구나 하는 찬탄을 여러 번 했다.

우선 '은파리'가 있다. 방정환이 해를 넘겨 가며 같은 제목으로 글을 쓴 것으로는 아마 사회풍자기 「은파리」가 유일할 것이다. 필명 '은파리'는 이 글을 연재할 때 한두 번 사용했던 필명이다.

그리고 《어린이》지를 편집하기 위해 수시로 사용한 필명 중에는 '깔깔박사' '직이영감' 같은 재미있는 필명도 있고, 별 의미가 없이 쓴 '편집인' '일기자' 같은 필명도 있다. 때로는 '방'이라고 쓴 경우도 있고 '안선생' '송선생'

'최선생'이라는 필명도 있는데, 이것을 모두 방정환의 필명으로 추정하기는 어렵다. 깔깔박사는 '깔깔소학교'라는 유머 칼럼에 글을 쓸 때, 독자 상담실 같은 성격의 '담화실'의 응답 글을 쓸 때는 직이영감이었다. 직이는 '지기'의 옛말인데, 문지기, 옆지기 같은 의미로 사용된다. 즉 '담화실지기'라는 뜻이 되겠다.

방정환은 많은 필명 때문에 혼선이 생기고 논란이 벌어진 적도 있다. '허삼봉'이라는 필명이 그렇다고 할 수 있겠다. 대부분의 방정환 문집이나 연보에는 '허삼봉'이 방정환의 필명으로 되어 있다. 하지만 허삼봉은 방정환 사후에도 계속 동시 등을 발표한다. 이것으로 봐서 허삼봉은 방정환이 아닐 가능성이 높다. 특히 동화『삼부자의 곰 잡기』 등은 방정환이 실제 필자가 아닐 수 있다는 견해가 제시되었고 그 주장이 맞다고 보인다. 허삼봉의 이름은《어린이》지 말고도《대조(大潮)》 같은 종합지 등에 사회주의적 성향이 짙은 시를 발표하기도 한다.

이 밖에 방정환의 필명으로 짐작되는 '금파리' '노덧물' '신감초' 등과 같은 것도 있지만 아직은 사실 확인 단계이다.

억울한 죽음

고(古) 전암(筌菴) 방정환(方定煥) 동덕(同德)[105]

7월 23일 대학병원서 환원(還元)

장지는 홍제원 화장장

전암 방정환 동덕은 그동안 신장염으로 경성 체대 부속병원에 입원 치
료 중이던바 지난 7월 23일 오후 6시에 드디어 동 병원 일실에서 동덕
의 가족들과 여러 동지들의 눈물 속에 33세를 일기로 하고한 많은 이
세상을 영원히 떠나 버렸다. 영구(靈柩)는 동덕의 평소의 뜻에 의하여
동 25일 시외(市外) 홍제원 화장장으로 모셨으며….

---

105 전암은 방정환의 호, 동덕은 천도교인들이 서로를 부르는 이름이다.

방정환의 급서(急逝)를 알리는 천도교 청년당 기관지《당성(黨聲)》1931년 8월 1일자 2쪽에 실린 기사의 시작 부분이다. 이 기사에는 청년 시절 촬영한 것으로 보이는 '젊은 방정환'의 영정이 검은 테를 두르고 실려 있는데, 우리가 상상하고 있는 비만한 그의 얼굴 모습이 아니라 다소 두 뺨이 홀쭉해 보이는 사진이었다.

방정환이 천도교 교우인 까닭으로《천도교회월보》에도 그의 별세에 관련한 기사가 실리게 되지만, 별세 소식을 처음 다룬 것은《당성》이다.《당성》은 1931년 4월부터 천도교 청년당원들을 훈육하기 위해 국내외 시사 정보를 싣는 타블로이드 4쪽 짜리로 나오던 주간신문이었다.

방정환이 사무실에서 쓰러진 것은 7월 9일 목요일이었다. 하지만 오래전부터 코피를 자주 쏟았으므로 별로 대수롭지 않게 생각했다. 소파뿐만 아니라 사무실의 동료들도 역시 그러했다. 속으로는 코피를 자주 쏟는 소파가 안쓰러워 보이기도 했지만 워낙 그가 맡은 일이 막중했으므로 조금 쉬면 되려니 하는 정도였다.

소파는 항상 자신의 건강에 대해 이상한 자신감 같은 것이 있었다. 과도한 비만이 얼마나 치명적인 병인지 요즈음은 누구나 상식처럼 알고 있는 일이다. 하지만 당시로서 비만은 마치 신분의 상징인 양 여겨지던 시절이었고, 건강한 몸매로 이해되던 시절이었다.

부인 손 여사의 수기[106]에서도 이 점이 지적되고 있다.

---

106 '고 방정환 씨 미망인 손용화 여사',《신여성》5권 10호, 1931년 11월 1일, 54쪽~55쪽.

3부 시대의 고통

地日紀念準備

오는 十四日各地方서式擧行
中央에서紀念講談도開催

本黨擴大
中央執行委員會開催

八月十三日, 中央敎堂에서

故荃菴方定煥同德

七月二十三日大學病院서還元
葬地는弘濟院火葬場

《당성》에 실린 방정환의 급서를 알리는 기사

말하자면 자기 몸을 너무 건강하게만 믿었던 것이 오늘의 이런 재변(災變)이 되고 말았지요. 그때 나는 그래도 병원에 가서 진찰하기를 요구하였으나 그는 괜찮다는 것이 늘 한 말이었고 짬나는 대로 책 보시던 것이 결국 병을 더 위중하게 만든 원인이겠지요.

소파는 코피를 다량으로 쏟고 일단은 병원에 가서 진찰을 받는다. 그런지 며칠 후에는 병약한 몸을 추스르고 일어난다. 그러고는 간신히 몸을 일으켜 가지고 인천으로 요양을 떠난다. 상식적으로 생각하면 병원에 입원해서 치료를 계속 받아야 하는데, 인천으로 요양을 떠난다? 이 대목에서도 소파는 자기 병세가 위중하다는 사실을 인식하지 못한 듯하다. 그저 자주 쏟던 코피이고 하니 공기 좋은 곳에서 좀 쉬면서 요양을 할 정도라고 생각했던 것이다.

인천을 요양지로 선택한 것은 무슨 이유일까? 좀 더 자기 병이 장기간 요양해야 할 정도로 깊다고 판단했다면 가까운 인천으로 가지는 않았을 것이다. 인천은 경성에서 가까우니까 언제든지 몸을 추슬러 현업(現業)에 복귀할 생각이었을 것이다.

소파가 요양을 한 곳이 어딘지는 《어린이》 133호에 실려 있는 '방정환 선생 유족을 찾아'가 단서를 제공한다. 이 기사는 나라가 일제로부터 해방된 후, 이른바 해방 공간이라고 불리는 1949년에 복간한 《어린이》지에 실려 있는 소파 유족 탐방기이다. 기사는 앞머리에서 소파 사후 꼭 18년이라고 밝히고 있다.

집 뒤 만국공원에 우뚝 솟은 인천각(仁川閣)이 보입니다. 이 인천각은

소파가 임종을 맞은 경성제대 병원. 서울대병원의 전신이다.

선생께서 병들었을 때 정양 와서 유하시던 곳입니다. 선생은 생존 시에 인천의 바다를 좋아하셨고, 인천에서도 특히 만국공원의 경치를 좋아하셨습니다.

이때부터 인천은 소파 유족과 깊은 인연을 맺는다. 남편이 생애 마지막 며칠을 보낸 곳이어서 미망인에게는 인천이 예사로운 곳이 아니다. 그곳에 둥지를 틀고 망자의 추억으로 살아가는 것도 나쁘지 않다. 인천각은 그 후 여러 차례 주인이 바뀐다. 해방 후 잠시 점령군 미군이 징발해서 사용하기도 했다.

아무튼 인천에 요양 간 소파로부터 부인은 한 장의 편지를 받는다. 그 내용을 손 여사의 수기는 이렇게 밝히고 있다.

인천은 좋은 곳입니다. …(중략)… 이번 이 기회에 나를 보지 못하면 영영 못 볼 줄로 아시오. 그러니 영숙(榮淑)이를 데리고 오늘 저녁차로 곧 내려오시오. 역까지 내가 기다리겠으니 …(후략)…

이 편지를 받자마자 손 여사는 곧장 막내딸 영숙을 데리고 기차역으로 가서 인천행 기차를 탄다. 인천으로 가는 손 여사로서도 이 인천행이 남편을 마지막으로 만나는 길이라는 사실을 알지 못했다. 손 여사도 그 점을 안타까워하며 《신여성》 수기 말미에 이렇게 썼다.

그가 그때 벌써 이 세상 사람이 아니었다는 것은 돌아가신 후 오늘에야 비로소 알게 되었어요.

3부 시대의 고통

인천각, 만국공원 옆에 있었다.
한국전쟁 인천상륙작전 때 파괴되어 없어졌다.
현재의 인천 중구 송학동 자유공원 내

33살. 한창 일할 나이다. 요즈음 나이 감각으로 보면 아직도 애송이다. 세상의 흐름을 채 파악하지 못한 철부지이거나, 생각은 무르익었으되 그 방법이 미숙한 미완성의 나이일 것이다.

하지만 근대화 과도기에 살았던 이들은 다르다. 30대는 인생의 가장 중요한 게임을 펴는 때였다. 10대에 대표작을 쓴 춘원 이광수나 10대 소년 시절 잡지사 발행인이 되었던 육당 최남선을 굳이 예로 들 필요도 없다. 소파 역시 코흘리개 10살에 소년입지회라는 토론 모임을 주재하고, 20세에《신청년》《녹성》같은 잡지를 자문하거나 발행했으니 33세라면 이젠 원숙한 장년의 문턱에 들어설 나이이다.

하지만 죽을 때가 아니었다. 그가 벌여 놓은 개벽사의 여러 가지 잡지 출판 사업은 위기 속에 있고 그가 생애를 걸고 펴려고 하는 일들은 모두 겨우 시작만 한 정도였기 때문이다.

그런데 죽음을 미처 준비하지도 못하는 사이에 죽음의 사자로부터 기습을 받아 일격에 쓰러지고 만 것이다. 일고(一高)에 막 들어간 장남 운용(云容), 보통학교에 다니는 어린 둘째 아들 하용(夏容), 여자부속학교에 다니는 맏딸 영화(榮華), 겨우 네 살짜리 막내딸 영숙… 졸지에 아버지는 이들 곁을 떠난 것이다.

소파가 죽자, 마치 친아버지를 잃은 듯한 이 나라 수많은 어린이들은 통곡하면서 그의 죽음을 슬퍼했다. 그러나 어린아이들 때문에 울지도 못하는 사람이 있었다. 부인 손 여사이다. 사별(死別)이라는 단어를 운명으로 받아들여야 하는 심정을 어찌 글로 다 표현할 수 있으리오.

그렇다면 언제부터 '죽을 병'이 찾아오기 시작했을까? 소파의 건강이 차츰차츰 나빠지기 시작한 것은 언제부터였을까? 여러 사람들이 쓴 회고의 글과 기록들을 하나하나 점검해 보자.

우선 천도교 발행 잡지 《신인간》에 실려 있는 「천도교의 소년운동사」[107]가 하나의 단서를 제공한다. 필자는 부동귀(不同歸)라는 분인데, 확인 결과 소파의 장남 방운용의 필명이다. 이 연보는 소파의 어린이운동 관련 행적들이 비교적 자세하고 정확하게 기술되어 있다.

> 1928년 10월 12일
> 방정환, 이 무렵부터 과로로 인한 만성 고혈압 지병이 악화되어 두통 등을 냉수 또는 빙수(7~8그릇)로 달래며 핏기 없는 얼굴로 마지막 아동문화운동에 안간힘을 다함.

개벽사가 주최하고 〈동아일보〉가 후원한 '세계아동예술전람회'는 소파가 만 4년 동안 기획하고 준비한 엄청난 행사였다. 요즈음 말로 표현하자면 거대한 프로젝트였던 것이다. 물론 소파는 그저 종이 위에 동화나 동요만을 쓰는 단순한 아동문학가는 아니다. 영화에도 일가견이 있었고, 요즈음 각광받는 직업으로 꼽히는 이벤트에도 탁월한 재능이 있었다.

이른바 소파는 선구적인 '문화 게릴라'라고 지칭해도 좋을 만큼 다방면에 흔적을 남기고 있다.

그렇다고는 해도 '세계아동예술전람회'는 정말 감당하기 힘들었던 작업이었다. 지금도 세계 각국이 참가하는 하나의 국제전 성격의 전시회를 기획

---

107 부동귀, 「천도교의 소년운동사(연보)」, 《신인간》 318호~319호 2회 연재.

소파의 장남 방운용

하는 일은 한두 명 개인이 하기에는 벅찬 일인데, 하물며 1920년대의 열악한 환경에서랴. 국력이 받쳐 주는 것도 아니다. 국가의 지명도가 있는 것은 더욱 아니다. 더더구나 인적 네트워크가 형성되어 있는 것도 아니다. 세계인이 볼 때 '조선'이라는 나라가 어느 곳에 붙어 있는지도 모르는 시절이다. 그런 시대 그런 조건으로 소파는 단지 어린이를 위해 꼭 필요한 사업이라고 굳게 믿고 밀어붙인 것이다.

이 전람회에 20여 개 국가 어린이들이 작품을 출품했고 전람회는 대성공이었다. 이 큰 행사를 무사하게 치르기 위해 몸이 부서지든 말든 소파는 일했다. 그렇다고 잡지 편집과 잡지에 원고 쓰는 일과 개벽사 업무를 소홀히 할 수도 없었다. 행사를 마치고 난 소파는 쉬어야 했다. 한 달, 아니 그것이 힘들다면 단 일주일이라도…. 그것은 사치스러운 말로 '휴양하기 위해서가 아니라 '생존'을 위해서 절대 필요한 안전장치 같은 것이다.

그런데도 소파는 쉴 수 없었다. 이 무렵부터 소파는 피로감에 시달리기 시작한다. 극심한 과로의 후유증이었다.

소파의 건강 상태에 이상을 발견한 이가 또 있다. 바로 마해송이다. 마해송은 소파보다 다섯 살이 적은 후배이다. 그는 우리나라 최초의 장편 동화로 기록되는 아동문학 작가로도 문명을 날리지만 젊을 때는 명편집자로도 유명했다. 현재까지도 일본에서 신문 이상의 영향력을 갖고 있는 권위 있는 종합잡지《문예춘추》편집자로 일하기도 했다. 마해송은 편집장이 가장 총애하던 편집자였다. 그 당시《문예춘추》편집장은 일본 근대문학을 발전시킨 소설가로서도 유명한 기쿠치간(菊池寬)이었다.

마해송은《문예춘추》명편집자로 유명해지기 전 한동안 개벽사 편집 스태프로도 근무했다. 그래서 그가 쓴 자서전『아름다운 새벽』에는 소파의 건강에 대해 다음과 같이 적고 있다.[108]

> 수년 전에 동경에 왔을 때, 나의 사무실을 찾아와서 수 시간을 이야기했을 때에도 나는 하고 싶은 일이 많으나 몸이 이 모양이 되어서 한 사람 몫에 못 가게 되니 불행이라 하며, 군은 병다운 병을 겪은 일이 없으니 이 건강이 무엇보다도 자랑이라고 하며, 일기가 그리 덥지도 않은데 땀을 훔치며 껄껄 웃은 일이 있었으니, 이 건강에 대한 자부와 과신이 군의 별세를 가깝게 하지 않았나 생각하면 한층 더 아까운 일이었다.

마해송은 자신의 자서전에도 밝혔듯이, 항상 건강에 자신이 없는 약골이었다. 그러나 65세 수를 누렸다. 마해송의 시대 우리나라 성인 남자 평균 수명에 비하면 천수(天壽)를 다했다고 할 수 있다.

---

108 마해송,『아름다운 새벽』, 성바오로출판사, 1974년 7월 7일, 303쪽.

반대로 소파는 평소 자기 건강에 자신이 있었다. 그래서 사나흘을 편집국에서 야근하고 인쇄소에 가서 철야를 하다시피 하며 몸을 돌보지 않고 일을 했던 것이다. 땀이야 자기 몸이 좀 부대(富大)하니 흘리는 것이려니 하고 생각했다.

> 날 저무는 하늘에 별이 삼형제
> 반짝반짝 별 하나 보이시더니
> 웬일인지 별 하나 보이지 않고
> 남은 별이 둘이서 눈물 흘린다

너무나도 유명한 소파의 동요이다. 이 동요가 소파의 단명(短命)을 예언했다고 연극 연출가 박진은 자서전[109]에 쓰고 있다.

또 소파의 단명을 예측한 작품으로, 유광렬은 방정환의 초기 시 〈낙화(洛花)〉를 예로 들기도 했다.

박진(朴珍)은 우리나라 연극계를 이끈 선구적인 연극 연출가이다. 그는 소파 생전에 개벽사 영업국장으로 봉직했었다. 그래서 훗날 발표한 자서전에는 개벽사 시절 소파에 관한 의미 있는 에피소드들을 여럿 소개하고 있다.

그가 개벽사에 입사한 것은 개벽사 전성시대는 아니었다. 이미 잡지《개벽》은 일제에 의해 강제 폐간된 후였다. 회사 분위기는 무겁게 가라앉았고 유능한 기자, 편집자들 가운데 상당수는 개벽사를 떠났다.

다음은 박진의 자서전 중에서 개벽사 관련 대목이다.[110]

---

109 박진, 『세세연년(歲歲年年)』 증보판, 세손출판회사, 1991년 5월 25일.
110 같은 책, 211쪽~214쪽.

그때는 이미《개벽》이란 언론 잡지는 발행 금지가 되어 절명한 후요,《별건곤》이 몇 호 나왔다.《별건곤》이란 잡지는 오락 위주의 종합잡지라고나 할까. 그러면서 읽을 만한 역사 이야기, 뼈 있는 논설, 가시 돋친 시사만평, 연재소설 등등 오사리잡탕으로 삼백 페이지 정도는 3, 4도 석판 인쇄 표지의 호화 미려한 것이었다.《개벽》지가 발금(發禁)이되자 필진도 전폭적으로 바뀌었으나 천도교회의 중견 간부이던 김기전이나 박달성이나 그 외 '농민사'의 이성환이 가끔 원고를 주었다.

박진이《개벽》시절 회사 사정을 묘사한 글이다.

《개벽》을 대신해서 서둘러 출판법에 의해《별건곤》을 창간했으나《개벽》에 비교할 수는 없었다. 민감한 시사 문제며 정치 관련 기사를 배제한 채 대중적인 관심을 일으킬 만한 화제 기사들로 지면을 채우다 보니 판매도 그랬고 영향력 면에서도 그랬다. 형님만 한 아우가 없다는 속담은 전혀 틀린 말이 아니었다.

거기에다 엎친 데 덮친 격으로 이번엔 동아일보사가 이런 틈새를 틈타서 종합잡지《신동아》를 창간한다고 설치고 있었다. 개벽사의 책을 팔아 주던 모든 지사가 하루아침에 해약을 해 오고 거래를 중단하고《신동아》판매처로 돌변한다.

개벽사는 잡지 판로가 끊길 위험에 놓이게 되었다. 판매 조직이 없다면 애써서 잡지를 만들어 놓은들 무엇하겠는가. 당시의 잡지사들은 오늘날처럼 잡지를 취급하는 영업 조직을 따로 독자적으로 가질 수 없어서 조선일보나 동아일보 같은 신문사 지국을 활용하고 있었던 것이다.

이 같은 동아일보의 횡포에 맞서서 소파는 고민하던 끝에 300면짜리《별

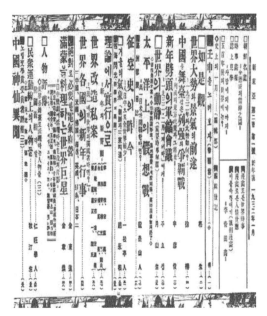

《신동아》목차. 1932. 1.

건곤》면수를 16면으로 대폭 줄이는 대신 정가를 50전에서 10전으로 대폭
내려서 대응한다. 하지만 동아일보의 풍부한 자금과 조직에 맞서기에는 역
부족이었다.

이런 모든 상황이 소파를 죽음으로 몰고 갔다고 박진은 증언한다. 소파
의 죽음은 평소의 지병도 원인(原因)이 있지만 가장 직접적인 근인(根因)이자
원인 제공은《신동아》창간 때문이라는 것이다.

박진의 증언 외에도《신동아》창간 공세의 충격 때문에 손쓸 사이도 없이
소파가 급서했다고 보는 증언이 또 있다.

소파의 장남 방운용이 쓴 글이다. 어느 누구보다 소파를 가까이에서 증

막강한 동아일보 파워를 앞세운《신동아》창간의 충격이
방정환을 쓰러지게 했다.

언할 수 있는 사람이 소파의 장남이다. 운용의 글을 보면 이 무렵 개벽사 풍
경은 물론이요 죽음에 이르게 되는 소파의 모습을 생생하게 볼 수 있다.

몇몇 잡지가 나왔다 죽었다 하더니 이번에는 동아일보에서 새로 잡지
를 내놓았다.《신동아》라고 이름 붙이고 호화판으로 만들어 값도《별
건곤》과 같은 값을 받고《별건곤》에 도전해 왔다. 지금이나 예나 큰
신문사들이 잡지를 내면 웬만한 잡지들은 다 쓰러지는 법이다. 우리
나라에서 신문사가 잡지를 내서 먼저 나온 잡지를 쓰러지게 한 일은
동아일보가 최초였을 것이다. 개벽사의 판매망에 큰 구멍이 뚫렸다.
그것도 그럴 것이 그때까지 개벽사 지국, 지사는 전부가 다 조선·동아
(일보) 양대 지의 지국 지사였던 것이다. 동아일보 지국 지사의《별건
곤》독자들을 고스란히《신동아》에 넘겨주는 결과가 되었다.

개벽사에는 찬바람이 일기 시작하고 회의가 자주 열렸다. 소파의 건강이

악화되기 시작했다. 편집국장인 청오(青吾)[111]도 우울했다. 영업국장 박진도 술로 괴로움을 잊으려 했다. (동아일보는) 발버둥치고 들이덤벼 맞싸울 상대가 아니다. 막대한 자금과 거대한 기구와 물샐틈없는 조직, 풍부한 필진, 자가 (인쇄) 시설의 이용…. 그들은 돈 안 들이고 잡지를 만들어 낼 수 있었다. 그러니 개벽사가 흔들리지 않을 수 있었겠는가? 이때부터 개벽사에는 빚쟁이들이 하나둘 꼬리를 물고 드나들기 시작했다.

빚쟁이 중에 가장 큰 빚쟁이는 잡지 인쇄비였다. 개벽사는 잡지만 해도 《신여성》《어린이》《별건곤》에다 최근 창간한《혜성(彗星)》까지 4종을 발행하고 있었으니 매달 지불해야 하는 인쇄비만도 상당했을 터이다.

당시 개벽사를 담당하던 인쇄소는 일본인이 경영하던 조선인쇄주식회사였는데, 이 회사 수금 담당 직원이 험상궂은 표정으로 드나드는 횟수가 더욱 잦아졌다. 게다가 그는 형사 퇴직자여서 수금 독촉을 하러 오는 게 아니라 마치 용의자 심문하듯이 들이닥쳐 소파를 닦달하곤 했다. 그때마다 소파는 큰 죄를 지은 죄인처럼 그 앞에서 사정사정해야 했을 것이다. 워낙 말주변이 좋고 원만한 성격이라서 큰소리는 오가지 않았다지만 다달이 인쇄비가 쌓여 가니 마음 여린 소파로서는 여간 죽을 맛이 아니었을 것이다.

방운용이 쓴 다음의 글을 보면 얼마나 회사 살림이 어려웠는지 짐작할 수 있겠다.

왕년의 잡지 왕국 개벽사에 어두운 그림자가 깃들기 시작했다. 이때부터 영업국장의 '월섬 표' 금시계가 부지런히 전당포 출입을 하게 되

---

111 차상찬(車相瓚)의 호.

《개벽》지가 폐간한 날 모임을 가졌다. 원 안이 방정환이다.

고 동인(同人)들의 부인들이 쪼들리는 살림에 말 못할 고생살이가 시작
되었다. 책밖에 모르는 남편들은 밥이 되는지 떡이 되는지 모르고 가
정을 돌보지 않았다. 그들의 자녀들이 수업료 때문에 눈물을 짜내고
집으로 쫓겨 오는 일은 아주 예사의 일이 되었고 어느 동인은 끼니를
굶는 집안에서 영양실조에다 약 한 번 제대로 쓰지 못하고 피골이 상
접하여 배가 고파서 우는 어린 아들이 애처로워 미음 한 모금 마시지
못한 아이에게 호떡을 사다 먹인 것이 병세를 악화시켜 숨지게 한 기
가 막힌 일도 있었다.

실제로 이 글을 쓴 소파의 장남 운용도 월사금을 내지 못해 몇 번이나 집

으로 쫓겨 온 적이 있었다. 이쯤 회사가 어려워지니 실제 사장 직책을 수행하고 있었던 소파의 정신적 고통은 헤아릴 수조차 없었다.

소파는 기가 막혔다. 동아일보사가 원망스럽기만 했다. 더더구나 무슨 뾰족한 수가 있는 것도 아니었다. 머리를 싸매고 회의를 거듭해야 했다.

이미 수없는 삭제, 정간, 강제 폐간 등으로 개벽사도 소파도 지칠 대로 지친 상태에서 그나마 강한 정신력으로 버텨 왔는데, 동아일보사가 날린 《신동아》창간 펀치 한 방은 소파를 단번에 쓰러뜨릴 만큼 치명적이었다. 아무리 맷집 좋은 권투 선수라도 마지막 라운드 지쳐서 발이 풀려 있을 때는 시시한 어퍼컷 한 방에 나가떨어지는 법이다.

＊ ＊ ＊

소파는 그 충격으로 또다시 코피를 쏟기 시작한다. 그리고 시름시름 앓기 시작한다. 하루 일고여덟 그릇의 빙수를 마셔 댔다. 무더운 날씨 탓만이 아니다. 빙수 마시기는 치솟아 오르는 혈압을 내리는 소파의 자가 치료법이었던 것이다. 빙수를 마셔 대도 두통이 가라앉지 않으면 '뇌신' 같은 두통약을 상용하다시피 했다.

그전에는 코피를 흘리더라도 단발에 그치고 말았는데, 이번에는 일주일이나 코피 쏟기가 계속된다. 일을 하다가 책상 위에 피곤한 얼굴을 파묻는 모습이 자주 목격된다. 어떤 날은 온 세상이 뒤흔들리는 것처럼 어지럽고 시야가 흐려지며 침침해져서 몸을 가눌 수 없는 날도 있었다.

이런 고통을 혼자 속으로 참으며 회사 근처의 안국동 별궁 돌담에 기대어 숨을 몰아쉬는 소파를 장남 운용이 본 적도 있다. 학교에 갔다가 수업료를 가져오라는 선생의 엄명으로 소격동(昭格洞) 집으로 돌아가던 길이었다. 장남 운용의 눈에도 아버지의 병색이 완연했다. 당시는 고혈압 치료제가 개발되기 훨씬 전이었다. 뾰족한 치료 방법도 없었다.

7월에 접어들며 소파는 더욱 쇠약해져 간다. 매미 소리가 들리고 온 세상은 만보산 사건[112]으로 뒤숭숭할 때이다. 대지는 오랫동안 가물고 있었고 여기저기 학교에서는 동맹휴학 사태가 벌어지고 있었다.

소파의 병은 회복이 불가능할 정도로 깊어 갔다. 몸속에 들어와 있던 신장병, 고혈압 등의 병증이 깊어져 가는 것뿐만 아니라《신동아》창간 쇼크로 울화증까지 겹치게 되니 무쇠로 만든 몸인들 견디겠는가.

이 지경이 되니 비로소 회사 동료들이 걱정하기 시작했다. 소파 바로 옆에서 함께 일하던 사람들 눈에도 심상치 않아 보였다. 동료들은 코피를 쏟을 때마다 한두 달 쉴 것을 권했다. 소파는 막무가내였다.《어린이》《신여성》《별건곤》 등을 두고 쉬고 싶어도 쉴 수 있는 처지가 못 된다는 걸 누구보다 잘 알았다. 인쇄소에 지불할 인쇄비도 몇 달치가 밀렸고 종이값이며 직원들 급료며 회사의 부채는 나날이 늘어 갔다. 이즈음 들어서는 사무실을 빌려 주는 것 외에는 천도교로부터 들어오는 보조금도 뚝 끊겼다.

소파도 견디다 못해 입원하기로 마음을 바꾸었다.

그가 다시 입원한 날짜는 7월 16일 목요일이었다. 어떤 자료에는 소파가 코피를 쏟고 경성제대(京城帝大) 병원에 입원한 지 일주일 만에 별세했다고도 하고, 또 어떤 자료는 2주일 만에 급서했다고도 되어 있다.

---

[112] 일제의 술책에 의해 중국 장춘현 만보산 지역에서 조선인 농민과 중국인 농민 사이에 벌어진 유혈 사태.

여러 자료들 중에서 나는 소파의 장남 운용이 천도교에서 발행하는 잡지 《신인간》에다 연재한 회고기 「세월이 몰고 간 어린 시절」[113]의 내용을 취하기로 한다. 그에 따르면 소파의 생애 마지막 2주일간은 다음과 같은 일정이었다. 말하자면 '소파의 죽음'으로 이어지는 일정표인 셈이다.

> 7월 9일경 코피를 쏟음. 이때부터 일주일 정도 코피를 계속 쏟음.
> 7월 10일~15일경 인천으로 요양을 감.
> 7월 16일경 대학병원(경성제대) 소천내과(小川內科)에 입원함.
> 7월 17일경 진단 결과 나옴. 차상찬, 박진 등 문병 감.
> 7월 22일경 위독. 죽음의 사자가 왔다고 말함. 강심제 앰플 주사 맞음.
> 7월 23일 오후 6시 54분 별세.

그럼 이 일정대로 소파가 걸어간 '죽음에의 길'을 함께 따라가 보기로 한다.

7월 9일 사무실에서 코피를 쏟으며 쓰러진 후 병원에 잠시 입원했던 소파는 그 다음 날부터 일주일 정도 바다가 보이는 인천에서 요양을 한다. 소파가 바닷가로 가자고 했기 때문이다.

소파는 평소에도 늘 바다를 바라보며 걷고 싶어 했다. 워낙 짬을 낼 수 없어서 가 보지 못한 바닷가였다. 이왕 몸이 좀 아픈 김에 큰마음 먹고 바닷가로 온 것이다. 이참에 푹 쉬면서 그동안 보고 싶었던 책도 좀 보고 휴식을 취

---

113 부동귀, '세월이 몰고 간 어린 시절', 《신인간》 286호, 101쪽~103쪽.

해 보자. 그러다 보면 곧 나아서 경성으로 되돌아갈 수 있으리라.

소파는 그렇게 가볍게 생각하고 인천으로 떠났다. 그리고 인천에서 요양하는 동안 소파는 아내에게 급히 내려오라는 편지를 한 통 보낸다.

부인 손 여사는 소파의 편지대로 편지를 받은 그날로 막내딸 영숙이를 데리고 인천으로 내려간다. 모처럼 소파는 막내딸과 아내와 오붓한 시간을 가진다. 편지에 '이번 기회에 나를 보지 못하면 영영 못 볼 줄로 아시오' 하는 구절만 가지고 보면 소파 역시 자기 병이 위중하다고 느꼈는지도 모른다. 그러나 별 차도는 없었다. 병세는 호전되지 않았다. 무거운 몸이 가벼워지지도 않았고 코피가 멎지도 않았으며 육신은 자꾸 땅 속으로 까부라졌다.

가족들의 강권으로 결국 소파는 경성제대 부속병원으로 입원하게 된다. 경성제대 부속병원 내과를 선택한 것은 이 병원 내과 조수로 박진의 중학교 동창인 김중화(金重華)라는 분이 있었기 때문이었다. 박진은 친구 김중화에게 "이 나라를 위해 장래 큰일을 더 하셔야 할 특별한 분이니 잘 좀 부탁한다"고 신신당부를 하며 인천과 경성을 오르내리며 앞장서서 입원 수속을 했다.

박진은 "며칠 쉬면 될 일을 가지고 입원은 무슨 입원이냐"며 병원행을 극구 사양하는 소파의 말을 콧등으로 듣는 둥 마는 둥 막무가내로 우기다시피 해서 입원 수속을 밟았다. 가족들은 한 발 물러서서 박진이 하자는 대로 따랐다.

마지못해 입원한 소파는 아직도 자신의 몸이 얼마나 위중한지 모르는 듯했다. 7월 16일 목요일이었다.

병원에 입원한 이후의 행적에서도 소파는 잠깐 입원하면 낫는 병 정도로 생각한 듯하다. 입원한 지 이틀째 되는 날, 개벽사 동료들이 문병을 갔을 때만 해도 그랬다. 찾아온 박진, 차상찬 등 동료들을 맞으며 이렇게 말했다.

"아 이 사람들아. 마감은 어떻게 하고 왔어? 병원에서 아 글쎄, 멀쩡한 사람을 입원하라고 하네."

하면서 허허허 웃는다. 소파가 입원한 것이 16일이었으니, 그들이 문병 온 날은 17일이었다. 그때는 월말에 진행되는 거의 모든 잡지들이 마감 때문에 한창 눈코 뜰 새 없이 바쁠 시기였다. 잠시 입원하면 간단히 나을 병이라고 생각한 것은 소파만이 아니었다.

문병 온 동료들도 같은 생각을 하고 있었다. 입원한 환자를 찾아와 환자와 함께 맥주를 마시고 놀다니…. 그 환자에 그 손님이랄 수밖에. 며칠 뒤면 이승에 너무도 많은 회한을 남기고 이 세상을 하직할 환자이다. 또 그의 갑작스런 죽음 때문에 자책감으로 가슴을 치게 될 방문객들이었다.

방문객들과 환자는 한 걸음씩 다가오는 운명의 그림자를 보지 못한 채 병원 앞뜰에서 시원한 맥주를 나누어 마시며 담소를 나누었다. 그들은 틀림없이 환자의 건강이나 치료에 대한 것보다는 잡지 마감에 대한 이야기로 시간을 보냈을 것이다.

그들이 돌아가고 난 후에도 소파는 병원에 입원한 것으로 치료를 확신했는지 기분이 좋아진다. 그래서 진찰하러 병실에 들어온 일본 간호부들을 유머러스한 이야기로 자주 웃기곤 했다.

7월 들어 더위는 기승을 부리고 있었다. 오랫동안 비 한 방울 오지 않는 더운 날씨가 계속 되었다. 대지는 불타고 사람들도 목이 탔다. 숨이 턱턱 막히는 글자 그대로 염서(炎暑)다.

이런 더운 날씨 덕을 보는 곳도 있었다. '삿뽀로 비누'는 판매 기록을 경신하며 팔려 나갔다. 그래서인지 '삿뽀로 비누를 사는 모든 손님에게는 화장품 케이스를 선물로 준다'는 광고가 연일 〈조선일보〉 〈동아일보〉에 실리고 있었다.

20일이 지나면서부터 병세는 차츰 심상치 않게 나빠져 갔다. 하루하루 지날수록 병세가 나빠지는 것이다. 가장 먼저 시력이 점점 떨어지더니 급기야 아무것도 보이지 않는 지경에 이르렀다.

소파가 위독하다는 걸 뒤늦게 알고 찾아온 사람들이 많았지만 그중에서도 평소 가장 가깝게 지내 오던 이는 천도교 회계 책임자 봉곡(鳳谷) 계연집(桂淵集)이다. 그가 문병하러 왔을 때 소파는 거의 실명(失明) 상태였다. 허둥지둥 병실로 뛰어 들어온 봉곡은 눈을 뜨지 못하게 된 소파의 모습을 믿기 어려웠다.

봉곡은 소파의 축 처진 손을 잡고 울먹이는 소리로 말한다.

"이 사람 소파! 소파, 눈 좀 떠 보시게나. 내가 보이질 않나? 날세, 나 봉곡이야."

소파는 봉곡의 목소리가 들리자 눈을 뜨려고 애를 쓴다. 그야말로 생애 마지막 안간힘이었다. 두서너 번 눈꺼풀이 무겁게 움직이는 듯하더니 그예 다시 무겁게 감기고 만다. 곧이어 가쁜 숨을 몰아쉬며 꺼질 듯한 목소리로 대답했다.

"봉곡이라구? 왜 이제 왔나, 이 사람아. 난 이제 틀렸어…. 그런데 봉곡, 명월관 술값은 어떻게 되었나?"

"소파, 이 사람아. 영 눈을 못 뜨겠나? 내가 보이느냐고 묻잖나? 자네 죽으면 안 되네. 정신 차리게. 그까짓 술값이 대수인가, 내가 다 갚아 줬네. 죽지 말고 살아야지."

봉곡 계연집은 소파의 병약한 몰골을 차마 더는 바라볼 수 없어 말을 잇지 못하고 돌아선다. 조금 전 맞은 주사약 기운이 온몸에 퍼지는지 소파 역시 긴 잠에 빠졌다.

여기서 소파가 정신이 가물가물한 위독한 지경임에도 회사 친구 봉곡에게 부탁한 술값은 무엇인가. 명월관이라니?

《개벽》이 강제 폐간당한 뒤부터는 개벽사에 대한 천도교의 재정 지원은 뚝 끊겼다. 이로 인해서 개벽사의 경영은 걷잡을 수 없이 악화되었다. 그래서 소파는 회사 일로 불가피한 경비가 필요할 때는 항상 봉곡에게 신세를 지곤 했다. 빼먹기 쉬운 것은 곶감이라고 했던가?

명월관은 개벽사 바로 근처에 있는 요정이고, 소파가 말한 명월관 술값은 소파가 거래처 접대나 직원 회식으로 자주 가곤 할 때마다 진 외상값이었다. 갑자기 인쇄소나 필자 접대가 부득이할 경우에 우선은 외상으로 접대한 다음 이를 봉곡이 나중에 갚아 주곤 했던 것이다.

이 무렵 병원에 다시 들른 박진은 크게 놀랐다. 불과 며칠 전, 소파가 유쾌하게 웃고 담소하던 것과는 딴판으로 환자의 용태가 악화된 것이다. 박진은 답답한 표정으로 친구 김중화를 찾아 소파의 병세가 왜 이 지경이냐고 따지듯이 물었다. 그랬더니 김중화는 주치의 이등(伊藤) 박사에게 데리고 갔다.

이등 박사는 고개를 가로저으며 무거운 어조로 말했다. 박진은 그때 이등 박사가 한 말을 자서전에 이렇게 썼다.

"첫째, 너무 육후(肉厚)해서 모세관이 압축되니 혈액의 전량이 순환이 안 되어 심장이 비대해지고 둘째, 신장(腎臟)과 방광(膀胱)이 압축되어

안석주 화백이 그린 방정환의 캐리커처

요독(尿毒)이 전신에 퍼져서 눈이 침침해지고 셋째, 호흡이 몹시 곤란합니다."

이등 박사의 소견을 알기 쉽게 설명하면 이렇다. 우선 박사가 가장 먼저 설명한 육후(肉厚)하다는 점을 살펴보자. 결론부터 내리면 아마 소파 방정환 선생의 체중이 적어도 80킬로그램은 넘었을 것이라고 추측된다. 구체적으로 소파의 신장이나 체중이 기록된 것은 없다.

소파가 입원 치료를 받았던 경성제대 부속병원은 오늘날의 서울대학교 의과대학 부속병원이다. 하지만 그 당시 진료 기록이나 입원 수속 자료가 남아 있지 않아서 자료 역시 없다. 또한 다른 사람들이 쓴 소파 관련 글들에도 구체적으로 그런 것을 기록한 내용을 찾을 수 없다. 다만 방정환 선생의 추억담이나 인상기를 쓴 글들이 여러 편 있는데, 그 글들에서 '체구가 좀 크다'느니 '보통 키'였다느니 하는 엇갈리는 표현들이 있는 것으로 봐서 방정환은 보통 키였을 것이다. 당시 우리나라 성인남자의 표준 키를 160~165센티미터 사이로 보면 크게 틀리지 않는다.

그렇다면 방정환은 162센티미터 정도의 신장에다 체중 85킬로그램 정도였다는 말이 된다. 162센티미터의 키에 85킬로그램의 체중이라면 비만 지수는 150 정도 나오니, 이것은 요즈음 말하는 다이어트 개념으로는 30킬로그램 가깝게 살을 빼야 한다. 얼마만큼 비만한지 짐작할 수 있다. 그것도 한두 해 사이에 살이 찐 것이 아니라 20세 무렵부터 살이 찌기 시작해서 13년이 경과한 뒤다.

소파의 평생 친구 유광렬의 자서전 『기자 반세기』에는 이런 구절이 나온다.

그는 후일에는 몸이 비대하여졌으나 처음 만나던 때에는 몹시 마르고 자기의 집은 행촌동이라 하였다.

이 글에서처럼 방정환은 의암 손병희의 사위가 되기 전까지는 마른 체구였음을 알 수 있다. 결혼한 것이 19세 때니까 그때부터 비만 체형으로 바뀌었다고 할 수 있으니, 적어도 비만 기간이 13년은 되는 셈이다. 비만지수 150퍼센트는 요즈음 의학적인 상식으로는 살인적인 비만도이다.

방정환의 급서는 이등 박사의 진단대로 비만에서 그 원인이 비롯된다. 몸이 비만하니 피가 흐르는 혈관 벽이 눌려서 혈압이 높을 것이고, 고혈압이 오래 계속되니 자연 합병증이 뒤따랐을 것이다. 또 그를 죽음으로 몰아간 원흉 중에는 담배도 있다. 이등 박사의 진단에서는 언급이 빠져 있지만 소파는 대단한 애연가였다. 술은 그다지 좋아하지 않았지만 담배는 참 많이 피웠다. 소파 하면 연상되는 이미지도 중절모와 담배이다.

아무튼, 동료와 가족들의 염원과는 반대로 소파의 병세는 이제 돌이킬 수 없는 상태가 되었다. 시시각각으로 더 나빠져 갔다.

20일경부터는 문병 온 사람들을 알아보지 못할 정도로 시력이 나빠졌다. 이등 박사 진단대로 요독이 전신으로 퍼져서 눈앞의 사물을 볼 수 없는 실명 상태가 되었기 때문이다. 누가 누구인지 보이지 않게 되니, 그렇잖아도 눈물 많은 소파는 문병 온 사람들의 손을 붙잡고 눈물을 흘리며 자주 울었다.

친구 유광렬이 7월 20일에 두 번째 문병을 갔을 때는 소파는 마치 다른 사람 같았다. 병세가 엊그제와는 딴판으로 급격히 나빠졌던 것이다. 소파는 요독증으로 인해 온몸이 퉁퉁 붓고 눈이 안 보인다고 호소했다. 유광렬은 회고기 '방정환과 나'에서 소파 방정환의 마지막 며칠을 보다 더 사실적이고 구체적으로 묘사하고 있다.

> 방 군은 눈이 안 보여 (내가 하는) 말로 알아듣고 "나의 병세가 급격히 항진한 것인데, 나는 현대 과학이 이렇게 무능할 줄은 몰랐네. 하룻밤 사이에 이렇게 될 것을 미리 손을 쓰지 못하여 나는 이번에 가게 되었네"라고 체념하는 듯하였다.
> 그는 다시
> "내가 이렇게 간다니 창피해."
> 한다. 이 "창피해"라는 한마디에 천어만어(千語萬語)의 강개가 있는 것 같았다. 평소에 항상 일제에 피를 흘리고 죽겠다고 하였으므로 그렇게 못하고 죽는 것이 창피하다는 말인 듯하였다. 나도 가슴이 너무도 벅차올라 울면서도 "객쩍은 생각은 말고 조리나 잘하게" 하였다.

"이렇게 죽다니…너무 창피해."

소파가 친구 유광렬에게 털어놓은 이 말 한마디는 의미심장하다. 창피하다? 무슨 말인고 하면, 평생 바람이 있다면 "일본과 싸워 피를 흘리며 죽겠다"고 한 소파였는데, 이렇게 병명을 확실히 알면서도 손 한 번 제대로 쓰지 못하고 죽는다는 게 창피하다는 말이었을 것이다. 소파의 창피하다는 말속에서 나는 "억울하다"는 속뜻도 읽을 수 있었다.

곧 소파를 데리러 오는 죽음의 사자가 저승에서 출발할 시간이 되었다. 21일이 지나자 소파는 호흡마저 힘들어했다. 호흡곤란에 빠진 소파를 보는 가족들의 고통도 더해 갔다.

22일 새벽이 되자 도저히 호흡할 수 없는 지경이 되어 산소마스크에 의지하기에 이른다. 주치의 이등 박사는 임종이 임박했다는 사실을 알리고 강심제 주사를 놓았다. 주치의로서는 가족과 친지 동료들이 임종을 지킬 수 있도록 배려한 것이었다.

운명하기 전날 저녁 소파는 앰플 주사약 효과 때문인지 잠시 긴 여행에서 돌아온 듯 정신이 들었다. 옆에서는 처조카 이태운(李泰雲)이 병실을 지키고 있었다. 소파는 이태운에게 말했다.
"이제는 가야겠어. 문간에 마차가 와 있어."
"마차라니요?"
"말도 새까맣고 마차도 새까만 마차야. 난 저 마차를 타고 가야 해."
"아저씨, 그건 헛것을 보신 겁니다."
"어서 내 가방을 갖다 주게."
이 말을 마치고 소파는 다시 깊은 혼수상태에 빠졌다. 주치의는 임종을 꼭 지켜야 할 사람들에게 급히 연락하라고 일렀다. 강심제를 주사했으므로 아마 하루 정도는 생명을 연장할 수 있다는 것이었다. 친지들은 한 사람 두 사람 서로 연락을 하며 그의 임종을 지키기 위해 모여들었다.
회사 동료들 몇 명 외에는 소파가 이렇게 생의 최후를 맞고 있는지 모르고 있는 듯했다. 이날(7월 22일) 아침 〈조선일보〉에 실린 '율동유희 하기 강습회' 사고만 봐도 그랬다. 강사진 명단에 방정환 이름이 그대로 들어 있었다.

7월 22일 오후에는 신기하게 소나기가 내렸다. 삼복으로 접어든 경성 지방에 정말 오랜만에 보는 시원한 소나기였다. 천둥 번개도 간간이 쳐 댔다. 그 비는 아마도 소파가 죽어 가면서 흘리는 마지막 눈물일 것이었다. 천둥소리 속에 "지금 죽는 건 너무 억울해" 하고 소리치는 소리가 들리는 것 같았다.

비가 그치고 나자 골목골목 담장 울타리 안에는 나팔꽃이 활짝 피어났다. 비가 개인 뒤여서인지 나뭇잎은 더 푸르렀고 꽃들은 더 싱싱해 보였다. 세상이 하도 뒤숭숭해서일까? 피는 꽃은 더 무심해 보였다.

강심제 앰플을 주사한 소파의 육신은 이미 이 세상 사람이 아니었다. 자꾸만 그의 영혼은 이승을 떠나려 하지 않았다. 소파는 할 일이 너무 많은 사람이었다. 소파가 벌여 놓은 사업은 이제 시작에 지나지 않았다. 앞으로도 계속 그가 이끌어야 한다. 어른들로부터 무시당하고 매 맞고 학대받는 이 나라의 어린이들, 그들을 고이고자 펴내고 있는 잡지 《어린이》, 개벽사의 운명….

다만 하루 육신의 삶을 연장 받은 소파 주위로 친지들이 모여들기 시작했다.

7월 23일 아침 신문에는 마라톤 선수 남승룡의 기사가 실렸다. 오전 11시 4분. 남승룡 선수가 경성에서 순천 간 392마일을 37시간 35분 기록으로 완주했다는 것이다. 남승룡은 훗날 베를린 올림픽에서 손기정 선수와 함께 3등에 입상하는 청년이다.

소파의 임종은 색동회의 조재호, 개벽사 박진, 천도교 경리관 회계 책임자 계연집 등 간부들, 부인 손용화, 장남 운용 등이 지켰다.

"마지막으로 남길 유언이라도…."

임종을 지키는 사람들이 소파에게 무슨 말이라도 남겨 주기를 재촉했으나 그는 아무런 대답도 하지 않았다.

어제, 잠시 혼미한 정신이 되돌아왔을 때 친지들에게 몇 마디 알아듣기 힘든 발음으로 남겨 놓은 말이 그대로 유언이 되고 말았다. 동료들에게는 "일 많이 하라"고 했고, 장남 운용에게는 "공부 잘하라"고 했었다. 그러고는 마지막으로 "어린이를 부탁해…" 하고 꺼져 가는 말로 끝맺으며, 마치 만세 삼창을 하는 듯이 두 손을 서너 번 올리려고 했다.

조선 청년 소파 방정환은 그렇게 눈을 감았다. 1923년 7월 23일 오후 6시 54분, 코피를 쏟으며 쓰러진 지 2주일 만이었다.

이날은 8년 전, 마침 소파가 일본 동경 유학에서 돌아와 전조선소년지도자회를 창립하고 첫 강연회를 가진 날과 같은 날이었다.

〈봉선화〉의 작곡가 홍난파는 이날 친구 방정환이 죽는 것도 모른 채 미국으로 음악 유학을 떠났다.

소파가 영원히 돌아올 수 없는 길을 떠나는 날 저녁, 경성의 밤하늘에는 형제를 잃은 수많은 별들이 어둠 속에서 푸른빛으로 빛나고 있었다.

33세의 죽음. 너무나도 많은 것을 시사해 주는 나이 33세의 죽음이다. 그는 예수와 동갑 나이에 이 땅을 떠났다. 동갑 나이에 죽은 사실 때문만이 아니다. 나는 두 사람의 생애의 궤적이 상당히 비슷하다고 느낀다. 굳이 일일이 비교할 필요는 없다. 인류를 구원하기 위해 예수가 온 생애를 바쳐서 애

쓰다가 로마제국 빌라도 총독에 의해 십자가에 못 박혀 죽었다면, 소파 역시 이 나라 어린이를 위해 마치 순교자처럼 평생 일하다가 식민지 지원을 받은 한 거대 언론의 폭력 앞에서 울화병을 얻어 한스럽게 죽었다.

소파를 죽음에 이르게 한 직접적인 원인은 물론 신장병과 고혈압이다. 하지만 그것만이 소파를 죽음으로 본 것은 아니었다.

슬픈 장례식

소파의 장례는 3일장으로 치러졌다.

영결식은 1931년 7월 25일 토요일 경운동에 있는 천도교회 앞마당에서 거행되었다. 소파가 어린이날 개막 연설을 하고, '세계아동예술전람회'를 열었던 바로 그 장소였다.

소파의 영구(靈柩)는 개벽사 건물 바로 앞에 놓여졌다. 영구가 놓인 마당 중앙에는 햇빛을 가리는 차양막이 둘러쳐져 있었다. 찌는 듯한 한여름이었다. 워낙 많은 인파가 몰려들어 웅성웅성하므로 그리 시끄럽게 울어 대던 매미 소리도 잦아들었다. 영구에는 '전암 방정환지구(筌庵方定煥之柩)'라는 만장이 놓여졌다.

영결식을 보러 온 어린이들은 단상 바로 앞 너른 마당 맨땅에 앉혀졌고 어른들은 그 좌우에 서 있었다. 천도교청년회와 개벽사 직원들은 검은 완장을 두르고 참례객들을 안내하느라 분주했다. 소파의 죽음은 신문 보도보다는 먼저 입소문을 통해 알려졌다. 정말 엄청난 참례객이었다.

소파 방정환 선생님이 별세하셨다!

이 소문이 알려지자 방방곡곡에서 수많은 어린이들이 몰려왔다. 밤 열차를 타고 온 소녀도 있었고 밤새 발이 부르트도록 걸어온 소년도 있었다. 어떤 어린이는 읽고 또 읽어서 책장이 너덜너덜해진 낡은 『사랑의 선물』을 품에 안고 있었고 어떤 어린이는 얼마나 울었는지 눈이 퉁퉁 붓다 못해 핏빛으로 충혈되기도 했다.

그 숫자가 시시각각으로 불어나서 천도교회 마당을 꽉 채우고도 인근 보성사 방향 종로 쪽 골목길을 메우고 있었다.

낮 열두 시경부터 영결식은 시작되었다. 사회는 개벽사 영업국장이던 박진이 보았다. 고인의 약력 소개에 이어 평소 고인과 가까이 지내던 분들의 조사가 이어졌다. 하지만 영결식을 진행할 수 없을 정도로 어린이들의 통곡 소리가 하늘을 뒤덮었다. 눈물바다였다. 슬픔이 파도를 치듯 어린이들의 울음이 식장을 뒤흔들고 있었다. 바로 이들에게는 소파가 친어버이나 다름없었다. 아니 친어버이인들 이보다 더 슬플 수가 없었다.

어린이들이 앞다투어 울기 시작하자 아이들의 울음을 만류하던 어른들의 눈시울이 붉게 젖어 오기 시작했다. 어른이기에, 아이들처럼 울고 싶다고 그냥 울어 버릴 수 없는 어른이기에, 또 체면 때문에라도 울음을 꾹꾹 참고 있던 어른들이었다. 어린이들 울음 속에 간간이 어른들 울음소리가 꺽꺽 섞여 들리더니 이내 그 소리는 어린이들 울음을 압도하고 있었다. 어른들이 체면 불구하고 울다니? 어른의 울음이란 단 한 명이 울더라도 그 묵직함과 비장함의 무게가 어린이들과는 달랐다.

그 울음소리는 '왕벌 떼 소리처럼 땅을 진동시켰다'고 박진은 표현했다.

3부 시대의 고통

영결식장에서 어린이들 울음소리를 듣고서야 비로소 어른들도 그 소파가 죽었구나 하고 실감했던 것이다.

어린이들 가슴속에 소파는 그렇게 깊숙하게 살고 있었다. 영결식에 참례한 여자 어린이들은 모두들 검정 댕기를 달았다. 어른들이 시키지도 않았다. 그런데도 누구라 할 것 없이 앞가슴에 검정 댕기였다.

이정호, 박희도 등이 울먹이는 어조로 조사(弔辭)를 읽었다. 박희도는 3.1독립운동 때 민족 대표 33인 중의 한 분이었고, 소파가 죽기 전까지 봉직하던 중앙보육학교 교장이었다. 박희도는 직접 알루미늄으로 만든 관을 준비해 왔다. 장례식장에 넘실대는 검은 상복과 햇빛에 빛나는 흰색의 그 알루미늄 관은 삶과 죽음, 희망과 절망을 극명하게 비교하는 듯했다.

박희도는 감정이 치올라서 조사를 잘 읽지도 못한 채 몇 번 씩이나 더듬고 몇 대목을 되읽곤 했다. 한 구절 한 구절 조사를 읽을 때마다 소파의 모습이 행간에 어른거렸다. 박희도는 "나와 굳게 약속한 일이 있는데 그것도 안 지키고 왜 먼저 갔느냐"고 울먹거리면서 조사를 마쳤다. 그는 조사를 끝내고도 한동안 자리에서 움직이지 못했다.

아동문학가 이정호가 조사를 읽을 때 식장은 그야말로 울음바다였다. 어린이들 울음 때문에 조사는 한마디도 들리지 않았다. 이정호는 소파가 가장 아끼던 개벽사 후배요 동료다. 이정호가 "오호!! 방정환 선생" 하며 조사를 읽기 시작하자 통곡 소리는 물결을 타듯 높아졌다. 그 물결을 타는지, 조사는 더욱 깊고 구슬프게 영결식장에 모인 사람들의 가슴속으로 스며들어 갔다.

당신은 고달팠습니다. 너무도 고달팠습니다.

남달리 세상을 위하여 많은 일을 하시느라고 당신의 몸은 몹시도 고달팠습니다. 두 가지 잡지 편집만으로도 고달프실 터인데 학교 일, 소년회 일 또 집안일에 고달프다 못하여 시들었습니다.

아아, 당신의 고달픈 얼굴이, 그 말할 수 없이 시들은 얼굴이, 우리들 머리에 사라질 날이 있사오리까. 그 고달픈 얼굴에 웃음을 보기 전에 그 닦아 놓은 화단에 꽃과 열매가 맺기도 전에 왜 당신은 이 세상을 떠나셨습니까. 너무도 이르지 않습니까. 너무도 빠르지 않습니까.

왜 말씀이 없습니까.

왜 당신이 벌써 말이 없습니까.

당신은 벌써 이 세상 모든 것을 잊어버렸습니까. 당신의 연로하신 부모님의 저 애처로운 울음소리를 듣지 못하십니까. 당신의 평생을 바쳐 끔찍이 아끼고 위하시려던 저 어린 소년들의 가엾은 눈물을 보시지 못하십니까.

이 울음. 이 눈물을 남겨 두시고 당신은 정말 어디를 가시렵니까.

부모와 친우가 당신을 차마 놓아 보내지 못하여 여기까지 따랐습니다. 당신이 못 잊으시는 소년 회원과 보육학교 학생들이 당신을 잊지 못하여 여기까지 따랐습니다. 끊어지려야 끊어지지 못하고 다하려야 다할 수 없는 인연을 당신은 어떻게 끊으시고 마지막 이 길을 떠나가십니까?

아아, 방 선생!!

영원히, 영원히 가시는 방 선생!

원컨대 우리의 이 마지막 작별을 받으소서.

생전에 그 얼굴, 그 마음으로 이 작별을 받아 주소서. 우리는 믿습니다. 확실히 믿습니다. 당신의 그 고달픈 몸은 한 줄기 연기로 화하여

故小波方定煥先生追悼文

李
定
鎬

故 方定煥 氏

아동문학가 이정호가《천도교회월보》에 실은 방정환 추도문

창공으로 가실망정 당신의 영은 영구히, 영구히 이 세상을 떠나시지 아니할 것을 확실히 믿습니다. 잊히지 못할 부모가 계시고 떠나지 못할 동무가 있고, 떼치지 못할 어린 소년들이 있으니 당신은 영원히 떠나지 못할 것을 믿거니와, 당신의 마음과 정성을 팔아서 이룩해 놓은 개벽사와 소년회를 당신의 영은 영구히 떠나시지 않을 것을 우리는 확실히 믿습니다.

짧으나 짧은 33년 평생에 오직 고귀한 땀과 눈물로만 싸우면서 오직 소년운동과 기타 여러 가지 사업을 심혈을 바쳐 오신 당신의 거룩한 영이 개벽사와 회관과 또 거기에 있는 책들의 장장마다 숨어 있어서 이 세상 많은 운동자와 소년들의 가슴에 새로이 피를 넣어 주시고 계실 것을 믿을 때에 결코, 결코 당신의 일이 끊어졌다고 생각되지 않습니다.

당신의 고달픈 몸을 작별하는 이 마당에 당신의 친애하는 모든 사람이 모였습니다. 그리고 신문지 보부(報訃)로 온 조선 곳곳의 운동지가 이 시간을 간직하고 있습니다. 원컨대 이 많은 사람의 뜻을 받아 당신의 몸은 편안히 창공의 흰 구름을 타시고 당신의 영은 오래도록 우리의 옆에 계셔서 자라나는 소년운동을 보시고 소년회관에서 울려 나오는 노랫소리를 들으시면서 오래도록, 오래도록 웃고 지내 주소서! 운명 시까지 안타까워하시든 《어린이》 잡지는 당신을 대신하여 이 몸이 꽃과 열매를 맺어 드리오리니 부디 부디 마음 편히 돌아가 주소서!

이정호의 조사가 끝나자 소파를 위한 조요(弔謠) 낭독이 있었다. 조요는 윤석중과 이원수가 지어 소파 영전에 바쳤다. 윤석중과 이원수는 소파가 발굴한 아동문학계 후배들이었다.

먼저 윤석중의 조요는 〈못 가세요 선생님〉이라는 제목이었다.

젖 없이 자라나는 저일 버리고 어떻게 가십니까.
네? 선생님

옷자락에 매달린 저일 떼치고 어디로 가십니까.
네? 선생님

천년을 사신 대도 안 놓을 것을
사십도 채 못 넘겨 가시다니요.
웃으며 가신 대도 서러울 것을 말없이 괴롭게 가시다니요.

그 다음은 〈슬픈 이별〉이라는 제목으로 이원수가 지은 조요였다.

못 가요 못 가요 길을 막아도 대답 없는 엄마야 가는 엄마야
아가들을 두고서 산길을 타고 무서운 화장터로 뭣하러 가나
언제나 정답게 손잡아 주고 잘 크라고 안아 주고 얼러 주더니
손에 손 맞잡고 노래도 않고 다시 못 올 나라로 왜 가 버리나
철없는 우리 두고 눈을 감을 때 얼마나 그 가슴 아파했을까
엄마 잃은 양들이 목 놓아 울며 부르는 슬픈 소리 강산에 차네
아무래도 간다면 우리 엄마는 하늘에 별이 되오 큰 별이 되오
가여워도 사랑 속에 길러난 우리 서러워도 오색 꽃을 길에 뿌리네

어린이들의 오열 속에서 마침내 영결식은 끝났다.

이어 운구가 시작되었다.

어린이들은 알루미늄 관을 손으로 두들기며 영구차를 가로막았다. 어른들은 그런 어린이들을 떼어 말리며 길을 트느라고 많은 시간을 허비해야 했다. 어린이들은 소리 높여 울면 어버이 같은 소파가 다시 살아날 수 있다고 믿는지도 몰랐다.

장지는 홍제원 화장장이었다.

홍제원은 무악재 너머에 있었다. 경성에서 문산, 개성으로 이어지는 신작로를 따라 야트막한 무악재를 넘으면 작은 시냇물이 흐르는 산자락이 바로 홍제원이다. 홍제원을 지나면 다시 작은 산이 나서고 그 산을 넘으면 불광리이고, 길은 박석고개로 꼬불꼬불 이어진다.

홍제원 화장장에서 소파의 유해는 화장한 후 납골당에 안치되었다.

이제 소파의 육신은 겨우 한 줌의 재로 남은 것이다. 소파의 장례식이 끝난 다음 날 7월 26일 〈동아일보〉에 실린 소파 장례식 기사에는 이런 구절이 있었다.

> 아! 방 선생님은 오늘 저녁에 홍제원 화장장에서 한 줄기의 연기로 허무하게 사라져 버리고 말았습니다.

홍제원 화장장 납골당에 안치되었던 유골은 5년 후 망우리 묘소로 이장했다. 소파를 망우리 유택(幽宅)에 영주할 수 있도록 묘소를 마련하는 데는 개벽사 후배 최영주가 애를 많이 썼다.

평생 방정환을 스승으로 모셨던 아동문학가 최영주의 본명은 최신복이다. 그는 죽어서도 방정환 곁을 떠나지 않았다. 지금 망우리 공원묘지에 가면 방정환 묘소 바로 아래쪽 입구에 최영주의 묘가 자리 잡고 있다. 생전에 그렇게도 따르고 존경하던 스승을 잊지 못하고 최영주는 죽어서도 바로 곁에서 모시는 셈이다.

영원한 안식처

    방정환은 장례식을 마친 후 홍제원 화장장에서 5년 동안 납골당에 안치
되어 있었다. 그러다가 소파를 그리워하고 아끼고 따르는 '동무들'이 현재
의 안식처인 망우리 공원묘원으로 옮겨 묘소를 조성했다.

    이 과정에 대해 비교적 상세하게 기록한 『차상찬 평전』의 몇 대목을 인
용한다. 차상찬은 방정환과 천도교 동역(同役)이자 가장 가까운 개벽사 동료
중의 한 분이었다.

    1931년 7월 23일 소파의 장례식 장의위원장은 차상찬이었다. 차상찬은
처음부터 끝까지 영결식을 봉행하여 홍제동에서 화장한 소파의 유골을 납
골당에 안치하는 일은 물론 사후 5년 후인 1936년 7월에 유골을 망우리 묘
역으로 옮겨 안장하는 일에 앞장섰다.

    비문은 생전의 방정환을 물심양면으로 지원한 오세창 선생이 '동심여선
(童心如仙)'이라는 문구를 쑥돌에 새겨 주었다.

    차상찬은 방정환 사후 유고집인 『소파전집』 출판도 주선했다. 유골을 망

우리 유택에 모시면서 차상찬은 추모사를 영전에 바쳤다. 소파 방정환과 함께 한 사무실에서 동고동락하며 지켜본 선배이자 동지로서 그를 추모하는 마음이 절절한 추모사였다.

오호, 일월이 유운(流運)하여 소파 방정환 군이 영서(永逝)한 지도 벌써 6개 성상이 되어 제5주년 제를 지내게 되었다.

군은 우리 조선 어린이 운동의 선구자요 제일인자다. 어린 사람을 지도 교양하는 《어린이》 잡지가 군의 손으로 창간되고, 어린 사람을 인격으로 대우, 경칭하는 '어린이'라는 용어가 군의 입으로 주창되어 현재 전 민족적으로 사용하게 되었으며, 어린 사람의 귀중한 찬물(讚物)인 『사랑의 선물』이 또한 군의 손으로 발간되어 만천하 어린 사람의 열광적 환영을 받았고, 경향 각지 방방곡곡으로 순회하며 연단상에서 또는 보통 석상에서 장시간 심혈을 토하는 열변으로 다년간 어린 사람의 부형(父兄)과 모매(母妹)를 각성시켜 어린 사람의 교도, 해방을 촉진시키고 또 어린 사람을 모아 가지고 혹은 훈화로 혹은 동화로 가장 유육(遊育)하고 가장 재미있고 또 웅변을 통해 수천수만의 어린 사람들을 일시에 웃기고 일시에 울리고 하여, 한참 당시에는 "방정환은 어린이 대통령이니" 또는 "어린이 신이니" 하는 말까지 들었다.

그리고 여러 동지들과 같이 색동회를 조직하여 때때로 어린이 문제를 토의 연구하고, 또 5월 1일을 '어린이날'로 작정하여 역사적으로 조선 소년운동 데이로 정하게 되고, 여러 동지들과 같이 전조선소년지도자대회, 소년운동협회 등등을 조직하여 철두철미하게 조선소년운동에 헌신하였었다.

망우리공원 소파 묘소. 서울 중랑구 망우동

그뿐만 아니라 군은 각 방면으로 다재다능하였다. 그의 학문으로 본다면 소위 졸업장이란 것은 1개 보성학교 졸업장밖에 가지지 못하고 장성 후에는 혹은 선린상업 혹은 일본동양대학 문예과를 다녔으나 모두 중도 퇴학하고 말았지만, 잡지를 편집하면 명잡지를 만들어 놓고, 만문(漫文), 동화, 탐정소설 등을 쓰면 또한 명문을 쓰되 문장이 평이하고도 신랄하였다.

성격으로 말하면 매우 심중하고 매사에 심사숙고하며 고집성이 강하고도 또 책임감이 있다. 그러므로 무슨 일을 할 때에 너무 지리 부단하게 끌어서 가끔 시기를 놓치는 일이 있었으나 한번 결정한 이상에는 또 어떠한 사람들이 무슨 말을 하든지 자기의 고집대로 하고 책임 있게 하여 밤을 새며 코피를 흘려 가면서도 그 일을 끝내고 말았다.

그러나 우리 조선 사회가 복이 없든지 군의 복이 박(薄)하였든지 군은 지난 신미년(1931) 7월 23일 뜻하지 아니한 병마로 다루다한(多漏多恨)이 세상을 등지고 마치 천리침구(千里駸駒)가 첫걸음을 걷다가 무참하게 거꾸러지고 만리대붕(萬里大鵬)이 장공(長空)을 떠오르다가 중도에서 추락한 모양으로 33세를 일기로 하고 암연히 장서(長逝)하였다.

누구나 이 세상에 한 번 나면 반드시 한 번은 죽는 것이요 또 수명에 있어서는 오십 살에 죽으나 백 살에 죽으나 또는 동방삭같이 삼천갑자를 살다 죽으나 죽음은 일반이요 또는 죽는 사람에 대하여는 누구나 슬퍼하고도 눈물을 흘리는 것이 사람의 상정이지마는, 군의 죽음과 같이 가장 슬픔이 많고 눈물이 많은 일은 드물 것이다. 그것은 군의 개인을 위함이 아니라 조선 사회에 유망한 큰 일꾼이 없어진 까닭이다.

그때 군은 개벽사, 천도교회 또는 사회동지의 장으로 홍제원에서 화장을 하였으나 그 잔해(殘骸)만은 그대로 보관하고 우리 동지로서 다시 토장(土葬)을 하고 일편(一片)의 단갈(短碣)이라도 해 세워서 군의 영원한 기념으로 하려고 하였으나 우리 사정은 그렇게 일조일석에 문제가 해결되지 못하여 비풍추우(悲風秋雨) 5개년 동안이나 군의 유해를 그대로 화장장 보관소에 남아 있게 하였으니 소위 동지로서 어찌 미안치 않았으며 유감이 없었으리.

이제 여러 동지의 발의로 교외 망우리 남록(南麓)에 백 평의 유택지와 일편의 단갈을 설치하고 군이 영서한 7월 23일을 기하여 동지의 장으로 군의 유해를 영매(永埋)하게 되니 한편으로 미안하던 마음이 조금은 풀리지만, 군을 사모하는 생각이 새삼스럽게 나서 부지중 눈물을 금할 수 없다.

오호 군은 백 리(百里)의 재(才)가 아니러니 백 평은 고사하고 백 리 지방의 유택지를 가진다 하여도 군이나 또는 우리 동지로서 만족치 않을 것이요, 지명이 비록 망우리나 군은 평소에 우리 조선, 우리 민족 그중에도 우리 어린이를 위하여 항상 걱정하였은즉 유해 영령이라도 또한 평소와 같이 항상 걱정하고 있지 않지 않을 줄로 안다.

오호, 군은 해국(骸國) 망우(忘憂)에서 영원 불망할진저.

글을 마치며

평전의 개정판 작업을 마치고 나서 소파 묘소를 찾았습니다.

초판 때도 마지막 작을 쓰고 나서 찾았었습니다. 평전 내용 중에 잘못 기술한 곳이라도 있으면 꾸중이라도 듣겠다는 요량이었습니다.

망우리 공원묘원 구불구불한 산책길은 어찌나 벚꽃이 바람에 흩날리는지 눈앞이 가릴 정도였습니다. 올해는 특히 기온이 갑자기 초여름에 가까워서 꽃들이 순서 없이 다 피어 버린 것 같았습니다. 개나리는 물론 벚꽃 자목련 흰목련 등이 한꺼번에 피어 있었고, 이미 지기 시작한 꽃들도 있었습니다. 마치 이형기 시인의 시 구절처럼 '가야 할 때가 언제인가를 알고 가는 이의 뒷모습' 같았습니다.

소파 묘소는 아침 해 뜨는 모습이 제일 잘 보인다고 합니다. 관리소 직원에 따르면 망우리에서 가장 좋은 명당이라는 것입니다. 동남향 언덕입니다.

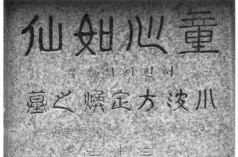

(왼쪽) 오세창 선생이 새긴 '동심여선' 비문 (오른쪽) 동심여선 비문 뒷면에 암각된 '동무들이'

소파 묘소 바로 아래 자락에는 소파를 평생 존경하고 따르던 개벽사 후배이자 아동문학가인 최영주가 아내와 함께 나란히 묻혀 있습니다. 그는 아버지가 별세하자 아버지를 이곳에 모신 다음 소파를 모셔 왔습니다. 그리고 자기 자신도 더는 오래 살지 못하고 해방되던 해 1월에 소파를 따라 이곳에 묻혔습니다. 아름다운 인연이 계속되고 있습니다.

또한 소파 묘소에서 200미터 거리 남녘 언덕에는 만해 한용운의 묘소가 있습니다. 소파가 그 굵고 구수한 목소리로 "스님" 하고 부르면 들릴 만한 가까운 거리입니다.

한용운 묘 바로 옆에는 오세창 선생 묘소도 있습니다. 오세창 선생은 소파 사후 5년 만에 최영주 등이 이곳 망우리로 이장할 때 '동심여선(童心如仙)'이라는 비문을 써 주신 분입니다. 이 비문 뒷면에는 '동무들이'라는 서투른 글씨가 암각되어 있는 게 특이했습니다. 그렇습니다. 이승에서는 서로 선생님, 스님, 후배 하며 지냈지만 이곳 망우리에서는 모두 동무가 되신 것입

(왼쪽) 만해 한용운 묘 (오른쪽) 아사카와 다쿠미 묘비문

니다.

소파 묘소에서 한 굽이를 돌아 나오다가 능선 쪽으로 시선을 돌리니 양지바른 언덕에 아사카와 다쿠미의 묘도 눈에 띄었습니다. 야나기 무네요시에게 한국 공예의 아름다움을 알려 준 일본인입니다. 아니, 조선인 이상으로 조선을 사랑한 아사카와입니다. 너무나 한국을 사랑한 나머지 한국에서 평생을 살았고, 죽을 때는 "한국인의 손으로 한국 땅에 묻히고 싶다"는 유언을 한 분입니다.

방정환, 한용운, 오세창, 최영주, 최영주 아버님, 아사카와 다쿠미…. 이승에서 서로 가까이 지내며 존경하고 사랑하던 분들이 묘소에서도 이렇게 가까운 거리를 두고 사이좋게 누워 계시니 외로움 잘 타는 소파 선생님이 외롭지는 않을 거라는 생각이 들었습니다.

사진 몇 장을 찍고 돌아 내려오는 길에 아주 작은 산새 몇 마리가 공동묘지 입구에서 무심히 노니는 것을 보았습니다. 나는 문득 그 새가 어쩌면 소파 선생님의 환생일는지 모른다는 생각이 들었습니다.

봄볕이 너무 따뜻했습니다.

특별부록

소파는 고민하고 행동하고 사랑했습니다

진보주의자 방정환

① 조선 사람의 가정은[114] 하루 종일 직무에 충실하느라고 피곤해 가지고 돌아와서 즐거운 속에 편안히 쉴 수 있는 재미있는 가정이 아니라 커다란 객주(客主)집, 즉 여관입니다. 사회에 나아가거나 자기 일터에 나아가 온 종일 고단하게 일하고 집에 돌아가서 남들은 편안히 쉴 때 조선 사람들은 쉬지 못하고 여관 경영을 또 해야 하는 셈입니다. 1호실에 있는 노인 손님에게 인사 접대하랴, 2호실에 있는 젊은 부부에게 감정 안 사도록 하랴, 3호실 4호실에 있는 부부의 마음에 들도록 비위를 맞추랴….

114　①부터 ⑤까지는 「살림살이 대검토」라는 제목으로 《신여성》 1931년 6월호에 방정환이 기고한 글이다. 총 23쪽에 이르는 이 글은 '가족편' '의복편' '식사편' '주택편' '육아편' '가계편' 등 6편으로 구성되어 있는데 '육아편'은 인용하지 않았다. 또 7월호에 '의식연회(儀式宴會)편'이 실린다고 예고되어 있지만 필자 방정환이 갑자기 별세하여 이 글이 사실상 생의 마지막 글이 된 셈이다. 진보주의자, 실용주의적 생활 개혁 사상을 가진 방정환의 모습이 확실하게 느껴지는 글이라고 할 수 있다.

② (흰옷 때문에) 조선 여자들은 한평생 빨래만 하다가 죽는다고 할 만큼 빨래를 자주 하게 됩니다. 더구나 조선 옷과 옷감은 빨 적마다 뜯었다가 다시 재봉을 하게 되고 다듬이질과 풀 먹이기를 일일이 해야 하는 것이니 그 손해는 점점 더 커지는 것입니다. 그러니 되도록 흰옷만을 입지 말고 연령과 성미에 맞추어 아무 색이나 염색 옷[115]을 입도록 해야 할 것입니다.

③ 의사들의 말을 들으면 점심때가 하루의 중간이요 오전 오후 일 많이 하는 중간이니까 점심을 주식으로 잘 먹는 것이 유익하다고 그럽니다. 그런데 조선에서는 반대로 점심에는 찬밥으로 아무렇게나 먹고 아침을 주식으로 제일 힘들여 먹고 있습니다. 제일 잘 안 먹히는 시간에 헛수고하느라고 부인네는 어두운 새벽부터 고생을 하고 결국은 맛있게 먹지도 못하면서 시간만 더디어 학교나 사무실에 지참(遲參)을 합니다. 원칙적으로 아침을 주식으로 삼는 것을 변경해야 합니다.

④ 조선의 주택은 대단히 위생에 해롭고 대단히 편리하지 못하게 되어 있습니다. 사람이 거처하는 처소에는 햇볕이 잘 들고 공기 유통이 되어야 하는데 조선집의 안방 건넌방은 대개 우중충하고 창문이 적어서 이 두 가지가 다 잘되지 못합니다. 안방의 한편도 마루에 가려져 있고 건넌방 한편도 마루에 가려져 있는데다가 겨울에 추울 것이 겁이 나서 들창을 되도록 조그맣게 내니 사람에게 제일 유익한 햇볕이 많이

---

115 실제로 천도교도는 한복을 생활 복장으로 개량해서 평상시에도 입고 다녔다. 물론 염색도 하고 단추도 달아서 입기 편하게 고친 옷이었다.

들어올 재주가 없으며 공기가 밤낮 묵은 것이 있을 뿐이지 항상 신선한 공기가 방 속에 있을 수가 없습니다.

⑤ 한 달이면 한 달, 1년이면 1년간의 자기 집 수입이 얼마니까 쓰기는 무엇에 얼마, 무엇에 얼마 이렇게 분간해서 미리 예산해 놓고 그 예산에 어그러지지 않도록 써 나가기 위해 매일매일 쓰는 돈을 치부책에 적어 가면서 항상 예산과 맞추어 가야 합니다. 이것을 가계(家計)라고 하고 이것을 적는 책을 가계부라고 합니다. 음식 솜씨는 조금 서툴망정 살림살이에 먼저 급한 것은 이 가계에 대한 지식입니다.

이 글은 방정환의 「살림살이 대검토」에서 뽑은 몇 대목이다. 「살림살이 대검토」를 시작하면서 방정환은 '살림살이의 잘못된 점'을 찾아내고 '고쳐 나갈 점'을 말하겠다고 전제하고 '가족편'에서는 '대가족제도'를 부부 중심의 핵가족으로 바꿀 것과, '의복편'에서는 한복의 장점과 결점을 모두 설명한 뒤 '염색해 입을 것'과 옷고름보다는 '단추'를 달아 입을 것을 주장한다.

이어지는 '식사편'에서는 아침을 주식으로 하는 관습을 버릴 것을 역설하는 한편 여러 가지 음식을 한꺼번에 상에 올리는 상 차리기 방식을 비판한다.

또한 '주택편'에서는 한옥의 부엌 위치와 구조적 결함, 거실의 기능성을 개선해야 한다고 주장하고 '가계편'에서는 집안 살림의 경제적 운영을 위해서 '가계부' 적을 것을 제안한다.

①은 3, 4대가 한집에 사는 대가족제도의 문제점을 지적하는 대목이다. 그런데 가정을 객주로 비유한 것이 특이하다. 대가족제도를 핵가족으로 바

꿔야 한다는 주장은 유교적 관습이 엄존하고 있던 당시로서는 상당히 용기 있는 주장이다.

이런 용기는 ②와 같은 대목에 이르면 더욱 확실해진다. 이 당시로선 한복은, 특히 한복의 흰색은, 색 이상의 의미를 갖고 있을 때이다. 흰색은 한민족의 상징이기 때문이다. 가뜩이나 나라 잃고 힘 빠진 백성들에게 입고 있는 흰옷을 포기하라고 주장하는 것은 자칫하면 여론의 몰매를 맞을 수도 있는 주장이었다. 그러나 그 바탕에는 살림살이에 지나친 시간을 빼앗기는 이 땅의 여성들을 배려하자는 뜻이 담겨 있다. 한복의 장점인 보온성, 고유의 아름다움을 살리면서 경제적으로 잘 입자는 것이다. 말하자면 실용적인 생활한복으로 바꾸자는 제안이다.

이 점에서 방정환은 쓸데없는 명분보다는 실용을 선택하는 사람이다.

③은 우리나라 식습관을 확 바꾸자는 일종의 라이프스타일 제안이다. 생일날 같은 때면 으레 아침상을 떡 벌어지게 차리지 않는가. 이렇게 상다리가 휘어지도록 차린 음식을 한꺼번에 상에 올리는 상차림 방식을 고칠 것도 제안한다. 이것 역시 합리적인 생활을 하자는 방정환의 실용주의이다.

특히 살림살이를 검토하는 이 글 가운데 ④가 주목할 부분이다. 그는 전통 한옥의 가장 큰 문제점으로 거실(안방)을 지적한 후 거실의 작은 창문, 폐쇄성, 비위생적인 공간 구성을 고치자고 말한다. 또한 대문을 열면 바로 부엌이 노출되는 위치, 높은 부엌 문지방, 장독대와 거리가 멀어 동선(動線)이 너무 크다는 문제점들을 개선하자고 제안한다.

여기에 덧붙여 살림을 규모 있게 하는 방법으로 ⑤와 같은 '가계부' 적을 것을 주장한다.

이런 제안들을 소파가 80년 전에 했다는 사실이 놀랍다. 그야말로 진보

중절모 쓴 소파

적인 견해라고 할 수 있다.

방정환은 흔히 '어린이'라는 말을 처음 사용하고 '어린이날'을 제정하는 데 앞장선 분이라고만 알려져 있다. 그가 별세한 지 벌써 80여 년이 지났는데도 방정환에 대한 평가는 여기에서 몇 발짝 나아가지 못한다. 게다가 "어린이라는 말을 최초로 사용한 것은 방정환이 아니다" "어린이날 제정에 앞장선 사람은 따로 있다" "방정환이 친일을 했다"는 식으로 그를 폄하하는 움직임도 있다.

이런, 말도 안 되는 소리! 그를 제대로 평가하지도 못했으면서 끌어내리기부터 하자는 것인가! 너무 치켜세워 '전설적인 인물'로 만드는 것도 곤란하지만 제대로 알아보지도 않고 억지로 흠결을 찾아내 끌어내리기를 시도한다는 것은 더욱 참을 수 없다.

나와 같은, 아동문학에 대한 공부가 짧은 사람이 소파 방정환 공부를 해야겠다고 마음먹은 까닭이다. 그래서 나는 도서관 귀중본 서고에 소장된 옛날 잡지로 갇혀 있던 소파의 작품을 찾아 이를 정리하는 작업을 하게 되었고, 이렇게 평전을 쓰기에 이르렀다.

이 작업을 하는 동안 나는 앞에서 장황하게 인용한 소파 글에서 보는 것처럼 '방정환은 진보주의자'요, 실용적인 생활 감각으로 '개혁을 꿈꾼 청년'이요, 친일은커녕 어린이운동으로 민족의 독립을 준비한 '독립운동가'라는 사실을 확인할 수 있었다.

시대의 고통을 온몸으로
방정환이 이 세상에 머물다 간 기간은 고작 33세, 정확하게 말하면 31년

9개월밖에 되지 않는다. 그중에서도 청년운동을 하고 소년운동을 하고 잡지를 창간하고 글을 쓰고 전람회를 여는 등 문화 사회 활동을 한 기간은 10년이 겨우 넘는다.

이 짧은 기간에 그는 참으로 많은 일을 한다. 우리나라 최초의 영화잡지 《녹성》 창간을 비롯해서 10개의 잡지[116]를 직접 운영하고, 동요·동화극·동화·번안 동화·논문·탐사기·수필 등 800편에 이르는 글을 신문 잡지에 쓰며, 일제 당국이 내용을 문제 삼아 일체의 강연 활동을 금지시킬 때까지, 해마다 70여 회 이상 생애 통산 1,000번 이상의 동화 구연과 순회강연을 했다.

뿐만 아니라 신문사(동아일보)를 움직여 '비행사 안창남 귀국 비행 쇼' 같은, 온 민족이 열광하는 행사를 기획하고, 전 세계 20개국이 참가한 '세계 아동예술전람회'를 열기도 한다. 또한 잡지 일을 하는 틈틈이 전문학교[117]에 나가 학생들에게 '아동 유희'를 가르치는 한편 색동회를 결성하고 전국의 소년운동 단체를 규합해서 조선소년운동협회를 주도적으로 이끌기도 한다. 한 사람이, 그것도 10년 남짓한 짧은 기간 동안 이룩한 일이라고는 믿어지지 않는다. 이 모든 업적들을 뭉뚱그려 말한다면 '그는 열정적인 문화운동가요 탁월한 잡지 저널리스트인 동시에, 풍부한 콘텐츠를 가진 벤처형 문화 사업가'이다.

---

116 최초의 영화잡지 《녹성》, 김원주와 함께 창간한 《신여자》, 문예잡지 《신청년》, 소년잡지 《어린이》, 종합지 《개벽》, 여성잡지 《신여성》, 대중종합지 《별건곤》, 중학생잡지 《학생》 《제1선》 등 10개 잡지이다. 방정환은 이 잡지들을 발행한 개벽사의 경영 책임을 맡고 있었다.

117 소년운동 단체에서 손을 뗀 뒤 소파는 중앙보육학교에서 '아동 유희' '동화' 등을 가르친다. 당시 교장은 박희도. 중앙보육학교는 중앙대학교 전신이다.

방정환은 혁명에 실패한 동학교도 집안[118]에서 태어났다. 그이는 찢어지게 가난한 소년 시절을 보냈고 그래서 누구보다 무산계급(無産階級)의 가난과 고통을 뼈저리게 체험한다. 청년이 되었을 때 동학교도들이 재건한 천도교의 교주 사위가 되어 동경 유학을 하면서 당대(當代) 가장 주목받는 사회주의 청년들과 교유하고, 사회주의 경향의 작품과 논문 등으로 문학 활동을 시작한다. 그러나 이념의 노예가 되어 계급문학 울타리 속에 머무는 것을 포기하고 '민족'이라는 큰 틀로 돌아와 꿋꿋하게 자리 잡고 평생 흔들리지 않는 활동을 한다.

그러나 이렇게 왕성한 활동을 하는 이면에는 항상 시대의 고통이 뒤따랐다. 이것은 검열, 압수 수색, 판매 금지, 미행 같은 수단으로 딴죽을 걸기도 하고, 가난이라든가 편견, 오해, 갈등, 분열, 계급투쟁이라는 이름으로 끊임없이 발목을 잡는다.

방정환이 큰일을 할 수 있었던 것은 어찌 보면 행운도 따랐다. 갓 스무 살 때 만해 한용운을 만난 것[119]과, 의암 선생을 장인으로 모실 수 있었다는 점이다. 만해 스님은 청년 방정환의 생애를 디자인했고, 의암 선생은 그 디자인에다 풍부한 색깔을 칠할 수 있도록 돕는다. 3.1 독립운동 참가는 물론이요 동경 유학, 소년운동을 하거나 잡지를 발행하는 일 등으로 펼쳐지는 소파의 생애도(生涯圖)는 이 디자인과 채색에 의해서이다.

평전을 쓰는 동안 나는 그가 겪은 시대의 고통이 얼마나 컸고 어떻게 작

---

118 부친 방경수는 동학혁명에 참가한 천도교도였고 3.1 독립운동 민족 대표 33인 중 한 분인 권병덕과 친구였다. 소파를 손병희 선생에게 사윗감으로 천거하는 인물이 바로 권병덕이다.

119 지하 독립운동 단체인 '경성 청년구락부' 결성 후, 재동 처가에 장인 손병희를 만나러 온 한용운을 여러 차례 만난다.

용했는지, 또 그 정체가 무엇인지 느끼려고 애를 참 많이 썼다. 하지만 아직 다 파악하지 못했다. 그만큼 방정환은 33년 짧은 기간 동안 너무 큰 발자국을, 너무 여러 곳에, 너무 선명하게 남겨 놓았기 때문이다.

출생부터 별세까지의 행적

"건방진 사람이 되어야 합니다. 주제넘은 사람이 많아져야 합니다. 지금 조선 사람들은 너무 주제넘지 못하고 건방지지 못해서 아무 짓도 신기한 짓도 없어서 탈입니다. 하다가 못할망정 내가 나서서 이렇게 하면 된다! 고 외치고 용감하게 나설 수 있는 건방진 사람이 더 많이 생겨야 합니다."

방정환의 글[120]이다. '예쁜 놈에게는 매 한 대를 주고 미운 놈에게는 떡한 개를 주라'는 속담에 반기를 드는 대담한 '어린이 교육론'이다. 이런 시각을 가진 이는 방정환 전에도 후에도 아직 없다. 소파에게 '어린이'라는 테마는 가장 중요한 생애의 콘셉트이다.

그러나 나는 이 평전에서 방정환의 동화나 동요 같은 아동문학작품, 소파의 교육론[121]에 관한 언급은 하지 않았다. 그것만으로도 책 한 권을 따로 써야 한다. 단지 소파 방정환의 중요한 행적을, 출생부터 별세까지의 흔적을 다루는 데만 주력했다.

솔직히 말씀드리자면 그의 행적을 더듬기 위한 자료를 찾는 일로도 시간이 많이 부족했다. 그렇다고 자료가 풍부해서가 아니다. 오히려 자료가 턱

---

120 「살림살이 대검토」 중 '육아편', 《신여성》 1931년 6월호, 74쪽.

121 소파는 「딸이 있어도 학교에 보내지 않겠소」 「아동 재판의 효과」 등과 같은 교육 관련 논문도 여러 편 남겼다.

없이 부족했다. 그의 생애를 증언해 줄 생존자[122]도 거의 없었으며 구체적인 사실을 확인할 만한 자료들을 확보하기란 쉽지 않았다. 당시 신문 잡지를 근거로 해야 하는데, 마이크로필름 상태가 좋지 않았다. 잡지들은 대부분 영인본이었는데, 중요한 페이지는 낙장이 되었고 결호(缺號)도 많았다. 결정적인 것은 소파를 연구하는 데 가장 중요한 문서인《어린이》지 영인본이 30권 가까이 없다는 점이다. 안타까운 일이다. 이《어린이》지를 찾는 일이 무엇보다도 시급하다는 것을 알았다.

올해는 어린이날 제정 80주년이 되는 해이다. 이날을 목표로 평전 쓰기를 일단 마친다. 서두르다 보니 미흡한 곳이 너무 많아서 속상하다. 그렇지만 이 책이 방정환 평전의 완성은 아니다. 나는 이제부터 본격적인 평전에 다시 매달릴 참이다. 아마 앞으로 3~4년간은 소파 평전 작업을 더 계속해야 할 듯하다. 이 책에서 다루지 못한 여러 가지 주제별로 계속 찾고 정리하고 평가해서 결정판을 내야 한다.

특히 소파의 작품들에 대한 연구, 평가, 출판 작업도 해야 한다. 이것은 소파의 작품에 생명을 불어넣는 일이기도 하다. 또 소파가 창간한 잡지 중에서 4대 잡지, 이를테면《개벽》《신여성》《어린이》《별건곤》에 대한 구체적이고 실증적인 해체, 분석, 평가 작업도 남아 있다. 아쉽지만 이것은 다음 작업으로 넘겨야겠다.

---

[122] 거의 유일한 분인 소파 장남 운용 노인도 2002년 10월 4일 타계했다. 2002년 7월 23일 망우리 소파 묘소에서 만났을 때 무더운 여름이 지나면 인터뷰하기로 약속했으나 성사되지 못했다.

방정환은 천도교청년회를 통해 어린이(소년)의 주권과 인권을 보호하고 활성화하고자 하였고, 이를 통해 독립운동의 불을 지피고자 했다. 그 수단으로 잡지《어린이》를 발행하여 영향력을 확장시켰으며, 10만 부를 발행할 정도로 그 인기가 대단했다.

아직도 유효한 "어린이를 부탁해"

방정환은 눈을 좋아했고 늘 '동무'라는 말을 썼으며, 어린이를 사랑했고 안데르센을 존경했다. 그는 이 땅 아무 데나 피어 있는 복사꽃을 좋아했고 빙수를 즐겨 먹었으며 바다를 구경하는 걸 좋아했다. 그는 단성사 영화 구경을 좋아했고 중산모(中山帽)를 즐겨 쓰고 물들인 한복을 자주 입었다. 그는 평생 가난했지만 항상 웃음을 잃지 않았고, 산더미처럼 쌓인 일과 걱정거리로 시달렸지만 유머러스한 글과 재미있는 글을 많이 남겼다. 그는 키는 작았지만 도량은 커서 악질 일본 경찰 미와(三輪)[123]마저 마음을 돌리게 만들었다.

소파 방정환은 그렇게 살다가 훌쩍 떠난 분이다.

그런데 소파가 지금 잊혀지고 있는 것이다. 나를 가장 안타깝게 만드는 점이다. 초등학교 교과서에 실려 있는 소파 작품[124]은 어느 때부터인지 사라졌고, 서점의 어린이 책 코너에서조차 소파 동화는 뒷전으로 밀려나고 있다. "어린이를 부탁해"[125] 하고 후배들에게 유언한 《어린이》지는 소파가 죽은 지 얼마 후 폐간되고 말았다. 지금 이 나라 서점에는 어린이 잡지가 없다.

이 평전을 내면서 나는 소망한다. 다시 소파에 대한 연구가 불붙고, 소파

---

123 당시 종로경찰서 고등계 형사로서 독립운동가들 사이에 악명 높았던 인물. 소파가 주최하는 강연회, 동화구연회마다 늘 참석해서 불온한 내용 여부를 감시하곤 했다. 소파의 탁월한 강연 솜씨에 반해 소파에게 호감을 갖게 된다는 기록이 남아 있다.

124 「만년 샤쓰」 「어린이 예찬」 같은 소파의 작품이 교과서에 수록되었던 작품이라고 기억한다. 하지만 이 작품들이 정확하게 언제, 왜 교과서에서 제외되었는지는 확인하지 못했다.

125 이 유언 한마디를 해석하는 데 고심을 많이 했다. 소파가 별세할 무렵, 부채 때문에 《어린이》지를 비롯한 개벽사 운영이 몹시 힘들었다. 이런 사정이 있었으므로 나는 소파의 유언에서 뜻하는 '어린이'가 '이 나라의 모든 어린이'라는 막연한 대상보다는, 소파가 전 생애를 걸다시피 심혈을 기울여 만들어 온 잡지 《어린이》를 가리키는 것이라고 생각한다.

방정환 동화집이 새로운 시대의 어린이 독자들 취향에 맞도록 다시 출판되고, 소파가 만들었던 잡지《어린이》를 새로운 버전으로 창간하겠다는 회사가 생겨났으면 한다. 더 바라도 된다면 소파의 유품, 유물, 동화 작품들이 어우러진 소파기념관을 지었으면 한다. 또 소파가 평생 건강도 돌보지 않고 펼쳤던 소년운동을 누군가는 계속해야 한다. 민족이 영원하다면 역사 역시 단절되지 말아야 하기 때문이다.

끝으로 이 평전을 이렇게나마 쓸 수 있었던 것은 순전히 선행 연구자들의 80여 편 석·박사 학위논문, 전문지 기고문, 학회지 논문, 인터뷰, 회고록 등을 참고할 수 있었기에 가능했음을 밝힌다. 다만 참고 문헌 목록을 따로 소개하지는 않겠다. 또 평전 취재가 가능하도록 적극적으로 도움을 준 관련 단체 여러분께 특별한 감사 말씀 올린다.

2003년 봄, 어린이날 80주년을 앞두고 지은이 씀

"청년아 너희가 시대를 아느냐"에 대하여

방정환 사후 첫 평전… 어린이날 제정 감격 생생

사회 · 민족운동도 활발해 북한도 재평가

"젊은이나 늙은이는 이미 희망이 없다. 우리는 오직 나머지 힘을 가하여 가련한 후생(後生) 어린이에게 생명의 길을 열어 주자는 취지로 5월 1일을 어린이날로 정하여, 어린이들을 위하여 일하자는 날이 오늘이라 한다. 조선 의 어린이여! 그들에게 복이 있으라! 조선의 부형(父兄)이여! 그들에게 정성 있으라!"

1923년 첫 번째로 치러진 어린이날 행사를 당시 일간지는 그런 감격으로 전하고 있다.

요즘 가족 중심의 어린이날과 달리 꼭 80년 전인 일제 치하 어린이날은 분위기가 많이 달랐음을 암시해 준다. 즉 청년운동, 농민운동과 같은 맥락의 사회운동 차원이었다는 얘기다.

20대 젊은이들마저 낡았다고 제쳐 놓은 채 10대 어린이들을 사회 변화, 민족운동의 전위로 키우려던 것이 어린이운동의 본뜻이었다. 당시 인구 30만 명의 서울 시내에 뿌려진 '조선소년운동협회 주최 제1회 어린이 날 선전문'은 무려 12만 장이었는데, 취지문도 그런 톤이었다.

그날 오후 서울 종로구 천도교당에서 진행된 기념식 이후의 시가행진 역시 일본 기마경찰대의 감시 아래 이루어졌다. '경축 어린이날'이라고 쓴 플래카드를 앞세운 채 고적대 행진곡에 발맞춰 파고다공원에서 광화문 일대로 나가는 가두행렬은 4년 전의 만세 운동을 연상시켰다.

이것이 소파 관련 첫 평전(評傳)으로 선보인 『청년아, 너희가 시대를 아느냐』가 밝힌 소파(小波) 방정환(方定煥, 1899~1931)의 어린이날 행사 당시의 긴장감 넘치는 모습이었다.

문화비평가 민윤식이 저술한 이 평전에 따르면 소파는 어린이날 제정 며칠 전 국내 첫 소년잡지로 《어린이》를 창간했는데, 그것은 그가 준비해 온 사회운동 차원의 소년운동의 신호탄이었다. 소파는 1923년 3월 신문의 광고를 통해 소년잡지 《어린이》 창간 이유를 이렇게 밝힌다.

"더할 수 없는 곤경에 처하여 그래도 우리가 안타깝게 무엇을 구하기에 노력하는 것은 내일은 잘될 수 있겠지 하는 한 가지 희망 때문입니다. 그 희망이란 내일의 조선 일꾼 소년 소녀들을 잘 키우는 것밖에 없습니다."

《어린이》 창간 직후 사회단체 '색동회'를 만들기로 결정(4월 14일)하고, 이와 함께 매년 5월 1일을 어린이날로 제정하기로 결정(4월 17일)한 뒤 첫 기념식은 성공적으로 진행됐다.

이 대목에서 물어보자. 당시 갓 스물넷 나이였고, 8년 뒤 세상을 떠났던 한 청년이 벌인 사회운동은 왜 이토록 파급이 컸을까? 근거 희박한 몇몇 자료들을 토대로 만들어졌던 위인전 유에서 벗어난 "청년아, 너희가 시대를 아느냐"는 그것을 묻고 있다.

이 책이 던지는 질문은 또 있다. 소파는 소년운동가, 아동문학가에 국한된 인물일까?《어린이》창간 이전 '신문 부럽지 않다'는 영향력을 자랑했던 시사종합지《개벽》창간을 비롯해 여성잡지《신여자》, 대중잡지《별건곤》, 영화잡지《녹성》등 잡지 저널리즘을 개척한 그의 힘은 어디서 나왔을까? 이런 출판운동은 일제하 사회운동과 어떤 관련을 맺고 있나? 무엇보다 '사람 소파'는 어떤 스타일이었을까?

평전에 따르면 소파는 서울 토박이 출신. 종로구 당주동, 즉 세종문화회관 뒤편에서 태어났던 그는 어물전과 싸전을 하던 방경수의 맏아들이었다.

방경수는 동학운동 적극 가담자였고, 나중 청년 소파가 의암 손병희의 사위로 발탁되면서 당시 영향력이 최고조에 달했던 천도교 세력을 등에 업는 계기를 마련해 준다. 책 속의 소년 소파는 '당돌한 꼬마'로 묘사된다. 자기 의지로 머리를 깎고 서당 다니기를 포기한 채 소학교 입학을 결정한 일화만 해도 그렇다.

태어났을 때는 여유 있었으나 갑작스런 집안의 몰락 때문에 10대 내내 쌀 동냥 등의 극빈 체험도, 젊은 소파가 '사회주의자+민족주의자'의 양면성을 보이는 측면을 이해하게 해 준다. 매동(현 매동초등학교)과 미동(현 미동초등학교)을 오갔던 보통학교 시절 그의 성적은 신통치 않았다. 중퇴(15세)한 선린상고 시절과 이후 총독부 토지조사국 임시 직원 근무 중 그는 글쓰기와

책 읽기로 '다른 꿈'을 꾸고 있었다.

그를 키운 교사는 문학책과 잡지였다. 젊은 소파는 육당 최남선이 만든 잡지 《아이들보이》 《청춘》 등을 읽고 투고하면서 문화운동의 꿈을 키우게 된다.

당시 천도교 3대 교주였던 의암의 눈에 들어 사위로 전격 발탁된 과정이 흥미롭다. 우리에게 익숙한 풍채 좋은 중절모 차림의 소파 모습은 결혼 뒤 처가살이를 하면서 잘 먹은 탓이고, 10대 시절 엄청 야위었던 그는 눈빛이 초랑초랑하다는 이유만으로 의암의 눈에 들었다.

"천도교 청년부에 성실한 젊은이가 있다"는 추천을 한 것은 민족 대표 33 인의 한 분인 권병덕.

사회활동의 날개를 단 소파는 나중 언론인으로 성장한 유광렬과 함께 비밀결사단체 '청년구락부'를 조직하고 기관지 《신청년》 발행에 들어간 것이 3.1운동 전해인 1918년이다. 3.1운동 때 검거 수난을 겪은 뒤에도 잡지 《개벽》 제3호(1920년)에 처음으로 '어린이'란 신조어를 만들어 유포시키는 등 기고 활동을 거듭하던 소파는 동경 유학으로 또 한 번 변신의 계기를 마련한다.

동경 유학 중 그는 동경과 서울을 오가며 '민족의 10년 뒤'를 위해 어린이 운동을 집요하게 진두지휘한다. 그것은 혼자만의 힘이 아니었다. 천도교라는 조직, 그리고 김기전 등 운동가들이 뒷받침이 된 사회운동이었다. 따라서 어린이운동은 1920년대 한국 사회가 요구한 '문화 NGO(비정부기구)'였다는 측면이 중요하다. 관심을 가질 만한 대목은 소파가 문화운동에 대한 집

착과 함께 사회주의 성향도 동시에 갖고 있었다는 것이다.

당시 소년들의 최고 읽을거리였던 번안 동화집『사랑의 선물』출간과 동요, 수필 발표를 하면서도 그가 강렬한 사회 비판 성향의 글을 잇달아 발표했던 것을 보면, 소파는 3.1운동 전후 사회주의사상의 유입을 포함한 변혁 움직임의 부력(浮力)을 받은 상징적 인물이었음을 보여 준다.

따라서 이 책은 소파 평전이자, 어린이 사회운동이라는 '작은 물결(小波)' 이 일제하에 위력 있게 전개되다가, 그가 급성 요독증으로 타계한 뒤 급속한 위축으로 이어지는 과정에 대한 보고서이다.

그가 타계한 뒤 일제는《어린이》지 폐간(1932년), 어린이날 기념식 금지(1934년)를 결정한다. 평전은 결혼 뒤 신줄리아라는 이화여전 출신의 신여성과의 은근한 연애담도 놓치지 않아 삶의 굴곡을 그리는 데 그런 대로 성공하고 있으나 부분적인 아쉬움도 없지 않아 '첫 술에 배부를 수는 없다'는 느낌도 준다.

(중앙일보 2003.5.3., 조우석 기자)

소파 방정환에 대한 중대한 '3가지 오해'

한 사람의 평전을 쓴다는 것은 분명 의미 있는 작업이기는 하지만 즐거운 작업만은 아니다.

특히 일제 치하에서 활동한 인물일수록 그렇다. 우선 최근 지식사회의 흐름이, 일제 치하에서 이름깨나 알려지고 활약한 사람들에게 모두 '친일파'라는 곱지 않은 시선을 보내는 것이 그렇고, 그가 쌓아 놓은 업적이 정설 (定說)로 굳어진 사람의 경우 행적을 꼼꼼히 확인해 보면 '그게 아닌 경우'가 적지 않기 때문이다.

소파 방정환의 경우도 이 점에서 자유롭지 못했다. 가장 잘못 알려진 것은 '어린이날을 만들고 평생 어린이만 위하다 가셨다'는 정설이 과장되었다는 점이다. 분명 그이는 어린이날을 제정하고 소년운동을 하고 '어린이' 잡지를 발행했지만 그것이 소파 생애의 전모는 아니다.

그는 탁월한 잡지 편집장이요, 흥행사적 기질이 풍부한 이벤트 기획자였으며 소비자를 사로잡는 명카피라이터였다. 또한 만당(滿堂)의 청중을 울리고 웃기는 명강사였고 인기 최고의 날카로운 사회비평가였으며 무엇보다 훌륭한 교육자였다. 그러니까 소년운동을 펼치고 아동문학 활동을 한 일은 그이의 업적 가운데 하나였지, 방정환 그 자체는 아니다.

그런 면에서 소파 평전을 위해 메모한 취재수첩에는 많은 이야깃거리가 남아 있다. 최종 확인된 사실도 있고, 개중에는 단서만 포착된 것도 있다. 그러나 이런 파편 같은 자료와 근거들을 모두 기록할 수는 없다고 본다. 그것은 평전을 쓰는 이의 기준이요 금도(襟度)이다.

그의 마지막 유언이라고 알려진 "어린이를 부탁해"라는 말만 해도 덧씌워진 우상의 냄새가 나고, 그가 무덤까지 가지고 가려고 숨겨 두었던 슬픈 러브 스토리도 찾아냈다.

사실 확인이 된 일화들도 모두 찾아내 평전에 넣는 작업은 무척 힘들다. 그래서 그런 힘듦을 다소라도 벗어나 보려고 평전을 쓰면서 확인한 것들 가운데 이제까지 소파 방정환에 대해 잘못 알려진 오해 몇 가지를 소개한다.

소파 방정환은 서른세 살에 죽었다

서른세 살이라면 요즈음 나이로 치면 아직도 청년이다. 애송이를 겨우 면했다고나 할까. 학교를 졸업하고 군대에 다녀오고 힘들게 취직하고 결혼하고…. 이제 사회의 일원으로 세상 한가운데 나선 새내기로서 한창 열심히 일할 때다. 그런 나이에 요절하다니, 그것도 평소 그렇게 건강하던 사람이 말이다.

죽음을 전후한 그이의 행적을 추적하는 중에 당시 조선일보에 실려 있는 다음과 같은 기사는 황당하게 다가왔다. 그가 얼마나 갑자기, 아무도 모르게 죽어 갔는지를 말해 주는 단서라고나 할까.

1923년 7월 21일자 〈조선일보〉에 난 기사다. 7월 21일이라면 그이가 죽기 꼭 이틀 전이다.

> 시내 중앙보육학교 동창회의 주최와 본사 학예부 후원으로 금(今) 22
> 일부터 29일까지 시내 정동 제일고녀 유희 강당에서 제4회 율동유희
> 강습회를 개최한다 함은 본 난에 사고(社告)로서 두 차례 보도한 바인
> 데, 시일이 임박하여 예상 이상으로 지망자가 많아 작년보다도 성황을
> 이룰 모양인데, 과목은 율동유희와 동화와 아동예술 등 유치원 보모나
> 기타 자녀를 두신 분이 알아 둘 일이 많으며, 강사는 사계의 명사인 방
> 정환·이헌구·김영제 씨 등이다.

조선일보에는 그 이튿날(7월 22일)에도 이 사고가 다시 실린다. 22일이라면 소파의 주치의 이등(伊藤) 박사가 소파에게 강심제 주사를 놓은 다음 "가망이 없으니 임종을 준비하라"며 가족 친지들을 소집한 날이었다. 소파가죽는 날 아침 신문에도 그가 강사로 나온다는 신문사 강습회 사고가 실렸으니….

평전을 쓰는 순서대로라면 가장 먼저 그 사람의 어린 시절과 출생 관련 취재부터 하는 것이 상례다. 하지만 나는 그러지 않았다. 반대로 소파의 죽음부터 취재하기 시작했다. 의욕적으로 일하던 한 젊은이가 갑자기 죽는다. 33세의 한창 나이였으니 '요절(夭折)'이다. 이 사실이 궁금하고 믿어지지 않아서였다. 도대체 무슨 몹쓸 병이 있었기에 말인가.

나는 우선 별세를 알리는 당시 신문·잡지의 기사부터 점검했다. '신장병'

때문이라느니 '신병이 있었다'느니 '고혈압이 악화되었다'는 식으로 사망원인이 조금씩 다르거나 모호했다. 그것 참, 7월 9일 사무실에서 코피를 쏟고 쓰러져 병원에 입원한 지 겨우 2주일 만에 급사했는데도, 정확한 병명조차 없다니.

그래서 나는 소파가 입원 치료를 받았다고 알려진 경성제대 병원 후신(後身)인 서울대부속병원을 방문해 방정환에 대한 진료 기록을 확인해 줄 것을 요청했다. 1주일쯤 후, 서울대병원 담당자는 당시 진료 기록이 보관되어 있지 않다는 회신을 보내왔다. 그렇다면 다른 자료들을 뒤져 볼 수밖에 없었다.

소파는 도대체 무슨 병으로 죽었을까. 무엇이 소파로 하여금 이 세상을 등지게 만들었을까.

"첫째, 너무 육후(肉厚) 해서 모세관이 압축되니 혈액의 전량이 순환이 안 되어 심장이 비대해지고 둘째, 신장과 방광이 압축되어 요독(尿毒)이 전신에 퍼져 눈이 침침해지고 셋째, 호흡이 몹시 곤란합니다."

이것은 소파의 주치의 이등 박사가, 병세가 극도로 악화되었다는 급보를 듣고 달려온 개벽사 동료 박진에게 설명한 소파의 용태다. 말하자면 소파의 사망 원인을 가늠해 볼 수 있는 유권해석인 셈이고, 주치의의 소견이니 가장 정확하다고 볼 수 있겠다.

이등 박사의 소견처럼 소파는 지독한 비만증으로 피가 잘 돌지 않아 심장이 비대해질 대로 비대해지고, 그 때문에 요독이라는 합병증을 얻고, 그것 때문에 시력이 급히 떨어지며 호흡곤란으로 사망한 것이다.

다만 이등 박사는 고혈압이라는 병명을 구체적으로 적시하지는 않았다. 지나친 비만으로 그가 오랫동안 고혈압을 앓았을 것이라고 짐작하는 것이다.

- 고혈압 증세가 있으면 코피를 쏟는가.
- 다시 말해 코피를 쏟으면 이를 고혈압 때문이라고 봐야 하는가.

이 두 가지 질문에 대해 전문의들은 '그렇다' '아니다' 단정하지 않는다. 다만 고혈압 환자 중 코피를 쏟는 사람도 더러 있다는 정도, 코피를 쏟는 사람 중에 더러 혈압이 높은 사람도 있다는 정도라고 대답할 뿐이다.

그렇다면 코피를 자주 쏟았다는 점 때문에 그때부터 소파가 고혈압이 되었고, 고혈압 때문에 죽었다고 단정할 수는 없겠다. 다만 이등 박사가 지적한 대로 지나친 비만이 고혈압의 한 원인은 되었을 것이다.

소파는 지독한 애연가였다. 글을 쓸 때나 손님을 맞을 때, 시내로 외출할 때도 담배가 항상 손에 들려 있었다고 했다. 그러므로 혈압이 높지 않았다면 오히려 그것이 이상한 일이다. 이런 고혈압에 잡지사 경영하랴, 글 쓰랴, 강연 다니랴, 동화구연대회에 참석하랴, 일제 경찰에 불려 다니랴… 등의 일로 극심한 스트레스에 시달렸을 터이니, 고혈압+스트레스는 곧 사망이라는 등식이 나올 법하다.

이렇게 건강이 악화되던 소파에게 마지막 펀치 한 방은 동아일보사가 종합지 《신동아》를 창간하면서 개벽사 판매 조직을 와해시킨 것이다. 동아일보에서 《신동아》를 발간하는 바람에 개벽사 거래처였던 전국의 동아일보지사와 지국이 다 해약하고 자동적으로 《신동아》의 판매처로 변한 것이다. 견딜 수 없다고 판단한 소파는 오기로 46배판 단색 표지의 16면짜리 《별건곤》을 정가 5전으로 했다. 하지만 거대한 동아일보사와 겨룰 수는 없었다. 이 충격으로 소파는 사무실에서 코피를 쏟고 대학병원에 입원한 지 1주일도 못 가서 33세로 타계한 것이다.

그렇다면 동아일보는 소파에게 약 주고 병 준 격이다. 소파가 개벽사 동경 특파원 시절 안창남을 만나 '비행사 안창남 고국 방문 비행쇼'라는, 듣도 보도 못한 민족적 빅 이벤트를 개최해 3.1 독립운동 실패로 실의에 빠져 있던 조선인을 열광하게 도와준 것도 동아일보요, 문학청년 소파에게 작가론과 동화 작품을 자주 발표하도록 지면을 제공해 준 것도, 또 당시로서는 상상할 수도 없는 엄청난 규모의 '세계아동예술전람회'라는 국제 예술전시회를 열 수 있도록 후원해 준 것도 모두 동아일보였다. 그런 동아일보가 최후의 한 방으로 소파를 쓰러뜨린 셈이었다.

만해(卍海)를 스승으로 생각한 치열한 독립운동가

소파 평전을 쓰면서 항상 머리를 뱅뱅 돌던 것이 있었다. 그 하나는 '소파 방정환은 친일파였다'는 지식사회 일부의 주장이었고, 또 다른 하나는 '사회주의자가 아닐까' 하는 점이었다. 결론부터 말하자면 친일파는 절대 아니라고 답하겠고, 사회주의자가 아니냐는 주장에는 '그렇게 평가할 수 있다'고 대답하겠다.

먼저 친일파라는 주장부터 풀어 보자. 한 칼럼니스트가 인터넷에 올린 글이 불씨가 되었다. 그 글의 필자는 소파 방정환을 가리켜 '친일파'라고 단정적으로 규정짓지는 않았다. 다만 우리나라 아동문학을 개척한 선구자로서는 흠집이 있다고 지적한다. 그가 '친일적' 인물로 소파를 폄하하는 이유는 아주 단순하다. 소파(小波)라는 호가 일본의 근대 아동문학을 개척한 이와야 사자나미(岩谷小波)라는 일본 아동문학가와 이름이 같다는 때문이다.

이와야 사자나미는 일본인들의 정서에서 본다면 이른바 '국민적 아동문학가'라고 할 수 있는 인물이다. 하지만 한국인의 시각에서 보면 군국주의를 찬양한 사람에 지나지 않는다. 이와야 사자나미가 동화 구연에 힘쓰고, 일본의 옛이야기를 리메이크해 일본 소년들에게 읽힌 것처럼 소파 역시 우리나라 옛이야기를 재화(再話)하고 동화 구연에 힘썼다.

그렇다고 해서 '친일적' 시각으로 몰아붙이는 것은 터무니없는 비약이다. 형식(이름)이 비슷하다고 해도 알맹이가 다르면 다른 것이다. 소파가 평생 쓴 글, 소파가 펼친 독립운동, 소파의 민족정신은 친일과는 거리가 멀다. 친일은커녕 소파가 소년운동과 언론 활동, 강연회 등을 통해 얼마나 치열하게 독립운동을 펼쳤는지는 소파 평전 속에 여러 군데 예시되어 있다.

친일파라는 누명을 쓰는 빌미가 되는 '소파'라는 호를 사용하기 시작한 시기를 보면 이와야 사자나미와 아무 관련이 없다. 소파는 소년 시절부터 육당 최남선이 발행하는 《청춘》지에 자주 투고했는데, 이때의 필명이 'ㅈㅎ생' 또는 'ㅅㅍ생'이었다. 이 중에서 ㅈㅎ은 정환의 이니셜이고, ㅅㅍ은 소파의 이니셜이다.

또한 소파가 일본으로 유학 가기 전인 1920년 6월호 《개벽》 창간호에 '어머님'이라는 시를 발표하는데, 필명은 '잔물'이다. 잔물은 소파를 순우리말로 직역한 말이다. 《청춘》에 독자 투고 하던 때나 개벽에 번안 시를 발표하던 때는 아직 일본 문물의 세례를 받기 전이다.

소파 자신이 아내에게 소파라는 호가 무슨 의미인지 설명한 글도 증언으로 남아 있다.

"내가 하는 소년운동은 단시일에 실적이 나타나지는 않는다. 하지만 잔물결처럼 잔잔하게 하다 보면 어느 날엔가는 반드시 성공하게 될 것이다."

그 인터넷 논객 외에도 방정환의 호가 이와야 사자나미와 같다는 혐의로, 소파의 일본 유학 시절과 결부해서 이를 친일적 수준의 활동으로 깎아내리려는 연구 논문도 있는 것 같다. 이 논문의 필자들 역시 일정한 예단의 틀 속에서 논리를 전개한 것으로 판단된다. 소파가 살았던 시대의 일본 유학을 곧, 친일 또는 친일적 성향으로 평가한다는 것은 옳은 평가가 아니다.

평전에서 나는 소파의 정신적 스승을 만해(萬海) 한용운(韓龍雲)이라고 썼다. 인생의 장래에 확신을 갖지 못하고 방황하던 소년 방정환은 '경성 청년 구락부'라는 단체의 기관지 권두사를 청탁하는 일 등으로 만해를 만나게 된다. 소파는 이때 한용운에게서 삶의 지침을 얻는다. 만해는 3.1 독립운동 민족 대표 33인 가운데 유일하게 변절하지 않은 순도 100%의 독립지사가 아닌가.

그런 만해를 스승처럼 모신 소파는 마침내 3.1 독립운동에 참여해 지하 신문인 〈독립신문〉을 제작 배포하고, 소년운동을 독립운동 차원으로 펼치고, 그 태스크포스격인 소년운동 단체 '색동회'를 조직하는 것이다.

소파 방정환에 대한 평가는 극과 극을 달리는 듯한 인상을 지울 수 없다. 한쪽에서는 '순수 아동문학을 지켜 온 민족주의자'로 치켜세우는가 하면 다른 한쪽에서는 '밥(현실)보다 꽃(이상)을 택한 천사동심주의자'로 폄하한다.

'민족주의 아동문학가'라는 평가가 소파를 너무 편협한 이데올로기 속에 가두는 일이라면 '천사동심주의'라는 평가 역시 소파의 한 단면만 비판하는 잘못된 평가라고 하겠다. 전자(前者)가 소파를 맹목적으로 우상화하고 있다면 후자(後者)는 필요 이상으로 폄하하고 있는 것이다.

이런 극과 극을 달리는 평가가 고정화(固定化)된 이유는 아마도 지나간 시절의 이데올로기 싸움, 이를테면 민족주의 대 공산주의의 반목 때문일 것이다. 이제라도 소파를 다시 읽고 정당한 평가 작업을 시급하게 해야 할 대목이다.

그렇다면 방정환은 사회주의자인가? 민족주의자가 아닌가?

결론부터 이야기하자. 방정환은 사회주의적 사상에 공감한 진보주의적 청년이었다. 그는 진보적 사상으로 기성세대를 비판했다. 다분히 공격적이다. 사회주의 경향의 작품도 많이 썼고, 진보적인 사회, 생활 개혁의 방법도 제시했다.

때로는 공격적인 논리로 무장한 글들도 많다. 여성잡지《신여성》에 발표한「살림살이 대검토」라는 논문에서 대가족제도를 과감히 버리고 핵가족 살림을 주장한 것이라든지, 한복을 과감하게 물들여 입고 불편한 옷고름 대신 단추를 달자고 제안하며 이를 실천한 점, 주부의 동선(動線)이 너무 커 부엌을 옮기자는 것과 비위생적인 한옥의 작은 창을 크게 달자는 파격적인 주장 등이 그렇다.

방정환의 이런 생각들은 요즈음의 사회운동가들도 공감할 만큼 진보적이다. 말하자면 이 시대의 코드에도 맞는다고 볼 수 있다.

평전을 쓰면서도 나는, 소파 방정환 시대의 젊은이들을 사로잡으며 급속히 세력을 넓혀 가는 사회주의 현상에 대해 깊이 있는 공부는 하지 못했다.

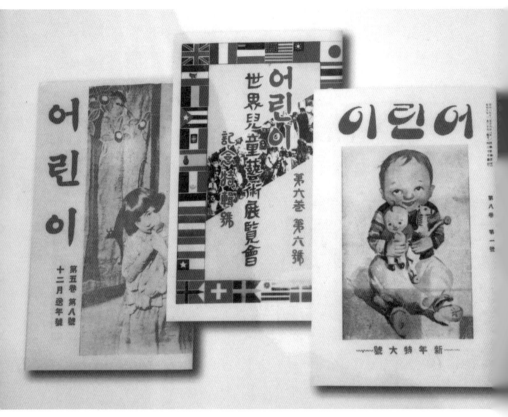

방정환이 개벽사에서 발행한《어린이》

그래서 사회주의가 우리나라에 유입되고 발전해 가는 과정을 체계적으로 설명할 자신은 없다. 단지 청년운동으로 시작해서 소년운동으로 방향을 바꾸는 소파가 어떻게 사회주의를 받아들이고 수용하는지 살피고 확인한 것이다. 근거는 그가 쓴 글과 서간문, 교우 관계, 행적들이다.

방정환은 언제쯤부터 사회주의에 관심을 갖게 되었을까. 방정환은 3·1 독립운동 직후 한동안 '백조' 후기 동인으로 참여하는 등 아동문학작품보다 단편소설 등을 발표하며 초창기 문학 활동을 시작한다. 방정환이 몸담았던 백조파의 문인들은 신경향파 문학운동을 주도하다 프로문학 단체인 카프(KAPF)로 합류해 간다. 방정환이 운영한 개벽사에서 발행한 《개벽》은 1920년대 신경향파 문학운동의 가장 주요한 베이스캠프였다. 이런 사실들을 종합해 보면 그동안 정설처럼 굳어 버린 방정환의 사상과 작품 활동을 사회주의의 정반대편에 서 있는 좁은 의미의 민족주의에 가두는 것은 온당치 않다.

동경 유학 이후에도 청년 방정환에게서는 사회주의자 냄새가 폴폴 난다. 3년간의 일본 유학 시절 사회주의사상으로 샤워를 한 때문만은 아니다. 당시 일본 유학생들은 대부분 사회주의사상의 영향을 받는다. 하지만 방정환은 천도교도다. 그러므로 일본에 유학하면서 사회주의 세례를 받기 전에 그는 이미 태생적으로 천도교사상에 충실한 사회주의자였을 것이다. 그러니까 천도교의 중심 사상인 '사람이 곧 하늘'이라는 인내천(人乃天) 사상이 방정환으로 하여금 사회주의사상과 자연스럽게 만나도록 이끌지 않았을까.

방정환의 부친 방경수는 동학혁명에 참가한 철저한 동학교도였다. 대부분의 동학교도들의 신분은 중인 이하, 수탈당하며 살던 피압박 민중이었다. 이런 가족사적 특징 때문에 방정환은 사회주의 이론이 낯설지 않았을지도 모른다. 나는 이 점을 방정환이 사회주의에 기울게 되는 중요한 단서라고 보았다.

동경 유학 시절 방정환은 많은 친구들을 사귄다. 훗날 열렬한 사회주의자가 되는 젊은이들과 폭넓게 사귄다. 이 청년들은 누구보다 진보적이고 사회 개혁의 야망을 품고 있었다. 방정환은 이들과 함께 관심 있는 강의를 청강하고 하숙집으로 초대해 식사하고 뒹굴고 자주 대화를 나눈다. 이런 시간을 공유하는 동안 방정환의 마음은 어느새 사회주의와 밀접해졌을 것이다.

이 무렵 발표한 글 중에서 사회주의적 경향이 가장 짙게 풍기는 글은 아무래도 《개벽》에 연재된 풍자기 「은파리」 시리즈일 것이다. 「은파리」에는 자본주의가 태생적으로 품고 있는 모순과 불평등 구조를 비판하는 대목이 많다. 표현은 직설적이고 칼끝처럼 날카롭다. 그래서 「은파리」를 연재하는 동안 방정환은 일본 경찰의 철저한 감시를 받는다. 일본 경찰은 독립을 꿈꾸는 민족주의자도 싫어했지만 평등 세상을 외치는 사회주의자도 몹시 싫어했다.

방정환이 가장 공을 들여 발행한 잡지 《어린이》에도 사회주의를 수용한 흔적은 상당히 많다. 소파는 '신경향파 문학가'라고 부르는 사회주의 작가의 작품들을 수시로 《어린이》지에 실었다. 박영희과 김기진뿐만 아니라 이익상, 송영, 박세영, 신고송 등 쟁쟁한 무산계급 아동문학가들이 많은 작품을 발표했다. 이들은 대부분 훗날 무산계급 소년문학의 깃발을 내건 소년잡지 《별나라》에서 대대적으로 방정환을 비판하는 인물들이다.

이 정도라면 방정환을 가리켜 사회주의자라고 해도 무방하겠다.

그런데 왜 방정환은 사회주의자들과 소년회 활동을 하지 못하고 끝내 결별하게 되었을까.

　그것은 방정환이 맹목적으로 사회주의를 추종하지 않고 어디까지나 민족주의의 틀에서 수용하려고 했던 때문일 것이다. 소파는 투쟁보다 화합을, 이념보다는 인간애에 비중을 더 크게 둔 소년운동가였으므로….

　그래서 '사회주의자 방정환'은 더 철저한 연구와 논의가 필요하다.

1899(01세)

- 11월 9일(음력 10월 7일) 광무(光武) 3년, 서울 야주개(현재 종로구 당주동)에서 어물전과 싸전을 운영하던 할아버지 방한용(方漢龍), 아버지 방경수(方慶洙)의 외아들로 출생하다. 본적은 경성부(京城府) 견지동(堅志洞) 118번지.

1901(03세)

- 이 무렵 천도교 3세 교주 의암(義庵) 손병희(孫秉熙) 선생은 동학혁명 실패 후 당국의 탄압을 피해 이상헌으로 변성명(變姓名)하고 망명길에 오르다. 미국으로 가려고 했으나 여의치 않아 일본에 잠시 체류하다가 중국 상하이로 가다. 그곳에서도 미국에 가려는 뜻을 이루지 못하고 다시 일본 각지에 체류하다. 손병희 선생은 훗날 소파의 장인이 된다.
- 7월 30일 : 훗날 소파의 부인이 되는 손용화(孫溶嬅)가 손병희 선생 3녀로 서울에서 출생하다.(1991년 10월 24일 별세)

1902(04세)

- 3월 : 동경에 머무르던 손병희 선생은 인재 양성을 위해 제1차로 젊은이 24명을 선발해서 일본으로 유학을 보내다.

1903(05세)

- 9월 3일 : 이때부터 할아버지의 권유로 서당에 나가 천자문 등을 배우다. 서당은 일곱 살 될 때까지 다니다.

1905(07세)

- 4월 : 두 살 위 삼촌이 다니는 신식 학교인 사립 보성소학교에 따라갔다가 교장 눈에 띄어 그 자리에서 삭발당하고 이 학교 유치반에 입학하다. 보성소학교는 경성중학교(현 서울역사박물관) 건너편(시티은행 빌딩 뒤쪽)에 있었다. 8년 과정의, 말만 신식학교이지 서당과 비슷했다. 이 학교에서 군대식 교육을 받다.

1907(09세)

- 이 무렵 소파는 홑이불로 휘장을 치고 경대 주변을 분장실로 쓰는 등 연극 비슷한 놀이를 자주 해서, 모인 동네 동무들을 즐겁게 하다.

1908(10세)

- 손병희 선생은 항일 민족운동의 요람이 된 보성전문학교, 동덕여학교 등 여러 사립학교에 보조금을 기부하거나 학교를 인수해 직접 운영하기도 하다. 〈황성신문〉은 이런 손병희 선생의 교육열에 대해 '사손병희씨교육열의(謝孫秉熙氏敎育熱意)'라는 제목의 사설로서 칭찬하다.
- 증조부의 사업 실패로 전 재산과 생가를 채권자에게 빼앗기다. 소파의 가족은 겨우 이부자리와 부엌세간만을 가진 채 사직골 도정궁 앞(현 사직터널 부근) 초가집으로 이사하다. 이때부터 소파의 궁핍한 소년 시절이 시작되다.
- 콩나물죽으로 끼니를 이으며 도시락 없이 등교하고 점심때면 변소 뒤에 숨거나 대고모 댁에서 밥 얻어먹기, 쌀 꾸러 다니기, 전당포 심부름 다니기, 물 긷기 등 극도로 궁핍한 어린 시절을 보내다.
- 총명한 정환의 재질을 아까워한 어느 화가가 양자로 맞고 싶어 부모님께 요청했으나 외아들이기 때문에 그렇게 할 수 없다는 회답을 받게 되자 환등기를 한 대 선물로 주다. 정환은 동네 어린이들을 모아 그 환등기를 비쳐 보이면서 변사 흉내를 내는 등 구연에 대한 천재적 소질을 이때부터 나타내다.
- 어린이 연설토론 단체 '소년입지회'를 조직하고 회장이 되다. 이 '소년입지회'는

대한문 맞은편(현 시청 앞 플라자호텔 부근)에 있는 아버지 친구인 최 씨 댁 사랑방을 중심으로 어린 동무들이 모여 자주 토론회를 갖다.

1909(11세)

- 매동보통학교(현 매동초등학교)에 입학하다.

1910(12세)

- 10월 4일 : 매동보통학교에서 새문 밖 서대문에 있는 미동보통학교(현 미동초등학교) 2학년으로 전학하다.
- 소년유년군을 조직해서 대장이 되다.

1913(15세)

- 3월 25일 : 미동보통학교(4학년)를 졸업하다.
- 인쇄소에 연판공으로 다니시던 부친의 권유에 따라 선린상업학교에 입학하다.

1914(16세)

- 졸업 1년을 앞두고 담임교사와 부친의 만류를 뿌리치고 선린상업학교를 자퇴하다. 이 무렵부터 독서에 열중하다.
- 정환은 이 시기를 전후해 육당 최남선의 《청춘》《소년》《붉은 저고리》《아이들보이》《새별》 등을 탐독하는 한편 독자 투고난에 자주 투고하다.

1915(17세)

- 가계를 돕기 위해 토지조사국 사자생(寫字生)으로 취직하다. 이곳에서 친구 유광렬을 만나게 되어 봉놋방(노무자 무임 숙소)에서 함께 지내며 의기투합, 조국과 자신들의 앞날을 토론하고 수많은 책을 읽다.

1916(18세)

- 하세가와(長谷川好道)가 조선총독부로 부임하다.
- 이 무렵부터 천도교당에 나가 청년회 활동에 참여하다.

1917(19세)

- 음력 4월 8일 : 천도교도이며 기미년 3.1 독립선언서의 33인 중 한 분인 권병덕의 추천으로 천도교 제3세 교주 손병희 선생의 3녀 용화(溶嬅)와 결혼하다. 결혼 후 동경 유학할 때까지 재동 처가에서 신혼살림을 하다. 오랜 가난에서 벗어나 소년운동에 전념할 수 있는 계기가 되다. 신부는 동덕여학교(同德女學校) 출신, 나이는 17세.
- 5월 6일 : 가난과 신병으로 고생하시던 어머니가 별세하다.

1918(20세)

- 3월 22일 : 재동 처가에서 장남 운용(云容) 태어나다. (2002년 10월 4일 별세)
- 7월 : 장인 손병희 선생이 인수해서 경영하던 보성전문학교(보성법률상업학교로 강급되었다가 현재 고려대학교로 바뀜)에 입학하다. 당시 보성학교는 전동(현 수송동, 조계사 인근)에 있었다.
- 7월 7일 : 비밀결사 단체인 '청년구락부'를 이중각, 이복원, 유광렬 등과 함께 결성하다. '청년구락부'는 회원 200명으로 발전하며, 3.1 독립운동 직후까지 활동하다.
- 9월 : 구파발에서 '청년구락부' 전 회원이 참석하는 MT 모임인 습율(拾栗)대회를 갖다.
- 12월 : '청년구락부' 망년회를 서울 봉래동 소의소학교(현 동성중고등학교 전신)에서 갖다. 이 모임에서 정환은 극본과 연출은 물론 주연배우로 출연해서 연극 〈동원령〉을 공연하다.

1919(21세)

- 1월 20일 : 이중각, 이복원, 유광렬 등과 함께 '청년구락부' 기관지 성격으로 문예지《신청년》을 창간하다. 처음에는 등사판으로 내다가 두 번째부터는 정식 인쇄물로 발행하다. 창간호 권두사는 만해 한용운이 기고하다. 이 무렵 정환은 3.1 독립운동 민족 대표 포섭 문제를 협의하기 위해 장인을 자주 방문하는 만해 한용운과 접촉하고 독립을 위해 청년들이 무슨 일을 해야 하는지 가르침을 받다.
- 3월 1일 : 기미독립운동을 기점으로 발행하던 〈독립신문〉의 발행인 보성학교 윤익선 교장이 체포되는 바람에 발행이 중단될 위기에 놓이자 재동 처가에서 몰

래 오일철(오세창 선생 아드님) 등과 함께 신문을 등사판으로 만들어 비밀리에 배포하다. 〈독립신문〉과 함께 '독립선언서'를 몰래 배포하다가 왜경에 검거되다. 갖은 고문을 받았지만 다행히 증거불충분으로 일주일 만에 석방되다.

- 12월 5일 : 우리나라 최초의 영화(예술)잡지 《녹성(綠星)》을 창간하다. 일본 당국의 까다로운 검열을 피하기 위해서 발행소 주소를 동경시(東京市) 신전구 원락정(神田區猿樂町) 2정목(町目) 3번지로 했으나 실제 사무실은 경성 죽첨정(竹添町) 1정목(町目) 39번지이다. 표지 포함 90쪽에 정가 40전, 발행인 명의는 이일해이다.

1920(22세)

- 3월 : 김원주의 요청으로 유광렬과 함께 우리나라 최초의 종합 여성지《신여자》편집 고문이 되다. 《신여자》에 「처녀의 가는 길」 등을 발표하고, 이 잡지의 편집에 참여하고 있던 신줄리아를 만나 깊은 우정을 나누다. 신줄리아는 3.1 독립운동 때 옥고를 치르기도 했던 이화학당 출신의 신여성이다. 《신여자》편집 진용은 이들 외에 박인덕, 김활란 등이다. 《신여자》는 4호까지 발행하다. 김원주는 일명 일엽(一葉)이라는 이름을 갖고 있었는데, 훗날 불가에 귀의해서 비구니가 되다.

- 6월 5일 : 장녀 영화(榮華) 태어나다.

- 7월 6일~7월 22일 : 천도교청년회 주최로 서울, 문천, 장연 등지에서 모임을 갖고 7월 27일부터 8월 9일까지 학생대회를 열다.

- 8월 25일 : 《개벽》 제3호에 〈어린이 노래 - 불 켜는 이〉라는 번역 시를 잔물이란 필명으로 발표하다. 처음으로 '어린이'라는 호칭을 사용하다.

- 9월 15일 : 〈독립신문〉 편집, 배포 사건으로 검거되었다가 석방된 이후 일본 경찰의 요시찰 대상이 되어 활동에 큰 제약을 받게 되자 동경 유학의 길에 오르다. 동경에 도착해서 도요대학 문화학과 특별청강생이 되다.

- 이 무렵부터 《개벽》지 동경 특파원을 맡다. 《개벽》은 천도교를 배경으로 이해 6월 25일에 창간한 후 일제시대의 가장 영향력 있는 '민족 저항지' '민족 개조지' 역할을 충실히 수행한 종합잡지이다. 《개벽》은 창간호부터 내용이 문제되어 발매금지 처분을 당하였으나 이에 굴하지 않고 6월 30일 임시 특대호를 발행하다.

1921(23세)

- 2월 13일 : 천도교청년회 동경지회를 조직하고 초대 회장에 뽑히다.

- 5월 1일 : 일본에서 잠시 귀국하여 김기전, 이정호와 함께 천도교청년회의 한 부
서로 있던 '소년부'를 '천도교소년회'라는 명칭으로 바꾸어 발족시키다. 발족 당
시 30여 명이던 회원은 이해 10월에는 370여 명으로 늘어나다. 이때부터 천도교
소년회를 중심으로 '씩씩하고 참된 소년이 됩시다. 그리고 서로 사랑하며 도와
갑시다'란 표어를 내걸고 어린이에게 '존댓말 쓰기 운동'을 펴는 등 소년운동을
본격적으로 전개하다. 이 사실은 〈동아일보〉 1921년 5월 22일자에 상세히 보도
되다.
- 6월 12일 : 천도교소년회 운동회를 개최하다.
- 6월 15일 : 경성 삼청동에서 천도교소년회 회원 탁족회(소풍)를 갖다.
- 6월 22일~8월 6일 : 천도교가 주최하는 강연회에 '내일을 위하여' '잘 살기 위하
여'라는 제목으로 80여 회에 걸쳐 전국 순회강연회에 연사로 참여하다.
- 7월 10일 : 천도교소년회 주최로 '소년강연회'를 개최하다.
- 9월 4일 : 경성 경운동에 있는 천도교 대강당에서 공연된 연극 〈신생(新生)의 일
(日)〉 극본을 쓰고 연출, 주연도 하다.
- 11월 11일 : 이해 2월 16일 발생한 양근환 의사의 '친일파 민원식 살해 사건'에
연루되었다는 혐의를 받고, 이른바 '태평양회의'를 계기로 일본 내 조선 유학생들
을 선동하여 저항운동을 계획했다는 혐의로 천도교청년회 간부 박달성 등과 함
께 종로경찰서에 구금되다.
- 12월 : 안데르센 동화, 그림 동화, 아라비안나이트 등을 모아서 번안한 세계 명
작 동화집 『사랑의 선물』 번안 작업을 끝내다.

1922(24세)

- 5월 1일 : 창립 1주년을 맞아 천도교소년회는 독자적으로 이날을 '어린이의 날'
이란 이름으로 선포하고, "10년 후 조선을 여(慮)하라"는 내용의 전단을 서울 시
내에 배포하는 한편 "우리는 참되고 씩씩하게 자라는 가운데 인정 많은 소년이
됩시다"라는 표어를 내건 자동차와 창가대를 동원해서 대대적인 행사를 거행하
다. 이것이 우리나라 '어린이날'의 실질적인 효시이다. 이 행사의 지도위원은 방
정환, 김기전, 구중회, 차상찬, 박달성 등이 맡다.
- 5월 19일 : 소파의 정신적, 경제적 후원자인 장인 손병희 선생이 고문 후유증 등
으로 인한 신병으로 병보석 후 치료 중에 별세하다. 향년 62세. 장례식에 참례하

기 위해 귀국한 자리에서 친구 유광렬과 토론 끝에 민족의 10년 후를 준비하는 소년운동을 하기로 뜻을 굳히다.

- 6월 : 번안 동화집『사랑의 선물』을 개벽사에서 출판하다. 출간되자마자 워낙 인기가 있어서 10여 판까지 발행했으며 훗날 박문서관으로 판권을 바꿔 계속 출간하다.

- 이 무렵부터《개벽》《신여성》등 여러 잡지에 소파, 목성, 북극성, 물망초, 몽견초, 몽중인, 삼산인, 파영생, 성서인, 삼봉생, ㅈㅎ생, 잔물, 노덧물, 길동무, CW생, 쌍S생, 깔깔박사, 잠수부, 은파리, 일기자 등의 필명으로 동요, 동화, 동극, 수필, 소론, 기행문, 탐사기, 인물평 등 다양한 글을 기고하다.

- 12월 10일 : 우리나라 최초의 비행사인 안창남(安昌南)의 고국 방문 비행 쇼가 동아일보 주최로 경성~여의도~인천 상공에서 펼쳐지다.《개벽》지에 동경 특파원 자격으로 안창남을 인터뷰한 기사를 싣다. 안창남을 고국 독자에게 대대적으로 소개함으로써 안창남은 3.1운동 실패로 실의에 빠진 국민들에게 희망의 상징이 되다.

1923(25세)

- 1월 14일 : 천도교소년회 주최로〈한네레의 죽음〉(2막)〈별주부전〉(2막) 등의 동화극 대회를 개최하다.

- 2월 18일 :《어린이》지 창간을 축하하는 기념 가극대회를 개최하다.

- 3월 16일 : 아동 문제 연구 단체 '색동회' 발기 회합을 일본 동경에서 갖다.

- 3월 20일 : 동경에서 색동회 동인들과 함께 정성스레 편집해서 보낸 원고로 잡지《어린이》를 창간하다.

- 3월 30일 : 색동회 제2차 발기 모임을 갖다.

- 4월 14일 : 단체 명칭을 '색동회'로 결정하는 발회 준비 모임을 갖다. 이날의 모임에서 색동회 외침(표어)을 "씩씩하고 참된 소년이 됩시다. 그리고 늘 사랑하며 도와 갑시다"로 정하다.

- 4월 17일 : 천도교소년회 주관으로 '불교소년회' '조선소년군'이 통합하여 '소년운동협회'가 창립되고, 사무실을 천도교당 내에 두기로 하다. 이 모임에서 5월 1일을 '어린이날'로 제정하기로 결의하고 이날 기념행사를 갖기로 하다.

- 4월 17일~4월 18일 : 천도교당에서 소년운동협회가 주최하는 '소년문제강연회'

와 '소년연예회'가 열리다.

- 4월 28일 : 동경에서 '소년문제강연회'를 개최하다.

- 4월 30일 : 색동회가 정식으로 동경에서 조직되다. 이 자리에서 '어린이날'을 제정하고, 5월 1일 기념식을 갖도록 추진하다.

- 5월 1일 : 이미 3월 16일 동경에서 제1차 모임을 가진바 있는 '색동회'가 우리나라 최초의 아동 문화 운동 단체로 정식 발족되다. 한편 서울에서는 제1회 어린이날을 선포하고 기념식이 열리다. 전국적인 제1회 '어린이날'인 5월 1일을 기해 조선소년운동협회가 주최, 천도교와 〈동아일보〉 〈조선일보〉 후원, 천도교당에서 1천여 명이 모여 기념식을 갖고 대대적인 행사를 거행하다. 이날 '어른에게 드리는 글' '어린 동무에게 주는 말' '어린이날의 약속'이라는 제목의 전단 12만 장이 뿌려지다. 또한 세계 최초의 '어린이 인권선언'이라고 할 수 있는 '소년운동의 기초 조항'이 조선소년운동협회 명의로 선포되다.

- 5월 18일 : 색동회 선전 및 하기 대회를 개최하기 위한 준비 모임을 갖다.

- 6월 9일, 7월 23일 : 색동회에서 전국 소년지도자대회 및 아동예술강습회를 열다.

- 6월 23일 : 색동회 주최로 제1회 아동문제강연회와 아동예술강습회를 천도교 대강당에서 갖다.

- 11월 25일 : 동화대회를 열다.

1924(26세)

- 4월 21일 : 제2회 어린이날 기념 선전 준비위원에 선출되다.

- 5월 1일 : 오후 3시, 천도교당에서 제2회 어린이날 기념 축하식을 갖다.

- 5월 2일 : 오후 8시, 천도교당에서 '어머니대회'를 갖다.

- 5월 3일 : 오후 8시, 천도교당에서 '아버지대회'를 갖다.

- 5월 4일 : 서울 동대문 밖 상춘원에서 '노동소년위안회' 및 대원유회(大園遊會)를 개최하다.

- 7월 23일 : 색동회와 《어린이》사 공동 주최로 1주일간 '전 조선 소년 지도자대회'를 천도교당에서 개최하고 전국 소년 단체가 참가한 가운데 제1회 아동문제강연회 및 아동예술강습회를 갖다.

- 8월 : 천도교 대강당에서 '전 소년 지도자대회'를 소집하여 흩어져 있는 소년 단

체의 통합을 꾀하다.

- 이해 특히 소파는《개벽》지는 물론《어린이》《신여성》을 개벽사의 3대 잡지로 키우는 데 혼신의 힘을 기울이다.
- 11월 25일 :《어린이》사에서 방정환 동화회를 개최하다.

1925(27세)

- 1월 13일 : 둘째 아들 하용(夏容) 태어나다.
- 2월 12일 : 오후 7시, 천도교 청년당 주최로 서울 용산에서 '살아날 길'이란 연제로 강연하다.
- 3월 21~30일 :《어린이》지 창간 2주년 기념행사로 서울, 대구, 마산, 김천, 인천 등 전국 5대 도시 소년대회를 위해 지방을 순회하다.
- 4월 20일 : 제3회 어린이날 기념 선전 준비위원에 선출되다.
- 4월 30일 :《어린이》사, 색동회 공동 주관으로 동화구연대회를 개최하다. 이 자리에서 〈귀만의 설움〉〈어린이날 이야기〉 등을 구연하다.
- 5월 1일 : 제3회 어린이날 기념식을 성대하게 열다. 서울 장안에 오색의 선전 전단 50만 장이 배포되고, 어린이들은 소파가 가사를 지은 '어린이날 노래'를 부르며 '우리의 희망은 어린이' '앞날의 임자는 어린이' '내일을 위하여 어린이를 잘 키우자' 등의 플래카드를 들고 선두에서 행진하는 소년군 취주악대를 뒤따르며 시가행진을 하다. 연이어 동화구연대회, 강연회, 기념여흥대회 등이 열리다.
- 5월 31일 : 경성소년지도자연합회 회합에서 고한승, 정홍교 등과 함께 지도위원으로 선출되다. 또 서울에 있는 40여 개 소년 단체를 통합하여 소년운동협의회(집행기관은 '오월회')를 조직하고 각지에서 동화구연대회를 갖다.
- 6월 16~26일 서울 시내 각 소년회가 주최하고 '오월회'가 후원하는 '소년문제강연회'와 '소년지도자강습회'에서 강연하다.
- 8월 4일 :《어린이》사에서 아동문제강연회를 개최하다.
- 8월 1일 : 경남 울산 언양에 있는 '언양 조기회'를 방문하다. 이 단체는 아동문학가 신고송(申孤松)이 이끄는 소년 모임이다.
- 8월 26일 :《어린이》사 주관으로 서울의 교통량을 조사하다.
- 9월 15일 : 소파가 주도하던 조선소년운동협의회에서 오월회가 사회주의사상에 물든 정홍교를 중심으로 이탈하여 '경성소년연맹회'를 결성하고 총회를 갖다.

- 12월 12일 : 오후 7시, '소년소녀문예회'가 청진동 예배당에서 주최한 '어머니대회'에 나가서 강연하다.
- 12월 그믐 무렵 : 동요 작곡가 정순철, 아동문학가 이정호 두 사람과 함께 최영주가 지도하는 수원화성 소년회의 동화회와 강연회에 참석하다.
- 이 무렵《어린이》지 독자난을 통하여 유지영, 윤석중, 서덕출, 이원수, 이정구, 최경화, 최순애, 신고송, 목일신 등 훌륭한 아동문학가들이 잇따라 배출되다.

1926(28세)

- 5월 1일 : 순종 황제 국장으로 인해 이해의 어린이날 행사를 중지하기로 소년운동협회에서 결정하다.
- 6월 10일 : '6.10 만세사건'으로 예비 검속당하다.
- 8월 1일 : 발매금지 처분 34회, 정간 조치 1회, 벌금형 1회 등 총독부로부터 갖은 수난을 겪던《개벽》지가 통권 72호로 발간 금지되다. 곧 소파는《개벽》을 대신해서 11월부터《별건곤》지를 차상찬과 같이 편집 발행하다.
- 8월 25일 :《어린이》사에서 개최하는 동화, 동요, 동극 대회를 주관하다.
- 12월 18일 : 문예운동사와 조선일보사 공동 주최로 기독교 청년회관에서 열린 '문예대강연회'에 나가 강연하다.

1927(29세)

- 2월 16일 : 경성방송국에서 한국, 일본어 혼합 단일방송이 시작되자 그 다음 날 소파가 최초로 동화「어린이와 직업」을 라디오로 방송하다.
- 4월 20일 : 백상규와 김명순 필화 사건에 연루되어 개벽사 편집 동료인 차상찬과 함께 종로경찰서에 구속되다. 서대문감옥에서 미결수로 있다가 같은 달 26일에 풀려나다.
- 5월 1일 : 제5회 어린이날 기념식이 소파가 이끄는 민족소년운동단체인 소년운동협회와 좌경화한 정홍교 중심의 무산소년운동단체인 '오월회'가 전해에 이은 지도 노선의 대립으로 두 파로 분열되어 따로따로 거행되다.
- 10월 16일 : 여론에 못 이겨 소년운동협회와 오월회가 통합하여 '조선소년연합회'를 창립하고 위원장에 피선되다.
- 어린이날을 5월 첫째 일요일로 변경하기로 결의하다. 이유는 5월 1일이 '메이데

이'와 겹치고 일본인 교육기관에서 평일의 어린이 동원을 방해했기 때문이다.

1928(30세)

- 2월 7일 : 조선소년연합회 주최로 어머니대회를 개최하고 '소년운동과 가정교양'이란 제목으로 강연하다.
- 2월 12일 : '오월회'가 해체되고 그 후신으로 '경성소년연맹'이 정홍교 중심으로 결성되다.
- 3월 22일 : 조선소년연합회가 조선총동맹으로 이름이 바뀌어 순수한 소년운동의 방향이 달라지고 일본 경찰의 압력이 더욱 심해지자 소년운동 단체에서 손을 떼다. 소년운동 최전선에서 물러난 소파는 대신《어린이》지 발간과 동화구연대회, 강연회, 라디오 방송 등을 통해서 어린이들의 친구가 되다. 그러는 한편으로 중앙보육학교(현 중앙대학교 전신)와 경성보육학교에서 아동 문제와 동화, 유희에 관한 강의를 하는 데 전력을 기울이다.
- 4월 17일 : 차녀 영숙(榮淑) 태어나다.
- 5월 1일 : 제6회 어린이날에 천도교기념관에서 1,500여 명의 어린이가 모인 가운데 동화구연대회를 개최하다.
- 6월 5일 : 종로에 있는 단성사 극장에서 어린이날 실황 극영화를 상영하다.
- 10월 2~9일 : 만 4년 동안 준비한 '세계아동예술전람회'를 개최하다. 우리나라 최초의 국제 아동예술 전람회로서 주최는《어린이》사(개벽사), 주관은 색동회, 후원은 동아일보 학예부, 협찬은 '동경해외문학회'이다. 전람회 기간 중 어린이들의 동요발표대회, 무용발표회를 열다.
- 10월 12일 : '세계아동예술전람회'를 성황리에 마치고 〈동아일보〉에 '경과보고와 감사'라는 제목으로 아동 예술 활동의 현황과 희망을 밝히는 글을 쓰다. 이 무렵부터 극심한 과로로 인해 얼굴이 자주 붓고 얼굴에서 핏기가 사라지는 등 병색이 짙어지기 시작해서 두통약과 냉수 또는 빙수를 하루에 7~8그릇씩 비워야 견딜 정도로 지병이 악화되다.
- 일본 경찰로부터 강연과 동화 구연 활동을 전면 금지당하다.

1929(31세)

- 3월 1일 : 개벽사에서 월간지《학생》을 창간하다. 이 잡지는《어린이》지를 졸업

한 독자들을 위한 중학생잡지이다. 소파는 《어린이》지 못지않은 정성을 기울이며 많은 고정 칼럼을 직접 쓰다. 《어린이》 《학생》지의 발행과 집필 활동에만 전념하다.

1930(32세)

- 창간 7년째를 맞는 《어린이》지의 발행 부수가 10만을 돌파하다. 당시 서울 인구가 30여 만 명, 〈조선일보〉 〈동아일보〉 같은 신문 발행 부수가 5만 정도였던 것에 비하면 천문학적 부수이다.
- 악화된 건강에도 불구하고 집필 활동을 계속하다.

1931(33세)

- 3월 1일 : 월간종합지 《혜성》을 개벽사에서 발행인 차상찬 이름으로 창간하다. 이 무렵부터 개벽사는 감당하기 힘든 부채로 인해 경영이 어려워졌다. 이를 책임지고 있는 소파는 그 부채 때문에 극심한 정신적 고통, 육체적 고통을 안고 살아야 했다. 또한 건강을 돌보지 않은 채 10여 년간 무리한 소년운동을 한 탓에 정신적 피로와 육체적 무리가 끝내는 신장염, 고혈압 악화로 진행되다.
- 7월 9일 : 사무실 근무 중 코피를 쏟고 쓰러지다. 오랫동안 개벽사의 운영난으로 인한 정신적 부담과 육체적인 과로가 겹치고, 동아일보사의 《신동아》 창간 공세로 개벽사 영업 조직이 일시에 이탈한 것에 충격을 받다. 일주일 정도 집과 인천에서 요양했으나 병세가 호전되지 않다.
- 7월 17일 : 신장염, 고혈압 등의 병세가 악화되어 경성제대 부속병원(현 서울대학교 의과대학 부속병원)에 입원하다.
- 7월 22일 : 주치의 이등 박사는 급성 요독증이 악화되어 온몸이 붓고 치료 불가능하므로 임종을 준비하도록 지시하다.
- 7월 23일 : 부인과 색동회 조재호, 개벽사 박진, 주치의 이등 박사, 장남 방운용이 입회한 가운데 오후 6시 54분 별세, 고작 33년의 힘들고 짧은 삶을 마감하다. 운용에게는 "공부 잘하라"고 했고, 병문안 온 동료 후배들에게는 "일 많이 하라"고 말하다.
- 7월 25일 오후 1시 : 천도교 대교당 앞마당에서 개벽사와 색동회 주관으로 영결식이 거행되다. 영결식장은 사람들의 울음바다로 변하다.

- 7월 26일 : 색동회에서 '소파 추도식'을 갖다.

- 8월 20일 : 《어린이》지 9권 7호가 '소파 추도호'로 발행되다.

- 《어린이》지 주간을 색동회 이정호 동인이 맡고 중앙보육학교에서 소파가 담당했던 동화 강의 등은 이헌구 색동회 동인이 맡다.

1932년(1주년)

- 《어린이》지가 통권 122호를 끝으로 폐간되다.

1934년(3주년)

- 5월 : 일제의 탄압으로 어린이날 기념식이 전면 금지되고 소년운동 단체도 해산당하다.

1936년(5주년)

- 7월 23일 : 소파 환원 5주기를 맞아 5년 동안 홍제동 화장터 납골당에 봉안되어 있던 유골을 망우리 아차산 묘역으로 이장(移葬)하다. 최영주가 발의하고 유광렬, 차상찬, 정순철, 마해송, 최영주, 이정호, 윤석중 및 장남 운용 등 27명의 발기인에 의해 자연석으로 제작된 묘비가 세워지다. 묘비에는 '동심여선(童心如仙)'이라는 비명이 오세창 선생의 글씨로 새겨지다.

1940(9주년)

- 5월 25일 : 최영주와 마해송이 편집한 『소파전집』이 박문서관에서 500부 한정판으로 출판되다. 국판 462쪽, 정가 3원 50전.

어린이 인권운동가 소파 방정환

초판 인쇄 2021년 5월 1일
초판 발행 2021년 5월 5일

지은이   민윤식
펴낸이   김상철
발행처   스타북스
등록번호   제300-2006-00104호
주소   서울시 종로구 종로 19 르메이에르종로타운 B동 920호
전화   02) 735-1312
팩스   02) 735-5501
이메일   starbooks22@naver.com
ISBN   979-11-5795-593-0 03990